智元微库
OPEN MIND

成 长 也 是 一 种 美 好

企业合规管理系列丛书

企业财税合规实战入门

宋槿篱　赵远洋　张旭俊　何　皓————　著

人民邮电出版社

北京

图书在版编目（ＣＩＰ）数据

企业财税合规实战入门 / 宋槿篱等著. -- 北京：
人民邮电出版社，2023.10
（企业合规管理系列丛书）
ISBN 978-7-115-62336-2

Ⅰ．①企… Ⅱ．①宋… Ⅲ．①企业管理－财务管理－
案例－中国②企业管理－税收管理－案例－中国 Ⅳ.
①F279.23②F812.423

中国国家版本馆CIP数据核字(2023)第135785号

◆ 著　宋槿篱　赵远洋　张旭俊　何　皓
责任编辑　黄琳佳
责任印制　周昇亮

◆人民邮电出版社出版发行　　北京市丰台区成寿寺路11号
邮编 100164　　电子邮件 315@ptpress.com.cn
网址 https://www.ptpress.com.cn
三河市祥达印刷包装有限公司印刷

◆开本：720×960　1/16
印张：23.75　　　　　　　　　2023 年 10 月第 1 版
字数：410 千字　　　　　　　2023 年 10 月河北第 1 次印刷

定　价：88.00 元
读者服务热线：（010）81055522　印装质量热线：（010）81055316
反盗版热线：（010）81055315
广告经营许可证：京东市监广登字20170147号

目 录

上篇
财务合规篇

下篇

税务合规篇

上篇

财务合规篇

第一章 会计资料合规管理

会计资料是财务工作的成果，是财务基础工作的关键部分，也是国家、企业的重要档案。自改革开放以来，我国制定了一系列部门规章、配套制度，以规范会计资料管理工作。1996 年 6 月 17 日，财政部制定发布《会计基础工作规范》，并于 2019 年 3 月 14 日对其进行修订，《会计基础工作规范》已经成为企业会计基础工作指南。《会计基础工作规范》明确了会计资料管理的规范、标准，对企业强化会计资料合规管理，夯实会计工作基础，确保工作依法合规而言，具有指导意义。

第一节 会计资料管理的常见不合规问题

[案例 1-1：一张白条牵出的连环案] 某审计组对某民营公司享受的财政补贴进行专项审计，发现该民营公司向政府出资的国有 A 公司借款 420 万元，其中 30.50 万元的利息由田某某个人用白条领取，审计组经延伸审计发现有关人员涉嫌贪污受贿 1122 万元……

一、会计资料管理的常见不合规问题

部分企业不重视会计基础工作，企业内部管理松弛，导致会计基础工作出现薄弱环节。财政部历年的《会计信息质量检查公告》和中国证监会的《上市公司年报会计监管报告》等文件披露，企业会计资料管理主要存在以下几类常见问题。

1. 原始凭证不规范，存在白条入账，不合规发票入账，记账凭证缺乏原始凭证等问题。

2. 账目混乱，存在往来挂账、数据签认、账龄管理不认真等问题；资产清查、存货盘点虚化，导致财产不实，数据失真。

3. 存在记账随意，审批手续不全，原始凭证中有差错，附件等会计资料散失等问题。

4. 任意伪造、变造会计凭证、会计账簿、会计报表，数据之间缺乏合理的逻辑

关系，存在账实不符、账账不符、账表不符等问题。

5.会计档案的装订、归档、保管、借阅、销毁存在问题。

二、原因分析

会计资料管理之所以存在上述问题，主要是因为以下几点。

1.企业对会计基础工作的认识不足，态度松懈。

2.企业会计人员素质不高，在能力上满足不了高标准的要求。

3.企业为获取不正当利益，出现偷逃税款、转移资产、私设"小金库"等行为，故意违反会计基础工作规范。

4.行政监管受困于企业自主权的发挥，导致常规性监管弱化，进一步导致企业相应会计资料管理工作弱化。

第二节 会计凭证合规管理

会计凭证指记录经济业务事项发生或者完成情况的书面证明，也是会计人员登记账簿的依据。按照填制程序和用途分类，会计凭证可分为原始凭证和记账凭证。

一、原始凭证合规管理

原始凭证，通常被称为单据，是企业在经济业务发生或者完成时取得或填制的原始凭据，它是会计核算的原始资料和基础依据，也是填制记账凭证的依据。原始凭证的质量和真实性，直接决定会计凭证填制的准确性，也决定了会计账簿和财务报告数据的真实性。

（一）原始凭证的基本内容

图 1-1 为一张航空运输电子客票行程单，无论是自制原始凭证还是外来原始凭证，通常应该具有以下内容。一是原始凭证的名称，如"航空运输电子客票行程单"；二是填制日期，即填开日期；三是接受原始凭证的企业名称或者个人姓名，如顾客姓名；四是经济业务内容，通常包括数量、单价和金额等；五是填制单位及

填制人姓名；六是经办人员的签名或者盖章；七是如果有附件，比如增值税专用发票后附的商品清单目录等，企业需要提供相应附件。

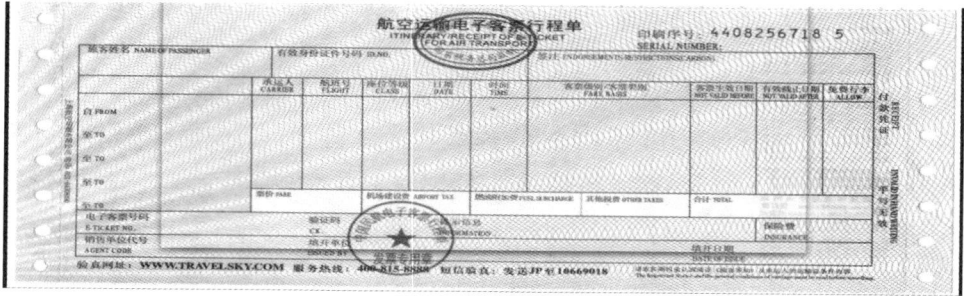

图 1-1　航空运输电子客票行程单

（二）原始凭证形式要件的规范要求

原始凭证形式要件的规范要求如表 1-1 所示。

表 1-1　原始凭证形式要件的规范要求

序号	规范要求	备注
1	从外单位获取的原始凭证，必须盖有该单位的公章或者发票专用章；从自然人处获取的原始凭证，必须有该自然人的签名或者盖章。自制的原始凭证必须有制作部门负责人或者指定的负责人签名或者盖章	—
2	原始凭证涉及大小写金额的，二者必须相符	—
3	涉及实物的原始凭证，必须有验收或者领用单据	—
4	销售退货的，企业除了需要按照规定开具红字发票或者相应发票，还必须留存退货验收证明，以及相应的资金支出单据	—
5	涉及借款的借款凭据必须被作为记账凭证的附件留存；企业还款时应另开具收据，不得退还原借款凭据	—
6	涉及审批的经济业务事项，审批文件通常需被作为原始凭证留存	在凭证注明批准机关、批准文件编号以及批准日期

（三）原始凭证填制要求

原始凭证填制要求如表 1-2 所示。

表 1-2　原始凭证填制要求

序号	填制要求	备注
1	记录的经济业务必须真实，包括业务、数字、发票，不能用虚假原始凭证进行会计核算	—
2	应将凭证内容填制完整，原始凭证所要求填列的项目，企业必须逐项填列齐全，单位名称或者自然人姓名必须填制完整，信息与相应营业执照或身份证保持一致	品名或者用途要填写得详细、明确，不能用笼统的信息加以概括
3	审批手续完备，按照内控审批表单整理	—
4	书写或者打印应清晰、规范。原始凭证文字应简明扼要，字迹清晰可见，使用规范汉字	
5	不得涂改、刮擦、挖补原始凭证。原始凭证有错误的，应当由开具单位重新开具或者更正，更正处需要加盖出具单位的印章	原始凭证金额错误的，一律重开，企业不能在原始凭证上直接更正
6	原始凭证的填制要及时，会计处理也应及时进行，特别是涉及费用性支出的原始凭证	除待摊费用外，费用性支出一律不得跨年核算

（四）关于不合规原始凭证的处理

关于不合规的原始凭证，企业有以下几种处理方式。

1. 作废的原始凭证需要加盖"作废"戳记，制度规定需要存档保管的资料，比如支票、本票或者发票等，企业需要存档并妥善保管。

2. 对于业务真实合法，但内容不够完整、填写有错误的原始凭证，企业应将其退至经办人员补充完善、修改更正或者重开。

3. 对于不真实、不合法的原始凭证，企业及会计人员应不予受理，并向单位负责人或者有关部门汇报。

二、发票合规管理

中国的税收征管是典型"以票控税"模式，发票是税收合规管理重要的形式要件，有着特殊意义，因此发票管理是企业财务风险管理和税收风险管理的重要环节，发票开具和发票索取的合规管理也是原始凭证合规管理的重要环节。

（一）发票的分类

我们可以按照广义和狭义的角度对发票进行分类。从狭义的角度看，发票仅指由税务机关监制的发票，即增值税专用发票和增值税普通发票，司法部门更多按照狭义的角度定义发票。从广义的角度看，发票指企业在经营活动中自己开具和从外单位取得的业务凭证（不包含仅作为资金往来依据的收款收据），企业财务部门、税务部门更多依据广义的角度定义发票。发票具体包括以下几类。

1. 狭义的发票，仅指由税务机关监制的发票，即增值税专用发票和增值税普通发票，图 1–2 为增值税专用发票，图 1–3 为增值税普通发票。

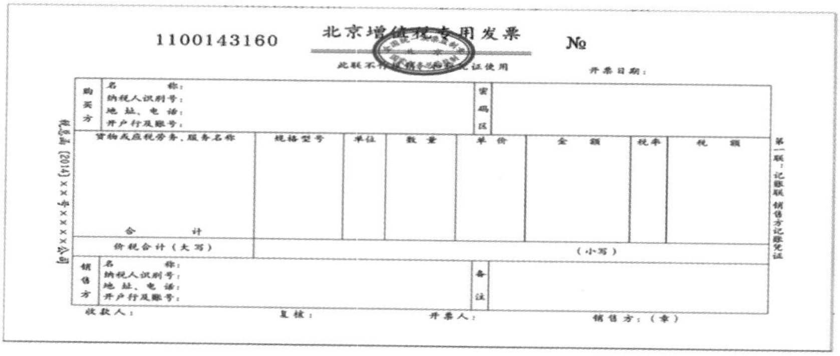

1100143160　北京增值税专用发票　№

此联不作报销、扣税凭证使用　开票日期：

购买方	名称： 纳税人识别号： 地址、电话： 开户行及账号：				密码区			
货物或应税劳务、服务名称	规格型号	单位	数量	单价	金额	税率	税额	
合计								
价税合计（大写）					（小写）			
销售方	名称： 纳税人识别号： 地址、电话： 开户行及账号：				备注			

收款人：　复核：　开票人：　销售方：（章）

税总函[2014]××号××××公司

第一联：记账联　销售方记账凭证

图 1–2　增值税专用发票

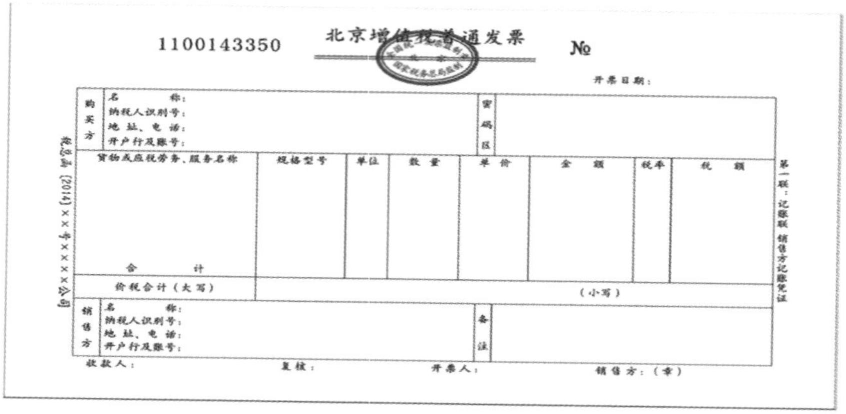

1100143350　北京增值税普通发票　№

开票日期：

购买方	名称： 纳税人识别号： 地址、电话： 开户行及账号：				密码区			
货物或应税劳务、服务名称	规格型号	单位	数量	单价	金额	税率	税额	
合计								
价税合计（大写）					（小写）			
销售方	名称： 纳税人识别号： 地址、电话： 开户行及账号：				备注			

收款人：　复核：　开票人：　销售方：（章）

税总函[2014]××号××××公司

第一联：记账联　销售方记账凭证

图 1–3　增值税普通发票

2.特殊行业发票，比如火车票、机票行程单、客运发票、机动车销售发票、二手车统一销售发票以及高速公路通行费等票据，上文的图1-1即为航空运输电子客票行程单。

3.海关缴款书，是指海关部门在企业进口货物通关时开具的海关缴款书。

4.财政票据，是指由财政部门监（印）制、发放、管理，国家机关、事业单位、具有公共管理或者公共服务职能的社会团体及其他组织（以下简称"行政事业单位"）依法收取政府非税收入或者从事非营利性活动收取财物时，向公民、法人和其他组织开具的凭证。

5.军队收费票据，是指由总后勤部按照规定的票据式样、数量和防伪技术要求统一组织印制，财政部监制，套印"中央财政票据监制章"和"中国人民解放军票据监制章"的票据。该票据为军队、武警部队因对外提供有偿服务而收费并开具的专用票据。

6.其他票据，比如由税务机关监制的旅游门票，按照税务机关要求制作的，供百货商场、加油站等零售场所使用的卷式发票等，如图1-4所示。

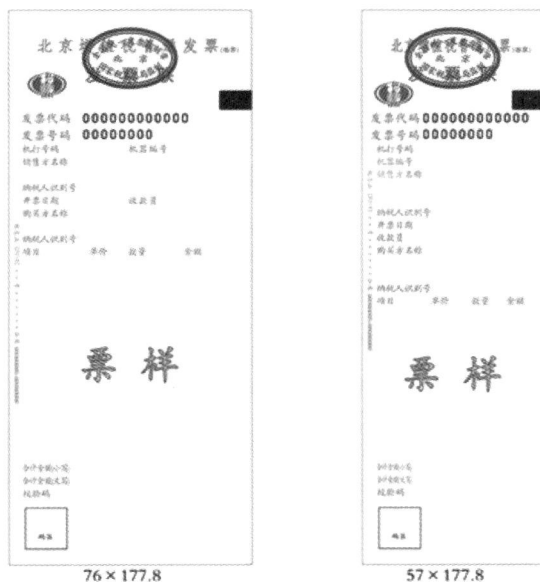

图1-4 卷式发票

（二）发票的管理制度

国家关于发票的管理制度非常多，也非常复杂，涉及刑法、行政法律、行政法规、部门规章以及相关制度，对增值税专用发票的管理尤其严格。

《中华人民共和国刑法》

《中华人民共和国刑法》在"破坏社会主义经济秩序罪－危害税收征管罪"一节对发票犯罪的罪名进行了规定。一是虚开增值税专用发票、用于骗取出口退税、抵扣税款发票罪；二是虚开发票罪；三是伪造、出售伪造增值税专用发票罪；四是非法出售增值税专用发票罪；五是非法购买增值税专用发票、非法购买伪造增值税专用发票罪；六是非法制造、出售非法制造的用于骗取出口退税、抵扣税款发票罪；还有持有伪造发票罪等其他罪名，本书不再一一列举。

《中华人民共和国发票管理办法》

2010 年 12 月，《国务院关于修改〈中华人民共和国发票管理办法〉的决定》（国务院令第 587 号）出台，对发票管理制度进行了完善。比如第二十一条规定："不符合规定的发票，不得作为财务报销凭证，任何单位和个人有权拒收。"

《中华人民共和国发票管理办法实施细则》

2018 年 6 月，国家税务总局发布《国家税务总局关于修改部分税务部门规章的决定》，对《中华人民共和国发票管理办法实施细则》（以下简称《发票管理办法实施细则》）进行修订，该文对发票的印制、发票的领购、发票的开具与保管、发票检查以及发票违规的处罚等方面详细地进行了规范。

《增值税专用发票使用规定》

2006 年 10 月，国家税务总局对《增值税专用发票使用规定》进行了修订（国税发〔2006〕156 号），对增值税专用发票的开具、保管，增值税防伪税控系统以及专用设备管理进行了详细规定，其中部分条款随着营改增的实施、科技的发展对增值税专用发票的简化提出了建议，该文件目前是最完善的增值税专用发票管理规章之一。

《国家税务总局关于增值税发票开具有关问题的公告》

2017 年 5 月，《国家税务总局关于增值税发票开具有关问题的公告》（国家税务总局公告 2017 年第 16 号）出台，文件明确规定，销售方开具发票时，发票内容应按照实际销售情况如实开具；购买方取得发票时，不得要求销售方变更品名和金额。

《财政票据管理办法》

财政部于 2012 年 10 月发布《财政票据管理办法》（中华人民共和国财政部令第 70 号）对财政票据的管理进行规范，财政票据应当套印全国统一式样的财政票据监制章。但企业需要明白，财政票据仅适用于非税政府规费收取以及非营业性活动，如果涉及营业性服务，企业必须索取发票，作为报销的原始凭证。

《军队票据管理规定》

2011 年 7 月，财政部联合解放军总后勤部重新修订印发《军队票据管理规定》，军队票据仅限军队、武警部队使用，票据套印"中央财政票据监制章"和"中国人民解放军票据监制章"。

《企业所得税税前扣除凭证管理办法》

2018 年 6 月，国家税务总局发布《企业所得税税前扣除凭证管理办法》（国家税务总局公告 2018 年第 28 号），对企业所得税税前扣除凭证管理进行详细规定。该文对企业所得税汇算清缴过程中涉及的发票问题进行了详细规范，更详细地对企业所得税汇算清缴工作进行了指导。

（三）不得开具增值税专用发票的情形

目前税务机关对增值税实行以票管税模式，所以增值税专用发票管控环节成为关键之关键。对于企业而言，增值税专用发票开具环节变得尤为重要，如果开具失误，既影响收票单位的抵扣，也影响开票单位的考核。不得开具增值税专用发票的情形通常包括以下 6 种情形，本书不再详述。

1. 属于个人消费的产品及劳务不得开具的情形；

2. 免征项目、非应税项目以及零税率等情形；

3. 预付款未消费情形；

4. 提供特殊劳务及服务情形；

5. 特殊产品销售情形；

6. 不符合增值税管理规范等特殊情形。

三、记账凭证合规管理

记账凭证是财务人员根据审核无误的原始凭证，按照经济业务事项的内容加以归类，并确定会计分录后所填制的会计凭证。我国采用复式记账法填制记账凭证，遵循“有借必有贷，借贷必相等”的记账原则。

（一）记账凭证的分类

按照使用范围，记账凭证通常分为通用记账凭证和专用记账凭证。实务中使用专用记账凭证较多。专用记账凭证可分为收款凭证、付款凭证和转账凭证。收款凭证是记载库存现金及银行存款收款业务的会计凭证，通常颜色为红色；付款凭证是记载库存现金及银行存款付款业务的会计凭证，通常颜色为绿色；转账凭证是记载不涉及库存现金和银行存款业务的会计凭证，通常颜色为黑色。三种凭证的具体样式见图 1–5~ 图 1–7。

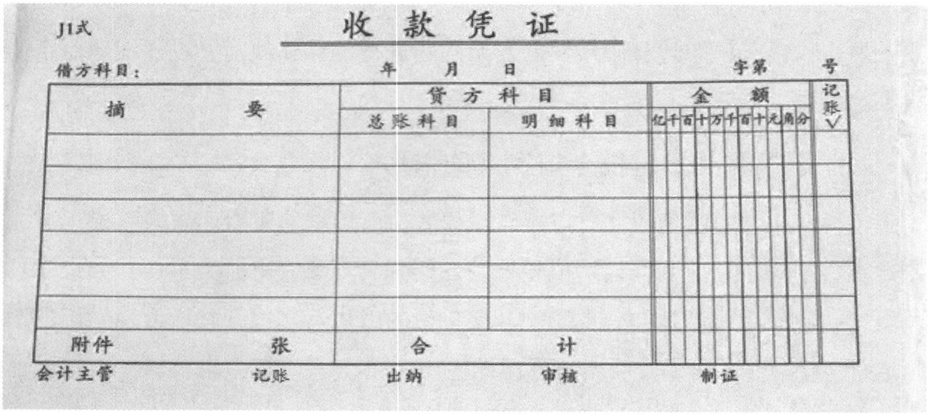
J1式

收 款 凭 证

借方科目：　　年　月　日　　字第　号

摘要	贷方科目		金额	记账√
	总账科目	明细科目	亿千百十万千百十元角分	
附件　张	合　计			

会计主管　记账　出纳　审核　制证

图 1–5　专用记账凭证 - 收款凭证图例

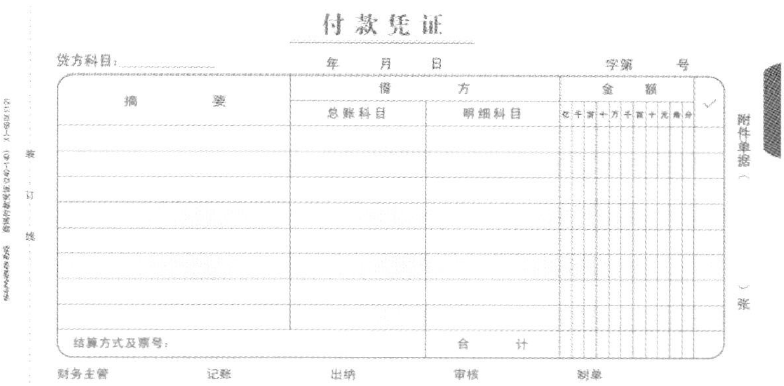

图 1-6　专用记账凭证 - 付款凭证图例

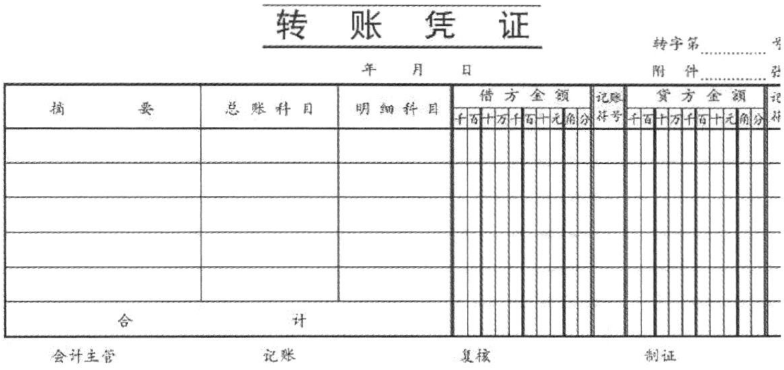

图 1-7　专用记账凭证 - 转账凭证图例

（二）记账凭证的基本内容

记账凭证的基本内容如表 1-3 所示。

表 1-3　记账凭证的基本内容

序号	基本内容	规范标准	备注
1	凭证名称	记账凭证的名称，如"收款凭证""付款凭证""转账凭证"	—
2	填制日期	记账凭证的填制日期，先有原始凭证后有记账凭证，注意逻辑时间	—
3	凭证编号	记账凭证按月连续编号	—
4	会计摘要	经济业务事项的内容摘要，摘要要求清晰、简明扼要	—
5	会计科目	包括一级科目、明细科目及其记账方向	—

11

（续表）

序号	基本内容	规范标准	备注
6	金额	经济业务事项涉及的金额，保持借贷相等	—
7	记账标记	通常标记"√"表示已登账	—
8	附件数量	除月末、年末结转凭证外，记账凭证都需要附原始凭证	—
9	会计签章	应有会计主管、记账、审核、出纳、制单等有关人员的签章；如果涉及现金收支，还应有交款人、收款人的签字或者盖章	—

（三）记账凭证的编制要求

记账凭证的编制要求如表 1–4 所示。

表 1–4　记账凭证的编制要求

序号	规范标准	备注
1	记账凭证各项内容要准确，审批手续完备	—
2	记账凭证编号要连续，如果属于手工记账凭证，对一笔经济业务需要填制两张以上记账凭证的，可以采取分数编号法编号	
3	记账凭证书写要规范，字迹要清晰、工整，原则上用碳素笔或者钢笔黑色墨水	负数用红字
4	记账凭证除月末、年末结转凭证外，均需要附原始凭证，可以根据单张凭证或者分类汇总填制记账凭证，但是不同内容和类别的原始凭证需被汇总填制在一张记账凭证上	—
5	记账凭证所附原始凭证张数的计算，一般应以原始凭证的自然张数为准，但在报销零星票券，比如过道费、停车费、车票等时，财务人员可以将多张票券合并粘贴在一张纸上，作为一张原始凭证。如果一张原始凭证涉及几张记账凭证的，可以将其贴在一张主要记账凭证后面，并在其他记账凭证上注明附有该原始凭证的记账凭证编号或者附上该原始凭证的复印件	—
6	一张原始凭证所列的支出需要几家单位共同承担的，对于其他单位负担的部分，应开具原始凭证分割单进行结算，原始凭证分割单必须具备原始凭证基本内容，通常后附该原始凭证复印件；涉及增值税专用发票项目的，尽量单独开具增值税专用发票，以便进行进项税额抵扣	—
7	若记账凭证填制有误，财务人员应当重新填制，并附详细的更正说明作为原始凭证附件。已登记入账的记账凭证在当年度发现填写错误的，可以用红字填写一张与原内容相同的记账凭证，再用蓝字重新填制一张正确的记账凭证。如果会计科目正确，只是金额错误，可以另填一张红字差额或者蓝字差额调整记账凭证。发现以前年度记账凭证有错误的，直接用蓝字填制一张更正的记账凭证	—
8	手工填制记账凭证，在填制完经济业务事项后如有空行，应当自最后一笔金额数字下的空行处至合计数的空行处之间划线注销	—

序号	规范标准	备注
9	记账凭证原则上是"一借多贷"或者"一贷多借"，禁止"多借多贷"，虽然信息化系统中已出现多借多贷会计凭证，但《会计基础工作规范》不允许有多借多贷情形	—

（四）记账凭证摘要填写注意事项

会计凭证摘要反映经济业务事项的主要内容，它既是会计凭证填写的重点，也是会计凭证审核，乃至审计部门、纪律检查委员会（以下简称"纪委"）发现问题的线索点，因此规范记账凭证摘要的填写非常重要，表 1–5 为记账凭证摘要填写注意事项。

表 1–5 记账凭证摘要填写注意事项

序号	规范要求	备注
1	摘要应该和实际交易事项一致并保证真实性，要避免因为笔误、对业务有错误理解、隐瞒业务真相等原因而导致凭证摘要与实际业务不一致的情况	—
2	格式统一，摘要应该为主谓宾句式，写清部门、经办事项、经办人，如"财务部黄某预借差旅费"	企业应建设会计摘要库
3	会计凭证摘要应简洁，太简单不能使人清楚了解业务内容，太详细也可能带来其他风险。会计摘要尽量精练、精确，避免龙飞凤舞、画蛇添足现象	会计摘要是实用文字并非文学创作
4	一事一记，会计分录的编制允许一借多贷、一贷多借以及特殊情况下多借多贷的样式（信息系统模式）。但是，财务人员应分别撰写，不能一条摘要写到底	—
5	重复发生的经济事项应注明时间，如"2020 年 6 月工行贷款利息"，目的是防止重记、漏记且方便日后查账	避免重复
6	频繁发生的采购等经济事项，应注明数量。如"销售部采购华硕电脑 5 台"。注明数量方便原始凭据统计分析	方便统计
7	更正会计分录时，摘要上应说明原错误的凭证号。如"更改 2020 年 5 月第 20 号凭证"。如更正错账时没有附件或原始凭证，摘要应写明调账原因或业务内容，如"更正 20 号凭证错账：冲减退货进项税额"	—
8	会计凭证摘要内容应合法，不能出现违法行为或者违纪行为等业务事项，敏感业务需要注意保密规定	注意敏感内容

第三节　会计账簿合规管理

会计账簿是指由一定格式的账页组成，以经过审核的会计凭证为依据的，全面、系统、连续地记录企业各项经济业务事项的簿册。设置和登记会计账簿是编制会计报表的基础，是连接会计凭证与会计报表的中间环节，在财务业务管理中具有重要意义。通过会计账簿的设置和登记，企业可以记载、储存财务信息，分类汇总、检查校正财务信息以及编制、输出财务信息。

一、会计账簿的分类

由于各个企业的经济业务事项和经营管理的要求差异，会计账簿的设置种类有所不同，我们能够从不同角度进行分类。

（一）按照用途分为序时账簿、分类账簿和备查账簿

1. 序时账簿也称日记账，通常包括现金日记账和银行存款日记账，图 1–8 为现金日记账图样。

现金日记账

年		凭证		类别	摘要	总页	借方	贷方	余额
月	日	种类	号数						

图 1–8　现金日记账图样

2. 分类账簿，按照总账账户登记的为总分类账簿，按照明细分类账户登记的为明细分类账簿，图 1-9 为明细账图样。

3. 备查账簿，是对某些在序时账簿和分类账簿等主要账簿中不予登记或者登记不够详细的经济业务进行补充登记的账簿。比如：数量管理资产备查簿、应收账款票据贴现备查簿等。备查账簿与记账凭证或者原始凭证不一定存在对应关系。

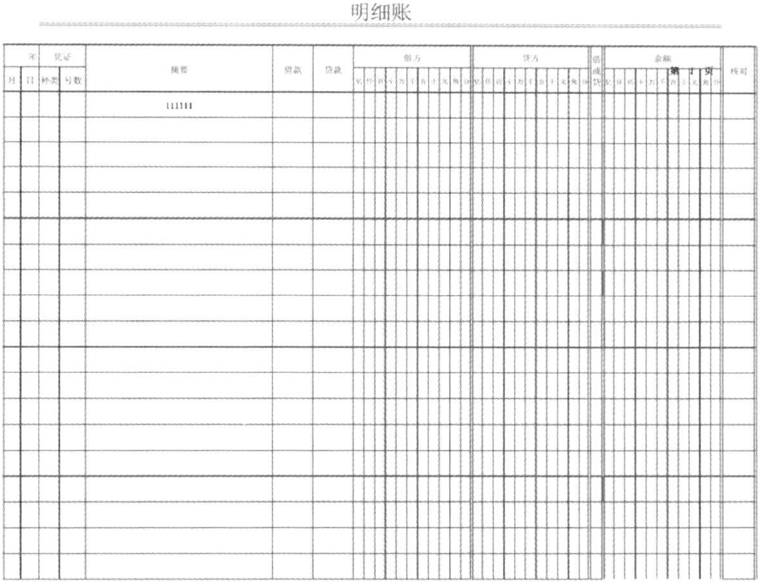

明细账

图 1-9　明细账图样

（二）按照账页格式分为两栏式账簿、三栏式账簿、数量金额式账簿和多栏式账簿

1. 两栏式账簿通常只有借方或者贷方两个基本金额栏目的账簿。实务中两栏式账簿并不多见。

2. 三栏式账簿，账页设置借方、贷方、余额（或者收入、支出、余额）三个基本栏目。通常的账簿都是三栏式账簿，图 1-10 为三栏式明细账图样。

3. 多栏式账簿，账簿在借方或者贷方栏下按需要分设若干专栏，其包括多栏式日记账、多栏式明细账。一般来说包括收入、成本、费用、利润和利润分配明细账，

图 1-11 为多栏式明细账图样。

4. 数量金额式账簿，账簿的借方、贷方和余额三个栏目分别设有数量、单价和金额栏，借以反映财产物资的实物数量与价值量。图 1-12 为数量金额式明细账图样，该账簿一般适用于原材料、产成品、在产品、库存商品等存货明细账。

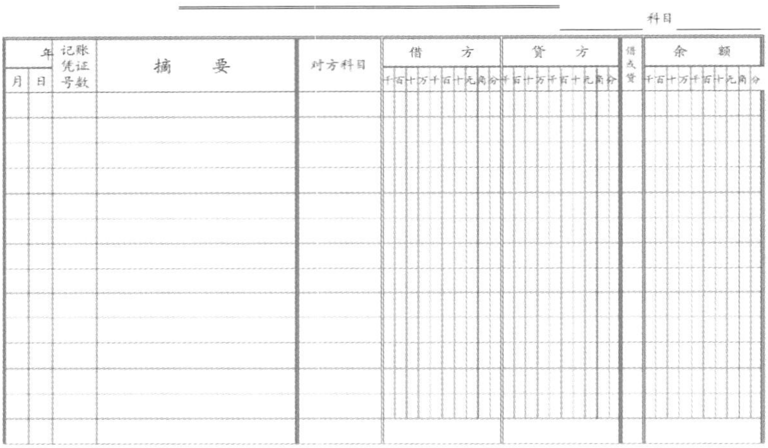

图 1-10　三栏式明细账图样

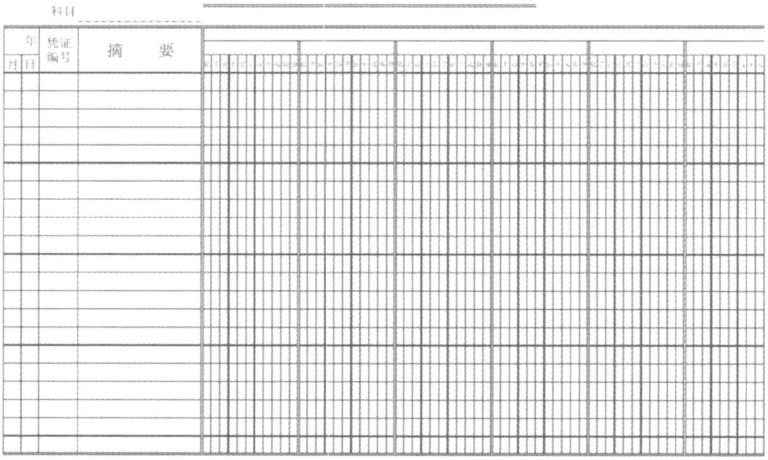

图 1-11　多栏式明细账图样

年		凭号证数	摘　要	账页	借　　　方													贷　　　方														结　　　存														稽核
					数量	单价	金　　额											数量	单价	金　　额										数量	单价	金　　额										
月	日						百	十	万	千	百	十	元	角	分					百	十	万	千	百	十	元	角	分				百	十	万	千	百	十	元	角	分	

图 1-12　数量金额式明细账图样

二、会计账簿的启用及记账规则

（一）会计账簿的启用

会计账簿是重要的会计档案，为确保账簿记录的合法性和完整性，明确记账责任，在启用账簿时，财务人员应在账簿封面写明单位名称和账簿名称，并在账簿扉页附启用表，图 1-13 为明细账簿启用表。企业若采用会计信息系统记账，年末也应打印出明细账页，账簿封面需要包含上述内容。

机构名称				印　　鉴			
帐簿名称	明　　细　　账　　（第　　册）						
帐簿编号							
帐簿页数	本账簿共计　　　　页	（本张本页数校点人盖章　　　）					
启用日期	公　元　　　年　月　　日						
经管人员	负责人		主办会计		复核		记帐
	姓　名	盖章	姓　名	盖章	姓　　名	盖章	姓　名　盖章
接交记录	经　　管　　人　　员			接　　管		交　　出	
	职　别	姓　　名		年　月　日　盖章		年　月　日　盖章	
备注							

图 1-13　明细账簿启用表

（二）会计账簿的记账规则

财务人员应当根据审核无误的会计凭证登记账簿，会计电算化系统也能自动通过会计凭证登记会计账簿。会计账簿的记账规则如表1-6所示。

表1-6　会计账簿的记账规则

序号	规范要求	备注
1	登记账簿时，应当将会计凭证的日期、编号、会计摘要、金额等信息登记入册，注意数字清楚、摘要清楚、登记及时、字迹工整	—
2	登记完毕后，需要在记账凭证上签名或者盖章，并在记账凭证上标记已经登账的信息，避免漏记、重记	—
3	账簿书写的文字和数字应该紧靠底线书写，上面适当留空，一般应留二分之一的空白以便于将来更正	—
4	登记账簿只能用蓝黑墨水笔或者碳素墨水笔，不能用圆珠笔、铅笔书写	—
5	红字仅用于特殊情形，红字冲账，登记减少数，三栏式账簿的负数	—
6	应按页次顺序连续登记，不得跳行、隔页。如果发生该种情形，需要标注"此页空白""此行空白"字样	—
7	需要结出余额的账户，应当在"借或贷"栏内标明"借"或"贷"，余额为零的需要标记"平"。现金日记账和银行存款日记账必须每日结出余额，当然现金日记账、银行存款日记账也不能出现贷方余额	—
8	当页登记完毕后，需要在最后一行的摘要栏内填写"过次页"，并在新的一页第一行的摘要栏内填写"承前页"。结转本月账户发生额的，结计"过次页"的本页合计数应为当月合计发生数，结转年度账户发生额的，结计"过次页"的本页合计数应为当年合计发生数	—

三、会计账簿的对账、更正及结账

（一）对账规则

对账就是核对账目，是指财务人员对会计账簿、会计账户记录进行核对和检查。在实际过程中，难免出现漏记、错记、串行等情况，出现账款不符、账物不符、账表不符的情况。所以财务人员在结账前后需要定期对账，做到账证相符、账实相符、账账相符、账表相符，为编制财务报告提供真实准确的数据资料（见表1-7）。

表 1-7　对账规则

序号	核对内容	核对规范	备注
1	账证核对	核对会计账簿记录与记账凭证乃至原始凭证的信息是否相符，包括时间、编号、内容、金额、记账方向等是否一致。实务工作中，现金、银行存款日记账需要与收付款凭证核对；总账应与记账凭证核对，明细账与记账凭证或原始凭证核对	—
2	账账核对	核对不同账簿之间记录是否一致，各种账簿之间存在钩稽关系，利用核对机会，发现记账工作的错误，为更正和整改提供机会。通常包括将总账与相关账户余额核对，总账与所属明细账核对，总账与序时账簿核对以及明细账之间的相互核对	—
3	账实核对	通常将各项实物资产、债权债务等账面余额与实际余额进行核对。一是库存现金与现金日记账核对，对账需要编制现金盘点表。二是银行存款日记账余额与银行对账单的余额核对相符，一般至少每月核对一次，并由会计岗位编制银行存款余额调节表。三是各项财产物资明细账账面余额与财产物资的真实数量进行核对，主要核对方式是资产盘点或者资产清查。四是往来科目账面余额与对方单位的账面记录核对一致，包括对挂账金额、欠款时间进行核对，通常采用往来函证的方式完成	资产清查
4	账表核对	会计账簿与财务报告数据核对一致	—

（二）错账更正方法

若账簿记录发生错误，不得涂改、挖补、刮擦或者用药水消除字迹，不准重新抄写，必须按照下列方法更正。（1）划线更正法，若在结账前发现账簿记录有文字或者数字错误，而记账凭证没有错误，可以采用划线更正法。（2）错误根源来自会计凭证的，需要按照会计凭证错误更正方法，重新填写会计凭证并登记账簿。

（三）账簿结账及程序规则

结账是指会计期末，财务人员将本期内所有会计凭证全部登记至相应账簿后，计算出本期发生额和期末余额，目的是编制财务报告。结账的目的通常有以下三个，一是结清各种损益类账户发生额合计，据以确定利润表项目的填报数据；二是结清各类资产、负债和所有者权益类账户本期发生额合计和期末余额，据以填报资产负债表项目的填报数据；三是分析现金、银行存款等货币类账户的分类发生额，以及不影响现金流量的折旧摊销、往来类等会计科目的发生额或者差额，据以编制现金流量表。

结账通常包含以下步骤。

1. 第一步：将本期的会计凭证全部登记入账，并保证其正确性。结账时间必须与会计期间一致，不能提前或者延后结账。

2. 第二步：根据权责发生制原则要求，补充调整有关科目，合理确定本期的收入、成本和费用。包括应计收入、应计费用、收入的期间预计、成本的分期摊销等。

3. 第三步：将损益类科目转入"本年利润"科目，结平所有损益类科目；结清所有收入、费用账户；计算出本期的成本、利润或者亏损，把经营成果在账簿中反映出来。

4. 第四步：计算出资产、负债和所有者权益科目的本期发生额和余额，并结转至下期。

5. 第五步：年末分析计算出现金流量表项目并计算出发生额或者余额。

第四节　财务报告合规管理

每个会计期末，企业必须根据会计账簿的资料，按照国家或者国际规定的报表格式、内容和编制方法，对资料进行进一步归集、加工和汇总，编制成相应的会计报表。财务报告主要包括资产负债表、利润表、现金流量表、所有者（或股东）权益变动表、会计报表附注，部分企业还要求编制财务情况说明书。当然年度财务会计报告和中期财务报告的编制频率有所差异，通常中期财务会计报告包括资产负债表、利润表、现金流量表和会计报表附注；制作年度财务报告还包括编制所有者权益变动表和财务情况说明书。年度财务报告通常包括财务报告的全部内容，有限责任公司和股份有限公司的报告还需要经过会计师事务所审计，并在审计之后报送注册会计师签过字的审计报告。

一、财务报告编制的合规准备

企业编制财务报告，应当在编制前做好三项准备工作。

（一）全面财产清查

企业在编制年度财务会计报告前，应当按照财务制度的规定，全面清查资产并核实债务的真实性。企业在清查、核实后，应当将清查核实的结果及其处理办法向企业的总经理办公会、董事会或者相应机构报告，并根据国家统一的会计制度规定及时进行相应会计处理。财产清查内容如表1–8所示。

表1–8 财产清查内容

序号	财产清查内容	备注
1	往来款项和货币资金的清查签认，包括应收款项、应付账款、应交税费等是否真实存在；与债务、债权单位的相应债务、债权金额是否一致，账龄是否存在差异，以及是否存在长期无动态的债权债务；银行存款是否与银行数据一致；应收票据时间、金额、票据是否真实一致	—
2	原材料、在产品、自制半成品、库存商品等各项存货的实存数量与账面数量经盘点是否一致，存货中是否存在低效无效资产	—
3	各项投资是否存在，投资收益是否按照国家统一的会计制度规定进行确认和计量，是否存在减值等情形	—
4	房屋建筑物、机器设备、运输工具等各项固定资产的实存数量与账面数量是否一致，土地面积是否与土地证件一致，是否存在低效无效资产	—
5	在建工程的实际发生额与账面记录是否一致，是否与在建工程现场档案内容一致	—
6	无形资产、长期待摊支出的真实性、时效性是否一致，摊销期限是否真实准确，是否存在减值情形	—
7	需要清查、核实的其他内容	

（二）核查重点会计关注事项的处理结果

企业在编制财务会计报告前，还应当核查重点会计关注事项的处理结果（见表1–9）。

表1–9 核查重点会计关注事项的处理结果

序号	核查内容	备注
1	核对会计账簿记录与会计凭证的内容、金额是否一致，记账方向是否一致，还有重要会计业务事项的原始凭证的核实	—
2	按照国家规定的结账规范和日期进行结账，结出有关会计账簿的余额和发生额，并核对各会计账簿之间的余额	—
3	核实会计制度的执行状况，特别是涉及会计准则或者相关制度发生变动的经济业务事项的处理状况，以及处理结果是否符合制度规范	—

（续表）

序号	核查内容	备注
4	针对企业会计准则或国家统一的会计制度没有明确规范的经济业务事项，财务人员的职业判断和方法选择是否符合会计核算的一般原则，经济业务事项的确认和计量以及相关账务处理是否偏离常规	—
5	核实是否存在会计差错、会计政策变更的会计业务事项，以及是否需要调整前期或者本期相关项目，是否披露变动数和影响数	—

（三）合并财务报告的编制准备

如果企业需要合并财务报告，还应遵守合并财务报告的编制准备要求。

1. 核实合并报表子公司的编制范围，特别注意需要编入或者需要排除的子公司。

2. 分析子公司与母公司会计核算政策的差异，做好账务调整工作，确保编制制度基本一致。

3. 清理涉及合并报告的母公司与子公司的关联交易事项，为内部交易事项的抵消做好资料准备。

二、资产负债表编制的合规事项

资产负债表的项目通常按照相应会计科目的当期发生额或者余额编制，但存在一些容易错填的特殊事项，需要重点关注（见表1–10）。

表 1–10　资产负债表填报注意事项

序号	报表项目	填报注意事项	备注
1	货币资金	指反映公司库存现金、银行结算账户存款、其他货币资金等期末余额的合计数。本项目根据"现金""银行存款""其他货币资金"科目的期末余额合计填列	—
2	应收账款、预付账款、其他应收款	"应收账款""预付账款"填报期末借方余额，期末贷方余额应填报在"应付账款"项目内；"应付账款"的期末借方余额填报在"预付账款"项目内；"预收账款"期末借方余额填报在"应收账款"项目内；"其他应收款"项目填报"其他应收款"和"备用金"的期末借方余额，期末贷方余额填报在"其他应付款"项目内	—
3	待摊费用与预提费用	"待摊费用"通常填报其借方余额，贷方余额填报在"预提费用"；"预提费用"通常填报其贷方余额；其借方余额填报在"待摊费用"内	—

（续表）

序号	报表项目	填报注意事项	备注
4	一年内到期的非流动资产	填报公司长期应收款、债权投资等资产中将于一年内到期或摊销完毕的净额部分，以及"长期待摊费用"科目中将于一年内到期的净额部分	—
5	其他流动资产或其他非流动资产的项目	填报需要具体分析。一是企业期末持有的"衍生工具""套期工具""被套期项目"，应在"其他流动资产"项目反映。二是应交税费科目下的预交增值税、待抵扣进项税额、待认证进项税额、增值税留抵税额等项目的借方余额，应按照预期经济利益实现的方式和时间，分别列入"其他流动资产"或"其他非流动资产"。经济利益流入金额或减少流出金额能够可靠计量，且预期一年内实现的，应列入"其他流动资产"。三是按照《企业会计准则第14号——收入》的相关规定确认为资产的合同取得成本，应根据"合同取得成本"科目的明细科目初始确认时摊销期限是否超过一年或一个正常营业周期，在"其他流动资产"或"其他非流动资产"项目中填列。按照《企业会计准则第14号——收入》的相关规定确认为资产的应收退货成本，应根据"应收退货成本"科目是否在一年或一个正常营业周期内出售，在"其他流动资产"或"其他非流动资产"项目中填列	—
6	其他非流动金融资产	填报资产负债表日起超过一年到期且预期持有超过一年的以公允价值计量且其变动计入当期损益的非流动金融资产的期末账面价值。执行新金融工具准则的企业填列	—
7	在建工程	通常填报"在建工程"期末借方余额，企业根据项目概算购入不需要安装的固定资产、为生产准备的工具器具、购入的无形资产及发生的不属于工程支出的其他费用等，不列入"在建工程"	—
8	合同负债	企业因转让商品收到的预收款在"合同负债"科目核算，不再使用"预收账款"科目及"递延收益"科目。企业代第三方收取的款项，如增值税，应将包含的增值税予以扣除，确认为"应交税费——待转销项税额"，在"其他流动负债"或"其他非流动负债"中列报	—
9	一年内到期的非流动负债	反映长期应付款、长期借款、应付债券、预计负债、租赁负债等负债中将于一年内到期的部分金额。本项目根据"长期应付款""长期借款""应付债券""预计负债""租赁负债"等长期负债科目所属的"一年内到期的部分"等明细科目的期末余额填列	—
10	预计负债	包括公司期末一年期以上（不含一年）的对外提供担保、未决诉讼、产品质量保证、重组义务、亏损性合同、应付退货款、资产弃置费用等。一年内到期的预计负债，在流动负债类下的"一年内到期的非流动负债"项目反映。按照《企业会计准则第14号——收入》确认为预计负债的应付退货款，应当根据"预计负债"科目下的"应付退货款"明细科目是否在一年或一个正常营业周期内清偿，在"其他流动负债"或"预计负债"项目中填列	—

三、股东权益变动表编制的合规事项

股东权益变动表[①]是反映股东权益各组成部分本年的年初调整及在一定时期内增减变动情况的报表。它不仅包括所有者权益总量的增减变动，还包括所有者权益增减变动等重要结构性信息。"少数股东权益"栏目用于反映合并报表中少数股东权益变动的情况。股东权益变动表的填报注意事项如表 1-11 所示。

表 1-11　股东权益变动表的填报注意事项

序号	填报注意事项	备注
1	本表各项目应当根据当期净利润、直接计入所有者权益的利得和损失项目、所有者投入资本和向所有者分配利润、提取盈余公积等情况分析填列。在本表中，直接计入当期损益的利得和损失应包含在净利润中	—
2	会计政策变更和前期差错更正，分别反映企业会计政策变更和重要前期会计差错更正对期初所有者权益的累积影响金额	—
3	本年年初余额，反映企业在上年年末所有者权益余额的基础上，经会计政策变更、重要前期会计差错更正等调整后得出的本年年初各项所有者权益余额，需根据各所有者权益科目和"以前年度损益调整"科目的发生额分析填列	—
4	"其他综合收益"，反映企业会计准则规定未在损益中确认的各项利得和损失扣除所得税影响后的净额。主要包括：其他权益工具投资变动净额、现金流量套期工具公允价值变动净额、与计入所有者权益项目相关的所得税影响等。外币财务报表折算差额，在编制合并财务报表时，应在合并资产负债表中"其他综合收益"内列示	—
5	综合收益总额，反映企业当年的综合收益总额，应根据当年利润表中"其他综合收益"的税后净额和"净利润"项目填列，对应列在"其他综合收益"和"未分配利润"栏	—
6	所有者投入和减少资本，反映企业当年所有者投入和减少的资本。一是所有者投入的普通股，反映企业接受普通股投资者投入形成的实收资本（或股本）和资本（股本）溢价，对应列在"实收资本"和"资本公积"栏内；二是其他权益工具持有者投入资本，反映企业接受除普通股以外投资者投入形成的实收资本（或股本）和资本（股本）溢价，对应列在"实收资本"和"资本公积"栏内；三是股份支付计入所有者权益的金额，反映企业处于等待期中的权益结算的股份支付当年计入资本公积的金额，对应列在"资本公积"栏内	—
7	专项储备提取和使用，反映企业当年专项储备的提取和使用情况。一是"提取专项储备，反映企业当年依照国家有关规定提取的安全费用以及具有类似性质的各项费用，对应列在"专项储备"栏内；二是"使用专项储备"，反映企业当年按规定使用安全生产储备用于购建安全防护设备或与安全生产相关的费用性支出情况，以负数形式对应列在"专项储备"栏。专项储备的其他变动也在此项目中反映	—

---

① 股东权益变动表也称为所有者权益变动表。

（续表）

序号	填报注意事项	备注
8	所有者权益内部结转，反映不影响当年所有者权益总额的所有者权益各组成部分之间当年的增减变动，包括"资本公积转增资本（或股本）""盈余公积转增资本""设定受益计划变动额结转留存收益""其他综合收益结转留存收益"，该项目应根据"其他综合收益"科目的相关明细科目的发生额分析填列	—

四、利润表编制的合规事项

利润表是反映企业在一定会计期间经营成果的报表，它反映的是某一期间的情况。利润表也被称为损益表、收益表。

1."营业外收入"项目，主要包括债务重组利得、与企业日常活动无关的政府补助、盘盈利得、捐赠利得（企业接受股东或股东的子公司直接或间接的捐赠，经济实质属于股东对企业的资本性投入的除外）等。

2."营业外支出"项目，主要包括债务重组损失、公益性捐赠支出、非常损失、盘亏损失、非流动资产毁损报废损失等。

3."其他综合收益的税后净额"项目，反映企业根据企业会计准则规定未在损益中确认的各项利得和损失扣除所得税影响后的净额，其中归属于母公司所有者的其他综合收益的税后净额须按照能否重分类进损益具体分析并单独列示。在填报其他综合收益时，需要注意以下事项（见表1-12）。

表1-12　其他综合收益的填报注意事项

序号	填报项目	填报注意事项	备注
1	不能重分类进损益的其他综合收益	主要包括重新计量设定受益计划变动额、权益法下不能转入损益的其他综合收益、其他权益工具投资公允价值变动、企业自身信用风险公允价值变动	—
2	将重分类进损益的其他综合收益	主要包括权益法下可重分类进入损益的其他综合收益、其他债权投资公允价值变动、金融资产重分类计入其他综合收益的金额、其他债权投资信用减值准备、现金流量套期储备（现金流量套期损益的有效部分）、外币财务报表折算差额	—

（续表）

序号	填报项目	填报注意事项	备注
3	2.1 其他债权投资公允价值变动	首次执行新金融准则的企业适用，反映以公允价值计量且其变动计入其他综合收益的债权投资发生的公允价值变动。企业将一项以公允价值计量且其变动计入其他综合收益的金融资产重分类为以摊余成本计量的金融资产，或重分类为交易性金融资产时，之前计入其他综合收益的累计利得或损失从其他综合收益中转出的金额应作为该项目的减项	—
4	2.2 金融资产重分类计入其他综合收益的金额	首次执行新金融准则的企业适用，反映企业将一项以摊余成本计量的金融资产重分类为以公允价值计量且其变动计入其他综合收益的金融资产时，计入其他综合收益的原账面价值与公允价值之间的差额	—
5	2.3 其他债权投资信用减值准备	首次执行新金融准则的企业适用，反映企业按照《企业会计准则第 22 号——金融工具确认和计量》（2017 年修订）第十八条分类出的以公允价值计量且其变动计入其他综合收益的金融资产的减值准备	—
6	2.4 现金流量套期储备（现金流量套期损益的有效部分）	反映企业套期工具产生的利得或损失中属于套期有效的部分	—

五、现金流量表编制的合规事项

现金流量表，是反映企业在一定会计期间现金和现金等价物流入和流出的报表，所表达的是在一固定期间（通常是每季或每年）内，一家企业或机构的现金（包含银行存款）变动情况。现金流量表的填报注意事项如表 1–13 所示。

表 1–13　现金流量表的填报注意事项

序号	填报注意事项	备注
1	将现金存入银行，企业提取现金，不属于现金流量表项目，财务人员无须分类和填报	—
2	"销售商品、提供劳务收到的现金"项目，包含向购买者收取的增值税销项税额；"购买商品、接受劳务支付的现金"项目，包含向销售方支付的增值税进项税额	—
3	"收到其他与经营活动支付的现金"项目，包含罚款收入、流动资产损失中由个人赔偿的现金收入、经营租赁收到的租金等	—

序号	填报注意事项	备注
4	"支付给职工及为职工支付的现金"项目，不包括支付的离退休人员的各项费用和支付给在建工程人员的各项费用等	—
5	"支付的各项税费"项目，不包括实际支付的计入固定资产价值的增值税和耕地占用税等，也不包括本期退回的增值税、所得税。本期退回的增值税、所得税在"收到的税费返还"项目中反映	—
6	"支付其他与经营活动有关的现金"项目，包含支付的其他与经营活动有关的现金流出，填报罚款支出、支付的差旅费、业务招待费现金支出、支付的保险费、经营租赁所支付的现金、支付给离退休人员的各项费用（包括支付的统筹退休金以及未参加统筹的退休人员的费用）等费用支出	—
7	对因自然灾害造成的固定资产等长期资产的损失，企业将收到的保险赔偿收入填报在"处置固定资产、无形资产和其他长期资产收回的现金净额"项目中	—
8	"购建固定资产、无形资产和其他长期资产支付的现金"项目，包含支付的计入固定资产原价的增值税进项税额、支付给在建工程人员和为在建工程人员支付的各项费用等现金支出，但不包括为购建固定资产而发生的借款利息资本化部分，以及融资租入固定资产支付的租赁费	—
9	"支付其他与投资活动有关的现金"项目，包括购买长期股权投资、交易性金融资产、债权投资、其他债权投资、其他权益工具投资等费用支出。还包括实际支付的价款中包含的已宣告但尚未领取的现金股利或已到付息期但尚未领取的债券的利息，资本化的安保基金项目，资本性支出过程中发生的可抵扣税费等	—
10	"吸收投资收到的现金"项目，不包括企业以发行股票、债券等方式筹集资金而直接支付的审计、咨询等费用	—
11	"分配股利、利润和偿付利息支付的现金"项目，包括企业因购建固定资产发生的借款利息资本化部分	—
12	"收回投资收到的现金"项目，不包括债权投资收回的利息，以及收回的非现金资产，取得投资收益收到的现金和股票股利等	—

六、会计报表附注编制的合规事项

会计报表附注旨在帮助财务报表使用者深入了解财务报表的基本内容，以及财务报表制作者对财务报表的有关内容和项目所做的说明和解释。会计报表附注主要包括企业所采用的主要会计处理方法，会计处理方法的变更情况、变更的原因及对财务状况和经营业绩的影响，发生的非经常性项目，一些重要报表项目的明显情况，或有事项，期后事项以及其他对理解和分析财务报表而言重要的信息。会计报表附注的编写注意事项如表 1-14 所示。

表 1-14　会计报表附注的编写注意事项

序号	编写注意事项	备注
1	"应收票据"项目已贴现的商业承兑汇票应在会计报表附注中单独披露	—
2	"其他流动资产"项目中，其他流动资产价值较大的，财务人员应在会计报表附注中披露其内容和金额	—
3	"固定资产原价"项目和"累计折旧"项目中，融资租入固定资产的原价应在会计报表附注中加以反映	—
4	"其他非流动资产"项目中，如果其他长期资产价值较大，财务人员应在会计报表附注中披露其内容和金额	—
5	"其他流动负债"项目中，如果其他流动负债价值较大，财务人员应在会计报表附注中披露其内容及金额	—
6	"其他非流动负债"项目中，如果其他长期负债价值较大，财务人员应在会计报表附注中披露其内容及金额	—
7	企业慈善基金会产生资金增值，并以企业名义对外捐赠，而企业未实际发生捐赠资金支出的，企业应在会计报表附注中披露有关情况	—

第五节　会计档案合规管理

会计档案是指企业在进行会计核算等过程中接收或形成的，记录和反映单位经济业务事项的，具有保存价值的文字、图表等各种形式的会计资料，包括通过计算机等电子设备形成、传输和存储的电子会计档案。《会计基础工作规范》第四十五条对会计档案管理问题做出规定，财政部、国家档案局也联合制定了《会计档案管理办法》详细规范了会计档案管理工作。

一、会计档案基础资料的合规管理

（一）会计档案分类的合规管理

《会计档案管理办法》第六条规定，结合企业经营管理实际，下列会计资料应当进行归档（见表 1-15）。

表 1–15 会计档案归档内容

序号	归档类别	归档内容	备注
1	会计凭证类	包括原始凭证、记账凭证、汇总凭证和其他会计凭证。原始凭证是指由于数量过多而单独装订成册的会计档案	—
2	会计账簿类	包括总账、明细账、日记账、固定资产卡片和其他辅助性账簿。其他辅助性账簿包括库存现金盘点台账、支票管理台账、应收票据备查账簿、应付票据备查账簿和已核销往来款备查簿等	—
3	财务报告类	指月度、季度、年度财务报告，包括财务报表、附表、附注及文字说明以及其他财务报告等	—
4	电子介质财务信息资料	包括年度备份数据，财务软件升级前的备份数据、相应版本的系统应用程序软件及标准代码、数据库软件、每年一次的经系统管理员签字的系统管理维护记录本、本单位系统管理员名册、其他应该存档的资料或数据等	—
5	其他资料	包括银行存款余额调节表，银行对账单，增值税进项税抵扣凭证，票据存根，会计工作交接移交清册，会计档案管理相关清册，实物资产盘点明细表，债权债务签认单，增设或合并会计科目说明、会计科目名称对比明细表，会计印章启用、交接、封存或销毁记录，财务部门向各级主管部门上报的各种财务专题调查报表及相关文字材料，上级下达的与财务工作相关的文件，审计报告、资产减值计提核销记录、财产清查资料等其他应当保存的会计核算专业资料	—

（二）电子会计档案的合规条件

《会计档案管理办法》第八条、第九条规定，单位从外部接收的电子会计资料附有符合《中华人民共和国电子签名法》规定的电子签名的，可仅以电子形式归档保存，形成电子会计档案，但必须同时满足下列条件（见表 1–16）。

表 1–16 对电子档案的要求

序号	对电子档案的要求	备注
1	形成的电子会计资料来源真实有效，由计算机等电子设备形成和传输	—
2	使用的会计核算系统能够准确、完整、有效接收和读取电子会计资料，能够输出符合国家标准归档格式的会计凭证、会计账簿、财务会计报表等会计资料，设定了经办、审核、审批等必要的审签程序	—
3	使用的电子档案管理系统能够有效接收、管理、利用电子会计档案，符合电子档案的长期保管要求，并建立了电子会计档案与相关联的其他纸质会计档案的检索关系	—

序号	对电子档案的要求	备注
4	采取有效措施，防止电子会计档案被篡改	—
5	建立电子会计档案备份制度，有效防范自然灾害、意外事故和人为破坏的影响	—
6	形成的电子会计资料不属于具有永久保存价值或者其他重要保存价值的会计档案	—

（三）会计档案立卷的合规要求

每年形成的会计档案应当由财务部门于年度终了时，按照会计档案的分类整理立卷，装订成册，并编制案卷号，内容包括案卷号、案卷标题、起止年月、卷号、册数、应保管期限以及起止凭证号等信息（见表1-17）。

表 1-17　会计档案立卷的合规要求

序号	资料类型	整理要求	备注
1	会计凭证	按月份和册号顺序整理，月内按凭证种类，即先会计凭证、后原始凭证的顺序编制册号和年度案卷总序号	—
2	会计账簿	除跨年度使用的会计账簿外，按总账、日记账、明细账、其他辅助性账簿的顺序，编制年度案卷总序号	—
3	财务会计报告	按月份顺序整理装订成册并编制年度案卷总序号，月内按合并会计报告类、汇总会计报告类、本企业财务会计报告类、下级企业财务会计报告类的顺序整理，大分类内再按报表、报表附注、财务情况说明书、财务分析的顺序整理，报表按其编号的顺序整理；将年度财务会计报告单独装订成册	—
4	其他会计资料	其他应当保存的会计核算专业资料按资料名称分别整理立卷并分别编制年度案卷总序号；同一名称的会计资料按时间顺序分册或合并装订	—

二、会计档案保管、借阅、销毁的合规

（一）会计档案保管的合规要求

会计档案按档案管理规定的要求及时移交给本单位档案机构统一保管。当年形成的会计档案，在会计年度终了后可暂由会计机构保管一年，期满之后，应当由会

计机构编制移交清册，移交本单位档案机构统一保管；财务部门临时保管会计档案的时间最长不超过三年。未设立档案机构的，应当在会计机构内部指定专人保管，出纳人员不得兼管会计档案。会计档案保管要求如表 1–18 所示。

表 1–18　会计档案保管要求

序号	会计档案保管要求	备注
1	移交档案部门保管的会计档案，应当由财务部门根据会计档案管理规范要求分类，选取应归档的会计档案编制会计档案移交申请单。会计档案移交申请单应当列明档案机构、年月、档案接管单位、档案接管人。如有需注释的其他情况，财务人员应当在会计档案移交申请单的备注中加以说明	—
2	档案接管人按档案移交清册及案卷目录所列内容逐项核收（非纸质档案还需要检验合格），电子会计档案应当经交接双方共同审核确认。移交原则上应当保持原卷册的封装，个别确须拆封重新整理的，移交部门应当根据档案部门的管理要求拆封整理后重新归档。移交完成后，经办人员应当打印会计档案移交清册（包括档案交接文据和企业档案目录等），一式二份，分别由移交部门和接管部门保存	—
3	移交本单位档案机构保管的档案，原则应当保持原卷册的封装。个别确须拆封重新整理的，档案机构应当会同财务部门和经办人员共同拆封整理，以分清责任。移交电子会计档案时应当将电子会计档案与其元数据一并移交，且文件格式应当符合国家档案管理的有关规定。特殊格式的电子会计档案应被与其读取平台一并移交。移交清册一式二份，分别由移交部门和接管部门保存	—
4	企业与外部单位或本企业内部单位之间交接会计档案的，交接双方应当办理会计档案交接手续。移交会计档案的单位，应当编制会计档案移交清册，列明应当移交的会计档案名称等规范内容。交接会计档案时，交接双方应当按会计档案移交清册所列内容逐项交接，并由交接双方的单位负责人负责监交。交接完毕后，交接双方经办人和监交人应当在会计档案移交清册上签名或盖章。档案接受单位应当对保存电子会计档案的载体及其技术环境进行检验，确保所接收电子会计档案准确、完整、可用且安全	—
5	因业务移交其他单位办理所涉及的会计档案，应当由原单位保管，承接业务单位可查阅、复制与其业务相关的会计档案，对其中未结清的会计事项所涉及的原始凭证，应当单独抽出由业务承接单位保存，并按规定办理交接手续	—
6	企业分立后原单位存续的，其会计档案应当由分立后的存续方统一保管，其他方可查阅、复制与其业务相关的会计档案；分立后原单位解散的，其会计档案应当经各方协商后由其中一方代管或移交当地档案馆代管，各方可查阅、复制与其业务相关的会计档案。单位分立中未结清的会计事项所涉及的原始凭证，应当单独抽出由业务相关方保存，并按规定办理交接手续	—
7	企业合并后原各单位解散或一方存续其他方解散的，原各单位的会计档案应当由合并后的单位统一保管；单位合并后原各单位仍存续的，其会计档案仍应由原各单位保管	

（续表）

序号	会计档案保管要求	备注
8	企业因撤销、解散、破产或者其他原因而终止的，在终止和办理注销登记手续之前形成的会计档案，应当移交企业档案馆或当地档案馆代管。法律、法规另有规定的，从其规定	—
9	建设单位在项目建设期间形成的会计档案，应当在办理竣工决算后移交给建设项目的接受单位，并按规定办理交接手续	—
10	会计档案的保管期限分为永久、定期两类。定期保管期限分为 10 年和 30 年。会计档案的保管期限，从会计年度终了后的第一天算起。《会计档案管理办法》规定的会计档案保管期限为最低保管期限，各类会计档案的保管原则上应当按照《会计档案管理办法》之《附表 1：企业和其他组织会计档案保管期限表》所列期限执行	—

（二）会计档案借阅的合规要求

企业保存的会计档案原则上不得外借。如有特殊需要，财务部门负责人需要予以批准并办理登记手续，会计档案方可被外借、查阅或者复制。查阅或者复制会计档案的人员，严禁在会计档案上涂画、拆封、进行抽换。企业应建立健全会计档案的查阅、复制登记制度。

1. 查阅的审批手续和程序可以参考表 1–19 进行设置。

表 1–19　查阅的审批手续和程序

序号	规范要求	备注
1	查阅人必须填具档案查阅申请单，经请示部门负责人同意后方可查阅	—
2	会计档案保管人根据财务负责人的审批意见，将查阅单位名称或人员、查阅初始时间、查阅目的和查阅或复印会计档案名称、卷号，填写在会计档案查阅登记清册相应栏内	—
3	向查阅人提供会计档案，由查阅人在会计档案查阅登记清册借阅栏内签名并备注"查阅或复印"字样	—
4	查阅或复印完毕后交回会计档案时，会计档案保管人员在会计档案查阅登记清册记录查阅或复印的内容，查阅人和档案保管人员需要在会计档案查阅登记清册中签名	—

2. 查阅地点的限定：查阅人通常应在会计档案室内查阅，如需将资料带出档案室，必须经财务部门负责人同意。

3. 查阅期限的限定：查阅人应在限期内归还所查阅的会计档案，档案管理员应登记收回日期。

4. 会计档案保管人员应当监督查阅或复印会计档案的全过程，严禁涂写、拆封或替换资料行为。

5. 向外单位提供原始凭证复印件时，必须有对方单位出具的盖有公章的证明或单位介绍信，且派专人陪同复印。

（三）会计档案销毁的合规要求

企业应当定期对已到保管期限的会计档案进行鉴定，并形成会计档案鉴定意见书。经鉴定，仍需继续保存的会计档案，应当重新划定保管期限；对保管期满，确无保存价值的会计档案，可以进行销毁。会计档案鉴定工作应当由企业档案管理机构牵头，组织会计、审计、纪检监察等机构或人员共同进行。

经鉴定可以销毁的会计档案，除未结清的债权债务原始凭证和涉及其他未了事项外，可以按照以下步骤销毁。

1. 第一步：由本单位档案机构会同会计机构提出销毁意见，编制会计档案销毁清册，列明销毁会计档案的名称、卷号、册数、起止年度和档案编号、应保管期限、已保管期限、销毁时间等内容。

2. 第二步：单位负责人、档案管理机构负责人、会计管理机构负责人、档案管理机构经办人、会计管理机构经办人在会计档案销毁清册上签署意见。

3. 第三步：销毁会计档案时，应当由档案机构和会计机构共同派员监销。

4. 第四步：监销人在销毁会计档案前，应当按照会计档案销毁清册所列内容清点、核对所要销毁的会计档案；销毁后，应当在会计档案销毁清册上签名盖章，并将监销情况报告各企业负责人。电子会计档案的销毁应当符合国家有关电子档案的规定，并由单位档案管理机构、会计管理机构和信息系统管理机构共同派员监销。

5. 第五步：保管期满但未结清的债权债务原始凭证和涉及其他未了事项的原始凭证，不得被销毁，纸质会计档案应被单独抽出立卷，电子会计档案被单独转存，保管到未了事项完结时为止。单独抽出立卷的会计档案，应当在会计档案鉴定意见书、会计档案销毁清册和会计档案保管清册中列明。

6. 第六步：实施销毁。

第六节　会计资料合规检查的要点

会计资料合规检查使得会计资料合规管理得以落实，方便企业督促以及跟踪业务，所以做好会计资料合规检查，也是进行会计资料合规管理的关键环节之一。

一、原始凭证合规检查的要点

原始凭证合规检查的要点及考核标准如表 1-20 所示。

表 1-20　原始凭证合规检查的要点及考核标准

序号	考核标准	基础分值举例	扣分标准举例
1	发票本身必须合法并加盖开票单位有效的业务公章	2	发票不合法扣 0.5~1.3 分；合法发票缺少开票单位公章的，扣 0.2 分
2	原始凭证 7 项要素必须齐全	2	7 项要素缺项的，酌情扣 0.2~2 分
3	经上级有关部门批准的经济业务，应当将批准文件作为原始凭证附件	1	应附批准文件而未附的，扣 0.5~1 分
4	购买物品原始发票必须附有物品验收单及单位领导、经办人、保管人的签字	1	无验收单的，1 项扣 0.2~0.4 分；有验收单而签字不全的，1 项扣 0.1 分
5	对于丢失的原始凭证，应当取得原单位存根联复印件和盖有原单位有效的业务公章及经办人员签名的证明；无法取得证明的，由当事人写出详细情况说明，并经会计机构负责人和单位负责人批准，才能代做原始凭证	2	无证明或说明的，扣 0.5 分；证明或说明未经有关责任人批准的，扣 0.3 分
6	对于已核销的票证，必须加盖已核销章	2	每漏盖 1 张扣 0.1 分

二、记账凭证合规检查的要点

记账凭证合规检查的要点及考核标准如表 1-21 所示。

表 1-21　记账凭证合规检查的要点及考核标准

序号	考核标准	基础分值举例	扣分标准举例
1	本单位的记账凭证应格式统一、编号连续	1	记账凭证的格式不统一或编号不连续的，扣 0.5 分

（续表）

序号	考核标准	基础分值举例	扣分标准举例
2	记账凭证的金额、附件张数与所附原始凭证的金额、张数应完全相符；各项辅助信息应准确齐全，会计分录正确	1	金额或附件张数不符的，扣0.2分；会计分录不正确的，扣0.1~0.2分
3	记账凭证的摘要应简明通顺，无错别字，能够反映经济业务的实际内容	1	摘要不清楚、有错别字的，1张扣0.1分；不能正确反映经济业务内容的，每张扣0.1分
4	记账凭证要素要齐全，盖章、签字齐全	1	少1处盖章或签字的，扣0.1分
5	一张原始凭证所列支出需几个单位共同负担的，应当开给对方原始凭证分割单，内容符合规范要求	1	未开分割单的，扣0.2分；分割单内容不全的，扣0.1分
6	调账的凭证应附调账原因的详细说明和被调凭证的复印件，同时应由调账凭证编制人及原凭证编制人在调账说明上签章	1	无调账说明、无被调凭证复印件、原凭证未注调账说明、无调账凭证编制人及原凭证编制人签章的，每张扣0.1分
7	有关计提、摊销等凭证应附有计算单；计算单列明摊提基数、标准、金额	1	无计算单的，扣0.2分；有计算单但没有列明基数、标准、金额的，扣0.1分
8	按照制单－复核－出纳－保管的程序，制定本单位的凭证传递流程，保证凭证的传递合理、快捷	1	未按流程执行的，扣0.2分
9	记账凭证的装订要整齐、美观、规范：凭证封面有年月日、凭证册号和起止号；凭证侧脊要有年月日、册号、起止号、卷号；凭证要有财务主管和装订人盖章；封面所有数字戳和盖章必须清晰、端正	2	记账凭证的装订不整齐、不美观、不规范的，扣0.1~0.4分；年月日、册号、起止号、卷号，缺1项扣0.1~0.4分；无财务主管或装订人盖章的，扣0.1分；封面盖章模糊或不端正的，扣0.1分

三、会计账簿合规检查的要点

会计账簿合规检查的要点及考核标准如表1–22所示。

表 1-22　会计账簿合规检查的要点及考核标准

序号	考核标准	基础分值举例	扣分标准举例
1	根据制度要求和本单位实际设置总账、明细账和日记账	2	账簿设置不齐全的，扣 1~2 分
2	使用账簿必须填写启用表，加盖公章，贴上印花税，并按规定划线	1	封侧面不注明单位名称、账簿名称、年份的，每项扣 0.1 分；启用表填写盖章不齐全的，缺 1 项扣 0.1 分；未贴印花税、未划线注销的，每项扣 0.1 分
3	现金、银行存款及内部存款日记账原则上不准出现贷方余额，严格执行收支两条线	2	每发现 1 次违反规定的情况，扣 0.1 分
4	实行计算机核算的单位要定期打印、装订活页账	2	打印不及时的，扣 0.2 分；打印未装订的，扣 0.1 分
5	必须按规定时间和要求结账	1	未在规定时间内结账的，每次扣 0.1 分；未按要求结账的，每次扣 0.1 分
6	必须按规定对账，做到账账相符、账表相符、账实相符，现金账与库存现金相符，银行日记账与对账单相符	2	账账、账表、账实不符的，扣 0.2~0.5 分

四、会计报表合规检查的要点

会计报表合规检查的要点及考核标准如表 1-23 所示。

表 1-23　会计报表合规检查的要点及考核标准

序号	考核标准	基础分值举例	扣分标准举例
1	上报的部分会计报表报送应及时；报表数据真实准确、内容全面；报表之间的钩稽关系应正确无误	4	不按规定日期上报的，1 次扣 0.2 分；报表数据错误扣 0.2 分；报表内容不全的，每少 1 项扣 0.2 分；报表钩稽关系不对的，扣 0.1~0.5 分
2	会计报表由单位领导、总会计师、会计机构负责人审阅并签章	1	缺少签字或盖章的，1 份扣 0.2 分
3	报表说明内容应详细、清楚	2	无报表说明的，1 份扣 0.7 分；说明简单的，1 份扣 0.3~0.5 分
4	报表封面项目应填写齐全；包括：单位名称、单位公章、单位编号、年度、季度、月份、报送时间	2	缺少 1 项扣 0.1 分

（续表）

序号	考核标准	基础分值举例	扣分标准举例
5	报表装订整齐；有报表目录、页号	1	报表装订不整齐的，扣 0.1~0.2 分；报表无目录的，扣 0.1 分；报表无页号的，扣 0.1 分

五、会计档案合规检查的要点

会计档案合规检查的要点及考核标准如表 1–24 所示。

表 1–24　会计档案合规检查的要点及考核标准

序号	考核标准	基础分值举例	扣分标准举例
1	制定会计档案管理制度并设专（兼）职人员管理	2	未建立档案管理制度的，扣 1 分；未设专人管理的，扣 1 分
2	履行档案归档、借阅、销毁的手续并做好记录	1	无归档、借阅、销毁纪录的，缺 1 项扣 0.2 分
3	会计凭证、账簿、报表、财务预算、工作总结、各种文件资料以及其他重要会计资料必须被存档保管	2	会计账、表及资料归档不全的，扣 0.5~1 分；归类不齐的，缺 1 张或 1 份扣 0.1 分
4	归档的会计档案必须保证数据准确	1	归档数据不准确的，扣 0.2 分
5	会计档案要按规定整理立卷、编制目录，按时归档保管，做到安全保密、存放有序、外观整齐	2	档案立卷不完整的，扣 0.1 分；没编制目录的，扣 0.1 分；封面和侧封、卷号不统一的，扣 0.1 分；档案归档不及时的，扣 0.1 分；档案保管的安全措施不到位的，扣 0.1 分；摆放混乱、无序的，扣 0.1 分
6	超过一年的会计档案要及时移送至档案部门，按规定办理移交手续	1	不按时移交的，扣 0.2 分；无移交记录的，扣 0.1 分
7	保管期满但未结清的债权债务和涉及其他未了事项的原始凭证，应被独立保管	1	未独立保管的，扣 1 分

第二章 会计科目合规管理

第一节 会计科目的常见不合规问题

[**案例 2-1：2020 年上市公司年报会计监管报告（节选）**]根据企业会计准则及相关规定，预收账款核算企业按照合同规定预收的款项；合同负债核算企业已收或应收客户对价而应向客户转让商品的义务。企业因销售商品收到的预收款适用新收入准则进行会计处理时，不再使用预收账款科目及递延收益科目。年报分析发现，部分上市公司未对预收的款项进行恰当区分与确认：一是未将因销售商品而预收的款项确认为合同负债，仍作为预收账款列报……

一、会计科目存在的问题

会计科目为会计核算最基础的分类工具，长期以来，无论是理论研究还是会计工作实践活动，对会计科目的使用、管理及其作用的发挥均缺乏关注，导致科目设置不统一、管理不规范、使用缺乏严肃性等问题经常出现，会计科目应有的作用难以发挥，反而常被误操作、误使用甚至被操纵利用，成为掩盖错账假账、虚假信息的工具。

1. 会计科目设置核算范围不够科学。会计科目之间核算的界限不清晰，级次设置存在问题，给会计核算及财务管理带来麻烦。

2. 会计科目使用不符合其本义。乱用会计科目导致科目之间核算内容串项，或者大量费用项目模糊列入其他费用，其他费用成为百宝箱，导致费用项目与实际列支内容不相符，其他费用核算的内容复杂不明。

3. 随意调整会计科目的核算口径。不同会计期间会计科目核算口径不一致，数据之间缺乏可比性，导致相关财务报表信息数据信息失真。

4. 利用往来科目挂账舞弊。利用往来科目和结算科目将经济业务挂在账上，或者将有关资金款项挂在往来会计科目上，待时机成熟再转回账内以起到"缓冲作用"，实现不露声色地隐藏真相之不良目的；或收入挂账，成本挂账，导致损益不实。

二、原因分析

会计科目之所以存在诸多不合规操作的问题，有以下原因。

1. 总体设计和管理标准不具有强制性。会计科目管理是会计制度的重要内容，《企业会计准则应用指南》仅提出指导性设置方案，缺乏统一的会计科目刚性标准设计，导致出现乱象。

2. 会计科目层级与业务管理层级混淆不清、融合度低。会计科目服从于业务管理层级，服务于经济数据分层级管理需要，但企业在实际经营管理过程中，常有业务管理层级、会计科目层级、统计口径层级间强行搭配现象，导致体系混乱、口径混乱。

3. 标准化管理水平不高。会计科目名称、核算对象、透支限制、记账权限、核算路径等属于会计科目管理标准体系的内容，但标准化体系建设更多地与企业信息化支撑程度相衔接，多数企业的会计科目信息化水平和自动化水平较低，手工录入信息并维护会计系统中相关科目设置的情况比较普遍，会计科目标准化的难度较高，维护效率和系统控制程度较低。

4. 管理和使用混乱。在实际运行过程，会计科目除用于支持核算、记载收支，满足企业会计准则规定的计量、列报要求外，还承担着会计核算以外的数据查询、统计、分析功能，会计的科目设置还需要满足业务需求，为其提供信息支撑，导致会计科目的管理和使用更加混乱，会计科目的明细科目和科目台账尤其容易混乱。

第二节　资产类会计科目合规管理

资产是指企业过去的交易或者事项形成的、由企业拥有或者控制的、预期会给企业带来经济利益的资源。资产类会计科目通常借方表示资产增加，贷方表示资产减少，期末通常情况为借方余额，货币资金严禁出现贷方余额，往来科目贷方余额表示负债，在资产负债表内列示有特殊要求。财政部会计科目设置明细表列示，资产类一级会计科目有 70 个，限于篇幅，本书仅选取重点、特殊、复杂的会计科目进行举例。

一、货币资金类会计科目的合规管理

（一）库存现金（1001）

本科目核算企业的库存现金（见表 2-1）。

表 2-1　库存现金的合规管理

序号	基础核算规范	会计分录举例	备注
1	企业内部周转使用的备用金，在"备用金"科目内核算	提现：借：备用金 　　　贷：现金	—
2	本科目应按照"现金流量"设置标准辅助核算台账，以便于编制现金流量表	—	—
3	企业应当严格按照国家有关现金管理的规定收支现金，及时将超过库存现金限额部分交存银行，并严格按照制度规定核算现金的各项收支业务	—	—
4	营业现金收入应被于当日送存开户银行。当日送存有困难的，由开户银行确定送存时间	送存： 借：银行存款 　贷：现金	送存和提现在现金流量表中相互不计至流入、流出
5	企业支付现金，可以从本企业库存现金限额中支付或者从开户银行中提取，不得从本企业的现金收入中直接支付（即坐支）。因特殊情况需要坐支现金的，应当按照制度规定报备	—	
6	每日在清结现金收支、财产清查等时发现的有待查明原因的现金短缺或溢余，应按实际短缺或溢余的金额，借记或贷记"待处理财产损溢——待处理流动资产损溢"科目。待查明原因后处理	—	—

（续表）

序号	基础核算规范	会计分录举例	备注
7	盘点结果为现金短缺，属于应由责任人赔偿的部分，借记"其他应收款——应收现金短缺款（××个人）"等科目，贷记"待处理财产损溢——待处理流动资产损溢"科目，属于应由保险公司赔偿的部分，借记"其他应收款——应收保险赔款"科目，贷记"待处理财产损溢——待处理流动资产损溢"科目；属于无法查明的其他原因，根据管理权限，经批准后，借记"管理费用"科目，贷记"待处理财产损溢——待处理流动资产损溢"科目	**盘点结果批准前：** 借：待处理财产损溢——待处理流动资产损溢 　　贷：现金 **结果处理批准后：** 借：其他应收款——应收现金短缺款（××个人） 　　其他应收款——应收保险赔款 　　管理费用 　　贷：待处理财产损溢——待处理流动资产损溢	—
8	盘点结果为现金溢余，属于应支付给有关人员或单位的，应借记"待处理财产损溢——待处理流动资产损溢"科目，贷记"其他应付款——应付现金溢余（××个人或单位）"等科目；属于无法查明原因的现金溢余，根据管理权限，经批准，借记"待处理财产损溢——待处理流动资产损溢"科目，贷记"营业外收入——其他收入"科目	**盘点结果批准前：** 借：现金 　　贷：待处理财产损溢——待处理流动资产损溢 **结果处理批准后：** 借：待处理财产损溢——待处理流动资产损溢 　　贷：其他应付款——应付现金溢余（××个人或单位） 　　营业外收入——其他收入	—

（二）银行存款（1002）

本科目核算以摊余成本计量的、企业存入银行或其他金融机构的各种款项。

（1）银行本票存款、银行汇票存款、信用卡存款、信用证保证金存款、存出投资款、外埠存款等，在"其他货币资金"科目核算。

（2）本科目按照"现金流量"设置辅助核算，以便于编制现金流量表，按银行的分类设置明细科目。

（3）企业应当指定专人定期核对"银行存款日记账"与"银行对账单"，每月至少核对一次，并编制"银行存款余额调节表"，账面余额与银行对账单余额之间如有差额，必须逐笔查明原因并进行处理。

（4）注意银行存款的收款凭证和付款凭证的填制日期和依据。

（5）银行结算方式，银行结算方式通常包括银行汇票、商业汇票、银行本票、支票、汇兑结算、委托收款、托收承付等方式。

（6）有外币存款的企业，应分别以人民币和各种外币设置"银行存款日记账"进行明细核算。因银行结售、购入外汇或不同外币兑换而产生的银行买入、卖出价与折合汇率之间的差额，计入当期财务费用。

（7）企业应当加强银行存款的管理，定期对银行存款进行检查，如果有确凿证据表明企业存在银行或其他金融机构的款项已经部分或者全部不能收回，该部分款项应被根据管理权限报备，经批准后作为当期损失冲减银行存款，企业应借记"营业外支出"科目。

（三）其他货币资金（1012）

本科目核算以摊余成本计量的、企业的银行汇票存款、银行本票存款、信用卡存款、信用证保证金存款、保函保证金存款、存出投资款、外埠存款等其他货币资金。

（1）本科目应按银行汇票或本票、信用证的收款单位和外埠存款的开户银行等，分别在"银行汇票""银行本票""信用卡""信用证保证金存款""保函保证金存款""存出投资款""外埠存款""银行承兑汇票保证金存款""在途资金"等科目内进行明细核算。有信用卡业务的企业，应在"信用卡"明细科目中按开出信用卡的银行和信用卡种类设置明细账。

（2）企业应加强其他货币资金的管理，及时办理结算，对于逾期尚未办理结算的银行汇票、银行本票等，应按规定及时转回。企业应当定期对其他货币资金进行检查，对于已经部分不能收回或者全部不能收回的其他货币资金，企业应当查明原因进行处理。有确凿证据表明无法收回的，企业应当根据企业管理权限报经批准后，借记"营业外支出"科目。

二、单位往来类会计科目的合规管理

（一）应收票据（1121）

本科目核算以摊余成本计量的、企业因销售商品、提供劳务等而收到的商业汇票，包括银行承兑汇票和商业承兑汇票。关于应收票据的合规管理如表 2-2 所示。

表 2-2　应收票据的合规管理

序号	基础核算规范	会计分录举例	备注
1	如果应收票据的业务模式符合"既以收取合同现金流量为目标，又以出售为目标"，且应收票据符合本金加利息的合同现金流量特征的，其应在"应收款项融资"科目内进行核算	—	—
2	本科目应按照"单位往来"设置辅助核算台账，按"应收票据变动情况"设置台账	—	—
3	企业应在收到商业汇票时，按应收票据的票面价值入账；带息应收票据，应在期末计提利息，计提的利息增加应收票据的账面余额	借：应收票据 　贷：主营业务收入	—
4	因付款人无力支付票款，收到银行退回的商业承兑汇票、委托收款凭证、未付票款通知书或拒绝付款证明等，按应收票据的票面金额，借记"应收账款"科目	借：应收账款 　贷：应收票据	—
5	企业持有的应收票据一般不得计提坏账准备，待到期不能收回的应收票据转入应收账款后，再按规定计提坏账准备。但是，如有确凿证据表明所持有的未到期应收票据不能够收回或收回的可能性不大的，应将其账面余额转入应收账款，计提相应的坏账准备	**调账：** 借：应收账款 　贷：应收票据 坏账计提按照应收账款会计科目做类似处理	
6	企业应当设置"应收票据备查簿"和"应收票据盘点表"，逐笔登记每一应收票据的种类、号数和出票日、票面金额、票面利率、交易合同号和付款人、承兑人、背书人的姓名或单位名称、到期日、背书转让日、贴现日、贴现率和贴现净额、未计提的利息以及收款日和收回金额、退票情况等信息，应收票据到期结清票款或退票后，财务人员应当在备查簿内逐笔核销	—	—

（二）应收账款（1122）

本科目核算以摊余成本计量的，企业因销售商品、提供劳务等日常活动应收取的款项。其他不属于应收账款核算范围的代收手续费、不是由于销售行为或销售没有实现前形成的往来、挂账等业务，不在本科目内核算。关于应收账款的合规管理如表 2–3 所示。

表 2–3　应收账款的合规管理

序号	基础核算规范	会计分录举例	备注
1	因合同或协议约定对销售商品、提供劳务等价款，采用递延方式收取，实质上具有融资性质的应收款项，在"长期应收款"科目内核算	—	—
2	如果应收账款的业务模式符合"既以收取合同现金流量为目标又以出售为目标"，且应收账款符合本金加利息的合同现金流量特征的，应在"应收款项融资"科目核算	—	—
3	本科目按"单位往来"设置辅助核算台账。本科目需要定期对账	借：应收账款——明细科目（×××单位）	—
4	企业应当按照应收账款预期信用损失风险，合理计提坏账准备，借记"信用减值损失"科目，贷记"坏账准备"科目。企业对于不能收回的应收账款应当查明原因，追究责任。对确实无法收回的，经批准作为坏账损失的应收账款，借记"坏账准备"科目。已确认并转销的坏账损失，如果以后又收回，按实际收回的金额，借记本科目，贷记"坏账准备"科目；借记"银行存款"科目，贷记本科目；借记"坏账准备"科目，贷记"信用减值损失"科目	**计提坏账准备：** 借：信用减值损失 　贷：坏账准备 **核销坏账损失：** 借：坏账准备 　贷：应收账款 **已确认并转销的坏账损失，如果以后又收回，按实际收回的金额，作反向分录**	减值准备测试
5	本科目期末借方余额，反映企业尚未收回的应收账款，期末如为贷方余额，反映企业预收的账款	—	贷方特殊列示

（三）预付账款（1123）

本科目核算企业按照购货合同或劳务合同规定预付给供货单位或提供劳务方的款项，包括预付工程款、预付劳务款、预付大型设备款、预付材料款、预付利息等。

关于预付账款的合规管理如表 2-4 所示。

表 2-4　预付账款的合规管理

序号	基础核算规范	会计分录举例	备注
1	本科目应按"单位往来"设置辅助核算台账。本科目需要定期对账	借：预付账款——明细科目（×××单位）	—
2	企业应当至少每半年对预付账款进行全面检查，并合理计提坏账准备，借"资产减值损失"科目，贷记"坏账准备"科目。企业对于不能收回的预付账款应当查明原因，追究责任。对确实无法收回的，必须按照有关规定，经批准后作为坏账损失，冲销提取的坏账准备。经批准作为坏账损失的预付账款，借记"坏账准备"科目，贷记本科目。已确认并转销的坏账损失，如果以后又收回，按实际收回的金额，借记本科目，贷记"坏账准备"科目；借记"银行存款"科目，贷记本科目；借记"坏账准备"科目，贷记"资产减值损失"科目	与应收账款坏账损失的处理方式相同	减值准备测试
3	本科目期末借方余额，反映企业预付的款项；期末如为贷方余额，反映企业尚未补付的款项	—	贷方特殊列示

（四）应收款项融资（1124）

该科目主要核算以公允价值计量且其变动计入其他综合收益的应收票据和应收账款。关于应收款项融资的合规管理如表 2-5 所示。

表 2-5　应收款项融资的合规管理

序号	基础核算规范	会计分录举例	备注
1	增设辅助核算挂接单位往来及对账情况。增设"其他综合收益——以后将重分类进损益——应收款项融资公允价值变动损益"三级明细科目，核算应收款项融资后续计量中公允价值的变动情况	应收款项融资——其他综合收益——以后将重分类进损益——应收款项融资公允价值变动损益	—
2	通常情况下，企业出售应收账款和应收票据的形式主要包括：保理、证券化、贴现、背书转让及转贴现等方式	—	

（续表）

序号	基础核算规范	会计分录举例	备注
3	"应收款项融资"按照公允价值进行后续计量，公允价值变动形成的利得或损失记入"其他综合收益"。"应收款项融资"终止确认时，之前计入"其他综合收益"的累计利得和损失从"其他综合收益"中转出，计入当期损益	—	—
4	与应收账款、应收票据核算内容的差异。"应收账款"科目核算企业以摊余成本计量的、因销售商品、提供服务等经营活动而收取的款项。"应收票据"科目核算企业以摊余成本计量的、因销售商品、提供服务等收到的商业汇票，包括银行承兑汇票和商业承兑汇票	—	—

（五）其他应收款（1221）

本科目核算分类为以摊余成本计量的，企业除存出保证金、买入返售金融资产、应收票据、应收账款、预付账款、应收股利、应收利息、长期应收款、备用金等经营活动以外的其他各种应收、暂付的款项。包括未单独设置备用金科目的借出的备用金，应收的各种赔款、罚款、应向职工收取的各种垫付款等。关于其他应收款的合规管理如表2-6所示。

表2-6　其他应收款的合规管理

序号	基础核算规范	会计分录举例	备注
1	核算具体内容包括，预付定金、押金、质量保证金；应收出租包装物押金；应收的各种赔款、罚款；应向职工收取的除备用金外的各种垫付款项；应收政府补助；其他各种应收、暂付款项	借：其他应收款 　贷：银行存款或现金	—
2	应按"单位往来"设置辅助核算台账，本科目需要定期对账签认	—	—
3	企业应当至少每半年对其他应收款进行检查，根据职业判断预计可能发生的坏账，对于没有把握能够收回的其他应收款，采用预期信用损失法计提坏账准备，但不得计提秘密准备	与应收账款坏账损失的处理方式相同	减值准备测试
4	企业对其他应收款的计提、对已确认并转销的坏账损失以后收回的处理方式与应收账款的一致	—	同应收账款损失

三、存货类会计科目的合规管理

（一）原材料（1403）

本科目核算企业库存的各种材料，包括原料及主要材料、辅助材料、外购半成品（外购件）、修理用备件（备品备件）、包装材料、燃料等的计划成本或实际成本。购入的低值易耗品以及库存、出租、出借的包装物，应分别在"低值易耗品"及"包装物"科目内核算。收到来料加工装配业务的原料、零件等，应单独设置"受托加工来料"备查科目和有关的材料明细账，核算其收发结存数额。关于原材料的合规管理如表 2-7 所示。

表 2-7　原材料的合规管理

序号	基础核算规范	会计分录举例	备注
1	本科目应按"产品核算"设置辅助核算台账	原材料——×××	数量金额账
2	修旧利废原材料的处理。对于已计入成本或报废的原材料，回收后修复再重新利用，以修复费用作为新材料的入账价值。如果没有发生修复费用，则设置备查账簿记录，加强实物管理	—	—
3	企业应当定期清查盘点各种原材料，发现盘盈、盘亏、毁损的原材料，按照实际成本（或估计价值）或计划成本，计入"待处理财产损溢"科目，于期末前查明原因，并在期末结账前处理完毕。盘盈的各种原材料，应当冲减当期的管理费用；盘亏或毁损的原材料，在减去过失人或者保险公司等赔款和残料价值之后，计入当期管理费用；由于自然灾害所造成的原材料盘亏或毁损，计入当期的营业外支出。如盘盈或盘亏的原材料，在期末结账前尚未经批准的，在对外提供财务会计报告时先按上述规定进行处理，并在会计报表附注中作出说明；如果其后批准处理的金额与已处理的金额不一致，则按规定程序进行处理	**结果处理批准后：** **盘盈：** 借：待处理财产损溢——待 　　　处理流动资产损溢 　贷：管理费用 **盘亏：** 借：管理费用、其他应收款、 　　　营业外支出 　贷：待处理财产损溢—— 　　　待处理流动资产损溢	1.批准前均须通过"待处理财产损溢——待处理流动资产损溢"会计科目核算 2.跌价损失测试
4	本科目应按材料的保管地点（仓库）、材料的类别、品种和规格设置材料明细账（或材料卡片，由相关物资系统进行补充）。企业应至少有一套记录数量和金额的材料明细账	—	—

（二）库存商品（1405）

本科目核算企业库存的各种商品的实际成本（进价法）或计划成本（售价法），包括库存产成品、外购商品、存放在门市部准备出售的商品、发出展览的商品以及寄存在外的商品等。有关库存商品的合规管理如表2-8所示。

表2-8　库存商品的合规管理

序号	基础核算规范	会计科目举例	备注
1	房地产开发企业的开发产品、农业收获的农产品也在本科目核算。委托外单位加工的商品，不在本科目核算。已经完成销售手续，库存商品控制权已转移，但购买单位在月末未提取的库存商品，应作为代管商品处理，单独设置代管商品备查簿，通过"发出商品"科目核算。但若库存商品控制权未转移，不能作为代管商品处理，应在本科目核算	—	—
2	本科目按"产品核算"设置辅助核算台账	库存商品——×××商品	—
3	存放在本企业所属门市部准备销售的商品、送交展览会展出的商品、出租的产品以及已发出尚未办理托收手续的商品，都应在本科目下单设明细账进行核算。采用支付手续费方式委托代销的产成品，应在商品发交受托单位后，按实际成本，借记"委托代销商品"，贷记本科目。不符合收入确认条件的已发出商品，按实际成本，借记"发出商品"科目，贷记本科目	委托代销产成品： 借：委托代销商品 　　贷：库存商品 不符合收入确认条件的已发出商品： 借：发出商品 　　贷：库存商品	—
4	房地产开发企业开发的产品，企业将开发的营业性配套设施用于本企业从事非主营业务的经营用房，应视同自用固定资产进行处理，并按营业性配套设施的实际成本，借记"固定资产"，贷记本科目	借：固定资产 　　贷：库存商品	—
5	企业接受外来原材料加工制造的代制品和为外单位加工修理的代修品，单独设置备查簿，加强实物管理，不在本科目核算；可以降价出售的不合格品，也在本科目核算，但应当与合格商品分开记账	—	—
6	清查盘点中发现的库存商品盘盈、盘亏，并比照原材料处理	—	存货减值测试

（三）材料采购（1401）

本科目核算企业采用计划成本进行材料的日常核算而购入材料、商品等的采购成本。关于材料采购的合规管理如表 2-9 所示。

表 2-9　材料采购的合规管理

序号	基础核算规范	会计分录举例	备注
1	本科目应按"产品核算"设置辅助核算明细账	材料采购——××产品	—
2	企业购入物资的采购成本由下列各项组成：买价；运杂费（包括运输费、装卸费、保险费、包装费等，不包括按规定根据运输费的一定比例计算的可抵扣的增值税额）；运输途中的合理损耗；入库前的挑选整理费用（包括挑选整理中发生的人工费支出和必要的损耗，并减去回收的下脚废料价值）；购入物资负担的税金（如关税等）和其他费用。购入物资不能取得增值税专用发票的单位，购入物资支付的不可抵扣的增值税进项税额，计入所购物资的成本	—	—
3	下列费用应当在发生时确认为当期损益，不计入存货成本：非正常消耗的直接材料、直接人工和制造费用；仓储费用（不包括在生产过程中为达到下一个生产阶段所必需的费用）；不能归属于使存货达到目前场所和状态的其他支出	—	—
4	材料已经收到，但尚未办理结算手续的，可暂不作会计分录；待办理结算手续后，再按应计入材料采购成本的金额，借记本科目，按专用发票上注明的增值税额，借记"应交税费——应交增值税（进项税额）"科目，按支付或应付的金额，贷记"银行存款""库存现金""应付票据""应付账款"等科目	—	—
5	应向供应企业、外部运输机构等收回的物资短缺或其他应冲减材料采购成本的赔偿款项，应根据有关的索赔凭证，借记"应收账款"或"其他应收款"科目，贷记本科目。因遭受意外灾害发生的损失和尚待查明原因的途中损耗，先计入"待处理财产损溢"科目，查明原因后再作处理	清查盘点中发现的材料，采购原因不明的盘盈、盘亏比照原材料处理	—

（续表）

序号	基础核算规范	会计分录举例	备注
6	采用实际成本进行材料日常核算的，购入材料的采购成本，在"在途物资"科目核算。委托外单位加工材料、商品的加工成本，在"委托加工物资"科目核算。购入的工程用材料，在"工程物资"科目核算	—	材料采购仅适用计划成本法
7	月度终了，对于尚未收到发票账单的收料凭证，应根据销货方提供的增值税等票据复印件或者材料采购入库验收单等原始单据进行暂估入账，对于不能确认抵扣进项税，列入"应交税费——待抵扣进项税额"科目	借：材料采购 应交税费——待抵扣进项税额 贷：应付账款——暂估	—

（四）包装物（1412）

本科目核算企业包装物的计划成本或实际成本。包装物是指为了包装本企业商品而储备的各种包装容器，如桶、箱、瓶、坛等。包括生产过程中用于包装产品而被作为产品组成部分的包装物；随同商品出售而不单独计价的包装物；随同商品出售而单独计价的包装物；出租或出借给购买单位使用的包装物。关于包装物的合规管理如表2-10所示。

表2-10 包装物的合规管理

序号	基础核算规范	会计分录举例	备注
1	各种包装材料，如纸、绳、铁丝、铁皮等，应在"原材料"科目内核算；用于储存和保管商品、材料而不对外出售的包装物，应按价值大小和使用年限长短，分别在"固定资产"或"低值易耗品"科目内核算	—	—
2	包装物数量不大的企业，可以不设置本科目，将包装物并入"原材料"科目核算。单独列作商品产品的自制包装物，应作为库存商品处理，不在本科目核算	—	—
3	收到出租、出借包装物的押金，贷记"其他应付款"科目，退回押金做相反会计分录。对于逾期未退包装物没收的加收的押金，应转作"营业外收入"处理，企业应按加收的押金，借记"其他应付款"科目，按应交的增值税、消费税等税费，贷记"应交税费"等科目，按其差额，贷记"营业外收入——逾期包装物押金没收收入"科目	收到押金： 借：银行存款 贷：其他应付款 逾期未退作收入： 借：其他应付款 贷：营业外收入	—

（五）存货跌价准备（1471）

本科目核算企业提取的存货跌价准备。关于存货跌价准备的合规管理如表 2-11 所示。

表 2-11　存货跌价准备的合规管理

序号	基础核算注意事项	会计分录举例	备注
1	企业应当至少每半年对存货进行一次全面清查，如由于存货遭受毁损、全部或部分陈旧过时或销售价格低于成本等原因，使存货成本不可收回的部分，应当提取存货跌价准备	—	资产减值测试
2	用于生产而持有的原材料、在产品、委托加工材料等，如果用其生产的产成品的可变现净值低于成本，则该原材料应计提跌价准备。当存在存货账面价值全部转入当期损益时，应按存货的账面价值，借记"管理费用——存货盘亏毁损和报废"科目，按已计提的存货跌价准备，借记"存货跌价准备"科目，按存货的账面余额，贷记"库存商品"等科目	借：管理费用——存货盘亏毁损和报废 　　　存货跌价准备 贷：库存商品	—
3	期末，企业计算出存货可变现净值低于成本的差额，借记"资产减值损失——存货跌价准备"科目，贷记本科目；如已计提跌价准备的存货的价值以后又得以恢复，应按恢复增加的数额，借记本科目，贷记"资产减值损失——存货跌价准备"科目，其冲减的跌价准备金额，应以本科目的余额冲减至零为限	借：资产减值损失——存货跌价准备 贷：存货跌价准备	—

四、长期资产类会计科目的合规管理

（一）长期股权投资（1511）

本科目核算企业持有的采用成本法和权益法核算的长期股权投资。本科目应分别按被投资单位设置"股票投资""其他长期股权投资"进行明细核算，按"单位往来"设置辅助核算台账。企业应在各二级科目下分别设置"投资成本""损益调整""其他综合收益""其他权益变动"等三级明细科目，对因权益法核算所产生的影响长期股权投资账面余额的增减变动因素分别进行核算和反映。成本法核算情况下只使用"投资成本"三级明细科目。关于长期股权投资的合规管理如表 2–12 所示。

表 2–12　长期股权投资的合规管理

序号	基础核算注意事项	会计分录举例	备注
1	被合并方在合并日的净资产账面价值为负数的，长期股权投资成本按零确定，同时在备查簿中予以登记。如果被合并方在被合并以前，是最终控制方通过非同一控制下的企业合并所控制的，则合并方长期股权投资的初始投资成本还应包含相关的商誉金额	—	—
2	企业为进行企业合并发生的各项直接相关费用，包括为进行企业合并而支付的审计费用、评估费用、法律服务费用等，应当于发生时借记"管理费用"科目。为企业合并发行债务性工具作为合并对价直接相关的交易费用，应当计入债务性工具的初始计量金额。企业合并中与发行权益性工具作为合并对价直接相关的交易费用，应当冲减资本公积（股本溢价），资本公积（股本溢价）不足冲减的，应依次冲减盈余公积和未分配利润	**发生的各项直接相关费用：** 借：管理费用——××费 　贷：银行存款	—
3	同一控制下的企业合并，长期股权初始投资成本与企业支付对价或者所发行股票面值总额之间的差异，如为贷方差额，贷记"资本公积——资本溢价或股本溢价"科目；如为借方差额，借记"资本公积——资本溢价或股本溢价"科目。如果"资本公积——资本溢价或股本溢价"不足冲减的，应当依次借记"盈余公积""未分配利润"等科目	**贷方差异：** 借：长期股权投资 　贷：资本公积——资本溢价或股本溢价 **借方差异：** 借：资本公积、盈余公积 　贷：长期股权投资	—
4	非同一控制下的企业合并，长期股权初始投资成本与企业支付对价或者所发行股票面值总额之间的差异，按其差额，贷记"营业外收入"或借记"营业外支出"科目	借或贷：营业外支出，另一方为长期股权投资	—

（续表）

序号	基础核算注意事项	会计分录举例	备注
5	合并方式以外取得的长期股权投资。以支付现金取得的长期股权投资，企业以支付现金取得的长期股权投资，应当按照实际支付的购买价款作为长期股权投资的初始投资成本（包括购买过程中实际支付的价款及手续费、佣金、税金及其他必要支出），实际支付的价款中包含已宣告但尚未领取的现金股利；以发行权益性证券取得的长期股权投资，企业以发行权益性证券取得的长期股权投资，按照权益性证券的公允价值作为初始投资成本，权益性证券的公允价值与其面值之间的差额，贷记"资本公积——资本溢价或股本溢价"科目。与发行权益性证券有关的手续费、佣金及其他费用等，不构成取得长期股权投资的成本，该部分费用应自所发行证券的溢价发行收入中扣除，溢价收入不足冲减的，应依次冲减盈余公积和未分配利润；企业进行公司制改建时，对资产、负债的账面价值按照评估价值调整的，长期股权投资应以评估价值作为改制时的认定成本，评估值与原账面价值的差异应计入资本公积（资本溢价或股本溢价）	现金方式： 借：长期股权投资 　　应收股利/应收利息 　　贷：银行存款 权益性证券方式： 借：长期股权投资 　　贷：股本 差额处理与同一控制下的企业合并一样	—
6	当子公司将未分配利润或盈余公积直接转增资本，且未向投资方提供等值现金股利或利润分配的选择权时，母公司并没有获得现金股利或者利润的权力，该交易属于子公司自身权益结构的重分类，母公司不应确认相关投资收益	—	—
7	被投资单位采用的会计政策及会计期间与本企业不一致的，应当按照本企业的会计政策及会计期间对被投资单位的财务报表进行调整，并据以确认投资损益	—	—
8	关于投资性主体转变时的会计处理，当企业由非投资性主体转变为投资性主体时，其对自转变日起不再纳入合并财务报表范围的子公司采用公允价值计量且将其变动计入当期损益，转变日公允价值和原账面价值的差额计入所有者权益。当企业由投资性主体转变为非投资性主体时，其对自转变日起开始纳入合并财务报表范围的子公司采用成本法进行后续计量，转变日的公允价值为成本法核算的初始成本	—	—

（二）固定资产（1601）

本科目核算企业持有的固定资产的原价，未作为固定资产管理的工具、器具等，作为低值易耗品核算。关于固定资产的合规管理如表 2-13 所示。

表 2-13　固定资产的合规管理

序号	基础核算注意事项	会计分录举例	备注
1	企业应当设置"固定资产登记簿"和"固定资产卡片"（电子或纸质），按固定资产类别、使用部门和每项固定资产进行明细核算和管理。租入的固定资产，应当另设备查簿进行登记，不在本科目核算	借：固定资产——×× 类	—
2	固定资产应按其取得时的成本作为入账价值，取得时的成本包括买价、进口关税、运输和保险等相关费用，以及为使固定资产达到预定可使用状态所发生的必要支出，不包括可抵扣增值税进项税额	借：固定资产——×× 类 　　应交税费——应交增值税 　　（进项税额） 贷：银行存款	—
3	企业购置计算机硬件所附带的、未单独计价的软件，与所购置的计算机硬件一并作为固定资产管理	—	—
4	已达到预定可使用状态但尚未办理竣工决算手续的固定资产，可先按估计价值记账，提取折旧。待确定实际价值后，再调整固定资产原值，不需要调整已计提的折旧	—	—
5	盘亏的固定资产，按其账面价值，借记"待处理财产损溢"科目，按已提折旧，借记"累计折旧"科目，按该项固定资产已计提的减值准备，借记"固定资产减值准备"科目，按固定资产原价，贷记本科目。对确因固定资产自然报废报损的，如年久失修、过期以及由于技术进步原因无法使用的，可按照规定的要求办理处置手续。对无故丢失、人为损坏的，应查明原因，明确责任，对有关责任人员进行经济处罚和必要的纪律处分，触犯法律的，依法追究法律责任；对应当由保险公司或过失人赔偿的损失，借记"其他应收款"等科目，贷记本科目	**盘点结果批准前：** 借：待处理财产损溢——待处理非流动资产损溢 　　累计折旧、固定资产减值准备 贷：固定资产 **结果处理批准后：** **盘亏：** 借：营业外支出等 贷：待处理财产损溢——待处理非流动资产损溢	—

序号	基础核算注意事项	会计分录举例	备注
6	固定资产后续支出的资本化支出的确定标准：资产使用寿命在原预计使用年限的基础上至少延长一年；使产品质量有实质性提高，包括产品级次提升一级以上，产品不合格率降低至少三分之一，可量化评价产品质量指标比原来提高了5%，或者增加了产品品种的支出；使产品成本有实质性降低，即直接成本比原来降低5%，或者降低能源、原材料消耗达5%；使生产能力、营销财务指标得到实质性提高，超过原来的5%。另外，强化了资产环保性能或安全性能并在方案中列明了相关指标的后续支出可以被资本化	—	—
7	固定资产后续支出的费用化支出的确定标准，除符合资本化支出的确定标准以外的后续支出列为费用化支出，计入当期损益。固定资产投入使用之后，由于运行磨损、各组成部分耐用程度不同，导致固定资产局部损坏的，企业应对固定资产进行必要的维护修理，确保固定资产正常运行，它并不导致固定资产性能的改变或固定资产未来经济利益的增加。其应在发生时被一次性计入当期费用，范围包括日常维护、小修理、计划修理、专业修理及突发性修理等	—	—
8	企业以安全生产费用、计提的职工教育经费、党组织工作经费和职工福利费购建的实物资产转资时，应一次性提足折旧，不留残值，作为实物进行管理；企业以计提的工会经费购建的实物资产由相关组织负责管理，不得转入生产经营性资产	借：固定资产——非经营性固定资产 　贷：应付职工薪酬——工会经费、教育经费等	—

（三）在建工程（1604）

　　本科目核算企业进行基建工程、技术改造工程、改建、扩建、改良工程等发生的实际支出，以及固定资产发生符合资本化条件后续支出时固定资产价值的转入金额，包括需要安装设备的价值等。有关在建工程的合规管理如表2-14所示。

表 2-14　在建工程的合规管理

序号	基础核算注意事项	会计分录举例	备注
1	企业为生产准备的工具器具、发生的不属于工程支出的其他费用等，不在本科目核算	列入低值易耗品	—
2	企业与在建工程相关的管理费、征地费、可行性研究费、临时设施费、公证费、监理费及应负担的税费等，在本科目内核算	列入在建工程——待摊支出等	—
3	由于自然灾害等原因造成的单项工程或单位工程报废或毁损，减去残料价值和过失人或保险公司等赔款后的净损失，冲减总体工程价值；在建工程全部报废或毁损的，应按其净损失，借记"营业外支出——非常损失"科目，贷记本科目。建设期间发生的工程物资盘亏、报废及毁损净损失，借记本科目，贷记"工程物资"科目；盘盈的工程物资或处置净收益，做相反的会计分录	**全部报废或毁损：** 借：营业外支出——非常损失 　贷：在建工程 　盘亏、报废与存货盘盈、盘亏的处理方式一致	—
4	在建工程进行负荷联合试车发生的费用，借记本科目，贷记"银行存款""原材料"等科目；试车形成的产品或副产品对外销售或转为库存商品的，借记"银行存款""库存商品"等科目，贷记本科目，上述事项涉及增值税的，还应进行相应处理	—	—
5	生产准备费是指建设项目为保证正常生产（或营业、使用）而发生的人员培训费、提前进厂费以及投产使用必备的生产办公、生活家具用具及工器具等购置费，包括生产人员提前进厂费、生产人员培训费、工器具及生产家具购置费、办公及生活家具购置费等支出项目	列入在建工程——待摊支出等	—
6	与固定资产一并购入的专利权、非专利技术等，如果不能够单独辨认和计量，或可单独辨认和计量但金额低于十万元（含），或属有形资产必要组成部分（如通用计算机软件）的，应计入本科目	—	—
7	在建工程达到预定可使用状态时，应计算分配待摊支出，待摊支出的分配方法，可按下列公式计算。第一种方法，按实际分配率分配，适用于建设工期较短、整个项目的所有单项工程一次竣工的建设项目；第二种方法，按概算分配率分配，适用于建设工期长、单项工程分期分批建成投产的建设项目	—	—

（续表）

序号	基础核算注意事项	会计分录举例	备注
8	企业应当设置"在建工程其他支出备查簿"，专门登记基建项目发生的构成项目概算内容但不通过"在建工程"科目核算的其他支出。企业在发生上述支出时，应当通过"固定资产""无形资产"和"长期待摊费用"科目核算，但同时应在"在建工程其他支出备查簿"中进行登记	—	—

（四）固定资产清理

本科目核算企业因出售、报废和毁损、对外投资、对外捐赠、非货币性资产交换、债务重组等原因转入清理的固定资产价值以及在清理过程中所发生的清理费用和清理收入等。有关固定资产清理的合规管理如表 2-15 所示。

表 2-15　固定资产清理的合规管理

序号	基础核算注意事项	会计分录举例	备注
1	本科目应按被清理的固定资产项目进行明细核算	列入固定资产清理	—
2	固定资产清理完成后，本科目的借方余额，属于筹建期间的，借记"管理费用"科目；属于生产经营期间正常的处理损失，借记"资产处置损益——非流动资产处置损益"科目；属于已丧失使用功能的正常报废所产生的损失，借记"营业外支出——资产报废毁损失"；属于生产经营期间由于自然灾害等非正常原因造成的损失，借记"营业外支出——非常损失"科目；属于对外捐赠转出的，借记"营业外支出——捐赠支出"科目。如为贷方余额，属于筹建期间的，贷记"管理费用"科目；属于生产经营期间的，贷记"资产处置损益——非流动资产处置损益"科目	筹建期： 借：管理费用 　　贷：固定资产清理 生产经营期间： 借：资产处置损益——非流动资产处置损益 　　营业外支出——××× 　　贷：固定资产清理	—

（五）长期待摊费用（1801）

本科目核算企业已经发生但应由本期和以后各期负担的分摊期限在一年以上的各项费用。有关长期待摊费用的合规管理如表 2–16 所示。

表 2–16　长期待摊费用的合规管理

序号	基础核算注意事项	会计分录举例	备注
1	长期待摊费用一般应在受益期内被平均摊销	—	合同约定期
2	委托其他单位发行股票支付的手续费或佣金减去发行股票冻结期间的利息收入后的相关费用，从发行股票的溢价中不够抵消的，或者无溢价的，直接计入当期财务费用，不作为长期待摊费用	借：财务费用 　　贷：银行存款	—
3	企业租入的固定资产发生的改良支出，如满足固定资产确认条件的，应予以资本化，计入本科目，在本次及下两次改良期间、剩余租赁期与固定资产剩余使用寿命三者中较短的期间内摊销，借记"管理费用——折旧折耗摊销"	确认： 借：长期待摊费用 　　贷：在建工程 摊销： 借：管理费用——折旧折耗摊销 　　贷：长期待摊费用	—

五、其他资产类会计科目的合规管理

（一）待处理财产损溢（1901）

本科目核算企业在清查财产过程中查明的各种财产盘盈、盘亏和毁损的价值，物资在运输途中发生的非正常短缺与损耗也通过本科目进行核算。有关待处理财产损溢的合规管理如表 2–17 所示。

表 2–17　待处理财产损溢的合规管理

序号	基础核算注意事项	会计分录举例	备注
1	本科目应按盘盈、盘亏的资产种类和项目进行明细核算	—	—

（续表）

序号	基础核算注意事项	会计分录举例	备注
2	盘盈的各种材料、库存商品等，借记"原材料""库存商品"等科目，贷记本科目。盘亏、毁损的各种材料、库存商品、固定资产等，借记本科目"累计折旧"等科目，贷记"原材料""库存商品""固定资产""应交税费——应交增值税（进项税额转出）"等科目。采用计划成本（或售价）核算的，还应当同时结转成本差异	**盘盈：** 借：原材料 　　贷：待处理财产损溢 **盘亏、毁损：** 借：待处理财产损溢 　　贷：原材料	—
3	盘盈、盘亏、毁损的财产，报经批准后处理时：流动资产的盘盈，贷记"管理费用"科目；流动资产盘亏、毁损，应当先减去残料价值、可以收回的保险赔偿和过失人的赔偿，剩余净损失中属于非常损失的部分，借记"营业外支出——非常损失"科目；属于一般经营损失部分，借记"管理费用——存货盘亏、毁损和报废"科目；固定资产的盘亏，借记"营业外支出——固定资产盘亏"科目	**盘盈：** 借：待处理财产损溢 　　贷：管理费用 **盘亏、毁损：** 借：营业外支出 　　贷：待处理财产损溢	—
4	物资在运输途中的短缺与损耗，除合理的途耗应当计入物资的采购成本外，能确定由过失人负责的，应当自"在途物资"等科目转入"应付账款""其他应收款"等科目。尚待查明原因和需要报经批准才能转销的损失，先通过本科目核算，查明原因后，再分别处理。属于应由供应公司、运输机构、保险公司或其他过失人负责赔偿的损失，借记"应付账款""其他应收款"等科目；属于自然灾害等非常原因造成的损失，应当将减去残料价值和过失人、保险公司赔偿后的净损失，借记"营业外支出——非常损失"科目；属于无法收回的其他损失，借记"管理费用"科目	**能确定过失人：** 借：应付账款、其他应收款 　　贷：在途物资 **尚待查明原因：** 借：待处理财产损溢 　　贷：在途物资 **查明原因后：** 借：应付账款、其他应收款、营业外支出 　　贷：待处理财产损溢	—
5	清查的各种财产的损溢，应于期末前查明原因，并根据企业（公司）的管理权限，经股东大会或董事会，或厂长（经理）会议等类似机构批准后，在期末结账前处理完毕	—	—
6	本科目处理前的借方余额，反映企业尚未处理的各种财产的净损失；处理前的贷方余额，反映企业尚未处理的各种财产净溢余，年度财务报告期末原则上不应该有余额	—	—

（二）待摊费用（1470）

本科目核算企业已经发生但应由本期和以后各期负担的分摊期限在一年以内（包括一年）的各项费用，如预付保险费、季节性生产企业在停工期内的费用，以及一次购买印花税票和一次缴纳印花税税额较大的需要分摊的数额等。关于待摊费用的合规管理如表 2-18 所示。

表 2-18　待摊费用的合规管理

序号	基础核算注意事项	会计分录举例	备注
1	超过一年摊销的其他费用，应当在"长期待摊费用"科目核算，不在本科目内核算	—	—
2	季节性生产单位在停工期内的费用，包括支付给生产工人工资和提取的福利费、支付的社会保险费、所耗用的燃料和动力费，以及应负担的制造费用，应由开工期内的生产成本负担，应于发生时，借记本科目，贷记相应科目，在开工期内平均摊销	借：待摊费用 　贷：应付工资、应付福利费	—
3	待摊费用应按费用项目的受益期限分期摊销。如果待摊费用所应摊销的费用项目，不能再为企业带来利益，应将尚未摊销的待摊费用的摊余价值全部转入当期成本、费用，按待摊费用的摊余价值，借记相应科目	—	—

第三节　负债类会计科目合规管理

负债是指企业过去的交易或者事项形成的、预期会导致经济利益流出企业的现时义务。现时义务是指企业在现行条件下已承担的义务，未来发生的交易或者事项形成的义务，不属于现时义务，不应当确认为负债。负债类会计科目通常贷方表示负债增加，借方表示负债的减少，通常情况期末贷方余额，往来科目借方余额表示资产，在资产负债表列示有特殊要求。财政部会计科目设置明细表建议，负债类一级会计科目有 37 个，限于篇幅，本书仅选取重点、特殊、复杂的会计科目进行举例。

一、单位往来类会计科目的合规管理

（一）短期借款（2001）

本科目核算企业向银行或其他金融机构等借入的期限在一年以下（含一年）的各种借款。银行承兑汇票到期，企业无力支付票款的，按应付票据的票面金额，借记"应付票据"科目，贷记本科目。

（二）应付票据（2201）

本科目核算企业以摊余成本计量的购买材料、商品和接受劳务等而开出、承兑的商业汇票，包括银行承兑汇票和商业承兑汇票。关于应付票据的合规管理如表2-19所示。

表 2-19　应付票据的合规管理

序号	基础核算注意事项	会计分录举例	备注
1	本科目按"单位往来"设置辅助核算台账	应付票据——××单位	—
2	银行承兑汇票到期，企业无力支付票款的，按应付票据的票面金额，借记本科目，贷记"短期借款"科目。商业承兑汇票到期，企业无力支付票款的，按应付票据的账面余额，借记本科目，贷记"应付账款"科目。到期不能支付的带息应付票据，转入"应付账款"科目核算后，期末时不再计提利息	**银行承兑汇票企业无力支付票款的：** 借：应付票据 　　贷：短期借款 **商业承兑汇票企业无力支付票款的：** 借：应付票据 　　贷：应付账款	到期无力付款的情形
3	企业应当设置"应付票据备查簿"，详细登记商业汇票的种类、号数和出票日期、到期日、票面金额、交易合同号、收款人姓名及单位名称、付款日期、金额等资料。应付票据到期结清时，应在备查簿中予以注销	**银行承兑汇票企业无力支付票款的：** 借：应付票据 　　贷：短期借款 **商业承兑汇票企业无力支付票款的：** 借：应付票据 　　贷：应付账款	—

（三）应付账款（2202）

本科目核算企业以摊余成本计量的因购买材料、商品、设备和接受劳务等经营活动应支付的款项。对跨期的尚未结算的资本性支出工程款，包括地质勘探支出中的款项也在本科目内核算。关于应付账款的合规管理如表 2-20 所示。

表 2-20　应付账款的合规管理

序号	基础核算注意事项	会计分录举例	备注
1	本科目应按"单位往来"设置辅助核算台账	应付账款——××单位	—
2	企业购入材料、商品等验收入库，但货款尚未支付的，根据有关凭证（发票账单、随货同行发票上记载的实际价款或暂估价值），借记"材料采购""在途物资"等科目，按应付的款项，贷记本科目。至会计期末仍未收到供应商发票，应当合理暂估应付账款	应付账款——暂估应付款——××单位	—
3	接受供应单位提供劳务而发生的应付未付款项，根据服务单位开具的发票账单、工程主管部门提供的工程预（结）算单或竣工验收单以及工程劳务合同等确认应付账款；至会计期末，没有收到发票账单，但根据会计制度需要预估转资的，根据工程劳务合同、工程完工进度及工程主管部提供的预转资清单等单据合理暂估应付工程款	应付账款——暂估应付款——××单位	—
4	企业接受供应单位提供材料、商品、设备、劳务，从应付供应商的货款或应付提供劳务方的劳务款中暂扣的质量保证金，应根据供应单位的发票账单，全额借记"材料采购""应交税费——应交增值税（进项税额）"等科目，贷记本科目。但从供应商或提供劳务方处直接收取的质量保证金，不作为工程或设备材料价款组成部分的，不通过本科目核算，直接借记"银行存款"等科目，贷记"其他应付款"科目	—	—
5	将应付账款划转出去，或者符合无法支付的应付款项情形之一，有证据表明确实无法支付或无须支付的应付款，直接转入营业外收入，借记本科目，贷记"营业外收入——无法支付的应付款项"，同时企业应逐笔建立应付款备查台账	借：应付账款 　贷：营业外收入——无法支付的应付款项	—
6	本科目期末贷方余额，反映企业尚未支付的应付账款；期末借方余额，反映企业的预付账款	—	报表列示

（四）其他应付款（2241）

本科目核算企业除应付票据、应付账款、预收账款、合同负债、应付职工薪酬、应付利息、应付股利、应交税费、长期应付款等外的其他各项应付、暂收的款项。关于其他应付款的合规管理如表 2–21 所示。

表 2–21 其他应付款的合规管理

序号	基础核算注意事项	会计分录举例	备注
1	具体核算内容包括：①存入保证金（如包装物押金、定金、工程质量保证金等）；②应付集资款；③应付合资合作结算款；④应付财产险；⑤应付一次性住房补贴；⑥住宅维修基金；⑦未支付的有偿解除劳动合同补偿金；⑧价格调控风险准备金；⑨其他应付款项等	——	——
2	本科目应按核算内容设置明细科目，按"单位往来"设置辅助核算台账	其他应付款——××款——××单位	——
3	企业代扣代缴职工个人负担的社会保险及住房公积金等应通过本科目核算；对于应在"应付账款""合同负债"科目核算的材料款、工程款、设备款、劳务及有偿服务款、暂估料款等，不得在本科目内核算	——	——
4	本科目期末贷方余额，反映企业应付未付的其他应付款项，期末借方余额，资产负债表填报有特殊要求	——	借方余额列示

二、特殊负债类会计科目的合规管理

（一）应付职工薪酬（2211）

本科目核算企业为获取职工提供的服务或解除劳动关系而给予的各种形式的报酬或补偿，企业提供给职工配偶、子女、受赡养人、已故员工家属及其他赡养人等的福利也在本科目内核算。关于应付职工薪酬的合规管理如表 2–22 所示。

表 2-22　应付职工薪酬的合规管理

序号	基础核算注意事项	会计分录举例	备注
1	本科目按照"应付工资""应付福利费""工会经费""职工教育经费""社会保险费""商业人身保险""其他劳动保险""住房公积金""劳务费""辞退福利"等应付职工薪酬项目进行明细核算	应付职工薪酬——应付工资、应付福利费等	—
2	本科目核算的用工范围包括合同化用工、市场化用工、境外用工、非全日制用工、劳务派遣用工等。一是不包括离退休职工，但离退休职工统筹外费用在本项目内列示；二是包括由于学习、病伤、产假等原因暂未工作，仍由企业支付工资的人员，但不包括离开本单位仍保留劳动关系的职工	—	—
3	明细科目——应付工资，该二级科目核算企业应付给职工的工资总额，包括在工资总额内的各种工资、奖金以及纳入职工工资总额的各项补贴，如交通补贴、车改补贴、通信补贴、节日补贴、住房补贴等。从应付职工薪酬中扣还的各种款项，借记本科目，贷记"其他应收款""应交税费——应交个人所得税"等科目	应付职工薪酬——应付工资	—
4	明细科目——应付福利费，本科目核算企业实际发生的职工福利费。全年列支的福利费原则上不得超过全年计提工资（不含以劳务费方式支付给劳务公司的市场化用工支出）的14%。支付时，借记本科目，贷记"库存现金""银行存款"等科目	应付职工薪酬——应付福利费	—
5	明细科目——工会经费，本科目核算提取及支付给工会部门的工会经费。计提标准为工资提取数的2%；实际使用的工会经费不能超过计提数	应付职工薪酬——工会经费	—
6	明细科目——职工教育经费，本科目核算提取的用于职工教育及职业技能培训等相关支出。关于计提标准，自2020年1月1日起，企业应按工资总额的1.5%提取职工教育经费；当期的职工教育经费不应超过当期工资总额的2.5%	应付职工薪酬——职工教育经费	—
7	明细科目——社会保险费，本科目核算按国家规定提取的基本养老保险、基本医疗保险、工伤保险、失业保险以及支付给社会保障部门的社会保险费支出。各单位企业代扣代缴职工个人负担的社会保险，应通过"其他应付款"科目核算，不通过"应付职工薪酬"科目核算	应付职工薪酬——社会保险费	—

（续表）

序号	基础核算注意事项	会计分录举例	备注
8	明细科目——商业人身险，本科目核算按国家规定提取的年金（补充养老保险）、补充医疗保险；以及企业为职工购买的人寿保险、人身意外伤害保险、按照当地社保部门的规定为职工购买的大病统筹保险及其他商业保险费支出等	应付职工薪酬——商业人身险	—
9	明细科目——住房公积金，本科目核算企业按工资总额规定比例计提并支付的住房公积金	应付职工薪酬——住房公积金	—
10	明细科目——其他劳动保险。本科目核算支付的六个月以上的病假人员工资等	应付职工薪酬——其他劳动保险	—
11	明细科目——劳务费，本科目核算企业通过第三方（包括有资质的社会劳务部门、未上市企业等）输入的劳务人员发生的费用以及支付给临时雇用的未签订协议的劳务人员的费用。企业通过第三方输入的劳务人员发生的费用原则上要取得正式劳务费发票	应付职工薪酬——劳务费	—
12	明细科目——辞退福利，本科目核算企业在职工劳动合同到期之前解除与职工的劳动关系，或者为鼓励职工自愿接受裁减而给予职工的补偿。发生时，借记"管理费用"科目，贷记本科目。预期在企业确认的年度报告期结束后十二个月内完全支付的辞退福利，计入短期辞退福利；预期在年度报告期结束后十二个月内不能完全支付的辞退福利，计入长期辞退福利	应付职工薪酬——辞退福利	—
13	明细科目——职工奖励及福利基金，本科目核算外商投资企业按规定从税后利润中提取的职工奖励及福利基金	应付职工薪酬——职工奖励及福利基金	—
14	明细科目——非货币性福利，本科目核算企业将自产的产品或外购的商品发放给职工作为福利（不包括企业为职工购买的劳动保护用品），按受益对象，支出应被分别计入相关资产成本或当期损益。以自产产品或外购商品为非货币性福利提供给职工的，应该按照该产品或商品的公允价值及相关税费，确认应计入相关资产成本或当期损益的职工薪酬金额	应付职工薪酬——非货币性福利	—
15	明细科目——职工股份支付，本科目核算以现金结算的股份支付	应付职工薪酬——职工股份支付	—

（续表）

序号	基础核算注意事项	会计分录举例	备注
16	明细科目——其他人工费用，预期在其确认的年度报告期结束后十二个月内完全支付的其他人工费用计入其他短期人工费用；预期在年度报告期结束后十二个月内不能完全支付的其他人工费用计入其他长期人工费用。本科目核算除以上职工薪酬项目以外的其他人工费用	应付职工薪酬——其他人工费用	—

（二）应交税费（2221）

本科目核算企业按照税法规定应计算缴纳的各种税费，企业缴纳的印花税、耕地占用税以及其他不需要统计预计应交数额的税金，也在本科目内核算。关于应交税费的合规管理如表 2-23 所示。

表 2-23　应交税费的合规管理

序号	核算基础注意事项	会计分录举例	备注
1	本科目应当设置"应交增值税"等明细科目	应交税费——应交增值税等	—
2	明细科目"应交税费——应交增值税"下当再设置明细科目，企业应在"应交增值税"明细账内，设置"进项税额""销项税额抵减""已交税金""转出未交增值税""减免税款""销项税额""出口退税""进项税额转出""出口抵减内销产品应纳税额""转出多交增值税"等专栏，并按规定进行核算	应交税费——应交增值税——进项税额	
3	应交税费——应交消费税，随同商品出售但单独计价的包装物，按规定应缴纳的消费税，借记"税金及附加"科目，贷记本科目（应交消费税）。出租、出借包装物逾期未收回没收的押金应交的消费税，借记"税金及附加"科目，贷记本科目（应交消费税）	应交税费——应交消费税	
4	应交土地增值税，转让的国有土地使用权连同地上建筑物及其附着物一并在"固定资产"或"在建工程"等科目核算的，转让时应缴纳的土地增值税，借记"固定资产""在建工程""无形资产"等科目，贷记本科目（应交土地增值税），转让集体土地使用权的，不缴纳土地增值税	应交税费——应交土地增值税	

（续表）

序号	核算基础注意事项	会计分录举例	备注
5	应交城市维护建设税，企业按实际缴纳的增值税、消费税计算出应缴纳的城市维护建设税，借记"税金及附加"等	应交税费——应交城市维护建设税	—
6	应交个人所得税，企业按规定计算应代扣代交的职工个人所得税，借记"应付职工薪酬"科目，贷记本科目（应交个人所得税）	应交税费——应交个人所得税	—
7	应交行政性收费的账务处理，按规定计算出应缴纳的教育费附加、矿产资源补偿费等行政规费款项，借记"税金及附加""管理费用""制造费用""地质勘探支出""油气开发支出"等科目，贷记本科目	应交行政性收费——教育费附加等	—

（三）预提费用（2320）

本科目核算企业按照规定从成本费用中预先提取但尚未支付的费用，如预提的租金、保险费、借款利息等。企业应该严格控制本科目的使用，应该在应付账款、其他应付款等往来科目中核算的业务，不在本科目内核算。有关预提费用的合规管理如表 2–24 所示。

表 2–24 预提费用的合规管理

序号	基础核算注意事项	会计分录举例	备注
1	对涉及跨期尚未结算的成本费用，不得列入预提费用科目核算，应按其业务性质列入"应付账款——暂估应付账款"进行核算；对跨期的尚未结算的工程款，不得列入预提费用科目核算，应列入"应付账款——暂估应付账款——暂估工程款"进行核算	—	主要针对不跨期费用
2	企业按规定预提计入本期成本费用的各项支出，借记"制造费用""销售费用""管理费用""财务费用"等科目，贷记本科目。实际支出时，借记本科目，贷记"银行存款"等科目。实际发生的支出大于已经预提的金额，属于待摊费用	借：制造费用等 贷：预提费用	注意借方余额列报
3	本科目期末贷方余额，反映企业已预提但尚未支付的各项费用；年末本科目原则上不能有余额	—	—

（四）递延收益（2401）

本科目核算企业确认的应在以后期间计入当期损益的政府补助。有关递延收益的合规管理如表 2-25 所示。

表 2-25　递延收益的合规管理

序号	基础核算注意事项	会计分录举例	备注
1	本科目应按政府补助的项目进行明细核算	递延收益——××项目	—
2	与资产相关的政府补助。政府补助为货币性资产的，按应收或收到的金额，借记"其他应收款""银行存款"科目，贷记本科目；政府补助为非货币性资产的，按该资产的公允价值或名义金额，借记相关科目，贷记本科目。在相关资产的使用寿命内按合理、系统的方法分期计入损益，借记本科目，贷记"其他收益""营业外收入——政府补助利得"科目	确认时： 借：其他应收款等 　　贷：递延收益——××项目 分期摊销时： 借：递延收益——××项目 　　贷：其他收益等	—
3	与收益相关的政府补助。与收益相关的政府补助如果用于补偿以后期间的相关成本费用或损失的，企业按应收或收到的金额，借记"其他应收款""银行存款"科目，贷记本科目；在发生相关费用或损失的未来期间，按应补偿的金额，借记本科目，贷记"其他收益""营业外收入——政府补助利得"科目；用于补偿企业已发生的相关费用或损失的，按收到或应收的金额，借记"银行存款""其他应收款"等科目，贷记"其他收益""营业外收入——政府补助利得"科目	确认时： 借：其他应收款等 　　贷：递延收益——××项目 发生支出时： 借：递延收益——××项目 　　贷：其他收益	—
4	返还政府补助时，按应返还的金额，借记本科目、"其他收益""营业外收入"科目，贷记"银行存款""其他应收款"等科目	借：递延收益——××项目等 　　贷：银行存款	—
5	本科目期末贷方余额，反映企业应在以后期间计入当期损益的政府补助	—	—

（五）预计负债（2801）

本科目核算企业因确认未决诉讼或未决仲裁、对外提供担保、产品质量保证、亏损合同、重组义务以及固定资产弃置义务等而产生的预计负债。关于预计负债的合规管理如表 2-26 所示。

表 2–26　预计负债的合规管理

序号	基础核算注意事项	会计分录举例	备注
1	本科目应按形成预计负债的交易或事项进行明细核算，按"单位往来"设置辅助核算台账	预计负债——×××	—
2	企业由于对外提供担保、未决诉讼、重组义务产生的预计负债，应按确定的金额，借记"营业外支出"等科目，贷记本科目（预计担保损失等）	借：营业外支出 　　贷：预计负债——×××	—
3	由产品质量保证产生的预计负债，应按确定的金额，借记"销售费用"科目，贷记本科目（预计产品质量保证损失）	借：销售费用 　　贷：预计负债——×××	—
4	由资产弃置义务产生的预计负债，应按预计弃置费用的现值，借记"固定资产"科目，贷记本科目（预计弃置费用——初始成本）。在固定资产的使用寿命内，按计算确定各期应负担的利息费用，借记"财务费用"科目，贷记本科目（预计弃置费用——计提利息）	预计时： 借：固定资产 　　贷：预计负债——××× 摊销时： 借：财务费用 　　贷：预计负债——×××	—
5	因投资合同或协议约定导致投资企业需要就被投资单位的超额亏损承担额外补偿义务的，应按预计承担的义务确认预计负债，计入当期投资损失	—	—

第四节　所有者权益类会计科目合规管理

所有者权益是指企业资产扣除负债后由所有者享有的剩余权益。所有者权益的来源包括所有者投入的资本、直接计入所有者权益的利得和损失、留存收益等。所有者权益更多列示于资产负债表和股东权益变动表，并在会计报表的附注中披露。财政部会计科目设置明细表建议所有者权益类一级会计科目有 8 个，限于篇幅，本书仅选取重点、特殊、复杂的会计科目进行举例。

一、资本类会计科目的合规管理

（一）实收资本（股本，4001）

本科目核算企业接受投资者投入的实收资本，股份有限公司应将本科目名称改为"股本"。关于实收资本的合规管理如表 2–27 所示。

表 2-27　实收资本的合规管理

序号	基础核算注意事项	会计分录举例
1	企业收到投资者出资超过其在注册资本或股本中所占份额的部分，作为资本溢价或股本溢价，在"资本公积"科目内核算	借：银行存款等 　　贷：股本 　　　　资本公积
2	本科目应按资本类型和投资者进行明细核算。本科目按"单位往来"设置辅助核算台账。中外合作经营企业在合作期间归还投资者的投资，应在本科目设置"已归还投资"明细科目进行核算	实收资本——法人资本——××单位
3	股份有限公司应当在核定的股本总额及核定的股份总额的范围内发行股票。其发行的股票，在收到现金等资产时，按实际收到的金额，借记"库存现金""银行存款"等科目，按股票面值和核定的股份总额的乘积计算的金额，贷记本科目，按其差额，贷记"资本公积——股本溢价"科目	借：银行存款等 　　贷：股本 　　　　资本公积——股本溢价
4	境外上市公司收到股款时，按收到股款当日的汇率折合的人民币金额，借记"银行存款"等科目，按股票面值与核定的股份总额的乘积计算的金额，贷记本科目，按收到股款当日的汇率折合的人民币金额与按人民币计算的股票面值总额的差额，贷记"资本公积——股本溢价"科目	借：银行存款等 　　贷：股本 　　　　资本公积——股本溢价
5	可转换公司债券持有人行使转换权利，将其持有的债券转换为股票，按可转换公司债券科目余额，借记"应付债券——可转换公司债券（面值、利息调整）"科目，按其权益成分的金额，借记"资本公积——其他资本公积"科目，按股票面值和转换的股数计算的股票面值总额，贷记本科目，按其差额，贷记"资本公积——股本溢价"科目。如有现金支付不可转换股票，还应贷记"银行存款"等科目	借：应付债券——可转换公司债券 　　　资本公积——其他资本公积 　　贷：股本 　　　　资本公积——股本溢价
6	企业将重组债务转为资本的，应按重组债务的账面余额，借记"应付账款"等科目，按债权人因放弃债权而享有本企业股权份额（或股份的面值总额），贷记本科目，按股份的公允价值总额与相应的实收资本（或股本）之间的差额，贷记或借记"资本公积——资本溢价或股本溢价"科目，将重组债务的账面价值与股权的公允价值（或股份的公允价值总额）之间的差额，计入"投资收益"科目	借：应付账款 　　贷：股本 　　　　资本公积——股本溢价 　　　　投资收益
7	以权益结算的股份支付换取职工或其他方提供的服务的，应在行权日，按实际行权的权益工具数量计算确定的金额，借记"资本公积——其他资本公积"科目，按应计入实收资本或股本的金额，贷记本科目，按其差额，贷记"资本公积——股本溢价"	借：资本公积——其他资本公积 　　贷：股本 　　　　资本公积——股本溢价

（续表）

序号	基础核算注意事项	会计分录举例
8	经股东大会或类似机构决议，用资本公积转增资本的，借记"资本公积——资本溢价或股本溢价"科目，贷记本科目。用盈余公积转增资本，借记"盈余公积"科目，贷记本科目	借：资本公积——股本溢价 　　贷：股本 借：盈余公积 　　贷：股本
9	企业资本（或股本）除下列情况外，不得随意变动：符合增资条件，并经有关部门批准增资或者按法定程序报经批准减少注册资本	—
10	中外合作经营企业根据合同规定在合作期间归还投资者的投资，借记本科目（已归还投资），贷记"银行存款"等科目；同时，借记"利润分配——利润归还投资"科目，贷记"盈余公积——利润归还投资"科目；中外合作经营企业清算，借记本科目、"资本公积""盈余公积""利润分配——未分配利润"等科目，贷记本科目（已归还投资）、"银行存款"等科目	借：利润分配——利润归还投资 　　贷：盈余公积——利润归还投资
11	投资者按规定转让出资的，应于有关的转让手续办理完毕时，将出让方所转让的股份，在股东账户有关明细账及备查记录中转为受让方	—
12	本科目期末贷方余额，反映企业实有的实收资本或股本总额	—

（二）资本公积（4002）

本科目核算企业收到投资者出资额超出其在注册资本或股本中所占份额的部分，直接计入所有者权益的利得和损失也通过本科目核算。关于资本公积的合规管理如表 2–28 所示。

表 2–28　资本公积的合规管理

序号	基础核算注意事项	会计分录举例	备注
1	本科目应当设置以下明细科目：股本溢价和其他资本公积。其他资本公积下设以下明细科目：权益法核算的长期股权投资、股份支付、原始制度转入资本公积、国际准则资产持续重估增值、非同一控制下企业合并资产公允价值与账面价值的差异、其他	资本公积——股本溢价	—

（续表）

序号	基础核算注意事项	会计分录举例	备注
2	企业接受投资者投入的资本、可转换公司债券持有人行使转换权利、将债务转为资本等形成的资本公积，借记有关科目，贷记"实收资本"或"股本"科目，按其差额贷记本科目（资本溢价或股本溢价）等	借：银行存款等 　贷：股本 　　资本公积—— 　　股本溢价	—
3	股份有限公司溢价发行股票，在收到现金等资产时，按实际收到的金额，借记"库存现金""银行存款"等科目，按股票面值和核定的股份总额的乘积计算的金额，贷记"股本"科目，按溢价部分，贷记本科目（股本溢价）	借：银行存款等 　贷：股本 　　资本公积—— 　　股本溢价	—
4	境外上市公司，以及在境内发行外资股的股份有限公司，在收到股款时，按收到股款当日的汇率折合的人民币金额，借记"库存现金""银行存款"等科目，按确定的人民币股票面值和核定的股份总额的乘积计算的金额，贷记"股本"科目，按其差额，贷记本科目（股本溢价）	借：银行存款等 　贷：股本 　　资本公积—— 　　股本溢价	—
5	股份有限公司发行股票支付的手续费或佣金、股票印制成本等，减去发行股票冻结期间所产生的利息收入，溢价发行的，从溢价中抵销；无溢价的或溢价不足以支付的部分，直接计入当期财务费用	借：银行存款 　贷：财务费用	
6	经股东大会或类似机构决议，用资本公积转增资本的，借记本科目（资本溢价或股本溢价），贷记"实收资本"或"股本"科目	借：资本公积——股本溢价 　贷：股本	
7	企业收到国家拨入的专门用于技术改造、技术研究等的拨款项目完成后，形成各项资产的部分，如果按国家相关文件规定应计入资本公积的，借记"固定资产"等科目，贷记有关科目；同时，借记"专项应付款"科目，贷记本科目（其他资本公积）；否则，作为政府补助进行相应处理	转资时： 借：固定资产 　贷：在建工程 确认资本公积： 借：专项应付款 　贷：资本公积—— 　　其他资本公积	—
8	以权益结算的股份支付换取职工或其他方提供服务的，应按照确定的金额，借记"管理费用"等科目，贷记本科目（其他资本公积）。在行权日，应按实际行权的权益工具数量计算确定的金额，借记本科目（其他资本公积），按计入实收资本或股本的金额，贷记"实收资本"或"股本"科目，按其差额，贷记本科目（资本溢价或股本溢价）	计量日： 借：管理费用 　贷：资本公积—— 　　其他资本公积 行权日： 借：资本公积——其他资本公积 　贷：实收资本	—

（续表）

序号	基础核算注意事项	会计分录举例	备注
9	股份有限公司采用收购本公司股票方式减资的，购回股票支付的价款高于面值总额的，按股票面值和注销股数计算的股票面值总额，借记"股本"科目，按所注销的库存股的账面余额，贷记"库存股"科目，按其差额，借记本科目（股本溢价），股本溢价不足冲减的，应借记"盈余公积""利润分配——未分配利润"科目；购回股票支付的价款低于面值总额的，应按股票面值总额，借记"股本"科目，按所注销的库存股的账面余额，贷记"库存股"科目，按其差额，贷记本科目（股本溢价）	借：股本 　贷：库存股 　　　资本公积—— 　　　　股份溢价	—
10	根据《企业会计准则解释第 5 号》的规定，企业接受代为偿债、债务豁免或捐赠，按照企业会计准则规定符合确认条件的，通常应当确认为当期收益；但是，企业接受非控股股东（或非控股股东的子公司）直接或间接代为偿债、债务豁免或捐赠，经济实质表明该业务属于非控股股东对企业的资本性投入的，应当将相关利得计入所有者权益（资本公积）	—	—
11	本科目期末贷方余额，反映企业实有的资本公积	—	附注披露

（三）盈余公积（4101）

　　本科目核算企业从净利润中提取的盈余公积。关于盈余公积的合规管理如表 2-29 所示。

表 2-29　盈余公积的合规管理

序号	基础核算注意事项	会计分录举例	备注
1	本科目应当分"法定盈余公积"和"任意盈余公积"项目进行明细核算。外商投资企业还应分"储备基金""企业发展基金""职工奖励及福利基金"进行明细核算。中外合作经营企业在合作期间归还投资者投资的，应在本科目设置"利润归还投资"明细科目进行核算	借：盈余公积——法定 　　　盈余公积或任意盈 　　　余公积	—

（续表）

序号	基础核算注意事项	会计分录举例	备注
2	企业按规定提取的盈余公积，借记"利润分配——提取法定盈余公积、提取任意盈余公积"科目，贷记本科目（法定盈余公积、任意盈余公积）。外商投资企业按规定提取的储备基金、企业发展基金、职工奖励及福利基金，借记"利润分配——提取储备基金、提取企业发展基金、提取职工奖励及福利基金"科目，贷记本科目（储备基金、企业发展基金）或"应付职工薪酬"科目	借：利润分配——提取法定盈余公积 　贷：盈余公积——法定盈余公积	—
3	经股东大会或类似机构决议，用盈余公积弥补亏损或转增资本的，借记本科目，贷记"利润分配——盈余公积补亏""实收资本"或"股本"科目	借：盈余公积——法定盈余公积 　贷：利润分配——盈余公积补亏	—
4	股份公司经股东大会决议，用盈余公积派送新股的，按派送新股计算的金额，借记本科目，按股票面值和派送新股总数计算的股票面值总额，贷记"股本"科目	借：盈余公积——法定盈余公积 　贷：股本	—
5	中外合作经营企业根据合同规定在合作期间归还投资者的投资，应按实际归还投资的金额，借记"实收资本——已归还投资"科目，贷记"银行存款"等科目；同时，借记"利润分配——利润归还投资"科目，贷记本科目（利润归还投资）	—	—
6	本科目期末贷方余额反映企业的盈余公积	—	应披露

二、留存收益类会计科目的合规管理

（一）利润分配（4104）

本科目核算企业对利润进行分配（或对亏损进行弥补）和历年分配（或弥补）后的余额。关于利润分配的合规管理如表2-30所示。

表 2-30　利润分配的合规管理

序号	基础核算注意事项	会计分录举例	备注
1	本科目应当设置以下明细科目：盈余公积补亏、提取法定盈余公积、提取储备基金、提取企业发展基金、提取职工奖励及福利基金、利润归还投资、应付优先股股利、提取任意盈余公积、应付普通股股利、转作资本（或股本）的普通股股利、应付利润、未分配利润	利润分配——盈余公积补亏	—
2	企业按规定提取的盈余公积，借记本科目（提取法定盈余公积、提取任意盈余公积），贷记"盈余公积——法定盈余公积、任意盈余公积"科目。外商投资企业按规定提取的储备基金、企业发展基金、职工奖励及福利基金，借记本科目（提取储备基金、提取企业发展基金、提取职工奖励及福利基金），贷记"盈余公积——储备基金、企业发展基金""应付职工薪酬"等科目。合并报表时，企业按照权益法对子公司的投资进行调整，并在合并报表层面对确认的子公司投资收益提取盈余公积	借：利润分配——提取法定盈余公积 　　贷：盈余公积——法定盈余公积	—
3	经股东大会或类似机构决议，分配给股东或投资者的现金股利或利润，借记本科目（应付优先股股利、应付普通股股利），贷记"应付股利"科目。经股东大会或类似机构决议，分配给股东的股票股利，应在办理增资手续后，借记本科目（转作资本或股本的普通股股利），贷记"股本"科目。用盈余公积弥补亏损的，借记"盈余公积——法定盈余公积或任意盈余公积"科目，贷记本科目（盈余公积补亏）	借：利润分配——应付股利 　　贷：应付股利	—
4	年末，企业应将本年实现净利润，自"本年利润"科目转入本科目，借记"本年利润"科目，贷记本科目（未分配利润），净亏损则做相反的会计分录；同时将"利润分配"科目所属其他明细科目的余额转入本科目的"未分配利润"明细科目。结转后，本科目除"未分配利润"明细科目外，其他明细科目应无余额	借：本年利润 　　贷：利润分配——未分配利润	—
5	本科目年末余额，反映企业的未分配利润（或未弥补亏损）	—	应披露

（二）其他综合收益（4301）

本科目核算企业根据《企业会计准则》规定，未在当期损益中确认的各项利得和损失。关于其他综合收益的合规管理如表 2-31 所示。

表 2–31 其他综合收益的合规管理

序号	基础核算注意事项	会计分录举例	备注
1	本科目设置"以后不能重分类进损益"和"以后将重分类进损益"两个二级明细科目。在"以后不能重分类进损益"科目下设置"重新设定受益计划净负债和净资产的变动""权益法下在被投资单位不能重分类进损益的其他综合收益中享有的份额""其他权益工具投资公允价值变动""企业自身信用风险公允价值变动"和"其他"等三级明细科目。在各三级明细科目下设置"税前金额""所得税"两个四级明细科目。 在"以后将重分类进损益"科目下设置"权益法下在被投资单位以后将重分类进损益的其他综合收益中享有的份额""其他债权投资公允价值变动""金融资产重分类计入其他综合收益的金额""信用减值准备""套期储备""外币报表折算差额"和"其他"等三级明细科目。在各三级明细科目下设置"税前金额""所得税""转入损益"等四级明细科目	其他综合收益——以后不能重分类进损益——×× 或其他综合收益——以后将重分类进损益——××	—
2	当企业发生综合收益事项时,借(或贷)记本科目,贷(或借)记相关科目	—	—
3	2.1 "重新设定受益计划净负债和净资产的变动"科目,核算有设定受益计划形式离职后福利的企业,根据《企业会计准则第 9 号—职工薪酬》,重新计量设定受益计划净负债或净资产导致的变动部分,并且在后续会计期间不允许转回损益。在原设定受益计划终止时应当在权益范围内将原计入其他综合收益的部分全部结转至未分配利润	其他综合收益——以后不能重分类进损益——重新设定受益计划净负债和净资产的变动	—
4	2.2 "权益法下在被投资单位不能重分类进损益的其他综合收益中享有的份额"科目,核算投资方在取得长期股权投资后,根据《企业会计准则第 2 号—长期股权投资》,应享有或应分担的被投资单位属于"以后期间不能重分类进损益"的其他综合收益的份额,企业应同时调整长期股权投资的账面价值	其他综合收益——以后不能重分类进损益——权益法下在被投资单位不能重分类进损益的其他综合收益中享有的份额	—
5	2.3 "权益法下在被投资单位以后将重分类进损益的其他综合收益中享有的份额"科目,核算投资方取得长期股权投资后,根据《企业会计准则第 2 号—长期股权投资》,应享有或应分担的被投资单位属于"以后会计期间在满足规定条件时将重分类进损益"的其他综合收益的份额,同时调整长期股权投资的账面价值	其他综合收益——以后将重分类进损益——权益法下在被投资单位以后将重分类进损益的其他综合收益中享有的份额	—
6	2.4 "其他权益工具投资公允价值变动"科目,该项目应根据"其他综合收益"科目的相关明细科目的发生额分析填列	其他综合收益——以后将重分类进损益——其他权益工具投资公允价值变动	—

（续表）

序号	基础核算注意事项	会计分录举例	备注
7	2.5 "企业自身信用风险公允价值变动"科目，该项目应根据"其他综合收益"科目的相关明细科目的发生额分析填列	其他综合收益——以后将重分类进损益——企业自身信用风险公允价值变动	—
8	2.6 "其他债权投资公允价值变动"科目，当企业将一项以公允价值计量且其变动计入其他综合收益的金融资产重分类为以摊余成本计量的金融资产，或重分类为以公允价值计量且其变动计入当期损益的金融资产时，之前计入其他综合收益的累计利得或损失从其他综合收益中转出的金额应作为该项目的减项。该项目应根据"其他综合收益"科目下的相关明细科目的发生额分析填列	其他综合收益——以后将重分类进损益——其他债权投资公允价值变动	—
9	2.7 "金融资产重分类计入其他综合收益的金额"科目，该项目应根据"其他综合收益"科目下的相关明细科目的发生额分析填列	其他综合收益——以后将重分类进损益——金融资产重分类计入其他综合收益的金额	—
10	2.8 "信用减值准备"科目，该项目应根据"其他综合收益"科目下的"信用减值准备"明细科目的发生额分析填列	其他综合收益——以后将重分类进损益——信用减值准备	—
11	2.9 "套期储备"科目，该项目应根据"其他综合收益"科目下的"套期储备"明细科目的发生额分析填列	其他综合收益——以后将重分类进损益——套期储备	—
12	2.10 "外币报表折算差额"科目，核算企业根据《企业会计准则第19号——外币折算》，对境外经营的财务报表进行折算时产生的外币报表折算差额。企业在处置境外经营时，应当将其他综合收益中与该境外经营相关的外币报表折算差额转入处置当期损益；部分处置境外经营的，应当按处置比例计算处置部分的外币报表折算差额，并将其转入处置当期损益	其他综合收益——以后将重分类进损益——外币报表折算差额	—
13	2.11 "其他"科目，核算企业根据相关会计准则规定应计入其他综合收益的其他事项，如根据《企业会计准则第3号——投资性房地产》，自用房地产或作为存货的房地产转换为以公允价值模式计量的投资性房地产在转换日公允价值大于账面价值部分计入"其他综合收益"，待该投资性房地产处置时，将该部分转入当期损益等	其他综合收益——以后将重分类进损益——其他	—

序号	基础核算注意事项	会计分录举例	备注
14	确认递延所得税，期末企业应根据其他综合收益的余额确认递延所得税资产或递延所得税负债，若为贷方余额，则借记本科目，贷记"递延所得税负债"，若为借方余额，则借记"递延所得税资产"，贷记本科目	—	—
15	重分类进当期损益，以后会计期间，在满足规定条件的其他综合收益重分类进当期损失时，若为贷方余额，则借记本科目和"递延所得税负债"科目，贷记"投资收益"等科目；若为借方余额，则借记"投资收益"等科目，贷记本科目和"递延所得税资产"科目	—	—
16	本科目期末贷方或借方余额，反映企业其他综合收益的余额	—	应披露

第五节　损益类会计科目合规管理

收入只有在经济利益很可能流入从而导致企业资产增加或者负债减少，且经济利益的流入额能够可靠计量时才能予以确认。费用只有在经济利益很可能流出从而导致企业资产减少或者负债增加，且经济利益的流出额能够可靠计量时才能予以确认。利润包括收入减去费用后的净额、直接计入当期利润的利得和损失等。损益类会计科目通常列报于利润表，并在会计报表附注中披露。财政部会计科目设置明细表建议损益类一级会计科目为 33 个，限于篇幅，本书仅选取重点、特殊、复杂的会计科目进行举例。

一、收入类会计科目的合规管理

（一）主营业务收入（6001）

本科目核算企业确认的销售商品、提供劳务（简称"转让商品"）等主营业务的收入。关于主营业务收入的合规管理如表 2–32 所示。

表 2-32 主营业务收入的合规管理

序号	基础核算注意事项	会计分录举例	备注
1	合同中存在企业为客户提供重大融资利益的，企业应按照应收合同价款，借记"长期应收款"等科目，按照假定客户在取得商品控制权时即以现金支付而需支付的金额（即现销价格）确定的交易价格，贷记本科目，按其差额，贷记"未实现融资收益"科目；合同中存在客户为企业提供重大融资利益的，企业应按照已收合同价款，借记"银行存款"等科目，按照假定客户在取得商品控制权时即以现金支付的应付金额（即现销价格）确定的交易价格，贷记"合同负债"等科目，按其差额，借记"未确认融资费用"科目。涉及增值税的，还应进行相应处理	借：长期应收款 　贷：主营业务收入 　　　未实现融资收益 借：银行存款 　　未确认融资费用 　贷：合同负债	—
2	附有销售退回条款的销售，企业发生附有销售退回条款的销售，应在客户取得相关商品控制权时，按照已收或应收合同价款，借记"银行存款""应收账款""应收票据"等科目，按照因向客户转让商品而预期有权收取的对价金额（即不包含预期因销售退回将退还的金额），贷记"主营业务收入""其他业务收入"等科目，按照预期因销售退回将退还的金额，贷记"预计负债——应付退货款"等科目；涉及增值税的，还应进行相应处理。客户取得商品控制权之前退回该商品不属于销售退回，按照已发出商品的退回，借记"库存商品"科目，贷记"发出商品"科目	**收到款项时：** 借：银行存款等 　贷：主营业务收入 　　　预计负债——应付退货款 **商品退回时：** 借：库存商品 　贷：发出商品	—
3	期末，应将本科目的余额转入"本年利润"科目，结转后本科目应无余额。	借：主营业务收入 　贷：本年利润	—

（二）其他业务收入（6051）

本科目核算企业确认的除主营业务活动以外的其他经营活动实现的收入。关于其他业务收入的合规管理如表 2-33 所示。

表 2-33 其他业务收入的合规管理

序号	基础核算注意事项	会计分录举例	备注
1	保险企业经营受托管理业务收取的管理费收入，通过本科目核算	借：银行存款 　贷：其他业务收入	—

（续表）

序号	基础核算注意事项	会计分录举例	备注
2	企业作为个人所得税的扣缴义务人，根据《中华人民共和国个人所得税法》收到的扣缴税款手续费，应作为其他与日常活动相关的项目，在利润表的"其他收益"项目中填列。企业财务报表的列报项目因此发生变更的，应当按照《企业会计准则第30号——财务报表列报》等相关规定，对可比期间的比较数据进行调整。因此收到代扣个人所得税的手续费，不再计入本科目核算	—	新变化：企业在收到扣缴税款手续费时应确认收入
3	期末，应将本科目余额转入"本年利润"科目，结转后本科目应无余额	借：其他业务收入 　　贷：本年利润	—

（三）公允价值变动损益（6101）

本科目核算企业交易性金融资产、交易性金融负债，以及采用公允价值模式计量的投资性房地产、衍生工具等因公允价值变动形成的应计入当期损益的利得或损失。指定为以公允价值计量且其变动计入当期损益的金融资产或金融负债产生的相关利得或损失，也在本科目中核算。关于公允价值变动损益的合规管理如表2-34所示。

表2-34　公允价值变动损益的合规管理

序号	基础核算注意事项	会计分录举例	备注
1	本科目应按交易性金融资产、交易性金融负债等分类进行明细核算	—	—
2	资产负债表日，企业按交易性金融资产的公允价值高于其账面余额的差额，借记"交易性金融资产——公允价值变动"科目，贷记本科目；对公允价值低于其账面余额的差额，做相反的会计分录	借：交易性金融资产—— 　　公允价值变动 　　贷：公允价值变动损益	—
3	期末，交易性金融负债的公允价值高于其账面余额的差额，借记本科目，贷记"交易性金融负债"等科目；对公允价值低于其账面余额的差额，做相反的会计分录	借：公允价值变动损益 　　贷：交易性金融负债	—
4	采用公允价值模式计量的投资性房地产、衍生工具等形成的公允价值变动，按照"投资性房地产""衍生工具"等科目的相关规定进行处理	—	—

（续表）

序号	基础核算注意事项	会计分录举例	备注
5	期末，应将本科目余额转入"本年利润"科目，结转后本科目无余额	借：公允价值变动损益 　　贷：本年利润	披露

（四）营业外收入（6301）

本科目核算企业发生的营业利润以外的收益，主要包括与企业日常活动无关的政府补助、捐赠利得、盘盈利得、稳岗补贴以及确实无法支付的应付款项等。关于营业外收入的合规管理如表 2–35 所示。

表 2–35　营业外收入的合规管理

序号	基础核算注意事项	会计分录举例
1	企业在清查财产过程中，在查明固定资产盘盈时，原则上应采用追溯调整法进行处理。各企业应加强资产管理，尽量减少该类事项的发生。盘盈的现金应在报批准后被计入营业外收入	借：待处理财产损溢——待处理固定资产损溢 　　贷：营业外收入
2	企业取得的罚款净收入，借记"银行存款"等科目，贷记本科目	借：银行存款 　　贷：营业外收入
3	企业如有确实无法支付的应付账款，按照规定程序经批准后，应按其账面余额，借记"应付账款"，贷记"营业外收入——无法支付的应付款项"	借：应付账款 　　贷：营业外收入
4	逾期未退包装物没收的押金，按没收的押金金额，借记"其他应付款"科目，按应交的增值税、消费税等税费，贷记"应交税费"科目，按其差额，贷记本科目	借：其他应付款 　　贷：营业外收入 　　　　应交税费
5	企业取得的与资产相关的政府补助，计入"递延收益"科目，并在相关资产使用寿命内将其按合理、系统的方法分期计入损益。但按照名义金额计量的政府补助，应直接计入本科目或"其他收益"科目。取得的与收益相关的政府补助，用于补偿企业以后期间的相关费用或损失的，计入"递延收益"科目，并在确认相关费用的期间计入本科目或"其他收益"科目；用于补偿企业已发生的相关费用或损失的，直接计入本科目或"其他收益"科目	—

序号	基础核算注意事项	会计分录举例
6	采用权益法核算的长期股权投资或非同一控制下企业合并形成的长期股权投资，初始投资成本小于取得投资时应享有的被投资单位可辨认净资产公允价值份额的，按其差额，借记"长期股权投资"科目，贷记"营业外收入"等科目	借：长期股权投资 贷：营业外收入
7	收到稳岗补贴时，借记"银行存款"，贷记"营业外收入——其他收入"，相关支出应按规定的用途和受益对象在相关会计科目中核算	借：银行存款 贷：营业外收入
8	期末，应将本科目余额转入"本年利润"科目，结转后本科目应无余额	借：营业外收入 贷：本年利润

二、支出类会计科目的合规管理

（一）销售费用（6601）

本科目核算企业在销售商品过程中发生的费用，包括运输费、装卸费、包装费、保险费、展览费和广告费，以及为销售本单位商品而专设的销售机构等的经营费用。
（1）期末，企业应将本科目的余额转入"本年利润"科目，结转后本科目应无余额。
（2）国有企业必须对办公费、差旅费、会议费、业务招待费、出国人员经费等五项费用设置明细科目进行核算，以符合纪委的专项管控要求。

（二）管理费用（6602）

本科目核算企业为组织和管理生产经营所发生的管理费用，包括董事会和行政管理部门在经营管理中发生的，或者应由本企业统一负担的企业经费。
（1）期末，企业应将本科目的余额转入"本年利润"科目，结转后本科目应无余额。
（2）国有企业必须对办公费、差旅费、会议费、业务招待费、出国人员经费等五项费用设置明细科目核算，以符合纪委的专项管控要求。

（三）营业外支出（6711）

本科目核算企业发生的除营业利润以外的支出，包括罚款支出、公益性捐赠支出、非常损失、盘亏损失、打孔盗油造成的损失、非正常原因造成的停工损失、非流动资产毁损报废损失等。非流动资产毁损报废损失通常包括因自然灾害而产生的毁损、因已丧失使用功能等原因而被报废清理所产生的损失等。关于营业外支出的合规管理如表 2-36 所示。

表 2-36　营业外支出的合规管理

序号	基础核算注意事项	会计分录举例	备注
1	企业在清查财产过程中，查明固定资产盘亏，借记本科目（固定资产盘亏），贷记"待处理财产损溢——待处理固定资产损溢"科目	借：营业外支出 　贷：待处理财产损溢——待处理固定资产损溢	—
2	企业发生的罚款支出、捐赠支出，借记本科目，贷记"银行存款"等科目	借：营业外支出 　贷：银行存款	—
3	物资在运输途中发生的非常损失，借记本科目（非常损失），贷记"待处理财产损溢——待处理流动资产损溢"科目	借：营业外支出 　贷：待处理财产损溢——待处理流动资产损溢	—
4	因自然事故等非正常因素造成的停工损失，应在本科目的"非正常停工损失"明细科目内核算。非正常因素造成的停工期间的费用，按费用要素于发生时在本科目内归集	借：营业外支出 　贷：银行存款	—
5	没有为企业提供劳务的有偿解除劳动合同人员的支出，应在本科目内核算	借：营业外支出 　贷：银行存款	—
6	企业为维护社会稳定而支付给非本公司员工的支出，应在本科目内核算	借：营业外支出 　贷：银行存款	—
7	期末，应将本科目余额转入"本年利润"科目，结转后本科目应无余额	借：本年利润 　贷：营业外支出	—

第六节　其他会计科目合规管理

产品成本，是指企业在生产产品过程中所发生的材料费用、职工薪酬等，以及不能直接入账而按一定标准分配入账的各种间接费用。企业应当根据所发生的有关费用能否归属于使产品达到目前场所和状态的原则，正确区分产品成本和期间费用。财政部会计科目设置明细表建议，成本类一级会计科目为 9 个，限于篇幅，本书仅选取重点、特殊、复杂的会计科目进行举例。

一、生产成本类会计科目的合规管理

（一）基本生产成本（5001）

本科目核算企业进行工业性生产，包括生产各种产品（包括产成品、自制半成品、提供劳务等）、自制材料、自制工具、自制设备等所发生的各项生产费用，该科目的核算对象为产成品、自制半成品等。关于基本生产成本的合规管理如表2-37所示。

表2-37　基本生产成本的合规管理

序号	基础核算注意事项	会计分录举例	备注
1	成本构成项目，通常包括公司生产过程中实际消耗的直接材料、直接人工费、其他直接支出和制造费用等，企业可以根据自身生产经营实际设置三级明细科目	借：基本生产成本——××费 贷：原材料等	—
2	废品的修复费用中，应由造成废品的过失人负担的赔款，应从废品损失中减去。经检验部门鉴定不需要返修而可以降价出售的不合格品，其成本与合格品相同，其售价低于合格品售价所发生的损失，应在计算销售损益中体现，不作废品损失处理。产品入库后由于保管不善等原因而损坏变质的损失，应作为管理费用处理，不列作废品损失	—	—
3	季节性生产单位在停工期内的费用，应当采用待摊的方法，由开工期内的生产成本负担。计划内停工造成的停工损失，按费用要素项目计入管理费用，属非计划性停工等因素造成的停工损失，于发生时按费用要素项目直接计入营业外支出。因自然事故等非正常因素造成的停工损失，于发生时计入营业外支出	借：管理费用 　　营业外支出 贷：基本生产成本	—
4	本科目期末无余额	—	结转

（二）制造费用（5101）

本科目核算企业生产车间、部门为生产产品和提供劳务而发生的各项间接费用以及为组织生产而发生的管理性支出，包括低值易耗品摊销、机物料消耗、水费、电费、人工费、折旧费、运输费、取暖费、差旅费、办公费、会议费、财产保险费、其他保险费、排污费、诉讼费、绿化费、警卫消防费、出国人员经费、劳动保护费、上级管理费、租赁费、外部加工费、信息系统维护费等。（1）企业行政管理部门为组织和管理生产经营活动而发生的管理费用，应作为期间费用，计入"管理费用"科目，不在本科目内核算。（2）本科目期末应无余额。

二、其他成本类会计科目的合规管理

研发支出（5301）

本科目核算企业在产品、技术、材料、工艺、标准的研究开发过程中发生的各项费用。其中企业研发人员指从事研发活动的企业在职及外聘的专业技术人员，以及为相关工作提供服务的管理人员，有的企业具备专门的研发机构，这些研发机构发生的各项开支，应被纳入研发费用管理，若有研发机构同时承担生产任务的情况，企业应合理划分研发费用和生产费用。关于研发支出的合规管理如表 2–38 所示。

表 2–38　研发支出的合规管理

序号	基础核算注意事项	会计分录举例	备注
1	本科目下设两个明细科目：费用化研发支出和资本化研发支出，其应按核算内容再设置明细科目核算	研发支出——费用化研发支出或研发支出——资本化研发支出	—
2	研发支出分为研究阶段支出和开发阶段支出，研究阶段支出计入费用化研发支出明细，开发阶段支出中符合资本化条件的支出，计入资本化研发支出明细，不符合资本化条件的支出，计入费用化研发支出明细。无法区分研究阶段支出和开发阶段支出，应当将其所发生的研发支出全部费用化，计入当期损益	—	—
3	为开发新产品、新技术购置单台设备的支出，借记"在建工程"，贷记"银行存款"等科目，同时借记"固定资产"，贷记"在建工程"；计提折旧时，借记本科目，贷记"累计折旧"科目。各单位应建立台账对该类资产进行单独管理	借：研发支出——费用化研发支出 　　贷：累计折旧	—

（续表）

序号	基础核算注意事项	会计分录举例	备注
4	月末结转本科目归集的费用化支出金额时，借记"管理费用"等科目的各项明细项目，贷记本科目——费用化研发支出	借：管理费用 　贷：研发支出——费用化研发支出	—
5	研究开发项目达到预定用途形成固定资产或无形资产的，应按本科目的余额，借记"无形资产""固定资产"等科目，贷记本科目——资本化研发支出	借：固定资产等 　贷：研发支出——资本化研发支出	—
6	本科目期末借方余额，反映正在进行中的研究开发项目中满足资本化条件的支出，应在资产负债表的"开发支出"科目内反映出来	—	披露

第三章　财务运作行为合规管理

第一节　财务运作的常见不合规问题

[案例 3-1：证监会通报 2020 年以来上市公司财务造假案件办理情况（节选）] 2020 年以来，证监会依法从严从快从重查办上市公司财务造假等违法行为，共办理该类案件 59 起，占办理信息披露类案件的 23%，向公安机关移送相关涉嫌犯罪案件 21 起。此类案件主要呈现以下特点：一是造假模式复杂，系统性、全链条造假案件仍有发生。主要表现为虚构业务实施系统性财务造假、滥用会计处理粉饰业绩等。二是造假手段隐蔽，传统方式与新型手法杂糅共生。除伪造合同、虚开发票、银行和物流单据造假等传统方式外，还利用新型或复杂金融工具、跨境业务等实施造假。三是造假动机多样，并购重组领域造假相对突出。造假动机涵盖规避退市、掩盖资金占用、维持股价、应对业绩承诺等因素，造假行为涉及并购重组领域的案件占比达到 40%。四是造假情节及危害后果严重，部分案件涉嫌刑事犯罪。个别案件造假金额大、时间跨度大，且伴有资金占用、违规担保等多种违法违规行为。办理案件中，情节严重、涉嫌犯罪的占比超过三分之一[①]。

一、财务运作不合规行为

国家审计部门的历次审计结果公告通报了国家审计过程发现的企业财务运作不合规行为；财政部门历年《会计信息质量检查公告》通报了财政稽查过程中发现的财务运作不合规行为；证监会历年《上市公司年报会计监管报告》通报了证券监督过程中发现的上市公司财务运作不合规行为，这些报告反映出，财务运作不合规并非个案，很多财务违规问题具有典型性、习惯性。从财务运作本身而言，上市公司财务类违规代表性行为主要集中在会计核算和财务管理、资金及风险管理、财务信

[①]　信息来源于中央纪委国家监委网站，《云南通报 6 起"小金库"问题典型案例》。——作者注

息披露三个方面，当然，未上市公司的情况是类似的。财务运作不合规行为的类型与现象如表 3-1 所示。

表 3-1　财务运作不合规行为

序号	不合规行为类型	不合规行为现象
1	会计核算和财务管理不规范	收入、成本核算不规范，如虚增收入、提前确认收入或延迟结转成本、虚增利润等
2		财务报告数据填报及列示不准确，数据填报口径不规范，纳入合并报表子公司范围不准确，合并报表抵消不严谨等
3		资产减值处理不规范，应收账款、存货、固定资产等的减值计提依据不充分、不准确等
4		商誉减值处理不准确或违规计提减值，部分企业商誉减值处理未经决策机构审议等
5		因核算不规范引起会计差错更正不准确，特别是以前年度损益调整不规范等
6		虚开增值税发票、进行虚假贸易等增加收入，存在结转成本不充分、虚增货币资金等虚假记载或重大遗漏行为
7		政府补助处理不准确，会计科目串户等
8		公积金提取不准确，未依法计提法定公积金等
9		存在固定资产转资缺乏依据、工程转资不及时等核算问题
10	资金及风险管控不到位	往来核算和管理不规范，往来挂账不规范，往来时间不准确，往来对账不及时，往来签认不完整等
11		未经决策程序或者决策程序不合规，违规对外提供担保等
12		对外担保未履行必要审批程序和披露义务等
13		非经营性资金被控股股东或关联方占用等
14		资金管理不规范，如募集资金管理制度不完善，信息披露不准确、不完整，境外资金管理不到位，对外借款未履行审批手续等
15	财务信息披露不合规	会计报表附注未按规定及时披露关联交易、重大事项等，或者关联方交易披露不完整、关联方资金占用披露不准确等
16		财务报告信息披露不规范，存在信息披露不准确、不完整等问题
17		存在虚假记载或重大遗漏行为，存在误导性陈述
18		内部信息管理不完善等

二、原因分析

企业财务运作违规行为的产生原因可以从内、外部两方面进行分析。从外部因素看，主要原因有受到宏观经济环境的影响，企业经营形势面临挑战，财务信息阅读者奢求业绩只涨不降，以及政府监管力度更加严格等。从内部因素看，主要原因有受到利益驱动、产生舞弊动机，企业治理机制的不健全给予了舞弊机会，企业合规经营意识淡薄为舞弊创造了环境，以及企业领导层和财务人员职业操守与专业水平能力有待进一步提升等。企业的财务运作不合规行为时有发生，有些企业甚至屡查屡犯。引发企业财务运作违规行为的内、外部因素如表 3-2 所示。

表 3-2　引发企业财务运作违规行为的内、外部因素

序号	外部因素	内部因素
1	宏观经济环境带来经营业绩压力。当前宏观经济形势、市场环境急剧变化，加上新冠肺炎疫情影响，部分企业经营陷入困境，资金周转出现困难，发生财务运作违规行为的动机更加强烈	利益驱动。财务违规行为究其深层原因，往往源于利益驱动，特别是在面临业绩压力或为实现特定目标时，企业希望通过虚假的财务数据来获得投资者的认可
2	财务造假成本低。监管机构虽然加强了监管力度，但高收益、低成本的特点往往使企业铤而走险，以通过造假获取高额收益。财务造假已成为上市公司营造虚假繁荣的主要手段	公司治理机制不健全。部分企业控股股东控制权缺乏有效监督，为违法行为提供可乘之机
3	中介服务机构失责。被审计单位支付审计费用，中介服务机构迫于压力或利益因素，对财务异常问题选择性忽视，不能严格遵守审计程序和审计准则，甚至纵容包庇其造假行为，在财务运作违规中常常扮演纵容者的角色	合规意识淡薄。部分企业高级管理层未真正重视合规管理，对国家法规、企业制度认识不够，敬畏意识不强，主动合规意识淡薄
4	—	部分企业董事、监事、高级管理人员存在道德问题，未恪尽职守，纵容控股股东的资金占用和违规担保行为，甚至伪造财务报表
5	—	财务人员的专业水平不够、能力不足

第二节　财务运作内部牵制要求

内部牵制是指凡是涉及款项和财物收付、结算及登记的工作，必须由两人或两

人以上分工办理，以起到相互分离、相互制约作用的一种工作制度。财务岗位的设置、财务运作行为的实施等必须满足内部牵制的要求，以确保财务运作合规，企业资产安全、完整。

一、财务运作内部牵制的原则

（一）内部牵制的基本原则

内部牵制的基本原则是机构分离、职务分离、钱账分离、账物分离（见表3–3）。

表3–3　内部牵制的基本原则

序号	财务行为规范标准	制度溯源	备注
1	授权某项经济业务的职务与执行该项业务的职务要分离	《企业内部控制基本规范》	反舞弊
2	执行某项经济业务的职务与记录该项业务的职务要分离		
3	执行某项经济业务的职务与审核该项业务的职务要分离		
4	保管某项财产的职务与记录该项财产的职务要分离		

（二）岗位责任制原则

会计人员应当严格按照岗位责任制的要求，办理本岗位业务，非本人所管辖的业务，原则上未经会计机构负责人批准，会计人员不得擅自处理；未经会计机构负责人批准，不得擅自委托他人处理会计事项。

二、内部牵制的具体控制规范

（一）财务岗位设置的内部牵制

会计机构的岗位设置与分工，应当满足相互牵制原则，具体规则如表3–4所示。

表 3–4 财务岗位设置的内部牵制

序号	财务行为规范标准	制度溯源
1	出纳人员不得兼任记账凭证的编制及稽核、会计档案保管和收入、支出、费用、债权债务管理岗位等工作，不得编制银行存款余额调节表	《会计基础工作规范》《企业财务通则》《企业内部控制基本规范》等
2	稽核人员不得稽核自己办理的经济业务	
3	会计信息系统管理人员不得编制记账凭证	
4	会计信息系统管理人员对会计岗位的授权与取消，必须在会计机构负责人的授权下进行，并且书面记录每一次授权与取消的原因、结果	
5	负责发票开具的人员，不得负责发票领用与退回的备查登记	

（二）会计印章的内部牵制

会计印章是财务收支、发票开具、财务数据确认等重要事项的对公确认的关键依据，因此会计印章管理合规也是财务合规管理的关键环节之一。会计印章的内部牵制如表 3–5 所示。

表 3–5 会计印章的内部牵制

序号	财务行为规范标准	制度溯源	备注
1	严禁一人保管支付款项所需的全部印章	《会计基础工作规范》《企业财务通则》《企业内部控制基本规范》等	反舞弊
2	银行印鉴的个人名章由会计机构负责人或其指定的会计人员（出纳员除外）管理		—
3	现金收（付）讫章、银行转讫章由出纳员管理		—
4	财务专用章、发票专用章等印章，由会计机构负责人或其指定人员管理		—
5	会计人员名章应由本人自行保管、使用		—
6	会计印章保管人员应当按照规定用途和范围使用印章，不准将印章交由非责任人使用，不准在空白单证与纸张上用印		反舞弊
7	会计印章一般不得携带出单位使用。确因工作需要携带出单位使用的，须经单位负责人或其授权人批准，并由保管人监督使用	《会计基础工作规范》《企业财务通则》《企业内部控制基本规范》等	反舞弊

（三）票据管理的内部牵制

票据管理的内部牵制如表 3–6 所示。

表 3-6　票据管理的内部牵制

序号	财务行为规范标准	制度溯源	备注
1	空白支票等银行票据和其他有价证券由出纳员保管	《会计基础工作规范》《企业财务通则》《发票管理办法》及其实施细则	反舞弊
2	发票应由专人保管使用，按照规定开具。发票的盖章、领用备查登记应由会计机构负责人指定专人负责		—
3	发票开具人员从指定人员处领用发票后，会计人员进行备查登记，发票存根联应交存会计机构存档		—

（四）会计信息化的内部牵制

会计核算软件的开发人员不得兼职会计信息系统管理员。未经软件使用单位允许，软件开发及维护人员不得实施对该单位软件的维护工作。

（五）内部牵制的检查评价

会计机构负责人应当不定期检查、评价会计机构不相容岗位相互分离的执行情况，对不符合规定的，应及时作出调整，并书面记录每次检查结果。

第三节　资金项目合规管理

资金号称企业的"血液"，资金项目是资产负债表中流动性最强的项目。企业资金的营运过程从资金流入企业形成货币资金开始，到通过销售收回货币资金、成本补偿确定利润、部分资金流出企业结束。企业资金不断循环，构成企业的资金周转。由于资金项目的特性，资金安全和充足与否关乎企业能否正常运转，本节主要阐述资金项目的合规管理。

一、现金的合规管理

出纳员每日自行对库存现金进行盘点，编制现金报表，计算当日现金收入、支出及结余额，并将结余额与实际库存额进行核对，如有差异应及时查明原因。会计主管不定期检查现金日报表。

每月末，会计主管指定出纳员以外的人员对现金进行盘点，编制库存现金盘点表，将盘点金额与现金日记账余额进行核对。对冲抵库存现金的借条、未提现支票、未作报销的原始票证，在库存现金盘点报告表中予以注明。会计主管复核库存现金盘点表，如果盘点金额与现金日记账余额存在差异，需要查明原因，在报经财务经理批准后进行财务处理。现金的合规管理如表 3-7 所示。

表 3-7　现金的合规管理

序号	财务行为规范标准	制度溯源
1	企业应当加强现金库存限额的管理，超过库存限额的现金应及时存入银行	《会计基础工作规范》《企业财务通则》《现金管理暂行条例》《企业内部控制应用指引第6号—资金活动》
2	企业必须根据《现金管理暂行条例》的规定，结合本企业的实际情况，确定本企业现金的开支范围。不属于现金开支范围的业务应当通过银行办理转账结算	
3	企业现金收入应当及时存入银行，不得从企业的现金收入中直接支付（即坐支）。因特殊情况需坐支现金的，应事先报经开户银行审查批准，由开户银行核定坐支范围和限额。企业借出款项必须执行严格的授权批准程序，严禁擅自挪用、借出货币资金	
4	企业取得的货币资金收入必须及时入账，不得私设"小金库"，不得账外设账，严禁收款不入账行为	
5	企业应当定期和不定期地进行现金盘点，确保现金账面余额与实际库存相符。发现不符，应及时查明原因并处理	

二、银行存款的合规管理

银行存款的合规管理主要包括银行账户管理、银行结算管理、银行对账管理以及资金岗位管理等内容（见表 3-8）。

表 3-8　银行存款的合规管理

序号	财务行为规范标准	制度溯源
1	银行账户管理：企业应严格按照《支付结算办法》等国家有关规定，加强银行账户的管理，严格按照规定开立账户，办理存款、取款和结算。企业应当定期检查银行账户的开立及使用情况并进行清理，发现问题应及时处理。企业的银行账户的开立、变更或注销须经财务经理审核，报总经理审批	《会计基础工作规范》《企业财务通则》《支付结算办法》《企业内部控制应用指引第6号——资金活动》

（续表）

序号	财务行为规范标准	制度溯源
2	企业应当严格遵守银行结算纪律，不准签发没有资金保证的票据或远期支票，套取银行信用；不准签发、取得和转让没有真实交易和债权债务的票据，套取银行和他人资金；不准违反规定开立和使用银行账户	《会计基础工作规范》《企业财务通则》《支付结算办法》《企业内部控制应用指引第 6 号——资金活动》
3	企业应当加强对银行结算凭证的填制、传递及保管等环节的管理与控制	
4	编制银行存款余额调节表：企业应当指定专人定期核对银行账户（每月至少核对一次），编制银行存款余额调节表，使银行存款账面余额与银行对账单调节相符。如不符，应查明原因，及时处理。会计主管应复核银行存款余额调节表，对需要进行调整的调节项目及时进行处理	
5	出纳人员一般不得同时从事银行对账单的获取、银行存款余额调节表的编制工作。确需出纳人员办理上述工作的，应当指定其他人员定期进行审核、监督	

三、票据及印章的合规管理

票据及印章的合规管理主要包括印章管理和票据管理等内容。

（一）票据管理

企业应当加强与货币资金相关的票据的管理，明确各种票据的购买、保管、领用、背书转让、注销等环节的职责权限和程序，并专设登记簿进行记录，防止空白票据的遗失及被盗用（见表 3–9）。

表 3–9　票据管理

序号	财务行为规范标准	制度溯源
1	财务部门应设置银行票据登记簿，防止票据遗失或被盗用。出纳员登记银行票据的购买、领用、背书转让及注销等事项。空白票据应存放在保险柜中	《会计基础工作规范》《企业财务通则》《企业内部控制应用指引第 6 号—资金活动》
2	每月末，会计主管指定出纳员以外的人员对空白票据、未办理收款和承兑的票据进行盘点，编制银行票据盘点表，并与银行票据登记簿进行核对。会计主管应复核库存银行票据盘点表，如果存在差异，需要查明原因	

（续表）

序号	财务行为规范标准	制度溯源
3	企业因填写、开具失误或者其他原因导致作废的法定票据，应当按规定予以保存，不得随意处置或销毁。对超过法定保管期限、可以销毁的票据，在履行审核手续后进行销毁，但应当建立销毁清册并由授权人员监销	《会计基础工作规范》《企业财务通则》《企业内部控制应用指引第6号—资金活动》

（二）财务印章管理

企业的财务专用章由财务经理保管，办理相关业务中使用的个人名章由出纳员保管（见表3-10）。

表3-10　财务印章管理

序号	财务行为规范标准	制度溯源
1	企业应当加强银行预留印鉴的管理。财务专用章应由专人保管，个人名章必须由本人或其授权人员保管。严禁一人保管支付款项所需的全部印章	《会计基础工作规范》《企业财务通则》
2	按规定需要有关负责人签字或盖章的经济业务，必须严格履行签字或盖章手续	

四、国有企业"小金库"的合规管理

"小金库"是指违反法律法规及其他有关规定，应列入而未列入符合规定的单位账簿的各项资金（含有价证券）及其形成的资产。通俗地讲就是化公为私、公款私用、逃避监管。认定关键为，资金或资产是否列入了符合规定的单位账簿。

（一）"小金库"的主要表现形式

"小金库"的来源包括隐匿收入、虚列支出、转移资产、利用表外公司以及以其他方式设立等（见表3-11）。

表3-11　"小金库"的主要表现形式

序号	来源表现类型	具体表现形式
1	隐匿收入	用资产处置、出租收入以及劳务收入等设立"小金库"
2		违规收费、罚款及摊派设立"小金库"或利用收取的回扣、佣金、手续费等设立"小金库"

序号	来源表现类型	具体表现形式
3	隐匿收入	经营收入以及营业外收入等未纳入规定账户核算，资金体外循环形成"小金库"
4		利用银行、保险等金融机构的返还资金，以及政府及其部门的各类补助、补贴、奖励资金、返还资金等设立"小金库"
5	虚列支出	以会议费、劳务费、培训费和咨询费等名义套取资金或虚列支出转出资金等设立"小金库"
6		以拨代支、以领（借）代报，形成"小金库"
7		以虚假发票等非法票据骗取资金或自制、自购收据设立"小金库"
8	转移资产	截留应发集体或个人奖励、奖金等形成"小金库"
9		人为提前报废资产或核销往来款项设立"小金库"
10		利用往来账户套取资金设立"小金库"
11		通过大额现金交易设立"小金库"
12		利用改组改制设立"小金库"
13	利用表外公司	利用外单位账户设立"小金库"
14		上下级单位之间相互转移资金设立"小金库"，通过向关联企业输送利益设立"小金库"
15		通过工会账设立"小金库"
16	其他	以其他违规违纪违法手段设立"小金库"的情形

（二）"小金库"的存在形态及处理对策

从实际情况来看，"小金库"的存在形态十分繁杂，具体可分为现金、银行存款、固定资产、股权和债权、有价证券、存货、无形资产等形态（见表 3–12 ）。企业如设立"小金库"，应按照中央纪委《设立"小金库"和使用"小金库"款项违纪行为适用〈中国共产党纪律处分条例〉若干问题的解释》的第三款规定被追究责任。

表 3–12　"小金库"的存在形态及来源

序号	资产类型	特点	来源
1	现金	金额相对较小，支配方为个别部门或小部分利益团体，用于为个人或少数人谋取额外福利	利用非正规票据、不开发票或不将商业回扣等收入入账；虚列劳务费、办公费等以套取现金

（续表）

序号	资产类型	特点	来源
2	银行存款	金额较大，支配方为单位或部门，存放于下属或关联单位账户、个人存款账户中	将收入存放在下属单位、学会、协会、工会等账户，在账外单独设立账户，通过收入转移钱款或直接将资金存入个人账户
3	固定资产	多表现为设备、汽车、房屋等实物资产，不在账面上反映	存在改制过程中形成的账外资产；利用职权，以应收不收为交易手段，让相关单位购买车辆等大宗物品，没有将交易记入本单位账户
4	股权和债权	隐蔽性较强，只有经办人和单位（部门）领导等少数人知道它们的存在	多为单位或部门与关联单位之间的股权、债权关系，是以契约或协议形式出现的
5	有价证券	是在当前金融证券市场异常活跃的情况下产生的一种新形式的"小金库"	多为单位账外购买的国库券、债券、股票和购物卡等

（三）"小金库"的支出形式及处罚依据

从实际情况来看，"小金库"的支出形式多样。企业使用小金库资金，应按照中央纪委《设立"小金库"和使用"小金库"款项违纪行为适用〈中国共产党纪律处分条例〉若干问题的解释》的第四款至第八款等规定被追究责任（见表3-13）。

表3-13 "小金库"的支出形式及处罚依据

序号	支出形式	制度依据	备注
1	请客、送礼或为有关部门付账		第四款
2	用小团体旅游的费用购置不便公开的商品		第四款
3	少数个人私下分款	中央纪委《设立"小金库"和使用"小金库"款项违纪行为适用<中国共产党纪律处分条例>若干问题的解释》	第八款
4	用途不便公开或应由个人支付的费用		第七款
5	单位职工个人福利、补助、奖金		第四款、第六款
6	超标准、超范围解决单位办公费用等"灰色消费"		第四款
7	使用"小金库"款项新建、改建、扩建、装修办公楼或者培训中心等		第五款
8	其他		—

第四节　资产项目合规管理

资产项目是指资产负债表下的资产填列项目的财务运作管理行为，包括资产价值的确认与计量管理；资产数量变动管理，资产价值变动管理、资产后续支出计量管理，资产报废或者毁损的退出管理，以及长期资产的折旧折耗摊销管理等。资产作为企业的重要可调配资源，对于企业的管理能力、创效能力、战略实现等至关重要，资产项目合规管理也是企业整体财务管理合规的重要环节之一，本书主要针对资产项目合规管理的特殊注意事项进行阐述。

一、计提坏账准备的合规事项

（一）坏账确认条件

1. 债务人死亡，其遗产不足清偿。

2. 债务人破产，其清算财产不足清偿。

3. 债务人逾期三年以上未履行偿债义务，并有足够证据表明其已无力清偿债务或清偿的可能性极小（如债务单位已撤销、破产、资不抵债，现金流量严重不足，发生严重的自然灾害导致停产使企业在短期内无法偿付债务等）。

（二）考虑因素

企业应当至少每半年对应收款项相关科目进行一次检查，根据职业判断预计可能发生的坏账，对于没有把握能够收回的应收款项，企业应采用预期信用损失法计提坏账准备，但不得计提秘密准备。在运用职业判断时，应考虑以下有关因素（见表3-14）。

表 3-14　检查应收款项注意事项

序号	财务行为考虑因素	制度溯源	备注
1	债务公司的财务状况和现金流量情况	《企业财务通则》《企业内部控制应用指引第9号—销售业务》	—
2	债务公司的信誉情况		—
3	对债务公司函证的结果		每年至少函证1次
4	市场情况和行业特点		—

（三）计提减值准备注意事项

除有确凿证据表明应收款项不能收回或收回的可能性不大外（如债务公司撤销、破产、资不抵债、现金流量严重不足、发生严重的自然灾害等导致停产而在短期内无法偿付债务等，以及逾龄在三年以上），对下列各种情况，企业不能全额计提坏账准备。计提减值准备注意事项如表 3-15 所示。

表 3-15　计提减值准备注意事项

序号	特殊注意事项	制度溯源	备注
1	当年发生的应收款项	《企业会计准则》《企业财务通则》	实质重于形式
2	计划对应收款项进行重组		
3	涉及与关联方交易发生的应收款项		
4	其他已逾期但无确凿证据证明不能收回的应收款项		

二、存货管理行为的合规事项

（一）采购过程中的物资毁损和短缺

对于采购过程中发生的物资毁损、短缺等，除合理的途中损耗应作为存货的其他可归属于存货采购成本的费用计入采购成本外，企业应对不同情况加以区分并进行会计处理。

1. 从供货单位、外部运输机构等收回的物资短缺或其他赔款，冲减所购物资的采购成本。

2. 因遭受意外灾害发生的损失和尚待查明原因的途中损耗，暂作为"待处理财产损溢"进行核算，查明原因后再作处理。如果属于自然灾害等非常原因造成的损失企业，应当将减去残料价值和过失人、保险公司赔款后的净损失，计入"营业外支出——非常损失"；如果属于无法收回的其他损失，直接计入管理费用。

（二）存货盘亏或毁损的会计处理

对于存货盘亏或毁损，先列入"待处理财产损溢"科目核算，待管理层批准后，根据造成存货盘亏或毁损的原因，分为以下几种情况处理。

1. 如果属于计量收发差错和管理不善等原因造成的存货短缺，应先扣除残料价值、可以收回的保险赔偿和过失人赔偿，将损失计入管理费用。

2. 属于自然灾害等非常原因造成的存货毁损，应先扣除处置收入（如残料价值）、可以收回的保险赔偿和过失人赔偿，将净损失计入营业外支出。

（三）确定存货可变现净值

计算确定存货可变现净值时，"估计售价"的确定顺序如表3-16所示。

表3-16 "估计售价"的确定顺序

确定顺序	价格标准	制度溯源
第一顺序	有销售合同的，以合同价为售价	《企业会计准则第39号——公允价值计量》
第二顺序	没有销售合同的存货，以期末专业网站的报价、物资所属行业例行公布的地区价或法定物资交易中心公布的地区价中最高者为售价	
第三顺序	既没有合同价也没有上述报价的，则以最近一次的采购价作为售价	
第四顺序	积压一年以上且无法按原存货性质销售的，应以该项存货实际具有转让价值的部分（如组成材料等）确定售价	

企业应当按单个存货项目计提存货跌价准备；对于数量繁多、单价较低的存货，也可以按存货类别计提存货跌价准备；与在同一地区生产和销售的产品系列相关、具有相同或类似最终用途或目的，且难以与其他项目分开计量的存货，可以合并计提存货跌价准备。

（四）存货的盘亏或毁损财务核算依据

存货每年至少盘点一次。盘点结果如果与账面记录不符，企业应查明原因，在取得以下证据后，对其账面余额和相应的存货跌价准备进行财务核销（见表3-17）。

表3-17 存货的盘亏或毁损的财务核算依据

序号	财务核算依据	制度溯源
1	盘亏的存货，已取得存货清查盘点表	《会计基础工作规范》《企业财务通则》《企业财产损失所得税前扣除管理办法》

序号	财务核算依据	制度溯源
2	毁损的存货，如霉烂变质、生锈腐蚀、拆零残损等情况，已取得仓库和资产管理部门的勘察鉴定报告	《会计基础工作规范》《企业财务通则》《企业财务损失所得税前扣除管理办法》
3	过期且无转让价值的存货，如超过保质期等情况，应提供存货使用期限或保质期限证明	
4	经营中已不再需要，并且已无使用价值和转让价值的存货，如专有设备停止使用或更新换代，原为其备用的零部件无其他用途且无转让回收价值等情况，提供生产技术部门论证该存货永久无使用价值的技术报告	
5	其他足以证明已无使用价值和转让价值的存货，需要提供相关证明	

（五）计提存货跌价准备注意事项

企业为了生产而持有的原材料、在产品、委托加工材料等，如果其相关产成品的可变现净值低于成本，则该原材料应计提跌价准备。应当计提跌价准备的情形与全部转入当期损益的情形具体如表 3-18 所示。

表 3-18　应当计提跌价准备的情形与全部转入当期损益的情形

序号	应当计提跌价准备的情形	全部转入当期损益的情形
1	市价持续下跌，并且在可预见的未来无回升的希望	已霉烂变质的存货
2	企业使用该项原材料生产的产品的成本大于产品的销售价格	已过期且无转让价值的存货
3	企业因产品更新换代，原有库存原材料已不适应新产品的需要，而该原材料的市场价格又低于其账面成本	生产中已不再需要，并且已无使用价值和转让价值的存货
4	因企业所提供的商品或劳务过时或消费者偏好改变而使市场的需求发生变化，导致市场价格逐渐下跌	其他足以证明已无使用价值和转让价值的存货
5	其他足以证明该项存货实质上已经发生减值的情形	—

企业当期发生上述情况时，应按存货的账面价值，借记"管理费用——存货盘亏毁损和报废"科目，按已计提的存货跌价准备，借记"存货跌价准备"科目，按

存货的账面余额，贷记"库存商品"等科目。

三、长期股权投资管理行为的合规事项

（一）超额亏损的处理

关于超额亏损的处理如表 3-19 所示。

表 3-19　超额亏损的处理

序号	规范标准情形	会计分录举例
1	情况一：企业确认被投资单位发生的净亏损，原则上应以长期股权投资的账面价值以及其他实质上构成对被投资单位净投资的长期权益减记至零为限，投资企业负有承担额外损失义务的除外	期末企业按被投资单位发生的净亏损计算的应分担的份额 借：投资收益 　贷：长期股权投资——损益调整
2	情况二：长期股权投资的账面价值减记至零时，如果存在实质上构成对被投资单位净投资的长期权益，应以该长期权益的账面价值为限减记长期权益的账面价值，同时确认投资损失	借：投资收益 　贷：长期应收款
3	情况三：长期权益的价值减记至零时，如果按照投资合同或协议约定需要公司承担额外义务的，应按预计承担的金额确认为预计负债	借：投资收益 　贷：预计负债
4	除情况一、二、三仍未确认的应分担被投资单位的亏损，企业应在账外备查登记	—
5	如果被投资单位以后期间实现盈利的，企业应按上述相反的顺序进行处理，即先弥补未确认的亏损分担额，弥补损失后仍然有余额的，应首先冲减预计负债的余额，剩余部分再恢复长期权益、长期股权投资的账面价值，同时确认投资收益	按反向顺序作分录

（二）长期股权投资核算方法的转换

公允价值计量法转权益法

公允价值计量法转权益法的核算规范如表 3-20 所示。

表 3–20　公允价值计量法转权益法的核算规范

序号	规范标准情形	会计分录举例
1	原持有的按照金融工具确认和计量准则进行会计处理的股权投资（不具有控制、共同控制或重大影响的），因追加投资等原因导致持股比例上升，能够对被投资单位施加共同控制或重大影响的，在转按权益法核算时，应当按照金融工具确认和计量准则确定的原股权投资的公允价值，加上为取得新增投资而应支付对价的公允价值，作为初始投资成本	—
2	原股权投资分类为其他权益工具投资的（企业指定为以公允价值计量其变动计入其他综合收益的非交易性权益工具投资），与其相关的原计入其他综合收益的累计公允价值变动应转入改按权益法核算当期的留存收益，不得计入当期损益	借：长期股权投资——投资成本 　　贷：其他权益工具投资 　　　　银行存款 当期其他权益工具投资的账面价值与公允价值的差额以及累计确认的"其他综合收益"应转入留存收益
3	比较上述计算所得的初始投资成本与按照追加投资后全新的持股比例计算确定的应享有被投资单位在追加投资日可辨认净资产公允价值份额之间的差额。前者大于后者的，不调整长期股权投资的账面价值；前者小于后者的，应调整长期股权投资的账面价值，并将差额计入当期营业外收入	借：长期股权投资——投资成本 　　贷：营业外收入

公允价值计量法或权益法转成本法

投资方原持有的对被投资单位不具有控制、共同控制或重大影响的，按照金融工具确认和计量准则进行会计处理的权益性投资，或者原持有的对联营企业、合营企业的长期股权投资，因追加投资等原因，能够对被投资单位实施控制的，应按企业合并形成的长期股权投资进行会计处理。

权益法转公允价值计量法

权益法转公允价值计量法的核算规范如表 3–21 所示。

表 3-21　权益法转公允价值计量法的核算规范

序号	规范标准情形	会计分录举例
1	确认处置有关股权投资的处置损益	借：银行存款 　　贷：长期股权投资 处置股权投资的公允价值与账面价值之间的差额，应借记或贷记"投资收益"科目
2	将原权益法核算确认的相关其他综合收益转入当期损益	借：其他综合收益 　　贷：投资收益
3	将原权益法核算计入资本公积的其他所有者权益变动转入当期损益	借：资本公积——其他资本公积 　　贷：投资收益
4	最后将剩余股权转按金融工具计量	借：其他权益工具投资或交易性金融资产 　　贷：长期股权投资 转换日，股权投资公允价值与账面价值之间的差额，应借记或贷记"投资收益"科目

成本法转权益法

成本法转权益法的核算规范如表 3-22 所示。

表 3-22　成本法转权益法的核算规范

序号	规范标准情形	会计分录举例
1	确认长期股权投资处置损益	借：银行存款 　　贷：长期股权投资 处置日，长期股权投资公允价值与账面价值之间的差额，应借记或贷记"投资收益"科目 剩余长期股权投资的投资成本小于按照剩余持股比例计算原投资时应享有被投资单位的可辨认净资产公允价值的差额 借：长期股权投资——投资成本 　　贷：盈余公积 　　　　利润分配——未分配利润
2	确认原持有期间被投资单位实现净损益应享有的份额	借：长期股权投资——损益调整 　　贷：盈余公积 　　　　利润分配——未分配利润 　　　　投资收益
3	确认其在被投资单位其他综合收益变动中应享有的份额	借：长期股权投资——其他综合收益 　　贷：其他综合收益

（续表）

序号	规范标准情形	会计分录举例
4	确认除净损益、其他综合收益和利润分配外，导致被投资单位的其他所有者权益变动的原因中，企业应该享有的份额	借：长期股权投资——其他权益变动 　　贷：资本公积——其他资本公积

成本法转公允价值计量法

原持有的对被投资单位具有控制的长期股权投资，因部分处置等原因导致持股比例下降，不能再对被投资单位实施控制、共同控制或重大影响的，企业应改按金融工具的确认和计量准则进行会计处理。丧失控制之日，长期股权投资公允价值与账面价值之间的差额应计入当期投资收益。成本法转公允价值计量法的核算规范如表 3-23 所示。

表 3-23　成本法转公允价值计量法的核算规范

序号	规范标准情形	会计分录举例
1	确认有关股权投资的处置损益	借：银行存款 　　贷：长期股权投资
2	处置日股权投资公允价值与账面价值之间的差额	借或贷：投资收益
3	剩余股权投资转按金融工具计量	借：其他权益工具投资 　　　交易性金融资产 　　贷：长期股权投资
4	转换日剩余股权公允价值与账面价值之间的差额	借或贷：投资收益

（三）股票股利的处理

被投资单位分派股票股利的，投资方不作会计处理，但应于除权日注明所增加的股数，以反映股份的变化情况。

（四）长期股权投资减值迹象的确定标准

长期股权投资减值迹象的确定标准如表 3-24 所示。

表 3-24　长期股权投资减值迹象的确定标准

分类	有市价的情形	无市价的情形	备注
具体情形	市价持续 2 年低于账面价值	影响被投资单位经营的政治或法律环境发生变化，如税收、贸易等法规的颁布或修订，可能导致被投资单位出现巨额亏损，亏损额超过年初净资产的 1/2	—
	该项投资暂停交易达 1 年以上	被投资单位所供应的商品或提供的劳务因产品过时而使市场的需求发生变化，导致被投资单位财务状况严重恶化	—
	被投资单位当年发生严重亏损，亏损额超过年初净资产的 1/3	被投资单位所在行业的生产技术等发生重大变化，被投资单位已失去竞争能力，导致财务状况严重恶化，如企业开始进行清理整顿、清算等	—
	被投资单位持续 2 年发生亏损	有证据表明该项投资实质上已经不能再给企业带来经济利益的其他情形	—
	被投资单位进行清理整顿、清算或出现其他不能持续经营的迹象	—	—
计提减值准备标准	长期股权投资市价是指证券交易机构当日公布的股票收盘价。如果期末某项长期股权投资没有产生交易，其市价应按最近交易日的市价确定，应将其市价减去处置费用后的净额作为可收回金额	公允价值能够可靠计量的长期股权投资，按其公允价值减去处置费用后的净额与预期从该投资的持有和到期处置中形成的预计未来现金流量的现值中的较高者确定可收回金额；公允价值不能可靠计量的长期股权投资，按照类似金融资产当时的市场收益率对未来现金流量折现确定的现值，确定该项资产的可收回金额	处置费用包括与长期股权投资处置有关的法律费用、相关税费以及为使长期股权投资达到可销售状态所发生的直接费用等。对持续 3 年以上、确实无法与被投资单位取得联系的长期股权投资，企业应全额计提减值准备

四、固定资产管理行为的合规事项

（一）固定资产盘亏

有关固定资产盘亏的合规事项如表 3-25 所示。

表 3-25　固定资产盘亏的合规事项

阶段	规范标准情形	会计分录举例
资产清查 发现 盘亏时	按其账面价值，借记"待处理财产损溢"科目，按已提折旧，借记"累计折旧"科目，按该项固定资产已计提的减值准备，借记"固定资产减值准备"科目，按固定资产原价，贷记"固定资产"	借：待处理财产损溢 　　累计折旧 　　固定资产减值准备 　贷：固定资产
原因 查清时	固定资产确为自然报废毁损的，如年久失修、过期以及由于技术进步原因无法使用的企业，可按照规定要求办理处置手续	借：营业外支出 　贷：待处理财产损溢
	无故丢失、人为损坏的，应查明原因，明确责任，对有关责任人员进行经济处罚和必要的纪律处分；触犯法律的，依法追究法律责任	借：其他应收款——×× 　贷：待处理财产损溢
	应当由保险公司或过失人赔偿的损失，借记"其他应收款"等科目，贷记"待处理财产损溢"	借：其他应收款——××保险 　　公司 　贷：待处理财产损溢

（二）固定资产报废

有关固定资产报废的合规事项如表 3-26 所示。

表 3-26　固定资产报废的合规事项

项目	正常报废	非正常报废	备注
总体 情形	该项资产已达到规定使用年限且已提足折旧，并退出使用状态	该项资产虽然达到规定使用年限并且未提足折旧，但由于客观原因不得不退出使用状态	通常而言，正常报废资产可能还可以继续使用，但非正常报废资产通常不可以使用
具体 情形	折旧年限到期均可报废，不区分使用情形	由于技术进步、安全需要、环境保护等原因已不可使用	
		于更新改造中拆除且无使用价值	
		因企业资产重组、业务调整而被淘汰	
		由于政府规划因素拆除且不可使用	
		遭遇自然灾害等不可抗力，全部灭失或毁损且不可修复	

（三）计提固定资产减值准备

企业至少应每半年末对固定资产进行检查，判断是否存在可能发生减值的迹象。

存在减值迹象的，应当以单项资产为基础估计其可收回金额。可收回金额的计量结果表明，资产的可收回金额低于其账面价值的，应当将资产的账面价值减记至可收回金额，减记的金额确认为资产减值损失，计入当期损益，同时计提相应的减值准备。固定资产减值准备一经计提，在以后会计期间不得转回。

1. 企业在确定资产尚可使用年限时应当考虑的因素：一是该资产预计生产能力或实物数量；二是该资产的有形损耗和无形损耗；三是有关资产使用法律或者类似限制；四是资产的剩余折旧年限。

2. 计提固定资产减值准备的情形。如果企业的固定资产实质上已经发生减值，应当计提减值准备（见表 3–27）。

表 3–27　计提固定资产减值准备的情形

序号	常见计提减值准备情形	全额计提减值准备情形	备注
1	资产的市价当期大幅度下跌，其跌幅明显高于因时间推移或者正常使用而预计的下跌	长期闲置不用，在可预见的未来不会再使用，且已无转让价值的固定资产	
2	企业经营所处的经济、技术或法律环境以及资产所处的市场在当期或将在近期发生重大变化，从而对企业产生不利影响	由于技术进步等原因，已不可使用的固定资产	
3	市场利率或其他市场投资回报率当期已经提高，从而影响企业计算资产预计未来现金流量现值的折现率，导致资产可收回金额大幅度降低	虽然固定资产尚可使用，但使用后产生大量不合格品的固定资产	已全额计提减值准备的固定资产，不再计提折旧。单独估价作为固定资产核算的土地，不计提固定资产减值准备
4	有证据表明该资产已经陈旧过时或其实体已经损坏	已遭毁损，以至于不再具有使用价值和转让价值的固定资产	
5	该资产已经或将被闲置、终止使用或者计划提前处置	其他实质上已经不能再带来经济利益的固定资产	
6	企业内部报告的证据表明该资产的经济绩效已经低于或者将低于预期的，如资产所创造的净现金流量或者实现的营业利润（或者亏损）远远低于（或者高于）预计金额	—	
7	其他表明该资产可能已经发生减值的迹象	—	

（四）在建工程及工程物资管理行为的合规事项

企业至少应每半年末对在建工程（含为该工程准备的工程物资）进行检查，判断是否存在可能发生减值的迹象。存在减值迹象的，企业应当以单项在建工程为基础，估计其可收回金额（见表3-28）。

表3-28　在建工程及工程物资管理行为的合规事项

序号	减值迹象	减值计提规范	备注
1	该项工程已经停建1年以上并且预计在未来3年内不会重新开工	可收回金额的计量结果表明在建工程可收回金额低于其账面价值的，应当将在建工程及为该在建工程准备的工程物资的账面价值减记至可收回金额，减记的金额确认为资产减值损失，计入当期损益，同时计提相应的减值准备。减值损失金额应当按在建工程与工程物资账面价值比例进行分配。在建工程及为该工程准备的工程物资减值准备一经计提，在以后的会计期间不得转回	在建工程及为该工程准备的工程物资可收回金额按照资产可收回金额计算方法确定；无法确定的可参考专业评估机构的专项评估报告
2	所建项目无论在性能还是在技术上均已经落后，并且给企业带来的经济利益具有很大的不确定性		
3	其他表明工程已经发生减值的迹象		

五、无形资产管理行为的合规事项

（一）无形资产的使用寿命确定原则

无形资产的使用寿命确定原则如表3-29所示。

表3-29　无形资产的使用寿命确定原则

序号	使用寿命确定原则	规范处理标准
1	如合同或法律规定有明确的使用年限的，该无形资产的使用寿命不应超过二者之中较短者	企业至少应当于每年年度终了对无形资产的使用寿命进行复核。无形资产的使用寿命与以前估计不同的，应当改变摊销期限。如果有证据表明无形资产的使用寿命是有限的，应当估计其使用寿命，并按照使用寿命有限的无形资产的处理原则进行处理
2	如果合同或法律没有规定使用年限的，公司应当综合各方面情况，聘请相关专家进行论证或与同行业的情况进行比较以及参考历史经验等，分析确定无形资产为企业带来未来经济利益的期限	
3	如果经过上述努力，仍无法合理确定无形资产为公司带来经济利益期限，企业应将其作为使用寿命不确定的无形资产	

（二）计提无形资产减值准备

企业至少应每半年对无形资产逐项进行一次检查，判断是否存在减值的迹象。使用寿命有限的无形资产存在减值迹象的，企业应当以单项无形资产为基础估计其可收回金额。使用寿命不确定的无形资产，无论是否存在减值迹象，都应当进行减值测试，估计其可收回金额。

可收回金额的计量结果表明无形资产的可收回金额低于其账面价值的，应当将该无形资产的账面价值减记至可收回金额，减记的金额确认为无形资产减值损失，计入当期损益，同时计提相应的无形资产减值准备。无形资产减值准备一经计提，在以后的会计期间不得转回。土地使用权可参考所在地区国土资源部门近期公布的同类土地的交易指导价，确定可收回金额。专利权、商标权与非专有技术等其他无形资产有市价的，应参考市价确定可收回金额；没有市价的，应当采用估值技术确定。计提无形资产减值准备的合规事项如表 3-30 所示。

表 3-30　计提无形资产减值准备的合规事项

序号	通常减值迹象（之一）	全面转入当期损益情形（之一）	备注
1	某项无形资产已被其他新技术等所替代，其为企业创造经济利益的能力受到重大不利影响	某项无形资产已被其他新技术等所替代，并且该项无形资产已无使用价值和转让价值	账面价值全面转入当期损益的情形：应当将该项无形资产的账面价值全部转入当期损益，按已计提的累计摊销，借记"累计摊销"科目，原已计提减值准备的，借记"无形资产减值准备"科目，按其账面余额贷记"无形资产"科目，按其差额，借记"营业外支出"科目
2	某项无形资产的市价在当期大幅下跌，在剩余摊销年限内预计不会恢复	某项无形资产已超过法律保护期限，并且已不能带来经济利益	
3	某项无形资产已超过法律保护期限，但仍然具有部分使用价值	其他足以证明某项无形资产已经丧失使用价值和转让价值的情形	
4	其他足以证明某项无形资产实质上已经发生减值的情形		

第五节　负债项目合规管理

负债项目是指资产负债表下负债填列的财务运作管理行为，包括负债价值的确认与计量管理；负债数量变动管理，负债价值变动管理，资产后续支出计量管理，负债的退出管理等。负债既是企业通过信用运作的重要可调配资源，也是企业信誉发展的重要保障，对于企业管理能力、创效能力、战略目标实现等方面至关重要。负债项目合规管理也是企业财务运作行为合规的重要环节，本节主要针对负债项目合规管理的特殊注意事项进行阐述。

一、无法支付或无须支付的应付账款处理方式

无法支付或无须支付的应付账款处理方式如表 3–31 所示。

表 3–31　无法支付或无须支付的应付账款处理方式

序号	无法支付或无须支付的应付账款证据	账务处理	备注
1	债权人被依法宣告破产的，取得债权人破产清算完毕的证明	有证据表明确实无法支付或无须支付的应付账款，直接转入营业外收入，借记本科目，贷记"营业外收入——无法支付的应付款项"	应逐笔建立应付账款备查台账
2	债权人被依法撤销的，取得债权人被撤销且清算完毕的证明		
3	债权人死亡的，取得公安机关关于债权人死亡的证明		
4	债权人失踪的，取得人民法院关于债权人失踪宣告的证明		
5	债权人被依法注销或吊销营业执照的，取得工商部门关于债权人注销或吊销营业执照的证明		
6	因法院判决、裁定或者胜诉而无须支付的，取得相应的判决、裁定文书		
7	因仲裁机构的裁决而无须支付的，取得仲裁机构的裁决文书		
8	受自然灾害、战争及国际政治事件等不可抗力因素影响确实无法支付的，取得相应证据		

序号	无法支付或无须支付的应付账款证据	账务处理	备注
9	将应付账款划转出去，由其他单位代为偿还的，取得相关代还款协议	有证据表明确实无法支付或无须支付的应付账款，直接转入营业外收入，借记本科目，贷记"营业外收入——无法支付的应付款项"	应逐笔建立应付账款备查台账
10	因与债权人进行债务重组而确实无须支付的，取得债务重组协议		
11	其他因账龄达3年以上确实无法付出的应付账款，取得有资质的税务师事务所出具的鉴证报告或取得税务部门关于债权人确认坏账损失并在税前扣除的文件		

二、职工薪酬管理的合规事项

（一）特殊情况人工成本核算的口径

1. 有偿解除劳动合同人员如果实际为企业提供了服务，其支出应通过"应付职工薪酬——劳务费——有偿解除劳动合同人员返聘劳务费用"科目核算。没有为企业提供劳务的有偿解除劳动合同人员的支出，计入营业外支出，不计入应付职工薪酬。

2. 企业为维护社会稳定而支付给非本公司员工的生活补贴等支出，由于与企业的生产经营没有直接关系，该部分支出应计入营业外支出，不计入应付职工薪酬。

3. 单位以实物形式发放给职工的劳动保护用品，应作为劳动保护费直接记入相关成本费用，不通过应付职工薪酬核算。

（二）离退休人员的统筹外费用、物业采暖费用等问题

根据《财政部关于企业加强职工福利费财务管理的通知》（财企〔2009〕242号）和《财政部关于企业重组有关职工安置费用财务管理问题的通知》（财企〔2009〕117号）规定，离退休人员的统筹外费用、物业采暖费用等处理方式如下。

1. 离退休人员的统筹外费用按照财企〔2009〕242号规定，离退休人员统筹外费用应在福利费中列支。

2. 按照财企〔2009〕117号规定，从重组前企业净资产中预提离退休人员统筹

外费用，由重组后企业承担人员管理责任的，重组后企业发放或支付的离退休人员统筹外费用，从预提费用中直接核销，不作为企业职工福利费。

3.物业采暖费支出符合《财政部　税务总局关于石油石化企业办社会支出有关企业所得税政策的通知》（财税〔2019〕59号）规定的，直接计入成本费用，不纳入福利费核算；不符合该文件规定的货币化的供暖费（主要是职工凭票报销或直接发放现金的部分）按照财企〔2009〕242号文规定，纳入福利费核算。

（三）"五七工""家属工"缴纳社会保险费的账务处理

"五七工""家属工"是指在20世纪六七十年代于国有企业从事生产自救或企业辅助性岗位工作的人员。他们当中既有城镇居民，也有职工家属，因此统称"五七工""家属工"。这些人员有以下共同特点：一是为特定历史条件下产生的劳动者群体；二是没有办理正式招工录用手续，没有劳保；三是年龄偏大，不符合现行参保范围及条件。随着社会保障体系的建立健全，为满足全民保险的需要，国家要求国有企业负担部分"五七工""家属工"一次性缴纳的社会保险。由于这部分人员一般既不是企业在职职工，也不是在职职工的家属，所以该笔支出既不能在社会保险费中列支，也不能视为给现有职工或离退休职工的福利，在福利费中列支。从费用的性质上来讲，应视为与企业生产经营无关的支出，直接计入"营业外支出"，不通过"应付职工薪酬"核算。

第六节　资本项目合规管理

资本项目是指资产负债表下所有者权益填列的财务运作管理行为，包括资本运作价值的确认与计量管理、资本价值变动管理、资本相互调节管理、资本的增加和减少管理等。资本是企业重要的可调配资源，也是企业信誉发展的重要保障，对于企业的管理能力、创效能力、战略实现等至关重要，资本项目合规管理也是企业财务运作行为合规的重要环节，本节主要针对资本项目合规管理的特殊注意事项进行阐述。

一、企业合并成本确认

（一）同一控制下的企业合并

合并方在企业合并中取得的资产和负债，应当按照合并日被合并方在最终控制方合并财务报表的账面价值计量。合并方取得的净资产账面价值与支付的合并对价账面价值（或发行股份面值总额）的差额，应当调整资本公积（资本溢价或股本溢价），资本公积不足冲减的，应冲减留存收益。合并方为进行企业合并发生的各项直接相关费用，包括审计费用、评估费用、法律服务费用等，应当于发生时计入当期管理费用。被合并方采用的会计政策与合并方不一致的，合并方在合并日应当按照本企业会计政策对被合并方的财务报表相关项目进行调整，在此基础上按照本政策规定确认。合并方和被合并方在合并日及以前期间发生的交易，应作为内部交易进行冲销。

（二）非同一控制下的企业合并

合并成本为购买方在购买日为取得对被购买方的控制权而付出的资产、发生或承担的负债以及发行的权益性证券的公允价值。企业在购买日对作为企业合并对价付出的资产、发生或承担的负债应当按照公允价值计量，公允价值与其账面价值的差额，计入当期损益。非同一控制下的企业合并中，购买方为企业合并发生的审计、法律服务、评估咨询等中介费用。

（三）非同一控制下的企业合并中，取得可辨认资产和负债公允价值的确定规则

非同一控制下的企业合并中，取得可辨认资产和负债公允价值的确定规则如表3-32所示。

表 3–32　非同一控制下的企业合并中，取得可辨认资产和负债公允价值的确定规则

序号	报表项目	公允价值确定规则	备注
1	货币资金	按照购买日被购买方的账面价值确定	非同一控制下的企业合并中，购买方在购买日取得被购买方可辨认资产和负债，应当根据《企业会计准则》的规定，结合购买日存在的合同条款、经营政策、并购政策等相关因素进行分类或指定。主要包括被购买方的金融资产和金融负债的分类、套期关系的指定、嵌入衍生工具的分拆等。但是，合并中如涉及租赁合同和保险合同且在购买日对合同条款作出修订的，购买方应当根据《企业会计准则》，结合修订的条款和其他因素，对合同进行分类
2	有活跃市场的股票、债券、基金等金融工具	存在活跃市场的按照购买日活跃市场中的市场价值确定；不存在活跃市场的，则采用估值技术确定其公允价值	
3	应收款项	短期应收款项，一般按照应收取的金额作为其公允价值；长期应收款项，应按适当的现行利率折现后的现值确定其公允价值。在确定应收款项的公允价值时，要考虑发生坏账的可能性及相关收款费用	
4	存货	其中的产成品和商品按其估计售价减去估计的销售费用、相关税费以及购买方出售类似产成品或商品估计可能实现的利润确定；在产品按完工产品的估计售价减去至完工仍将发生的成本、估计的销售费用、相关税费以及基于同类或类似产成品的基础上估计出售可能实现的利润确定；原材料按现行重置成本确定	
5	房屋建筑物	存在活跃市场的，应以购买日的市场价格确定其公允价值；本身不存在活跃市场，但同类或类似房屋建筑存在活跃市场的，应参照同类或类似房屋建筑物的市场价格确定其公允价值；同类或类似房屋建筑也不存在活跃市场，无法取得有关市场信息的，应按照一定估值技术确定其公允价值	
6	机器设备	存在活跃市场的，应按购买日的市场价值确定其公允价值；本身不存在活跃市场，但同类或类似机器设备存在活跃市场的，应参照同类或类似机器设备的市场价格确定其公允价值；同类或类似机器设备也不存在活跃市场的，或有关的机器设备具有专用性，在市场上很少出售、无法取得确定公允价值的市场证据的，可使用收益法或考虑该机器设备损耗后的重置成本估计其公允价值	

（续表）

序号	报表项目	公允价值确定规则	备注
7	无形资产	存在活跃市场的，参照市场价格确定其公允价值；不存在活跃市场的，应当基于可获得的最佳信息，以估计熟悉情况的双方在公平的市场交易中为取得该项资产应支付的金额作为其公允价值	非同一控制下的企业合并中，购买方在购买日取得被购买方可辨认资产和负债，应当根据《企业会计准则》的规定，结合购买日存在的合同条款、经营政策、并购政策等相关因素进行分类或指定。主要包括被购买方的金融资产和金融负债的分类、套期关系的指定、嵌入衍生工具的拆分等。但是，合并中如涉及租赁合同和保险合同且在购买日对合同条款作出修订的，购买方应当根据《企业会计准则》，结合修订的条款和其他因素，对合同进行分类
8	应付账款、应付票据、应付职工薪酬、应付债券、长期应付款	因短期负债折现后的价值与名义金额相差不大，可以名义金额作为公允价值；长期负债，应按适当的折现率折现后的现值作为公允价值	
9	取得的被购买方的或有负债	公允价值在购买日能够可靠计量的，应确认为预计负债。此项负债应当按照假定第三方愿意代购买方承担，就其所承担义务需要购买方支付的金额作为公允价值	
10	递延所得税资产和递延所得税负债	对于企业合并中取得的被购买方各项可辨认资产、负债及或有负债的公允价值与其计税基础之间存在差额的，确认相应的递延所得税资产或递延所得税负债，所确认的递延所得税资产或递延所得税负债的金额不应折现	

（四）合并报表的纳入范围

公司在编制合并财务报表时，应将其控制的所有子公司（含企业、被投资单位中可分割的部分以及企业所控制的结构化主体等），无论是小规模的还是经营业务性质特殊的，均纳入合并财务报表的合并范围。

二、关联方披露的合规事项

（一）关联方的认定

一方控制、共同控制另一方或对另一方施加重大影响，以及两方或两方以上同受一方控制、共同控制或受到重大影响的，构成关联方。企业应当按照《企业会计准则第 36 号——关联方披露》，判断双方是否构成关联方并进行相应会计处理。

（二）关联方交易

关联方交易，是指关联方之间转移资源、劳务或义务的行为。关联方交易的类型通常包括：购买或销售商品、购买或销售商品以外的其他资产、提供或接受劳务、担保、提供资金（贷款或股权投资）、租赁、代理、研究与开发项目的转移、许可协议和代表企业或由企业代表另一方进行债务结算等。

（三）关联方的披露

1. 企业无论是否发生关联方交易，均应当在附注中披露与该企业之间存在控制关系的母公司和子公司有关的信息。

2. 企业与关联方发生关联交易的，应当在附注中披露该关联方关系的性质、交易类型及交易要素。

3. 对外提供合并财务报表的，对于已经包括在合并范围内各企业之间的交易不予披露。

三、出资管理的合规事项

按照《企业财务通则》第十四条规定，企业可以接受投资者以货币资金、实物、无形资产、股权、特定债权等形式出资。其中，特定债权是指企业依法发行的可转换债券、符合有关规定转作股权的债权等。企业接受投资者非货币资产出资时，法律、行政法规对出资形式、程序和评估作价等有规定的，依照其规定执行。企业接受投资者以商标权、著作权、专利权及其他专有技术等无形资产出资的，相关出资应当符合法律、行政法规规定的比例。

（一）以货币资产出资

货币资产即现金，一般以人民币计量和表示，允许外国投资者以外币形式向外商投资企业出资。在我国，股份公司认股人只能以货币出资。有限公司股东、股份公司发起人、认股人以货币出资的，应当将货币出资足额存入公司在银行开设的账户。货币出资到位的时间，以出资款汇入公司账户的时间为准。中外合资经营企业的外国合营者出资的外币，需按缴款当日中国人民银行公布的基准汇率折算成人民币或者套算成约定的外币。

（二）以非货币资产出资

按照《中华人民共和国公司法》（以下简称《公司法》）规定，用以出资的非货币资产必须具备两个条件，即能够以货币估价和能够依法转让。据此，实物、知识产权、土地使用权、股权、特定债权等可以作价出资，劳务、信用、自然人姓名、商誉、特许经营权或者设定担保的财产等则不具备出资条件。在实物资产中，以机器设备、其他物料作价出资的，应当是企业生产所必需的；以工业产权、专有技术等知识产权作价出资的，该知识产权应当为投资者所有。中外合资经营企业外国投资者出资的工业产权或者专有技术，必须能显著改进现有产品的性能、质量，提高生产效率，或者能显著节约原材料、燃料、动力。

实物出资

根据《公司法》第二十八条、第八十三条规定，非货币财产出资应当依法办理其财产权的转移手续。依照《中华人民共和国民法典》（以下简称《民法典》）第二百二十四条、二百二十五条，除法律另有规定外，动产物权的转移以交付为要件；对于船舶、航空器、机动车之类的特殊动产，物权的移转未经登记的，不得对抗第三人。《民法典》第二百零九条规定，除法律另有规定外，不动产物权的转移以登记为要件。据此，股东以动产出资的，须将动产交付给公司，特殊动产还需要办理作为对抗要件的登记手续；以房屋出资的，须交付房屋并将房屋所有权过户登记到公司名下。出资人应当对出资实物享有所有权或处分权，至于设有权利负担的实物可否用于出资，《公司法》明确禁止以已经设立担保的财产出资，但没有禁止以设有租赁权的实物出资。

土地使用权出资

根据我国土地法律规定，能够用于出资的仅指土地使用权，具体包括土地承包经营权和建设用地使用权，其中划拨的建设用地使用权在用于出资方面受到严格限制。另外，宅基地使用权不可以用于出资（《中华人民共和国土地管理法》第六十二条）。股东以土地使用权出资，公司不仅要实现对土地有效的占有和控制，而且要完成用益物权的变动手续，以免存在权利瑕疵。依据《民法典》第三百四十九条、三百三十五条，建设用地使用权的移转，以登记为其生效要件；土地承包经营权的移转，以登记为其对抗要件。据此，出资人不仅需将土地交付给公司，还需办理相应的登记手续，才算适当履行出资义务。已办理登记但未交付土地，或者已交付土地但未办理登记，或者既未交付土地，亦未办理登记的，都属于违反出资义务的行为。为此，最高人民法院《关于适用〈中华人民共和国公司法〉若干问题的规定（三）》（以下简称《公司法解释三》）的第八条规定，出资人以划拨土地使用权出资，或者以设定权利负担的土地使用权出资，公司、其他股东或者公司债权人主张认定出资人未履行出资义务的，法院应当责令当事人在指定的合理期间内办理土地变更手续或者解除权利负担；逾期未办理或者未解除的，认定出资人未依法全面履行出资义务。

知识产权出资

以知识产权出资意味着知识产权的转让，其中，专利权和商标权是以权利证书表明的特殊民事权利。仅从专利、商标的实际使用来看无法判断权利的归属，因此以知识产权出资不仅要求专利技术、商标的实际转移，还需要公司办理相应的申请核准、变更登记与公告手续。非专利技术，因不表现为特定的权利形式，只是当事人的一种特殊利益，其出资方式与一般动产出资类似，只须将技术交付即可。著作权无固定的权利表现形式，没有特定的权利证书，因而其出资的履行应根据作品的具体情况确定要求，包括书稿、影像资料的交付，作品利用的明确授权等。专利权和商标权都是有期限的专有权，用于出资时，二者必须在有效期内。

股权出资

股权出资，即股东以其对另一公司享有的股权作为出资财产投入公司，并取得公司股权。股权出资本质上属于股权的转让，是将股东对另一公司拥有的股权转让给公司。相对于其他现物出资形式，股权出资的特殊性在于其价值相对不稳定，故企业通常需要对股权所属公司进行资产评估和财务审计。股权出资应该符合《公司法解释三》第十一条规定的条件，如果股权出资不符合该规定条件，公司本身、其他股东或者公司债权人可以请求认定出资人未履行出资义务，法院应当责令该出资人在指定的合理期间内采取补正措施以适格；逾期未补正的，法院可依法认定其未依法全面履行出资义务。

债权出资

债权出资，指投资人以其对公司或第三人的债权向公司出资，抵缴股款。按照债务人不同，一般债权出资可以分为对公司的债权出资和对第三人的债权出资。对公司的债权出资，又称以债作股、债转股。以债作股可减少公司的负债，增加净资产，不违反资本维持原则，且可以改善公司的财务结构，便于公司融资，对于公司债权人并无不良影响，因而一般不受限制。债权出资在我国实务中已经存在了很久，早在20世纪90年代，我国便已经推行大规模的政策性"债转股"。

其他用益物权出资

用益物权以对物的占有为前提，以利用物的使用价值为目的，在性质上完全符合股东出资的法定条件。除《民法典》规定的建设用地使用权、宅基地使用权、土地承包经营权和地役权外，我国的用益物权还包括特别法规定的用益物权，如采矿权、渔业权、狩猎权等。除了前述土地使用权，其他用益物权也可以成为股东的出资标的。此外，公路收费权（经营权）等不动产收益权也可以用于出资。

（三）验资

验资是法定机构依法对出资进行检验并出具相应证明的行为。验资制度是法定资本制的要求和保障。对于现金出资，由金融机构出具缴款证明；对于实物出资，验资机构是经选任或受认可的专家及律师事务所、会计师事务所、审计事务所、税务事务所等。《公司法》第八十九条规定，募集设立股份公司的，发行股份的股款缴足后，必须经依法设立的验资机构验资并出具证明。验资证明必须客观、真实，若验资机构因其过错验资不实，损害了公司债权人的利益，则应承担相应的法律责任（第二百零七条第三款）。

四、资本变动管理的合规事项

（一）增加资本

增资是公司注册资本的增加，相应也是公司资产的增加。增资是对注册资本的变更，其必然涉及公司章程的变更。因此，增资必须严格按照法定程序进行，违反增资条件和程序的，理论上可以导致增资行为的无效或被撤销。

（二）减少资本

减资是公司注册资本的减少，相应也是公司资产的减少。公司减资通常可以分为两种情形。一是实质减资，公司资本过剩时，维持过量的资本，势必造成资本的闲置和浪费，宜通过减资提高投资者与被投资者的整体资金使用效益，使股东受益。二是形式减资，公司经营严重亏损时，公司资本额与实有资产严重不符，为保持公司资本与资产相当，应通过减资维护资本对外信用。基于资本确定、资本不变原则要求，为确保交易安全，保护股东和债权人的利益，法律对减资设定了严格的条件与程序。违反减资条件和程序的，理论上应该导致减资行为的无效或被撤销。

（三）转增资本

企业转增资本是投资者再投资行为，它将引起注册资本的增加，还会引起股权结构的变动，属于企业重大财务事项，需要按照法律法规及企业章程要求，履行内部决策程序。

资本公积转增资本

按照《公司法》规定，资本公积作为一种资本储备，只能按法定程序转增资本，而不得作为投资利润或股利进行分配。并不是所有的资本公积项目都可以直接转增资本，例如捐赠人有特定要求的捐赠形成的资本公积，又如接受捐赠非现金资产准备、股权投资准备在其未实现之前，均不得用于转增资本。总之，资本（股本）溢价、财政拨款转入等资本公积可以直接用于转增资本（或股本）；接受捐赠非现金资产准备和股权投资准备等资本公积待实现收益或满足特定条件后，才可以用于转增资本（或股本）。

盈余公积用于转增资本

关于盈余公积转增资本，公司制企业由董事会决定，按投资者原有持股比例转增，并经股东大会审议通过；国有企业由经理办公会决定，报主管财政机关备案。企业盈余公积转增资本后的留存部分，以法定公积金不少于转增前注册资本的25%为限。

转增资本的一般程序

公司制企业转增资本由董事会决定，报经股东会审议。国有企业转增资本，根据财政部发布的《企业国有资本与财务管理暂行办法》（财企〔2001〕325号）规定，由经理办公会或者董事会决定，并报主管财政机关备案。主管财政机关也可以根据企业资本积累情况，直接做出以盈余公积、资本公积转增实收资本的决定。企业内部决策通过增资决议后，应当报工商部门办理变更登记手续，其增资行为才具备法律效力，涉及国有资本变动的，企业应当事先办理国有资产产权变更登记。

第七节　损益确认行为合规管理

作为商业机构，企业的首要指标是利润，盈利是最终发展目标，损益确认是衡量利润真实性的最关键环节。利润金额取决于收入和费用、直接计入当期利润的利得和损失金额的计量。本节主要阐述几种特殊情况下，对收入、成本、费用、利得、损失确认的合规管理。

一、履约义务收入确认的合规事项

（一）在某一时段内履行的履约义务的收入确认

对于在某一时段内履行的履约义务，企业应当在该段时间内按照履约进度确认收入，但履约进度不能合理确定的除外。企业应当采用恰当的方法确定履约进度，以使其如实反映企业向客户转让商品（或提供服务）的履约情况。在每一资产负债表日，企业应当对履约进度进行重新估计。当客观环境发生变化时，企业也需要重新评估履约进度是否发生变化，以确保履约进度能够反映履约情况的变化，该变化应当作为会计估计变更进行会计处理。

通常情况下，企业按照履约进度确认收入时，应当在资产负债表日按照合同的交易价格总额乘以履约进度扣除以前会计期间累计已确认的收入后的金额，确认当期收入。确定履约进度的方法包括产出法和投入法。企业应当考虑商品（或服务）的性质，采用产出法或投入法确定恰当的履约进度，并且在确定履约进度时，扣除那些控制权尚未转移给客户的商品和服务。

（二）在某一时点履行的履约义务的收入确认

一项履约义务如果不属于在某一时段内履行的履约义务，则属于在某一时点履行的履约义务。

委托代销安排

采用支付手续费方式的委托代销安排，虽然企业作为委托方已将商品发送给受托方，但是受托方并未取得该商品的控制权，因此，企业不应在向受托方发货时确认销售商品的收入，而仍然应当根据控制权是否转移来判断何时确认收入，通常企业应当在受托方售出商品时销售商品收入；受托方应当在商品销售后，按合同或协议约定的方法计算确定的手续费确认收入。

售后代管商品安排

根据企业与客户签订的合同，企业已经就销售的商品向客户收款或取得了收款权利，但是直到在未来某一时点将该商品交付给客户之前，企业仍然持有该商品实物。实务中，客户可能因为缺乏足够的仓储空间或生产进度延迟而要求与销售方订立此类合同。在这种情况下，尽管企业仍然持有商品实物，但是客户已经取得了对该商品的控制权，即使客户决定暂不行使占有实物的权利，其依然有能力主导该商品的使用并从中获得几乎全部的经济利益。因此，企业不再控制该商品，而只是向客户提供代管服务。

（三）特定交易的收入确认会计处理

附有销售退回条款的销售

某些情况下，企业在将商品转让给客户之后，可能因为各种原因允许客户退货（例如客户对所购商品的款式不满意等）。需要说明的是，客户以一项产品换取类型、质量、状况及价格均相同的另一项产品，不应被视为退货。此外，如果合同约定客户可以将质量有瑕疵的商品退回以换取正常的商品，企业应当按照附有质量保证条款的销售进行会计处理。每一资产负债表日，企业应当重新估计未来销售退回情况，并对上述资产和负债进行重新计量。如有变化，应当将其作为会计估计变更进行会计处理。

附有质量保证条款的销售

对于附有质量保证条款的销售，企业应当评估该质量保证是否在向客户保证所销售商品符合既定标准之外提供了一项单独的服务。提供额外服务的，应当作为单项履约义务进行会计处理，并将部分交易价格分摊至该项履约义务；否则，应当按照或有事项的规定对该质量保证进行会计处理。

附有客户额外购买选择权的销售

某些情况下，企业在转让商品的同时，会向客户授予选择权，允许客户据此免费或者以折扣价格购买额外的商品。企业向客户授予的额外购买选择权的形式包括销售激励、客户奖励积分未来购买商品的折扣券以及合同续约选择权等。

对于附有客户额外购买选择权的销售，企业应当评估该选择权是否向客户提供了一项重大权利。在这种情况下，客户在该合同下支付的价款实际上购买了两项单独的商品：一是客户在该合同下原本购买的商品；二是客户可以免费或者以折扣价格购买额外商品的权利。企业应当将交易价格在这两项商品之间进行分摊，其中，分摊至后者的交易价格与未来的商品相关，因此，企业应当在客户未来行使该选择权取得相关商品的控制权时，或者在该选择权失效时将其确认为收入。

企业向客户授予奖励积分，当客户选择兑换本企业的商品（或服务）时，企业通常只能在将相关商品（或服务）转让给客户或该积分失效时确认相关收入，当客户选择兑换第三方提供的商品（或服务）时，企业需要分析其是主要责任人还是代理人，并进行相应的会计处理。

授予知识产权许可

授予知识产权许可，是指企业授予客户对企业拥有的知识产权享有相应权利。常见的知识产权包括软件和技术、影视和音乐等的版权、特许经营权以及专利权、商标权和其他版权等。

企业应当评估授予客户的知识产权许可是否可与其他商品（或服务）明确区分，即该知识产权许可是否构成单项履约义务，并进行相应的会计处理。企业向客户授予知识产权许可的，应当按照要求评估该知识产权许可是否构成单项履约义务。对于不构成单项履约义务的，企业应当将该知识产权许可和其他商品（或服务）一起作为一项履约义务进行会计处理；对于构成单项履约义务的，应当进一步确定其是在某一时段内履行还是某一时点履行，进而确认收入。

售后回购

售后回购，是指企业销售商品的同时承诺或有权选择日后再将该商品（包括几乎相同的商品，或者以该商品作为组成部分的其他商品）购回的销售方式。

售后回购有三种形式：一是企业和客户约定企业有义务回购该商品，即存在远期安排；二是企业有权利回购该商品，即企业拥有回购选择权；三是当客户要求时，企业有义务回购该商品，即客户拥有回售选择权。对于不同类型的售后回购交易，企业应当区分下列两种情形分别进行会计处理。

（1）企业因存在与客户的远期安排而负有回购义务或企业享有回购权利的情形，回购价格低于原售价的，应当视为租赁交易，按照租赁相关规定进行会计处理；回购价格不低于原售价的，应当视为融资交易，在收到客户款项时确认金融负债，并将该款项和回购价格的差额在回购期间内确认为利息费用等。企业到期未行使回购权利的，应当在该回购权利到期时终止确认金融负债，同时确认收入。

（2）企业负有应客户要求回购商品义务的情形，企业应当在合同开始日评估客户是否具有行使该要求权的重大经济动因。客户具有行使该要求权的重大经济动因的，企业应当将回购价格与原售价进行比较，并按照第一种情形下的原则，将该售后回购作为租赁交易或融资交易进行相应会计处理；客户不具有行使该要求权的重大经济动因的，企业应当将该售后回购作为附有销售退回条款的销售交易进行相应会计处理。

客户未行使的权利

企业因销售商品（或提供服务）向客户收取的预收款，赋予了客户一项在未来从企业取得该商品（或服务）的权利，并使企业承担了向客户转让该商品（或提供该服务）的义务。因此，企业应当将预收的款项确认为合同负债，待未来履行了相关履约义务，即向客户转让相关商品（或提供相关服务）时，再将该负债转为收入。如果有相关法律规定，企业所收取的与客户未行使权利相关的款项需要被转交给其他方的（例如，法律规定无人认领的财产需要上交政府），企业不应将其确认为收入。

无须退回的初始费

企业在合同开始日（或邻近合同开始日）向客户收取的无须退回的初始费通常包括入会费、接驳费、初装费等。企业收取该初始费时，应当评估该初始费是否与向客户转让已承诺的商品相关。该初始费与向客户转让已承诺的商品相关，且该商品构成单项履约义务的，企业应当在转让该商品时，按照分摊至该商品的交易价格确认收入；该初始费与向客户转让已承诺的商品相关，但该商品不构成单项履约义务的，企业应当在包含该商品的单项履约义务履行时，按照分摊至该单项履约义务的交易价格确认收入；该初始费与向客户转让已承诺的商品不相关的，该初始费应当作为未来将转让商品的预收款，在转让时确认为收入。

二、费用支出确认的合规事项

（一）期间费用及成本

成本

成本是指企业为生产产品、提供劳务而发生的各种耗费，通常而言，成本直接或间接与产品或者项目挂钩，可以直接或者间接归属于产品或者项目，更多体现了生产管理职能。

费用

费用是指企业在日常活动中发生的、会导致所有者权益减少的、与向所有者分配利润无关的经济利益的总流出，更多体现了经营管理职能。

期间费用

期间费用是指企业本期发生的、不能直接或间接归入某种产品成本的、直接计入损益的各项费用，包括销售费用、管理费用和财务费用，应在利润表中分项列示。

（1）销售费用是指企业在销售商品和材料、提供劳务的过程中发生的各种费用。

（2）管理费用是指企业为组织和管理企业生产经营所发生的费用。

（3）财务费用是指企业为筹集生产经营所需资金等而发生的筹资费用，包括利息支出（减利息收入）、汇兑差额以及相关的手续费、企业发生的现金折扣或收到的现金折扣以及资产弃置费用而产生的利息等。为购建或生产满足资本化条件的资产发生的应予资本化的借款费用，不包含在财务费用中。

（二）停工费用及停工损失

停工费用、停工损失是指企业或生产车间、班组在停工期间内（非季节性停工期间）发生的各项费用，包括停工期内发生的材料、燃料费、应支付的生产工人的工资、实际发生的福利费和应分摊的制造费用等。

1. 季节性生产单位在停工期内的费用，应当计入待摊费用科目，由开工期内的产品成本负担。

2. 属计划内停工造成的停工损失按费用要素项目计入管理费用，属非计划性停工等因素造成的停工损失于发生时按费用要素项目直接计入营业外支出。

3. 自然事故等非正常因素造成的停工损失于发生时计入营业外支出。

4. 工程技术服务及工程建设企业由于市场需求下降导致工作量不足，如果连续停工超过一个完整的月度，相关的停工损失先在专业成本、制造费用等科目归集，后转入主营业务成本。连续停工未超过一个完整月度的，不单独计算停工费用；期末由于当期产量过低导致产品单位成本明显高于可变现净值的，考虑计提相应开办费。

（三）开办费

开办费是指公司在筹建期间内发生的费用，包括人员工资、办公费、培训费、差旅费、印刷费、注册登记费以及不计入固定资产价值的借款费用等。开办费在发生时应直接计入当期管理费用。

（四）安全生产费用

安全生产费用是指企业按照规定标准提取，在成本中列支，专门用于完善和改进企业安全生产条件的资金。各企业应严格按照《财政部　应急管理部关于印发〈企业安全生产费用提取和使用管理办法〉的通知》（财资〔2022〕136号）要求，提取安全生产费用，规范使用。

安全生产费用的计提范围

在中华人民共和国境内直接从事煤炭生产、非煤矿山开采、建设工程施工、危险品生产与储存、交通运输、烟花爆竹生产、冶金、机械制造、武器装备研制生产与试验（含民用航空及核燃料）的企业以及其他经济组织。

安全生产费用的提取标准

按照财资〔2022〕136号，各行业应分别按照规定标准提取。按上年度实际营业收入为依据计提安全生产费用的企业，以累计应提取金额除以12，作为当月应计提的安全生产费用；新建企业和投产不足一年的企业以当年实际收入为提取依据，按月计提安全生产费用。以营业收入为依据计提安全生产费用的企业，按照独立法人企业口径确认营业收入。企业内部收入应合并抵销，不作为计提基数。

安全生产费用的使用范围

按照财资〔2022〕136号，各行业应分别按照规定范围使用安全生产费用。企业要充分利用安全生产费用政策，符合安全生产费用使用范围的支出必须从提取的安全生产费用中列支。年度结余的安全生产费用结转下年使用，当年计提安全生产费用不足的，超出部分按正常成本费用渠道列支。企业年末安全生产费用结余应结转下年继续使用。

（五）企业年金

企业年金是指企业及其职工在依法参加基本养老保险的基础上，自主建立的补充养老保险制度。企业年金基金由企业缴费、职工个人缴费和企业年金基金投资运营收益组成，采用个人账户方式进行管理。

1.企业年金基金是指根据依法制定的企业年金计划筹集的资金及其投资运营收益形成的企业补充养老保险基金。属于公司负担的年金缴费，也属于职工薪酬范围，根据职工提供服务的受益对象，企业按受益原则分别记入相关的成本费用项目。

2.建立企业年金的条件。公司建立企业年金，应同时符合下列条件：一是依法参加基本养老保险并履行缴费义务；二是具有相应的经济承受能力；三是已经建立集体协商机制，管理制度健全。建立企业年金的企业，其职工同时满足下列条件的，可以自愿参加企业年金：一是与所在企业签订劳动合同且适用期满，并履行劳动合同中所规定的全部义务；二是已经参加基本养老保险并履行缴费义务。

3. 企业年金计提规定。企业缴费按本企业上年度工资总额的 8% 提取，按国家规定渠道列支。个人缴费按个人缴费工资计税基数的一定比例缴纳，由企业在本人税前工资中代扣代缴。个人缴费工资计税基数为本人上一年度月平均工资，其中，月平均工资超过职工工作地所在设区城市上一年度职工平均工资 300% 部分，不计入个人缴费工资计税基数，个人缴费比例为 3% 或 4%。

4. 亏损以及未实现国有资本保值增值时，中止下一年度企业缴费。企业缴费中止期间，职工个人缴费同时中止。企业恢复缴费时，职工个人缴费同时恢复。中止缴费期间的企业和个人缴费可以补缴，补缴的年限和金额不得超过实际中止缴费的年限和金额。

三、费用报销行为的合规管理

费用即期间费用，指生产经营中除产品成本之外的所有耗费。企业应当建立必要的费用开支范围、标准和报销审批制度。一切费用在开支前都需要经过申请、批准手续后才能支付。费用报销通常指企业的生产部门、行政管理部门、销售部门等为公司生产经营、产品销售以及行政管理所发生的日常费用的核销。对应会计明细科目主要有"基本生产成本""制造费用""管理费用""销售费用"。企业应建立严格的费用报销管理制度，包括费用报销的标准、审批流程、审批权限等内容，规范日常报销行为，以防止费用舞弊和贪污等问题。

（一）企业日常费用报销主要涉及项目

1. 工资：发放给生产车间、销售部门、行政管理部门工作人员的工资、奖金、津贴和补贴等。

最低附件要求：工资发放申请单、工资发放汇总表、工资发放明细表、对外付款单（立即支付）、银行回单（立即支付）。

2. 职工福利费：发放给生产车间、销售部门、行政管理部门工作人员的职工福利费。

最低附件要求：费用申请单、会议决议（大额福利费支出）、福利费报销单、发票（对外支出）、合同（大额福利支出）、结算明细表、发放表（二人以上福利支出）、对外付款单（立即支付）、银行回单（立即支付）。

3. 其他职工薪酬：指按受益原则应由生产车间、销售部门、行政管理部门工作人员承担的工会经费、职工教育经费、社会保险费、商业人身保险、住房公积金、住房补贴等费用。

工会经费最低附件要求：工会经费申请单（或有）、工会经费报销单、发票（或有）、合同（或有）、结算明细表、对外付款单（立即支付）、银行回单（立即支付）。

职工教育经费最低附件要求：费用申请单（或有）、职工教育经费—主办培训报销单、发票、合同（或有）、结算明细表、对外付款单（立即支付）、银行回单（立即支付）。

辞退福利最低附件要求：通用申请单、辞退福利报销单、发票、补偿合同、结算明细表、对外付款单（立即支付）、银行回单（立即支付）。

4. 有偿解除劳动合同人员费用：是指为维护社会稳定而承担的有偿解除劳动合同人员、退养家属、遗属等人群的各项支出。

最低附件要求：通用申请单，有偿解除劳动合同人员费用报销单，发票，集体补偿合同，结算明细表，发放签字表，对外付款单（立即支付），银行回单（立即支付）。

5. 租赁费：生产车间、销售部门、行政管理部门租赁资产所发生的租金费用。

最低附件要求：租赁费申请单、租赁费报销单、租赁费发票、租赁合同（大额租赁费）、租赁费结算明细表、对外付款单（立即支付）、银行回单（立即支付）。

6. 物料消耗：是指生产车间、销售部门、行政管理部门购置的，不构成固定资产、又不构成低值易耗品和办公用品的各种消耗性材料费用。

最低附件要求：物料消耗申请单、物料消耗采购报销单、发票、合同（大型或连续采购）、费用结算明细表、验收单、领用单、对外付款单（立即支付）、银行回单（立即支付）。

7. 低值易耗品摊销：指生产车间、销售部门、行政管理部门耗用的各种低值易耗品的摊销额，是指不能作为固定资产的各种用具物品。低值易耗品摊销可采用一次摊销法或者五五摊销法，列入成本费用。

最低附件要求：低值易耗品申请单、低值易耗品采购报销单、发票、合同（大型或连续采购）、费用结算明细表、验收单、领用单、对外付款单（立即支付）、银行回单（立即支付）。

8. 物业取暖费：是指为办公楼、员工住宅支付的各类物业费及取暖费，包括公用物业费、公用采暖费、民用物业费、民用采暖费。

最低附件要求：物业取暖费申请单、物业取暖费报销单、发票、合同、结算明细表、对外付款单（立即支付）、银行回单（立即支付）。

9. 防暑降温费：生产车间、销售部门、行政管理部门发生夏天的防暑降温支出。

最低附件要求：防暑降温费申请单、防暑降温费报销单、发票、合同、结算明细表、对外付款单（立即支付）、银行回单（立即支付）。

10. 水电费：生产车间、销售部门、行政管理部门为组织生产耗用水、电而发生的费用。

最低附件要求：通用申请单（或有）、水电费报销单、发票、合同（大量、持续消耗）、结算明细表、对外付款单（立即支付）、银行回单（立即支付）。

11. 燃料费：是指企业生产经营所需的固体燃料、液体燃料和气体燃料等费用。

最低附件要求：通用申请单（或有）、验收单、领用单、燃料费报销单、发票、合同（大额或者框架服务）、结算明细表、对外付款单（立即支付）、银行回单（立即支付）。

12. 办公费：指为生产车间、销售部门、行政管理部门发生的办公费、印刷费、邮电费、通信费、办公车辆路桥费以及购买增值税专用发票等。包括为购置计算机用打印纸、碳粉、计算器等办公用品。所有办公用品必须建收发存台账进行管理。国有企业需要建立专门台账管理以满足纪检机关的备查要求。

最低附件要求：申请单、办公费报销单、发票、合同（大额集中采购）、验收单或结算明细表、对外付款单（立即支付）、银行回单（立即支付）。

13. 差旅费：生产车间、销售部门、行政管理部门职工因公外出的住宿费、市内交通费、各种补助费以及调遣的费用。国有企业需要建立专门台账管理以满足纪检机关的备查要求。

最低附件要求：出差申请及行程确认单，差旅费报销单、发票、车票、船票、飞机行程单等，其他支持性附件，对外付款单（立即支付），银行回单（立即支付）。

14. 会议费：指生产车间、销售部门、行政管理部门因召开会议按规定支付的各种费用，包括会议伙食补助、会议公杂费、住宿费和会场租赁费、会议交通费等。国有企业需要建立专门台账管理以满足纪检机关的备查要求。

最低附件要求：申请单（或有）、会议费—主办会议报销单、发票、会议文件或会议通知、会议签到表、合同（大型会议）、费用结算明细表、对外付款单（立即支付）、银行回单（立即支付）。

15. 图书资料费：主要是生产车间、销售部门、行政管理部门购买技术图书、报刊资料所发生的费用。

最低附件要求：图书资料申请单、图书资料验收单、图书资料费报销单、发票、合同（大额或者框架采购）、结算明细表、对外付款单（立即支付）、银行回单（立即支付）。

16. 运输费：生产车间、销售部门、行政管理部门对外支付的各种运输费用及应负担的厂内运输部门提供的运输劳务费用。

最低附件要求：货物运输申请单、运输工作量签认单、运输费报销单、发票、合同（大额运输或者框架协议）、工作量结算明细表、对外付款单（立即支付）、银行回单（立即支付）。

17. 修理费：生产车间、销售部门、行政管理部门为维护、修理机构的资产所发生的维护修理费用。

最低附件要求：维修费申请单（或有）、维护及修理费报销单、发票、合同（或有）、结算明细表（或者结算书）、对外付款单（立即支付）、银行回单（立即支付）。

18. 包装物：指生产车间、销售部门、行政管理部门发生的包装费用，随同产品销售不单独计价的包装物在该科目中核算，生产公司在"基本生产成本""辅助生产成本"科目中核算，单独计价销售的，在"其他业务成本"科目中核算。

最低附件要求： 包装费申请单、包装费报销单、发票、合同（大额或者框架）、结算明细表、对外付款单（立即支付）、银行回单（立即支付）。

19. 装卸费：生产车间、销售部门、行政管理部门的产品装卸费用。

最低附件要求： 装卸费申请单、工作量签认单、装卸费报销单、发票、合同（大额装卸或者框架服务）、结算明细表、对外付款单（立即支付）、银行回单（立即支付）。

20. 广告支出：指企业通过媒体进行广告宣传并取得正式广告业发票所发生的费用。

最低附件要求： 广告支出申请单、广告费报销单、发票、合同、结算明细表、对外付款单（立即支付）、银行回单（立即支付）。

21. 公司宣传费：指企业用于非广告性质的宣传所发生的费用。公司宣传费下设"促销费""展览费""其他宣传费"三级明细科目，其中"促销费"科目下只能据实列支促销宣传和布置促销现场支出以及与能直接实现企业销量的销售行为挂钩而向客户本身兑付的促销赠品等支出，包括向客户本身兑付的促销赠品、电台等媒体的促销宣传费（含促销策划支出）。布置促销现场支出以及展台租赁费等相关支出。下列支出应按照费用要素在相关明细科目内核算，不在"促销费"科目核算：（1）以促进销售为目的且在促销活动中发生的拜访客户及协调关系、客户联谊、客户座谈会等支出，应按照费用要素分别计入"差旅费""业务招待费"和"会议费"等科目；（2）用于开发新客户和对开发新客户量达到一定标准的客户经理给予的奖励，发放给员工的促销奖励、表彰奖励、先进集体奖励等，均应计入"员工费用——工资"科目；（3）其他情况，如慰问困难员工、维修费、罚款等不属于促销活动范畴，应在其他会计科目中核算。

最低附件要求： 公司宣传费申请单、宣传费报销单、发票、合同（大额宣传或者框架服务）、结算明细表、对外付款单（立即支付）、银行回单（立即支付）。

22. 业务招待费：是企业在经营活动中为业务经营的合理需要而支付的招待费用。国有企业需要建立专门的台账管理以满足纪检机关的备查要求。

最低附件要求： 申请单、业务招待费报销单、发票、合同（定期结算类）、结算明细表、对外付款单（立即支付情形）、银行回单（立即支付情形）。

23. 财产保险费：指企业支付的其他财产保险费用。

最低附件要求： 财产保险费申请单、财产保险费报销单、发票、财产保险合同、结算明细表、对外付款单（立即支付）、银行回单（立即支付）。

24. 劳动保护费：指生产车间、销售部门、行政管理部门所发生的劳动保护支出。包括工作服、安全帽、手套、鞋、肥皂、洗手液及发放的防暑降温用品及费用等。

最低附件要求： 劳动保护用品申请单、劳动保护用品验收单、劳动保护费报销单、发票、合同（大额或者连续购置）、结算明细表、对外付款单（立即支付）、银行回单（立即支付）。

25. 诉讼费：指企业因起诉或者应诉而发生的各项费用。

最低附件要求： 诉讼费申请单、诉讼费报销单、发票、律师服务合同、结算明细表、对外付款单（立即支付）、银行回单（立即支付）。

26. 展览费：指企业举办、参加展销的费用。

最低附件要求： 展览费申请单、展览费报销单、发票、合同、结算明细表、对外付款单（立即支付）、银行回单（立即支付）。

27. 委托代销手续费：指支付给受托单位的代销手续费。

最低附件要求： 委托代销手续费申请单、委托代销手续费报销单、发票、合同、结算明细表、对外付款单（立即支付）、银行回单（立即支付）。

28. 委托加工费：企业委托外单位加工零件、部件或装配产品而支付的加工费用。

最低附件要求： 委托加工申请单、委托加工费报销单、工作量验收单、发票、合同（大额或者框架协议）、结算明细表、对外付款单（立即支付）、银行回单（立即支付）。

29. 业务外包费：是指接受以供劳务服务为主，并具有日常性、连续性作业特点的一次性业务服务。

最低附件要求： 业务外包申请单、业务外包工作量验收单、业务外包费报销单、发票、合同（大额或者连续作业）、结算明细表、对外付款单（立即支付）、银行回单（立即支付）。

30. 仓储费：指企业发生的产品仓储费用。

最低附件要求：仓储费申请单、仓储费报销单、发票、合同（大额或者框架服务）、结算明细表、对外付款单（立即支付）、银行回单（立即支付）。

31.保管费：指企业发生的保管费用。

最低附件要求：保管费申请单、保管物品交接签认表、保管费报销单、发票、合同（大额或者框架服务）、结算明细表、对外付款单（立即支付）、银行回单（立即支付）。

32.银行上门收款服务费：核算企业根据银企协议，接受银行到所属门店代收营业款服务而支付的服务费。

最低附件要求：银行上门收款服务费申请单、上门收款服务费报销单、发票、合同（或有）、结算明细表、对外付款单（立即支付）、银行回单（立即支付）。

33.检测费：指质监、消防、安监以及气象等部门依照国家法律法规，定期或不定期对企业的库存商品、计量器具、仓储设施等进行检测，企业则为此支付检测费用。情形有加油机检测、油品质量检测、计量器具检测、防雷防静电检测。

最低附件要求：检测申请单、检测费报销单、发票、合同（大额或持续检测）、结算明细表、对外付款单（立即支付）、银行回单（立即支付）。

34.设计制图费：生产部门支付的设计费、技术资料费、图纸及有关用品的费用。

最低附件要求：设计制图费申请单、工作量验收单、设计制图费报销单、发票、合同、结算明细表、对外付款单（立即支付）、银行回单（立即支付）。

35.试验检验费：企业对材料、产品进行分析、实验、化验、检验、探伤、压力容器检定等所发生的费用，包括内部化验检验部门提供的内部化验检验劳务费。

最低附件要求：试验检验申请单、试验检验费报销单、发票、合同（大额或者框架模式）、结算明细表、对外付款单（立即支付）、银行回单（立即支付）。

36.排污费：由企业负担的生产经营过程中产生的废水、废渣、废液、废品等的费用。

最低附件要求：排污费申请单、排污费报销单、发票、排污许可行政协议、结算明细表、对外付款单（立即支付）、银行回单（立即支付）。

37. 温室气体排放权管理费：是指发达国家每帮助发展中国家分解一吨标准二

氧化碳温室气体，就可以多排放一吨标准的二氧化碳温室气体，也就是说获得一吨排放权。

最低附件要求：温室气体排放权管理费申请单、温室气体排放权管理费报销单、发票、合同（或行政协议）、排放量结算明细表、对外付款单（立即支付）、银行回单（立即支付）。

38.专利申请费：是指为获得专利权而发生的专利申请费用。

最低附件要求：专利申请费申请单、专利申请费报销单、发票、合同（或者行政协议）、结算明细表、对外付款单（立即支付）、银行回单（立即支付）。

39.专利维护费：是指专利权人为维持专利权的效力缴纳的费用。

最低附件要求：专利维护费申请单、专利维护费报销单、发票、合同、结算明细表、对外付款单（立即支付）、银行回单（立即支付）。

40.技术服务费：指企业为取得外单位技术服务支付的金额。

最低附件要求：技术服务费申请单、工作量验收单、技术服务费报销单、发票、技术服务合同、结算明细表、对外付款单（立即支付）、银行回单（立即支付）。

41.技术转让费：是指使用非专利技术而支付的费用。

最低附件要求：技术转让费申请单、技术转让费报销单、发票、合同、结算明细表、对外付款单（立即支付）、银行回单（立即支付）。

42.董事会费：指公司最高权力机构及其成员为执行职能而发生的各项费用，包括差旅费、会议费等。

最低附件要求：董事会费申请单、会议文件或者通知、会议签到表、董事会费报销单、发票、合同（或有）、结算明细表、对外付款单（立即支付）、银行回单（立即支付）。

43.土地损失补偿费：指企业生产经营过程中由于破坏土地所支付的土地损失补偿费。

最低附件要求：土地损失补偿费申请单、土地使用及损失补偿费报销单、发票、合同、结算明细表、对外付款单（立即支付）、银行回单（立即支付）。

44.咨询审计费：指企业向有关机构进行科学技术和经营管理咨询所支付的聘请经济技术顾问、法律顾问等费用，以及管理部门聘请中国注册会计师及审计部门进行查账验资、资产评估等发生的各项费用。

最低附件要求：咨询审计费申请单、咨询审计费报销单、发票、合同、结算明细表、对外付款单（立即支付）、银行回单（立即支付）。

45. 绿化及环境卫生费：指企业进行绿化或工业卫生及环境卫生而发生的各项费用。

最低附件要求：绿化及环境卫生申请单、工作量验收单、绿化及环境卫生费报销单、发票、合同（大额或者框架作业）、结算明细表、对外付款单（立即支付）、银行回单（立即支付）。

46. 税费：指企业按规定缴纳的河道维护费、残疾人就业保证金、水资源费、水利建设基金、价格调节基金等。

最低附件要求：税费申请单、税费计算单、缴纳明细表、对外付款单（立即支付）、银行回单（立即支付）。

47. 警卫消防费：指企业管理部门支付的警卫消防费用，包括支付消防队的各项费用支出、管理部门门卫费用及购买消防器材所发生的费用等。

最低附件要求：警卫消防费申请单、警卫消防费报销单、发票、合同（大额或者框架服务）、结算明细表、对外付款单（立即支付）、银行回单（立即支付）。

48. 出国人员经费：指企业人员按照集团公司出国管理规定，出国考察、学习所发生的费用支出。国有企业需要建立专门台账管理以满足纪检机关的备查要求。

最低附件要求：出国差旅申请单、出国人员经费报销单、发票（或其他费用结算票据）、出国文件或通知、合同（大型团体）、结算明细表、对外付款单（立即支付）、银行回单（立即支付）。

49. 团体会费：指企业缴纳的各种学会、协会会费，参加的协会必须有民政部门的批文。

最低附件要求：团体会费申请单、团体会费报销单、发票、缴费通知书或者函件、结算明细表、对外付款单（立即支付）、银行回单（立即支付）。

50. 信息系统维护费：指计算机信息系统建设完成后所发生的运行维护费用，包括专有网络租用费、软件维护或升级费，以及与上述事项相关的技术人员服务费等。为了便于对实物进行管理，将更新的硬件设备零部件、网络设备零部件、保证信系统正常运行所必要的计算机配件等通过低值易耗品进行核算，符合固定资产确认条件的，在固定资产科目核算，不在本科目核算。

最低附件要求： 维护申请单、维护结果验收单、信息系统维护费报销单、发票、合同（大额或者连续服务）、结算明细表、对外付款单（立即支付）、银行回单（立即支付）。

51. 安全生产费用：指企业按照规定标准提取专门用于完善和改进企业安全生产条件的支出。

最低附件要求： 安全生产费用申请单，产品或者工程验收单，安全生产费用报销单、发票、合同（大额或者连续作业）、安全生产费用结算明细表、对外付款单（立即支付）、银行回单（立即支付）。

52. 党团工作经费：指企业按照规定标准提取的专门用于党组织、团组织工作的经费支出。

最低附件要求： 党团工作经费申请单、党团工作经费报销单、发票（或收据）、合同（或有）、结算明细表、对外付款单（立即支付）、银行回单（立即支付）。

53. 财务费用：指公司为筹集生产经营所需资金等而发生的费用，包括企业支付给银行的手续费、账户年费、网上银行资费、回佣金（POS机交易费用）、利息支出、汇兑损益等费用。

最低附件要求： 财务费用申请单、财务费用报销单、发票、合同（或协议）、结算明细表、对外付款单（非银行收取）、银行回单（立即支付）。

54. 赞助、捐赠及违约罚款费：是指企业为销售产品而发生的赞助、捐赠及违约罚款费用，应随同产品销售单独计价。包括企业赞助款、捐赠款，以及违约罚款、没有为企业提供劳务的有偿解除劳动合同人员的支出等与企业日常生产经营活动无直接关系的各项费用。

最低附件要求： 费用支出申请单、赞助、捐赠及违约罚款费报销单、发票（或捐赠收据）、会议决议、结算明细表、对外付款单（立即支付）、银行回单（立即支付）。

55. 招投标费：是指企业按照标书内容对设计、施工、设备采购、工程监理、调试等承包项目进行招标所发生的费用。

最低附件要求：招投标费申请单、招标投标费报销单、发票、合同、结算明细表、对外付款单（立即支付）、银行回单（立即支付）。

56. 考察联络费：是指企业派员工在单位内部或者出国进行相关业务的考察、商谈发生的有关费用。

最低附件要求：考察联络费申请单、考察联络费报销单、发票、合同（大型考察或者框架服务）、结算明细表、对外付款单（立即支付）、银行回单（立即支付）。

57. 清欠费用：是指企业为清理应收账款发生的相关费用。

最低附件要求：费用申请单、清欠费报销单、发票、合同（聘请外部单位）、对外付款单（立即支付）、银行回单（立即支付）。

58. 经营证照审验费：是指企业为审验经营证照所发生的费用。

最低附件要求：经营证照审验费申请单、经营证照审验费报销单、发票、合同、结算明细表、对外付款单（立即支付）、银行回单（立即支付）。

59. 调遣费用：是指工程施工发生的人员、物资及设备等调遣费用，主要包括项目开工、完工或中途调转其他项目的施工人员、物资及施工机械集中调遣发生的费用。现场人员因公出差或轮休发生的费用属于"现场差旅费"，不在本科目核算，物资、设备从中转站转运到施工现场，项目内部不同作业面之间的物资、设备调遣运输，不作为调遣费核算。

最低附件要求：通用申请单、调遣费用报销单、发票（发票注明附销货清单的、需要扫描上传销货清单）、合同（大型作业或者框架服务）、结算明细表、验收单（采买实物）、对外付款单（立即支付）、银行回单（立即支付）。

60. 评审费：是指用于招投标、谈判、图纸审定等承办会议支付给专家的评审费。

最低附件要求：通用申请单评审费报销单、发票、合同（委托评审）、结算明细表、对外付款单（立即支付）、银行回单（立即支付）、公司相关文件及评审费发放明细表。

61. 上级管理费：总部为所属企事业单位提供总部支持服务，每年收取总部支持管理费。

最低附件要求：通用申请单、上级管理费分摊表、发票、关联交易合同、结算明细表、对外付款单（立即支付）、银行回单（立即支付）。

62. 固定资产清理支出：是企业因出售、报废和毁损等原因转入清理的固定资产净值以及在清理过程中所发生的清理费用。

最低附件要求：通用申请单、固定资产清理支出报销单、发票、合同（或有）、结算明细表、对外付款单（立即支付）、银行回单（立即支付）。

63. 监理费：是指依据国家有关机关规定和规程规范要求，工程建设项目法人委托工程监理机构对建设项目全过程实施监理所支付的费用。

最低附件要求：通用申请单、监理费报销单、发票、合同（或有）、结算明细表、对外付款单（立即支付）、银行回单（立即支付）。

64. 其他费用：指不能列入以上项目的各种销售费用。如产品出口手续费、加油站道路开口费等。

最低附件要求：通用报销申请单、其他费用报销单、发票、合同（大额或者框架服务）、结算明细表、对外付款单（立即支付）、银行回单（立即支付）。

（二）企业财务开支的禁止性规定

1.《企业财务通则》在第四十六条规定了企业财务开支的禁止范围，即企业不得承担属于个人的下列支出：一是娱乐、健身、旅游、招待、购物、馈赠等支出；二是购买商业保险、证券、股权、收藏品等的支出；三是个人行为导致的罚款、赔偿等支出；四是购买住房、支付物业管理费等支出；五是应由个人承担的其他支出。

2. 国有企业还涉及落实中央八项规定中的禁止性规定问题。一是禁止在风景名胜区举办各类会议活动；二是会场布置要简朴，不制作背景板，不摆花草、水果、干果，取消各类茶歇；三是不额外配备资料袋、笔记本等办公用品。四是严禁以任何名义发放纪念品；五是严禁组织高消费娱乐、健身活动；六是工作调研房间内不摆放鲜花、茶点、欢迎卡、香烟，不额外配置洗漱包，不赠送纪念品或土特产，不安排到名胜古迹和风景区参观，就餐不上燕窝、鱼翅、鲍鱼等高档菜品。上述费用不能报销，因此企业财务人员需要仔细审查附件内容，确保报销支出合规。

第八节　财务运作行为的合规检查要点

检查促进落实，整改促进提高，会计科目合规检查使会计核算合规管理得以落实，下文将对财务运作行为的合规检查要点进行举例。

内部牵制的合规检查要点

内部牵制合规检查的要点如表 3–33 所示。

表 3–33　内部牵制合规检查的要点

序号	考核标准	基础分值举例	扣分标准举例
1	出纳人员不得兼管稽核、会计档案保管和收入、费用工作，以及债权债务账目的登记工作	2	出纳人员兼管不相容工作的，每季度扣 0.5 分
2	货币资金支出工作，不得一人办理业务的全过程	2	一人办理业务全过程的，扣 0.5 分
3	委托付款单、现金、转账支票以及有价证券由出纳妥善保管；财务专用章和个人名章必须分开保管；发票不能由出纳人员保管	2	保管不善的，扣 0.4 分；专用章和个人名章未分开保管的，扣 0.4 分；出纳人员保管发票的，扣 0.4 分
4	出纳不能编制银行余额调节表	2	未按制度执行的，每次扣 0.2~0.8 分
5	会计核算软件的开发人员不得兼职会计信息系统管理员	2	兼职的，每季度扣 0.5 分

（一）资金项目合规检查的要点

资金项目合规检查的要点如表 3–34 所示。

表 3–34　资金项目合规检查的要点

序号	考核标准	基础分值举例	扣分标准举例
1	严格执行企业公司资金管理制度和银行存款限额规定	1	违反公司资金管理制度的，扣 0.1~0.8 分；银行存款超限额的，扣 0.2 分
2	企业开立账户必须符合法律规定；定期检查、清理银行账户的开立及使用情况；收入的货币资金必须及时存入企业指定账户	1	未经过企业批准擅自开立账户的，扣 0.5 分；未定期检查清理账户的，扣 0.2 分；收入的货币资金未存入指定账户的，扣 0.2 分；入账不及时的，扣 0.1 分

（续表）

序号	考核标准	基础分值举例	扣分标准举例
3	不得私设"小金库"。账外设账，派专人定期核对银行账户，编制银行存款余额调节表；余额调节表须经会计机构负责人签字	3	私设"小金库"的，扣0.5~1分；账外设账的，扣0.5分；无专人核对的，扣0.2分；未按规定期限核对的，扣0.1分；未编制余额调节表的，扣0.1分；余额调节表无会计机构负责人签字的，扣0.1分
4	不准出租出借银行账户，现金支出必须按国家规定范围使用，库存现金符合银行规定限额；不允许坐支现金，特殊情况须经银行审查批准；每日清点库存现金，做到日清月结；严禁出借货币资金、白条抵库	2	出租出借账户的，扣0.5分；超出规定范围使用现金的，扣0.1~0.5分；库存现金超出限额的，一次扣0.2分；坐支现金的，扣0.2分 无库存现金盘点表的，扣0.1分；未做到日清月结的，扣0.1分；白条抵库的，扣0.5分
5	未经批准，不准对外投资	1	未经批准对外投资的，扣0.6分
6	对应收款项和应付款项进行季度分析；严格按照企业规定管理往来资金	1	漏分析的，扣0.1~0.3分 未按规定管理往来资金的，扣0.2~0.4分
7	采取多种措施清理债权债务；建立债权债务清理台账及坏账准备金备查簿	1	无清理措施的，扣0.3分 无清理台账的，扣0.2分 无坏账准备金备查簿的，扣0.2分

（二）资产项目合规检查的要点

固定资产管理的合规检查要点

固定资产管理的合规检查要点如表3-35所示。

表3-35 固定资产管理的合规检查要点

序号	考核标准	基础分值举例	扣分标准举例
1	建立固定资产管理办法	2	无管理办法的，扣0.2分
2	按类别对固定资产进行核算；按规定正确核算固定资产原值	2	未按类别进行核算的，扣0.1~0.5分；固定资产原值核算不正确的，扣0.1~0.5分
3	建立固定资产账、卡，做到账、卡、实相符	1.5	账、卡每缺一项扣0.1~0.5分；账、卡、实不符的，每项扣0.1~0.5分

（续表）

序号	考核标准	基础分值举例	扣分标准举例
4	按固定资产大类和规定计提折旧和折耗，不能随意改变折旧和折耗的计提方法	2	未按规定计提折旧或折耗的，扣0.2~0.5分 改变计提方法的，扣0.2~0.5分
5	固定资产的调动，如移动、报废、清理要健全手续	1.5	手续缺项的，扣0.1~1分
6	对固定资产要半年盘点一次	1	未按时盘点的，扣0.2~0.8分

存货管理的合规检查要点

存货管理的合规检查要点如表3–36所示。

表3–36　存货管理的合规检查要点

序号	考核标准	基础分值举例	扣分标准举例
1	严格按生产建设计划采购物资，严禁积压物资	1	未按计划采购的，每次扣0.2分；每积压一种扣0.1~0.2分
2	材料收发必须及时填写料单并进行核算，对月末已领未用的材料要办理退料手续	2	材料无收发料单的，每项扣0.1~0.2分；未及时核算的，每次扣0.1~0.2分；未办理退料手续的，每次扣0.1~0.2分
3	存货收发计价方法会计年度内要一致	1	每发生一笔不一致的业务的，扣0.1~0.2分
4	月末对存货进行盘点并登记存货盘点表	1	无存货盘点表的，扣0.2分；延迟盘点的，一次扣0.1~0.2分
5	对盘盈、盘亏的固定资产要查明原因，按规定处理	2	对盘亏、盘盈原因不清的，扣0.1分；虽查明原因但未按规定处理的，每项扣0.1分
6	有健全的领退料制度，并严格执行废旧物资有专门的管理制度	2	无领退料制度的，扣0.4分；无采购、入库、仓储、出库手续的，扣0.1~0.2分
7	建立交旧领新制度并严格监督执行	1	无管理制度或核算办法的，扣0.2分；无交旧领新制度的，扣0.2分；监督执行不力的，扣0.2分

（三）负债项目的合规检查要点

"短期借款"的合规检查要点

"短期借款"项目应根据"短期借款"科目的期末余额填列。"短期借款"的合规检查要点如表 3-37 所示。

表 3-37　"短期借款"的合规检查要点

序号	考核标准	基础分值举例	扣分标准举例
1	借款凭证、数额与账簿记录一致，定期与借款银行对账	2	数据存在差异的，每次扣 0.5 分；未定期对账的，每次扣 0.5 分
2	短期借款增加和减少应履行授权批准，并签订借款合同	1	审批手续不完备、未签订合同的，扣 1 分
3	借款利息计算准确	2	数据存在差异的，每次扣 1 分；

"应付票据"的合规检查要点

"应付票据"项目直接根据"应付票据"科目的期末余额填列。"应付票据"的合规检查要点如表 3-38 所示。

表 3-38　"应付票据"的合规检查要点

序号	考核标准	基础分值举例	扣分标准举例
1	账面金额与应付票据明细表一致	1	数据存在差异的，每次扣 0.5 分
2	账簿记录与有关凭证一致	1	数据存在差异的，每次扣 0.5 分
3	定期与债权人核对	1	未定期对账的，每次扣 0.5 分
4	利息、费用的支付准确	2	数据存在差异的，每次扣 1 分；

"应付账款"和"预收账款"的合规检查要点

"应付账款"项目应根据"应付账款"所属明细科目贷方余额合计数填列，"应付账款"所属明细账如有借方余额，应列入报表"预付账款"项目内。"预收账款"项目应根据"预收账款"所属明细账科目贷方余额合计数填列，"预收账款"所属明细账如有借方余额，应列入报表"应收账款"项目内。"应付账款"和"预收账款"的合规检查要点如表 3-39 所示。

表 3-39 "应付账款"和"预收账款"的合规检查要点

序号	检查标准	基础分值举例	扣分标准举例
1	原始凭证、会计凭证和账簿记录核对一致	2	数据存在差异的,每次扣 0.5 分
2	重要的应付账款和预收账款往来应定期签认	2	未定期对账签认的,每次扣 0.5 分
3	长期挂账的应付账款应定期分析原因及现状	1	未分析原因的,每次扣 0.5 分
4	应付账款对存货的比率,应付账款对流动负债的比率应合理	1	未定期分析的,每次扣 0.5 分
5	存货、主营业务收入和主营业务成本的增减变动幅度应合理	2	未定期分析的,每次扣 0.5 分
6	货到票未到的,企业应定期暂估,并跟踪其发票状况	2	未暂估的,每次扣 0.2 分;没有发票记录的,每次扣 0.2 分

"预提费用"的合规检查要点

"预提费用"项目应根据"预提费用"科目的贷方期末余额填列,如有借方余额,应列入报表"待摊费用"项目。企业应主要检查预提的合理性,核查账务处理是否正确。

"应付职工薪酬"的合规检查要点

应付职工薪酬项目应包括应付工资、福利费、教育经费、工会经费,社会保险费用等,通常不允许出现借方余额。"应付职工薪酬"的合规检查要点如表 3-40 所示。

表 3-40 "应付职工薪酬"的合规检查要点

序号	检查标准	基础分值举例	扣分标准举例
1	原始凭证、会计凭证和账簿记录核对一致	1	数据存在差异的,每次扣 0.5 分
2	明细科目列支渠道符合制度规范	2	列支渠道不规范的,扣 1 分
3	工资附加费计提标准符合规范,支出符合规范	2	计提不规范的,扣 1 分
4	支付工资薪金涉及个人所得税代扣代缴准确性问题	1	代扣代缴不准确的,扣 0.5 分

（续表）

序号	检查标准	基础分值举例	扣分标准举例
5	社会保险费缴纳符合规范	1	缴纳不规范的，扣1分
6	支出审批手续、附件齐全	1	手续附件不全的，每次扣0.2分
7	辞退福利计算方法合规，计算数据准确	2	数据存在差异的，每次扣0.5分

"应付债券"的合规检查要点

本项目应根据"应付债券"账户期末余额扣除将于一年内到期的应付债券的余额填列。"应付债券"的合规检查要点如表3–41所示。

表3–41　"应付债券"的合规检查要点

序号	检查标准	基础分值举例	扣分标准举例
1	债券发行、交易应经批准	2	手续附件不全的，每次扣0.5分
2	应计利息、债券溢（折）价摊销及会计处理正确	2	数据存在差异的，每次扣0.5分
3	"应付债券"账户期末余额应核对一致	2	未定期签认的，每次扣0.5分
4	应付债券利息计算正确	2	数据存在差异的，每次扣0.5分
5	应付债券应正确列示财务报告并披露	2	列示披露不完整的，每次扣0.5分

（四）资本项目的合规检查要点

投入资本的合规检查要点

投入资本的合规检查要点如表3–42所示。

表3–42　投入资本的合规检查要点

序号	检查标准	基础分值举例	扣分标准举例
1	注入资本需要股东大会、董事会会议决议，并在公司章程中记载	1	注入资本的决议、记载不完备的，每项扣0.5分
2	股东应按公司章程、合同、协议规定的出资方式出资，各种出资比例符合章程规定，非货币出资须经验资程序；投资者投入的资产产权必须清楚	2	出资比例、出资方式不符合规定的，扣1分；应验资未验资的，扣0.5分；产权有争议的，扣1分

序号	检查标准	基础分值举例	扣分标准举例
3	向主要投资者出具出资证明书	1	未出具出资证明书的，扣 0.5 分
4	实收资本增减应经股东大会、董事会决议，并修改公司章程；申请营业执照变更	1	资本变动的决议、记载不完备的，每项扣 0.5 分

"资本公积"和"盈余公积"的合规检查要点

"资本公积"和"盈余公积"的合规检查要点如表 3–43 所示。

表 3–43　"资本公积"和"盈余公积"的合规检查要点

序号	检查标准	基础分值举例	扣分标准举例
1	资本公积和盈余公积增减变动的内容及其依据齐全	1.5	手续附件不全的，每次扣 0.5 分
2	资本公积、盈余公积计算方法及账务处理正确	2	数据存在差异的，每次扣 1 分
3	资本公积、盈余公积报表列示及披露完备	1.5	列示披露不完整的，每次扣 0.5 分

"未分配利润"的合规检查要点

"未分配利润"项目在年终时应根据"利润分配"科目余额填列。"未分配利润"项目在月末、季末、中期报表编制时，应根据"本年利润"与"利润分配"账户差额填列。"未分配利润"的合规检查要点如表 3–44 所示。

表 3–44　"未分配利润"的合规检查要点

序号	检查标准	基础分值举例	扣分标准举例
1	利润分配应符合公司章程，并经董事会、股东会决议，分配比例符合法律、公司章程	1.5	手续附件不全的，每次扣 0.5 分
2	利润的分配数额及年末未分配数额计算正确	2	数据存在差异的，每次扣 1 分
3	未分配利润报表列示及披露完备	1.5	列示披露不完整的，每次扣 0.5 分

（五）损益确认的合规检查要点

收入确认的合规检查要点

收入确认的合规检查要点如表 3–45 所示。

表 3–45　收入确认的合规检查要点

序号	考核标准	基础分值举例	扣分标准举例
1	不得提前或者延后确认收入、虚列收入	1.5	提前或者延后确认收入、虚列收入的，扣 0.5~1 分
2	严禁融资性贸易以及"空转""走单"等虚假贸易	1	融资性贸易以及"空转""走单"等虚假贸易的，扣 0.5~1 分
3	不得隐瞒收入	1	隐瞒收入的，每次扣 0.3 分
4	客户未收货的不得开单销售，要及时冲销收入，回调库存商品科目	1.5	客户未收货的开单销售，每次扣 0.2 分；及时冲销收入，回调库存商品科目的，扣 0.2 分
5	不得调节收入跨期确认	1	跨期确认收入的，扣 0.2 分
6	销售价格调整审批手续必须齐全	1	销售价格调整审批手续不齐全的，每次扣 0.2 分
7	其他收入金额计算准确	1	其他收入金额计算不准确的，每笔扣 0.2 分
8	折扣折让核算科目计算准确，收入税率使用正确	1	折扣折让核算科目计算不准确的，每笔扣 0.2 分，税率使用不正确的，每笔扣 0.2 分
9	商品销售应三流一致（即资金流、合同流和发票流三流一致）	1	商品销售三流不一致的，扣 0.2 分

成本确认的合规检查要点

成本确认的合规检查要点如表 3–46 所示。

表 3–46　成本确认的合规检查要点

序号	考核标准	基础分值举例	扣分标准举例
1	制定成本的管理、控制及考核办法并严格执行	1	缺一项办法的，扣 0.2 分；未按规定办法执行的，扣 0.1~0.4 分
2	成本核算以权责发生制原则为基础，应严格区分资本性支出和收益性支出	1	未遵循权责发生制原则的，扣 0.1~0.5 分 扩大或缩小成本开支范围的，扣 0.1~0.5 分

（续表）

序号	考核标准	基础分值举例	扣分标准举例
3	严格控制成本支出，不得随意改变费用、成本的确认标准或者计量方法，不准虚列、多列、不列或者少列费用成本	1	未按预算指标控制成本的，扣0.1~0.5分；不按要求确认或计量的，扣0.1~0.5分；虚列、多列、不列或者少列费用成本的，扣0.1~0.5分
4	会计年度内成本核算方法前后一致，不得随意变更；确有必要变更的，应当将变更的内容、原因及累积影响数在财务报表附注中说明	1	不按要求执行的，扣0.1~0.5分；必须有变更未加说明的，扣0.1分
5	实物消耗要有消耗单，不得以领代耗、以购代耗	1	无消耗单的，扣0.2分；出现以领代耗、以购代耗的，扣0.1~0.5分
6	工资附加及保险计提应按照国家及上级公司的相关规定	1	未按规定计提的，扣0.1~0.3分
7	定期进行成本分析。成本分析包括财务报告分析、专项分析、班组经济核算分析等，定期进行财务报告分析，随同报表上报上级业务主管部门；班组经济核算分析专项分析应根据需要进行，按要求及时完成	2	分析不全面的，每缺一项扣0.1分；分析不及时的，扣0.1~0.5分
8	成本分析由文字报告和附表组成，文字报告要以附表数据为依据，内容丰富、翔实，分析后要提出具体对策或措施，具有可操作性	1	分析报告与附表数据不符的，扣0.2分；分析报告内容不完整、不具体的，扣0.3分
9	基层单位要开展班组经济核算；制定班组经济核算考核制度，台账报表齐全	1	未开展班组经济核算的，扣0.3分；无考核制度的，扣0.2分；核算资料每少一项扣0.1分

费用报销的合规检查要点

费用报销的合规检查要点如表3-47所示。

表3-47　费用报销的合规检查要点

序号	考核标准	基础分值举例	扣分标准举例
1	审核纸质附件张数正确性	0.5	金额或附件张数不符的，扣0.2分

序号	考核标准	基础分值举例	扣分标准举例
2	审核经济业务是否符合国家和企业相关财务制度	2	不符合国家和企业相关财务制度的，每 1 项扣 1 分
3	审核相关支持性附件是否齐全，支持性附件的基本内容填制是否完整，有关审批手续、签章是否齐全	1.5	少一处盖章或签字的，扣 0.2 分；附件不齐全、不完整的，扣 0.2 分
4	审核发票是否已验真；审核业务服务平台表单和相关支持性附件所反映的经济事项是否一致；审核表单填写是否完整、规范	2	发票不合法的，扣 0.5~1.3 分；表单不规范的，扣 0.2 分；附件与经济业务事项无关的，扣 0.5 分
5	检查会计凭证的成本中心、会计科目、辅助核算及金额是否准确无误	1	成本中心、会计科目、辅助核算及金额不准确的，扣 0.5 分
6	检查会计政策及会计方法的选用是否正确	2	办理违反国家统一会计政策的，扣 0.2 分

第四章　财务人员合规管理

第一节　财务人员管理的不合规问题

[案例4-1：财政部会计信息质量检查公告第十九号（节选）]各地财政部门检查发现，部分被查单位内部控制和会计基础工作薄弱，存在白条入账、假发票报账、资产管理混乱、收入直接冲抵支出等问题，部分单位会计人员无证上岗、会计账簿设置不规范甚至不设账簿，少数企业为完成绩效考核调节利润指标、获取银行贷款等目的编制虚假财务报告；部分行政事业单位收支未统一核算、预算编制不完整、挪用专项资金、账外设账等问题较突出。各地共检查发现违规问题金额582.26亿元，查补税款5.95亿元。各级财政部门对检查发现的问题，依法做出了严肃处理，共处理处罚企事业单位4843户（移送其他部门处理188户），对单位处以罚款3778.75万元，对27名直接责任人员给予了罚款、吊销会计从业资格证书等行政处罚，并对部分单位提出了撤换会计负责人的处理建议。

一、财务人员管理的常见不合规行为

从上述通报可以看出，各地财政部门检查发现存在会计人员无证上岗问题，以及财务负责人违规问题。财务人员管理不合规，更多体现在与国家制度规范冲突，与企业经营规模和财务工作量不相适应，或者存在与企业内部控制管理规范不相符合的管理行为。财务人员管理的常见不合规行为如表4-1所示。

表4-1　财务人员管理的常见不合规行为

序号	常见不合规行为	制度依据
1	没有配备专职财务人员。有的企业为了节约人力成本，由其他人员兼职财务人员	《会计基础工作规范》第六条
2	配备财务人员数量不能满足内部牵制制度要求。财务人员配置数量不足，出现出纳兼任会计，或者出纳兼任稽核等不能从事的工作，或者会计稽核自己的凭证等现象	《企业内部控制基本规范》

（续表）

序号	常见不合规行为	制度依据
3	财务岗位设置不能满足内部牵制制度的要求。如出纳人员兼管会计档案、银行余额调节表编制等不允许兼任的工作	《企业内部控制基本规范》
4	财务人员岗位长期不轮换，给了财务人员挪用公款、贪污舞弊、职务侵占等机会	《会计基础工作规范》第十三条
5	财务人员任用没有满足回避制度。有的企业单位负责人或者会计机构负责人任人唯亲，任用自己的亲属在会计机构负责人、会计主管人员以及出纳等关键岗位，最终利用亲属关系营私舞弊、挪用公款、贪污舞弊、职务侵占，给企业造成经营损失	《会计基础工作规范》第十六条
6	财务人员专业技术资格和经历不符合制度要求。任用专业水平不够、时间经历不够的财务人员，由于管理经验不足导致企业会计基础工作管理混乱	《企业会计基础工作规范》第七条；《企业会计基础工作规范》第九条
7	财务人员继续教育管理不合规。存在部分企业或者企业财务人员不重视继续教育工作现象，仍有课程不符合要求，学分达不到标准，或者不参加继续教育等违规现象	《会计人员管理办法》第三条第三款；《会计人员继续教育规定》
8	财务人员缺乏职业道德。历年来，财务人员违反职业道德，甚至违反国家法律和制度规范的事情屡见不鲜，做假账等财务舞弊及贪污腐败、挪用公款、侵占资产等情况也出现在财务人员身上，其中一些还是刚刚从事财务工作的年轻财务人员	《会计基础工作规范》第十四条

二、原因分析

财务人员管理的不合规，究其原因，主要有以下五个方面。

1. 单位负责人对自身的财务合规责任认识不到位，认为财务合规责任是财务人员的责任，而不知道本人才是财务合规的主要责任人。

2. 单位负责人及其他管理层对财务工作重要性认识不足，对财务部门的合规管理效益认识偏差，对财务人员的定员、精简通常未充分考虑财务违规的成本。

3. 单位负责人及其他管理层对财务工作专业性认识不足，导致配备的财务人员专业素质、专业资质、专业经历不合规。

4. 财务人员自身综合素质建设存在不足，自身专业学习松懈，持续学习能力不强。

5.财务人员职业道德素养建设不到位，底线意识、红线意识淡薄。

第二节　财务人员选拔的合规管理

《中华人民共和国会计法》（以下简称《会计法》）在第五章专章规范了企业设置财务机构和配备财务人员的行为，并在第三十六条规定："单位应当根据会计业务的需要，设置会计机构，或者在有关机构中设置会计人员并指定会计主管人员；不具备设置条件的，应当委托经批准设立从事会计代理记账业务的中介机构代理记账。"为企业依法设置财务机构和配备财务人员提供法律依据。

《会计基础工作规范》也在第二章第一节对财务机构的设置和财务人员的配备进行了详细规范。并在第六条规定："各单位应当根据会计业务的需要设置会计机构；不具备单独设置会计机构条件的，应当在有关机构中配备专职会计人员。事业行政单位会计机构的设置和会计人员的配备，应当符合国家统一事业行政单位会计制度的规定。设置会计机构，应当配备会计机构负责人；在有关机构中配备专职会计人员，应当在专职会计人员中指定会计主管人员。会计机构负责人、会计主管人员的任免，应当符合《中华人民共和国会计法》和有关法律的规定。"

按照《会计法》和《会计基础工作规范》的要求，企业应该根据国家制度规范、企业经营规模、企业财务工作繁简和管理需求的具体情况解决财务机构和财务人员的合规管理问题。

一、财务机构设置和财务人员配备合规事项

（一）配备方式及条件

财务人员的配备方式及条件如表4–2所示。

表4–2　财务人员的配备方式及条件

序号	配备方式	适用条件	备注
1	设立独立的财务机构，明确划分职责并设置具体岗位处理财务业务事项	财务工作量较大，会计核算工作量较大，单位财务业务复杂程度高的大中型企业	

序号	配备方式	适用条件	备注
2	不设置独立的财务机构，在相应机构中设置财务人员，并指定财务主管人员	财务工作量一般，会计核算工作量较大，单位财务业务简单的中小型企业	只配备专职财务人员的单位，对健全财务运行制度，严格财务审批手续，遵守内部控制制度等的要求，并不因为没有设置独立财务机构而减少，并且其专职财务人员的专业职能不能被其他职能所代替
3	不设置专职财务人员，委托具有相应资质的代理记账机构代理记账	财务工作量较少，特别是会计核算工作量较少的个体户、小微企业	

（二）财务机构设置和财务人员配备的衡量标准

通常而言，企业应该从国家制度规范、企业经营规模、企业财务工作繁简和企业财务管理需求等维度考虑财务机构的设置、财务岗位的设置和财务人员配备。

1. 国家制度规范的硬性规定。国家对于一些类型的企业以及一些类型的行业有特殊规定，比如国有中央企业、银行类、证券类、基金类等特殊行业有相应的要求。

2. 企业经营规模大小以及企业经营管理的复杂程度和精细标准。对于企业规模大、业务单元复杂、跨越业务领域宽的企业、事业单位而言，通常财务业务数额较大，财务业务涉及面较广，需要设置独立的财务机构以及更多财务岗位才能满足财务管理要求，甚至财务机构也分别设置多部门运行模式来满足精细管理要求；而对于企业规模较小，业务单元单一的企业、事业单位而言，通常来说财务业务数额较小，财务业务牵扯面较窄，它们可以考虑管理成本而相应精简机构和人员，甚至委托代理记账机构代为记账。

3. 企业财务工作繁简。企业的经营规模与财务工作繁简程度相关，通常而言财务工作繁杂以及内控管理要求较高，就需要设置独立的财务机构和配备多岗位确保经营管理安全和财务运作效率。当然有的企业尽管规模不大，但业务子单元多、跨越领域广，带来大量复杂的财务工作量和不同行业财务会计业务，也需要设置专门的财务机构和配备合适的财务人员来满足财务合规和财务运行要求。

4. 企业财务管理的要求。有效的财务管理是以提供及时、准确、高效、全面的财务信息为前提，企业对财务管理精细程度要求越高，对财务数据信息的需求越丰富，以及对财务信息系统的运行要求越高，就越需要更多的财务机构、财务岗位和财务人员来保障财务数据信息的编制。

（三）财务人员的选拔条件

《会计法》虽然不再要求财务人员取得会计从业资格证书，但在第三十八条中明确财务人员应当具备从事财务工作所需要的专业能力，并且对财务人员的职业道德、业务素质及教育培训提出了要求。有关具备从事财务工作所需要的专业能力，虽然没有明确的标准，但个人认为在进行财务人员选拔时应注意以下条件（见表4-3）。

表4-3　财务人员专业选拔条件

序号	专业选拔条件	道德规范	继续教育
1	取得中专或者中职以上会计类专业（会计学、会计电算化、财务管理、注册会计师专门化、审计学、管理会计）等的学历证书	财务人员还应具备履职的职业道德素养，比如遵守财务法律、规章制度和国家统一的财务制度，依法履行职责，坚持原则，诚信合规，遵守保密规则等综合素养	财务人员应该依法参加继续教育培训，每年参加继续教育的时间需要符合财政部门规定的学时
2	取得初级以上的会计专业技术资格证书		
3	取得财政部门认可的其他财务专业能力水平证明（比如注册会计师、管理会计师、ACCA[①]、CIA[②]、AIA[③]等专业资格证书）		

① 国家注册会计师。
② 国际注册内部审计师。
③ 国际会计师公会。

（四）财务机构负责人（财务主管人员）选拔条件

《会计法》第三十八条规定，担任单位财务机构负责人（或者财务主管人员），应当具备会计师以上专业技术职务资格或者从事会计工作三年以上经历。"《会计基础工作规范》第七条对其任职条件进行了规范（见表4-4）。

表4-4　财务机构负责人（财务主管人员）选拔条件

序号	选拔条件	规范目的	备注
1	坚持原则，廉洁奉公	财务机构负责人岗位职责主要以经济业务事项审批为主，涉及大量资金和资产等企业财产，也将面临大量的诱惑，因此坚持原则和保持廉洁是基本的政治素养要求	政治素养要求

（续表）

序号	选拔条件	规范目的	备注
2	具备会计师以上专业技术职务资格或者从事会计工作不少于三年	财务机构负责人是一个对专业性要求较高的工作，需要设置专业技术资格条件或者专业工作经历要求，以便负责人更好地履职	专业能力条件
3	熟悉国家财经法律、法规、规章和方针、政策，掌握本行业业务管理的有关知识	财务机构负责人岗位知识范围涉及国家财政经济、税收管理等的法律、部门规章以及国家方针政策，还涉及国家和企业的财务管理制度等，负责人熟悉政策理论是准确把握政策和制度的关键	政策理论水平
4	有较强的组织能力	财务机构负责人岗位属于综合性较强的工作，对内涉及财务岗位之间协调沟通以及统筹安排，对外涉及部门之间的协调沟通	组织能力要求
5	身体状况能够适应本职工作要求	财务机构负责人岗位职责牵扯面广，业务量可能集中于月末、年末，工作任务繁重，同时财务工作对细节要求较高，因此具备良好的身体素质是选拔财务机构负责人的重要条件之一	身体条件要求

二、总会计师选拔合规事项

（一）总会计师选拔条件

《会计法》第三十六条规定："国有的和国有资产占控股地位或者主导地位的大、中型企业必须设置总会计师。总会计师的任职资格、任免程序、职责权限由国务院规定。"《会计基础工作规范》第九条对总会计师的设立也有规定："大、中型企业、事业单位、业务主管部门应当根据法律和国家有关规定设置总会计师。总会计师由具有会计师以上专业技术资格的人员担任"。根据规定，总会计师的设立需要明确以下几点。

（二）总会计师的性质

总会计师不是专业技术职务，而是行政职务，是企业设置的一个财务管理岗位。从职能上讲，分管财务工作的副总经理、财务总监、总会计师这三个职位基本相同，但也有差别，总会计师的权限指引来自《总会计师条例》，属于决策层职位，享有表决权；而分管财务工作的副总经理，权限来自领导班子，也属于决策层职位并享有表决权；财务总监的权限指引来自《公司法》，如果不兼任公司董事就并非决策层职位，不享有表决权，本书对此不再进行相互之间的差异分析。

（三）需要设置总会计师岗位的单位

1. 国有企业和国有资产占控股地位或者主导地位的大、中型企业，此条规定来自国家法律。

2. 根据法律和国家制度需要设立总会计师的事业单位，此处法律是广义的法律，主要来自其他法律、部门规章以及国家制度。

3. 专业的业务主管部门，比如财政部门、税务部门、国有资产管理部门，近年也出现了设置总会计师这一职位的现象。

（四）总会计师的定位

总会计师是单位的行政领导成员，是单位财务工作的主要负责人，全面领导会计核算、财务管理工作并参与重大经营决策活动，对单位的主要行政领导负责并依《总会计师条例》履行职责。根据规定，凡是设置总会计师的单位，不应当再设置与总会计师职责重叠的行政副职岗位。

（五）总会计师的任职条件、职责、权限

总会计师的任职条件、职责、权限如表4-5所示。

表 4-5　总会计师的任职条件、职责、权限

规范项目	总会计师任职条件	总会计师职责	总会计师权限
法律依据	《总会计师条例》第十六条	《总会计师条例》第七条、第八条、第九条	《总会计师条例》第十条至第十四条
具体规定	坚持社会主义方向，积极为社会主义建设和改革开放服务	编制和执行预算、财务收支计划、信贷计划，拟订资金筹措和使用方案，开辟财源，有效使用资金	对违反国家财经法律、法规、方针、政策、制度和有可能在经济上造成损失、浪费的行为，总会计师有权制止或者纠正。制止或者纠正无效时，提请单位主要行政领导人处理
	坚持原则，廉洁奉公	进行成本费用预测、计划、控制、核算、分析和考核，督促本单位有关部门降低消耗、节约费用、提高经济效益	有权组织本单位各职能部门、直属基层组织的经济核算、财务会计和成本管理方面的工作

规范项目	总会计师任职条件	总会计师职责	总会计师权限
具体规定	在取得会计师任职资格后，主管一个单位或者单位内一个重要方面的财务会计工作时间不少于 3 年	建立、健全经济核算制度，利用财务会计资料进行经济活动分析	主管审批财务收支工作。除一般的财务收支可以由总会计师授权的财务机构负责人或者其他指定人员审批外，重大的财务收支，须经总会计师审批或者由总会计师报单位主要行政领导人批准
	有较高的理论政策水平，熟悉国家财经法律、法规、方针、政策和制度，掌握现代化管理的有关知识	负责对本单位财会机构的设置和会计人员的配备、会计专业职务的设置和聘任提出方案；组织会计人员的业务培训和考核；支持会计人员依法行使职权	预算、财务收支计划、成本和费用计划、信贷计划、财务专题报告、会计决算报表，须经总会计师签署。涉及财务收支的重大业务计划、经济合同、经济协议等，在单位内部须经总会计师会签
	具备本行业的基本业务知识，熟悉行业情况，有较强的组织领导能力	协助单位主要行政领导人对企业的生产经营、行政事业单位的业务发展以及基本建设投资等问题作出决策。参与新产品开发、技术改造、科技研究、商品（劳务）价格和工资奖金等方案的制定；参与重大经济合同和经济协议的研究、审查	会计人员的任用、晋升、调动、奖惩，应当事先征求总会计师的意见。财会机构负责人或者会计主管人员的人选，应当由总会计师进行业务考核，依照有关规定审批
	身体健康，能胜任本职工作		

三、财务岗位设置的合规事项

（一）财务工作岗位设置

财务人员的岗位设置和定员数量与单位规模、业务工作量、财务工作量、经营管理跨度、经营管理的精细要求以及财务运作框架模式等密切相关。

（二）财务工作岗位分类

财务工作岗位一般可分为：会计机构负责人、出纳、稽核、会计核算、财务会计报告编制、资金管理、预算管理、收入管理、税收管理、价格管理、债权债务管理、存货管理、成本费用管理、筹资管理、投资管理、固定资产管理、在建工程管理、无形资产管理、所有者权益管理、会计信息系统管理、会计档案管理、综合管理等。

当然,公司对这些岗位可以采取一人多岗或者一岗多人原则,或者设置专门部门进行专项工作,但必须坚持"账簿、资金、实物分管原则"和"一岗位不能完成全部流程原则",所以无论兼岗还是专设部门,都必须满足内部牵制制度的要求。

(三)财务岗位设置的基本原则及岗位职责

通常而言财务岗位设置必须契合国家制度规范、企业经营财务目标,有利于岗位工作开展。财务人员应当熟知本岗位的岗位责任制,新到岗的财务人员应经过适当的岗位培训,在考核合格后方可上岗。财务岗位设置的基本原则及岗位职责如表4-6所示。

表4-6 财务岗位设置的基本原则及岗位职责

序号	设置基本原则	岗位职责
1	必须满足本单位财务管理目标。财务管理目标决定财务运行模式、财务管理的层级、岗位的合并与分离等,否则无法匹配企业的财务管理要求,小则运行不畅,大则产生经营风险	一是按照国家统一的会计制度和本单位的有关规定进行会计核算,实施会计监督
2		拒绝接受不真实、不合法的原始凭证
3		退回记载不准确、不完整的原始凭证并要求更正、补充
4		拒绝办理违反法律、法规和国家统一的会计制度等规定的会计事项
5	满足内部牵制制度的要求,否则不符合国家制度规范,同时也容易产生舞弊风险	对实物、款项进行监督,组织并参加财产清查,发现实物、款项不符时,按照国家统一的会计制度规定有权自行处理的,应当及时处理。无权处理的,应当立即向单位负责人报告,请求查明原因,进行处理
6	有利于财务人员工作开展,财务人员工作应避免扯皮、推诿,谨防管理真空现象,避免因岗位冗余、工作之间相互交叉而影响工作效率	拟定或与有关部门共同拟定并完善本单位的内部会计控制制度
7		对违反会计制度规定的经济活动,应当制止或纠正,制止或纠正无效的,向单位负责人报告
8		工作调动或离职应当按规定进行会计工作交接
9	有利于岗位责任制目标实施。岗位责任制目标即确保岗位职责界面清晰,责任与权限一致,避免人浮于事等现象的发生	按规定妥善保管会计档案
10		有权对违反《中华人民共和国会计法》《企业会计基础工作规范》及其他法律、法规的行为进行检举
11		《中华人民共和国会计法》及其他法律、法规赋予的职责权限

第三节　财务人员任免的合规管理

财务管理作为企业经营管理的中枢环节，财务人员对企业财务管理的效果和效率影响重大，因此财务人员的任免，特别是关键岗位的财务人员任免合规也是确保财务人员整体素质，确保企业财务管理依法履行职责的重要抓手。

一、财务人员任职的禁止事项

（一）财务人员的任职回避

回避制度是为保证执法或者执业的公正性、廉洁性，而对于某些可能影响公正执法、执业或者容易滋生营私舞弊现象的行为实行的任职回避和业务回避的制度设置。回避原则是我国人事管理实践中的一项重要人事安排原则，笔者通过历年财务舞弊案例也发现，在财务工作中，由于亲情关系而联合舞弊和违法违纪的并非个案。在财务人员的人事管理中实行回避制度，对于保障财务人员任职廉洁、保障企业整体利益的作用十分明显。国有企业、事业单位等参照公务员法制定了相应的任职回避制度（见表4-7）。

表 4-7　任职回避制度

规范项目	《公务员法》第七十四条	《会计基础工作规范》第十六条	备注
法律规定	公务员之间有夫妻关系、直系血亲关系、三代以内旁系血亲关系以及近姻亲关系的，不得在同一机关双方直接隶属于同一领导人员的职位或者有直接上下级领导关系的职位工作，也不得在其中一方担任领导职务的机关从事组织、人事、纪检、监察、审计和财务工作。公务员不得在其配偶、子女及其配偶经营的企业、营利性组织的行业监管或者主管部门担任领导成员。因地域或者工作性质特殊，需要变通执行任职回避的，由省级以上公务员主管部门规定	国家机关、国有企业、事业单位任用会计人员应当实行回避制度。单位领导人的直系亲属不得担任本单位的会计机构负责人、会计主管人员。会计机构负责人、会计主管人员的直系亲属不得在本单位会计机构中担任出纳工作	

（续表）

规范项目	《公务员法》第七十四条	《会计基础工作规范》第十六条	备注
回避情形	夫妻关系，属于亲属回避的主要内容之一	夫妻关系	回避情形相同
	直系血亲关系，主要是指具有直接血缘关系的亲属	直系血亲关系	
	三代以内旁系血亲以及近姻亲关系	三代以内旁系血亲以及配偶亲关系	

当然《会计基础工作规范》该条主要针对国家机关、国有企业、事业单位的财务人员任职回避进行了规定，其他企业是否实行财务人员回避制度，该文没有规定，笔者认为，财务人员任职回避制度在防范共同舞弊、确保任职廉洁方面的积极作用是明显的，其他企业对财务人员的任职管理也很有必要执行本条规定，企业可以参照《会计基础工作规范》的有关规定制定具有可操作性的相应制度。

财务总监的任职回避需要遵守《公司法》规定，《公司法》第五十一条规定，董事、高级管理人员不得兼任监事，所以财务总监要回避兼任企业监事职务。

（二）财务人员的禁入规定

《会计人员管理办法》第六条规定："因发生与会计职务有关的违法行为被依法追究刑事责任的人员，单位不得任用（聘用）其从事会计工作。因违反《中华人民共和国会计法》有关规定受到行政处罚五年内不得从事会计工作的人员，处罚期届满前，单位不得任用（聘用）其从事会计工作。本条第一款和第二款规定的违法人员行业禁入期限，自其违法行为被认定之日起计算。"该条规定对财务人员的职业禁入进行了规范；与职业相关的行政处罚，单位应当按照职业禁入相关规定执行。当然，《中华人民共和国证券法》（以下简称《证券法》）对上市公司的财务总监、财务人员也有职业禁入相关规定。

二、财务人员任免的合规操作

（一）财务部门负责人及一般财务人员的任免

财务人员的任免通常由本单位决定，但配备总会计师的单位，需要遵守《总会计师条例》第十四条规定："会计人员的任用、晋升、调动、奖惩，应当事先征求总会计师的意见。财会机构负责人或者会计主管人员的人选，应当由总会计师进行业务考核，依照有关规定审批。"对于配备总会计师的单位，财务部门负责人及一般财务人员的任免通常由人事部门提供财务人员任免建议，单位在征求总会计师意见后，才能进入会议决议程序。目前很多单位出现人事部门直接提交建议至党委会议或者行政会议决议的现象，实际上从任免流程来看，是不合规的。

（二）总会计师的任免程序

《总会计师条例》在第十五条对总会计师的任免进行了明确规范："企业的总会计师由本单位主要行政领导人提名，政府主管部门任命或者聘任；免职或者解聘程序与任命或者聘任程序相同。事业单位和业务主管部门的总会计师依照干部管理权限任命或者聘任；免职或者解聘程序与任命或者聘任程序相同。"在总会计师任职管理的实践中，目前有两种运行模式：一种模式是由本级单位产生制，通常由单位行政负责人提名，报经上级单位总会计师同意后，经本单位党委会议或者行政会议决议任免；另一种模式是总会计师委派制，通常由上级单位总会计师提名或者国有资产管理部门推荐，经上级单位党委会议或者行政会议决议任免。但从实践运行和管理效果来看，上级委派制更能发挥总会计师应有的作用。

（三）财务总监的任免程序

财务总监属于企业高级管理人员，其任免需要遵守《公司法》的有关规定，《公司法》第四十六条第九款规定："董事会决定聘任或者解聘公司经理及其报酬事项，并根据经理的提名决定聘任或者解聘公司副经理、财务负责人及其报酬事项"。

在财务总监任职管理的实践中，目前有三种运行模式。第一种模式是由公司对外公开竞聘产生，经董事会决议后聘任；第二种模式是由公司内部产生，按照《公司法》程序经董事会决议后聘任；第三种模式是由母公司直接推荐，按照《公司法》程序经董事会决议后聘任，类似于财务总监委派制。

第四节 财务人员交流的合规管理

财务人员的定期或者不定期交流及相关轮岗制度，也是企业财务人员管理的一项重要制度。财务人员的轮岗和交流制度，既可以使得财务人员得到多岗位锻炼、多单位模块锻炼；也可以防止其因长期不交流、轮岗而无法发现岗位存在的问题，甚至违法乱纪。目前财务管理实践中，针对一般财务人员，更多采取组织定期或者不定期的不同岗位间的轮岗交流模式或者 AB 岗模式来培养财务人员技能。针对财务部门负责人、总会计师、财务总监，企业更多采用跨单位交流模式，以了解不同企业的财务管理需求，拓宽其眼界。

一、财务人员工作交接的合规事项

（一）财务工作交接情形及要求

财务人员在发生以下变动情况时，应当办理会计工作交接手续。财务工作交接情形及要求如表 4-8 所示。

表 4-8 财务工作交接情形及要求

序号	工作交接情形	工作交接要求
1	调离本企业、在企业内部调离会计工作岗位或会计岗位变动	财务涉及会计事项的其他部门业务人员在离岗或调离时，会计机构负责人有权要求按照会计工作交接的程序与办法进行工作交接
2	因病或其他原因临时离岗预计超过一个月或恢复工作	移交人员未履行完毕会计工作交接手续，不得离开原会计工作岗位，单位不准为其办理调离手续。接替人员接管移交人员会计岗位之日为会计交接基准日
3	单位撤销、合并、分立或改变隶属关系	移交人员对会计交接基准日之前（不含本日，下同）已受理的会计事项的处理负责，交接基准日之前移交人员未了的和交接基准日（含基准日）之后发生的会计事项的处理由接替人员负责。交接完毕后，交接双方和监交人要在移交清册上签名并盖章。移交清册一般一式三份，交接双方各执一份，存档一份
4	财务人员临时离职或者因病不能工作且需要接替或者代理的，需要办理临时交接手续	接替人员应当继续使用移交的会计账簿，不得自行另立新账，以保持会计记录的连续性

（续表）

序号	工作交接情形	工作交接要求
5	其他应当办理会计工作交接的情形	

（二）财务工作交接须监交

财务人员办理交接手续，必须有监交人现场监交。一般财务人员交接，由单位财务机构负责人负责监交；财务机构负责人交接，由单位负责人或总会计师负责监交，必要时可由上级业务主管部门派人会同监交。

下列情况需要上级业务主管部门派人会同监交。

1. 单位撤销、合并、分立和改变隶属关系的；

2. 上级有关部门责成撤换不合格会计机构负责人的；

3. 财务机构负责人（财务主管人员）与单位负责人有矛盾而不宜由单位负责人单独监交的；

4. 上级单位认为其他有必要会同监交的情况。

（三）财务工作交接准备

移交人员移交前必须做好以下准备工作：盘点所经管的实物，与相关会计账簿核对一致；已受理的经济业务处理记账完毕，并在最后一笔余额后加盖经办人员印章；就未了事项、特殊事项等作出书面说明；编制移交清册，列明移交的具体事项等。财务人员调离原岗位，会计信息系统管理员应在交接双方交接完毕后，现场撤销或再分配移接双方的会计处理权限。

（四）财务工作交接资料标准及事项

交接双方应当按移交清册逐项移交、点收。移交人员必须将所经管的会计档案、资料及其他物品等在规定的期限内全部移交给接替人员。财务工作交接资料标准及事项如表4-9所示。

表 4-9　财务工作交接资料标准及事项

序号	交接资料标准	交接资料内容	备注
1	现金、有价证券要根据会计账簿有关记录进行点交。库存现金、有价证券必须与会计账簿记录保持一致。如不一致，移交人员必须限期查清	**出纳岗位：**①现金、有价证券等实物资产；②各类票据、会计印章、文件资料；③银行存款和内部结算存款未达账项的书面说明；④未了事项和特殊事项说明；⑤其他需移交的事项	
2	会计凭证、会计账簿、会计报表和其他会计资料必须完整无缺。如有短缺，必须查清原因，并在移交清册中注明，由移交人员负责		
3	银行存款账户余额要与银行对账单核对，如不一致，应当编制银行存款余额调节表调节相符，各种财产物资和债权债务的明细账户余额要与总账有关账户余额核对相符；必要时，要抽查个别账户的余额，与实物核对相符，或者与往来单位、个人核对清楚	**会计岗位：**①会计凭证、会计账簿、会计报表和其他会计资料；②会计软件及密码、数据存储介质及相关资料；③与对方单位往来账对账的签认单、差异明细表及差异说明、联络方法说明；④与单位其他部门、外部单位业务往来内容、处理方法、联络方式等的书面说明；⑤未了事项和特殊事项说明；⑥其他需要移交的事项。	
4	移交人员经管的票据、印章和其他实物等，必须交接清楚；移交人员从事会计电算化工作的，要对有关电子数据在实际操作状态下进行交接		
5	交接双方和监交人，在移交的各会计账簿的账簿启用及交接记录规定栏内，签名并加盖名章	**财务机构负责人岗位：**①各类文件资料；②重大事项和特殊事项说明；③遗留问题的书面说明；④其他需移交的事项	
6	检查账账、账证、账实（指直接经管实物）、账表是否相符		
7	财务机构负责人、财务主管人员移交时，还必须将全部财务会计工作、重大财务收支和会计人员的情况等，详细介绍给接替人员。对需要移交的遗留问题，应当写出书面材料	**财务信息系统管理员岗位：**①交接内容：网络服务器口令、数据库超级用户口令、每年的历史数据备份、本年的所有数据备份、系统维护记录本、所有版本的信息系统软件、信息系统管理员口令、所有版本的数据系统软件、版本授权证书和序列号；②对交接内容应当进行上机测试	上述口令应最后交接，一旦交接，接替人应立即更换所有口令，并开始承担会计信息系统管理员的所有工作
8	交接双方应当在计算机实际操作状态下，对会计数据进行交接。接替人员应当对书面会计资料与数据存储介质内容进行检查、核对		

二、财务人员工作交接特殊事项

（一）特殊情况交接的合规管理

1.移交人员因病或其他特殊原因不能亲自办理移交的，经单位负责人批准可由移交人员委托他人代办移交。移交人员拒绝移交的，经单位负责人批准可以指定他人代办移交，移交人员并不因此而转移其应承担的责任。

2.单位因故被撤销时，必须留有必要的财务人员会同有关人员办理清理工作、编制决算并将会计档案等应移交事项移交给上级单位或其确定的接收部门。未移交完毕，留守的财务人员不得离职。单位合并、分立或改变隶属关系的，其会计工作交接手续比照上述有关规定办理。

3.财务人员临时离职或者因病不能工作且需要接替或者代理的，财务机构负责人、财务主管人员或者单位领导人必须指定有关人员接替或者代理，并办理交接手续。临时离职或者因病不能工作的财务人员恢复工作的，应当与接替或者代理人员办理交接手续。移交人员因病或者其他特殊原因不能亲自办理移交的，经单位领导人批准，可由移交人员委托他人代办移交，但委托人应当承担《会计基础工作规范》第三十五条规定的责任。

（二）财务工作交接的责任划分

《会计基础工作规范》第三十五条规定："移交人员对所移交的会计凭证、会计账簿、财务会计报告及其他有关资料的合法性、真实性承担法律责任。"从该条可以看出，如果移交人员所移交的财务资料是在其经办工作期间发生的，那么移交人员应当对其所移交资料负责，即使接替人员在交接时因为疏忽或者专业经验不够没有发现所移交财务资料的合法性、真实性、完整性方面的问题，事后发现时仍然由移交人员承担责任。如果所有的财务资料存在工作跨期需要延续等问题，则需要根据具体处理环节的问题来划分相应的责任，当然如果财务资料的真实性、合法性、完整性是移交以后产生的，则由接替人员承担责任。

第五节　财务人员继续教育的合规管理

我国目前处于高质量发展阶段，经济环境和制度环境更加复杂，国家的经济、财务、税收等法律、部门规章以及企业财务制度更新速度加快，并且国家对企业经营业务、财务行为、税收缴纳的监管更为严格，监管手段更加多样化和全面化；同时全球化、信息化等挑战，企业的经营业务和经营环境也更加复杂，需要财务人员不断提升自身专业素养，持续更新专业知识，保持终身学习的知识持续提升理念，因此，财务人员继续教育合规管理也是企业合规管理的重要内容。

一、日常继续教育

《会计基础工作规范》第十四条明确规定："会计人员应当按照国家有关规定参加会计业务的培训。各单位应当合理安排会计人员的培训，保证会计人员每年有一定时间用于学习和参加培训。"该条明确规定财务人员应当按照国家有关规定参加继续教育培训，并明确企业要保障财务人员的继续教育培训。并且财政部专门制定《会计人员继续教育规定》以规范财务人员的继续教育管理。

（一）继续教育的科目

按照《会计人员继续教育规定》的要求，会计专业技术人员继续教育内容包括公需科目和专业科目。公需科目包括专业技术人员应当普遍掌握的法律法规、政策理论、职业道德、技术信息等基本知识，专业科目包括会计专业技术人员从事会计工作应当掌握的财务会计、管理会计、财务管理、内部控制与风险管理、会计信息化、会计职业道德、财税金融、会计法律法规等相关专业知识。

（二）继续教育的形式

按照《会计人员继续教育规定》的要求，会计专业技术人员可以自愿选择参加继续教育的形式。会计专业技术人员继续教育的形式有以下几种。

1. 参加继续教育管理部门组织的会计专业技术人员继续教育培训、高端会计人才培训、全国会计专业技术资格考试等会计相关考试、会计类专业会议等。

2. 参加会计继续教育机构或用人单位组织的会计专业技术人员继续教育培训。

3.参加国家教育行政主管部门承认的中专以上（含中专，下同）会计类专业学历（学位）教育；承担继续教育管理部门或行业组织（团体）的会计类研究课题，或在有国内统一连续出版物号（CN）的经济、管理类报刊上发表会计类论文；公开出版会计类书籍；参加注册会计师、资产评估师、税务师等继续教育培训。

4.继续教育管理部门认可的其他形式。

（三）继续教育学分要求

按照《会计人员继续教育规定》的要求，会计专业技术人员参加继续教育实行学分制管理，每年参加继续教育取得的学分不少于90学分。其中，专业科目一般不少于总学分的三分之二。会计专业技术人员参加继续教育取得的学分，在全国范围内当年度有效，不得结转至以后年度。关于非培训类形式继续教育，其学分计量标准如表4–10所示。

表4–10　非培训类形式继续教育学分计量标准

序号	非培训类形式继续教育	折算学分
1	参加全国会计专业技术资格考试等会计相关考试	每通过一科考试或被录取的，折算为90学分
2	参加会计类专业会议	每天折算为10学分
3	参加国家教育行政主管部门承认的中专以上会计类专业学历（学位）教育	通过当年度一门学习课程考试或考核，折算为90学分
4	独立承担继续教育管理部门或行业组织（团体）的会计类研究课题，结项	每项研究课题折算为90学分
5	与他人合作完成课题，每项研究课题结项	主持人折算为90学分，其他参与人每人折算为60学分
6	独立在有国内统一连续出版物号（CN）的经济、管理类报刊上发表会计类论文	每篇论文折算为30学分
7	与他人合作发表	每篇论文第一作者折算为30学分，其他作者每人折算为10学分
8	独立公开出版会计类书籍	每本会计类书籍折算为90学分
9	与他人合作出版会计类书籍	第一作者折算为90学分，其他作者每人折算为60学分
10	参加其他形式的继续教育	学分计量标准由各省级财政部门会同本地区人力资源社会保障部门、中央主管单位制定

（四）继续教育的管理

按照《会计人员继续教育规定》的要求，会计专业技术人员参加继续教育情况实行登记管理。用人单位应当对会计专业技术人员参加继续教育的种类、内容、时间和考试考核结果等情况进行记录。

二、会计专业技术资格

会计专业技术资格分会计员、助理会计师、会计师、高级会计师、正高级会计师；会计员、助理会计师称为初级会计资格；会计师称为中级会计资格；高级会计师、正高级会计师称为高级会计资格。会计专业技术资格实行以考带评、考评结合、资格评定三种方式，通常会计师、助理会计师、会计员等会计专业技术职务实行以考带评；高级会计师实行考评结合；正高级会计师实行资格评定。

（一）会计初级职称及中级职称聘任条件

会计初级职称及中级职称聘任条件如表4-11所示。

表4-11　会计初级职称及中级职称聘任条件

项目	会计员聘任基本条件	助理会计师聘任基本条件	会计师聘任基本条件
制度依据	《会计专业职务试行条例》第七条	《会计专业职务试行条例》第八条	《会计专业职务试行条例》第九条
取得方式	聘任	以考代评	以考代评
具体聘任条件	初步掌握财务会计知识和技能	掌握一般的财务会计基础理论和专业知识	较系统地掌握财务会计基础理论和专业知识
	熟悉并能执行有关会计法规和财务会计制度	熟悉并能正确执行有关的财经方针、政策和财务会计法规、制度	掌握并能正确贯彻执行有关的财经方针、政策和财务会计法规、制度
	能担负一个岗位的财务会计工作	能担负一个方面或某个重要岗位的财务会计工作	具有一定的财务会计工作经验，能担负一个单位或管理一个地区、一个部门、一个系统某个方面的财务会计工作

（续表）

项目	会计员聘任基本条件	助理会计师聘任基本条件	会计师聘任基本条件
具体聘任条件	大学专科或中等专业学校毕业，在财务会计工作岗位上见习一年期满	取得硕士学位，或取得第二学士学位或研究生班结业证书，具备履行助理会计师职责的能力；大学本科毕业，在财务会计工作岗位上见习一年期满；大学专科毕业并担任会计员职务两年以上；或中等专业学校毕业并提任会计员职务四年以上	取得博士学位，并具有履行会计师职责的能力；取得硕士学位并担任助理会计师职务两年左右；取得第二学士学位或研究生班结业证书，并担任助理会计师职务二至三年；大学本科或大学专科毕业并担任助理会计师职务四年以上
			掌握一门外语

（二）高级会计师聘任条件

高级会计师聘任实行考评结合的评价方式，按照《会计专业职务试行条例》规定，高级会计师实行考评结合制，考试科目为高级会计实务。高级会计师聘任条件如表4-12所示。

表4-12　高级会计师聘任条件

序号	基本条件	制度依据	评价方式
1	较系统地掌握经济、财务会计理论和专业知识	《会计专业职务试行条例》第九条	考评结合，达到全国分数线以上两年有效；达到省级分数线一年有效
2	具有较高的政策水平和丰富的财务会计工作经验，能担负一个地区、一个部门或一个系统的财务会计管理工作		
3	取得博士学位，并担任会计师职务二至三年；取得硕士学位、第二学士学位或研究生班结业证书，或大学本科毕业并担任会计师职务五年以上		
4	较熟练地掌握一门外语		

（三）正高级会计师聘任条件

会计系列正高级职称的名称为正高级会计师。正高级会计师实行评审的评价方式。正高级会计师评审通过者，表明其已具备担任正高级会计师的相应专业技术能力和水平，用人单位可根据工作需要及有关规定进行聘任（用）。由于正高级会计师评审正处于试点阶段，各省的评审条件略有差异，本书将不再进行分析。

三、财务人员职业道德建设

财务人员职业道德是财务人员在从事财务事务工作中应当遵守的与其职业活动相一致的基本行为规范。《会计法》第三十九条明确规定了财务人员应当遵守职业道德；《会计基础工作规范》第二节也用具体条文对财务人员的职业道德进行了规范；财政部发布了《会计人员职业道德规范》从以下三个方面进行了明确规范。

1. 坚持诚信，守法奉公。牢固树立诚信理念，以诚立身、以信立业，严于律己、心存敬畏。学法知法守法，公私分明、克己奉公，树立良好职业形象，维护会计行业声誉。

坚持诚信、守法奉公要求财务人员诚信守法，就是要求财务人员熟悉国家法律法规和本单位的规章制度，依法处理财务事项，树立良好的职业形象；要求财务人员廉洁自律，就是要求财务人员树立良好的职业形象，自我约束，不谋私利，保护自身职业安全，维护职业操守。

2. 坚持准则，守责敬业。严格执行准则制度，保证会计信息真实完整。勤勉尽责、爱岗敬业，忠于职守、敢于斗争，自觉抵制会计造假行为，维护国家财经纪律和经济秩序。

坚持准则、守责敬业就是要求财务人员爱岗敬业，认真履行岗位职责；要求财务人员真实反映经济业务，公允地提供会计信息，公平对待利益关系各方。

3. 坚持学习，守正创新。始终秉持专业精神，勤于学习、锐意进取，持续提升会计专业能力。不断适应新形势新要求，与时俱进、开拓创新，努力推动会计事业高质量发展。

坚持学习、守正创新就是要求财务人员树立终身学习，持续改进的工作和学习态度。企业进入互联网时代，新经营模式、新业务以及新制度陆续出台，财务人员需要持续更新知识，树立终身学习的理念，才能保持良好的专业水准。

按照《会计基础工作规范》第二十四条规定，地方财政部门、业务主管部门和各单位应当定期检查会计人员职业道德的遵守情况，并将其作为会计人员晋升、晋级、聘任专业职务、表彰奖励的重要考核依据。会计人员违反职业道德的，所在单位有权进行处理。

第六节　财务人员管理合规的检查要点

检查促进落实，整改促进提高，财务人员合规检查是财务合规管理得以落实的重要抓手，对企业财务人员管理合规进行督促以及跟踪，才能确保制度落地、效果发挥，财务人员合规管理的检查要点如下。

一、财务机构管理的合规检查要点

财务机构管理的合规检查要点如表4–13所示。

表4–13　财务机构管理的合规检查要点

序号	考核标准	基础分值举例	扣分标准举例
1	各单位根据会计业务的需要设置会计机构；建立组织机构图	2	会计机构设置不健全的，扣0.5~1分；无组织机构图的，扣0.1分
2	财务机构应配备财务人员和机构负责人；应设置总会计师的单位必须设置总会计师；总会计师由具有会计师以上专业技术资格的人员担任	1	未配备会计人员的，扣0.2分；应设总会计师而未设的，扣0.2分；总会计师不具备条件的，扣0.1分
3	如果存在基层班组，基层班组通常要配备专（兼）职成本核算员	1	未配备核算员的，扣0.1分

二、财务人员管理的合规检查要点

财务人员管理的合规检查要点如表4–14所示。

表4–14　财务人员管理的合规检查要点

序号	考核标准	基础分值举例	扣分标准举例
1	财务人员要遵纪守法，坚持原则；忠于职守，廉洁奉公，遵守职业道德；办理业务实事求是，客观公正，保证财务信息合法、真实、准确、完整	1	违反国家政策、法令和财政法规的，扣0.2分；在工作中有渎职行为、以权谋私、行贿受贿的，扣0.2分；提供的财务数据不真实、不准确、不完整的，扣0.2分

（续表）

序号	考核标准	基础分值举例	扣分标准举例
2	在岗财务人员应当具备从事财务工作所需要的专业能力；财务机构负责人应具备国家法律规定和企业制度规定的条件	1	每人每缺少一证扣0.1~0.4分；会计机构负责人、财务主管人员不具备条件的，扣0.1~0.4分
3	企业应当建立财务岗位责任制，根据岗位责任制设置财务岗位；建立各岗位的职责和标准；建立各岗位的考核办法和考核记录；财务人员工作岗位应定期有计划地进行轮换	1	岗位设置不全的，扣0.2分；无岗位职责或标准的，扣0.3分；无考核办法的，扣0.2分；有考核办法无考核记录的，扣0.2分；长期不进行轮换的，扣0.1分
4	财务人员任用应当实行回避制度	1	未执行回避制度的，扣0.2分
5	有计划地组织财务人员继续教育学习培训；年累计学时达到规定要求	1	无培训计划的，扣0.2分；有计划但达不到规定学时的，扣0.2分

三、财务工作交接管理的合规检查要点

财务工作交接管理的合规检查要点如表4-15所示。

表4-15 财务工作交接管理的合规检查要点

序号	考核标准	基础分值举例	扣分标准举例
1	企业应当建立财务人员交接制度	1	无交接制度的，扣0.1分
2	财务人员工作调动（包括换岗）或离职，必须按规定办理交接手续；对应该办理的财务业务事项应办理完毕；整理应移交的各种资料，对未了事项写出书面材料；编制移交清册；移交清册应列明移交的账表、凭证、印章、有价证券、发票、文件及其他财务资料和物品	2	未办理移交手续的，扣0.2分；应办理而未办理完毕业务的，扣0.1分；未了事项没有写出书面材料的，扣0.1分；无移交清册的，扣0.1分；移交清册内容不全的，扣0.2分
3	财务人员办理交接手续必须按有关规定进行：一般财务人员交接由财务主管监交；财务主管交接由单位负责人监交，必要时可由上级主管部门会同监交	2	未按规定监交的，扣0.1~0.3分

第五章　财务违规行为的法律责任

第一节　财务人员的法律风险及根源

[案例 5-1：证监会通报 2020 年以来上市公司财务造假案件办理情况（节选）]
2020 年以来，证监会坚决贯彻党中央、国务院关于依法从严打击证券违法活动的决策部署，坚持"建制度、不干预、零容忍"的工作方针，坚持"四个敬畏、一个合力"的监管理念……依法从严从快从重查办上市公司财务造假等违法行为，共办理该类案件 59 起，占办理信息披露类案件的 23%，向公安机关移送相关涉嫌犯罪案件 21 起。

一、财务工作人员的法律风险

从证监会通报的情况可以看出，法律责任与财务工作、财务人员并不遥远，并且企业及其财务人员受到行政处罚、刑事处罚、政务处分、纪律处分的并不是个案。财务违规行为小则影响企业声誉，大则影响企业正常经营，甚至企业可能因为财务违规行为导致经营陷入困境，银广夏财务舞弊案、康美药业财务舞弊案就是典型案例。在《中央企业靠企吃企案件警示录》通报案件中，有 9 名财务人员涉案，岗位涉及总会计师、财务总监、财务科长、普通财务人员，其中一名出纳职务侵占 3086 万元，被判有期徒刑十三年零六个月。企事业单位本身及其财务机构、财务人员，应明确财务违规行为所面临的行政责任、刑事责任、民事责任，国有企业性质企事业单位及其管理者应明确党规领域的纪律责任以及监察领域的监察责任。企业强化财务合规管理也非常有必要，它同时也是保障企业依法依纪经营的重要基础。

二、根源分析

财务人员的法律风险从哪里来，如何防范这些法律风险？财务人员的法律风险源于三个方面，一是财务人员以身试法带来的法律风险，即财务人员自身故意违纪违法甚至犯罪；二是职场压力受牵连的法律风险，即企业或者企业领导违纪违法甚至经济犯罪，财务人员受到波及与牵连；三是无意或无知产生的法律风险，即由财务人员的无意行为或者其不知道法律规定而产生的法律风险。

（一）财务人员以身试法带来的法律风险

毋庸置疑，任何人以身试法、故意犯罪都会带来法律风险并受到法律制裁，财务人员当然也不例外，现实中不乏财务人员主动或者故意违纪违法甚至犯罪的案例。

（二）职场压力受牵连的法律风险

职场的压力、生活的窘迫是很多财务人员在面临法律风险时存在的选择困境。在法律上真正的"被迫"并不会遭受法律制裁，但财务人员面临这种情况，需要证明自己是被迫的，当然证明这种事本身就是一道难题。

（三）无意或无知产生的法律风险

财务人员专业知识不精，专业能力不强，或者专业经验不足，没有识别出法律风险而纯粹蛮干、乱干导致法律风险的并非个案。现在处于经济高速增长向高质量发展转型期，国家法律、部门规章、国家制度和政策发布、修订和修改十分频繁，新科技业务、新商业模式等导致法律风险增加，制度的学习、理解和执行的压力陡增。特别是平台经济大量涌现，相关税务风险、财务风险、资金安全风险、企业财务风险、信息获取与披露风险，以及财务信息保密风险等增加，财务人员容易因为无意或者无知，没有看透风险本质而发生财务违规行为。

第二节　违反行政管理规范的行政法律责任

在"中国裁判文书网"中，以"行政案件、判决书、财务人员"为关键词搜索，发现行政判决书 987 份；以"行政案件、判决书、出纳"为关键词搜索，发现 1105 份；以"行政案件、判决书、财务总监"为关键词搜索，发现 492 份[①]。这些搜索结

---

① 文中所述为 2023 年 6 月 12 日的搜索结果。——编者注

果说明在这些行政诉讼案件中，财务人员或者财务部门与此案有关联；同时也说明财务人员涉及行政诉讼案件的比例并不低。企事业单位作为行政法律关系的行政相对人，其财务行为若违反国家行政法律或者相关法律的行政管理条款，必将承担相应责任。《会计法》《企业财务通则》等财务管理相关法律，也相应规定了企业财务违规行为的法律责任条款以处罚企业、财务机构、财务人员的财务违规行为；《公司法》针对公司制企业及其股东、董事、监事、高级管理人员的财务违规行为规定了相应的法律责任条款，以处罚公司制企业及其财务机构、财务人员的财务违规行为；《证券法》及其配套规范对上市公司及其股东、董事、监事、高级管理人员的财务违规行为规定了相应的法律责任条款，以处罚上市公司及其财务机构、财务人员的财务违规行为。

一、行政处罚的种类

《中华人民共和国行政处罚法》在第九条中，对行政处罚的种类进行了明确规定，在第一款至第五款中设置了五种行政处罚方式，在第六款中设置了兜底性条款，行政处罚的种类如下。

警告、通报批评。

警告即警示和告诫，属于申诫罚的一种。警告是行政处罚措施中最轻的一种。警告可以单独适用，也可以与罚款等处罚类型合并适用，警告往往与责令改正同时适用。

罚款、没收违法所得、没收非法财物。

罚款是行政机关最常用的行政处罚类型。没收违法所得、没收非法财物是指国家行政机关根据行政管理法律、法规，将行为人违法所获得的财物或非法财物强制无偿收归国有的一项行政处罚措施。

暂扣许可证件、降低资质等级、吊销许可证件。

行政许可是国家管理经济社会的重要方式。暂扣或者吊销许可证是剥夺其从事某项生产或经营活动权利的行政处罚，是一种比责令停产停业更为严厉的处罚。暂扣和吊销许可证件是两种行政处罚，前者是暂时性中止行政许可，在效果上接近于责令停产停业，后者是永久性终止行政许可；二者的共同之处在于，当事人的经营范围被限缩。降低资质等级就是限制了当事人的经营范围，对其有重大不利影响。

限制开展生产经营活动、责令停产停业、责令关闭、限制从业。

限制开展生产经营活动，是对营业权的限制，属于重大行政处罚。责令停产停业具有防止和扩大违法行为危害后果的效果，限制从业是对当事人在时间和领域等方面实施经济和社会方面的职业限制。

行政拘留。

行政拘留是公安机关对违反治安管理法律法规的公民，在短期内限制其人身自由的一种处罚措施，也是治安管理处罚措施中最严厉的一种。该处罚属于人身自由罚，对应的民事权利是人身自由权。

法律、行政法规规定的其他行政处罚。

此款是兜底性条款。需要明确的是，我国在行政处罚类型设定上仍然采取严格的统一多层次立法思路，地方立法机关无权创设新型行政处罚种类，即使是地方事权也不行，体现了中央保留的行政处罚种类的立法特点。

还需要注意的是，责令改正实际是责令恢复原状，对于行政相对人并不构成对原有权益的损害，所以并非行政处罚；撤销、注销行政许可也不是行政处罚行为，只是对原有行政许可的修正。

二、《会计法》规定的法律责任

《会计法》在第六章用第四十二条至第四十九条对企业、财务机构以及财务人员的财务违规行为行政处罚标准进行了明确规范，以惩戒企业及其财务人员的违规行为。

（一）违法情节轻微，主观恶性不大的财务违法行为

《会计法》第四十二条规定的财务违法行为，主要针对违法情节轻微，主观恶性不大，对社会危害较轻的财务违法行为，具体规定如表 5-1 所示。当然如果情节较为恶劣，对社会危害较重，也可能构成犯罪。针对不依法设置会计账簿而情节较重

的行为，《会计法》对责任财务人员设置了五年禁业期以惩戒。

表 5-1　违法情节轻微，主观恶性不大的财务违法行为

序号	违法行为表现形式	制度依据	备注
1	不依法设置会计账簿的	《会计法》第四十二条	对单位的行政处罚为由县级以上人民政府财政部门责令限期改正，可以并处三千元以上五万元以下的罚款；对违法单位直接负责的主管人员和其他直接责任人员，可以处二千元以上二万元以下的罚款
2	私设会计账簿的		
3	未按照规定填制、取得原始凭证或者填制、取得的原始凭证不符合规定的		
4	以未经审核的会计凭证为依据登记会计账簿或者登记会计账簿不符合规定的		
5	随意变更会计处理方法的		
6	向不同的会计资料使用者提供的财务会计报告编制依据不一致的		
7	未按照规定使用会计记录文字或者记账本位币的		
8	未按照规定保管会计资料，致使会计资料毁损、灭失的		
9	未按照规定建立并实施单位内部会计监督制度或者拒绝依法实施监督，或者不如实提供有关会计资料及有关情况的		
10	任用会计人员不符合本法规定的		

（二）伪造、变造、编制虚假财务信息的财务违法行为

《会计法》第四十三条规定的财务违法行为，主要针对伪造、变造会计凭证、会计账簿，以及编制虚假财务会计报告等行为。这些行为通常主观恶性较大，对社会危害较严重。如果未构成犯罪标准，对违法单位的行政处罚由县级以上人民政府财政部门予以通报，可以对其并处五千元以上十万元以下的罚款；同时对违法单位直接负责的主管人员和其他直接责任人员，可以处三千元以上五万元以下的罚款；对违法单位的责任财务人员，设置五年财务禁业期以惩戒。

（三）隐匿或者故意销毁财务资料信息的财务违法行为

《会计法》第四十四条规定的财务违法行为，主要针对隐匿或者故意销毁依法应

当保存的会计凭证、会计账簿、财务会计报告等行为。上述行为通常主观恶性较大，对社会危害也较严重，如果未达到构成犯罪标准的，对违法单位的行政处罚由县级以上人民政府财政部门予以通报，可以对其并处五千元以上十万元以下的罚款；同时对违法单位直接负责的主管人员和其他直接责任人员，可以处三千元以上五万元以下的罚款；对违法单位的责任财务人员，设置五年财务禁业期以惩戒。

（四）财务人员受人指使从事财务违法行为

《会计法》第四十五条规定的财务违法行为，主要针对授意、指使、强令财务机构、财务人员及其他人员伪造、变造会计凭证、会计账簿，编制虚假财务会计报告或者隐匿、故意销毁依法应当保存的会计凭证、会计账簿、财务会计报告等行为，上述行为通常主观恶性较大，对社会危害也较严重，如果未达到构成犯罪标准的，对授意、指使、强令行为的违法行为人，可以处五千元以上五万元以下的罚款。

（五）单位负责人对尽责财务人员实施打击报复的财务违法行为

《会计法》第四十六条规定的财务违法行为，主要针对企事业的单位负责人对依法履行职责、坚持原则的财务人员，采取降级、撤职、调离工作岗位、解聘或者开除等方式实行打击报复的违法行为。上述行为通常主观恶性较大，对社会危害也较严重，如果未达到构成犯罪标准的，由其所在单位或者有关单位依法给予行政处分。同时对依法履行职责、坚持原则的财务人员设置保护条款，明确规定了对受打击报复的财务人员，应当恢复其名誉和原有职务、级别。

（六）违反《会计法》同时违反其他相关法律规定的

企业财务运行行为是综合的、全面的行为，通常不只涉及《会计法》的规定，还涉及税收法律、审计法律、金融法律等综合性经济法律，也涉及专门监管法律。例如上市公司还涉及证券监管法律，保险企业还涉及保险监管法律等，因此《会计法》在第四十九条明确规定违反《会计法》的相关规定，同时违反其他法律规定的，由有关部门在各自职权范围内依法进行处罚。

三、《企业财务会计报告条例》规定的法律责任

《企业财务会计报告条例》在其第五章专章规范企业及其财务人员违反《企业财务会计报告条例》的法律责任，通过第三十九条、第四十条、第四十一条、第四十二条、第四十三条等五个条文对企业财务人员违反企业财务报告编制和对外提供等方面的财务违规行为设置行政处罚标准，以惩戒企业及其财务人员的违规行为。

（一）企业财务会计报表的编制及外部监督中发生的违法行为

《企业财务会计报告条例》在其第三十九条针对企业及其财务人员违反财务会计报表的编制以及外部监督等相关规定设置行政处罚标准，以惩戒企业及其财务人员的违法行为。《企业财务会计报告条例》在其第三章规定了财务会计报告的具体编制要求。《会计法》在第三十二条规定了企业依法接受财政部门和其他有关部门监督的义务。并对发现企业在"会计凭证、会计账簿、财务会计报告和其他资料是否真实、完整"方面，规定相关单位和金融机构有支持、协助义务。《会计法》第三十三条规定了财政、审计、税务、中国人民银行、证券监管、保险监管等部门对企事业单位的会计资料实施监督的职责；《会计法》第三十五条规定企业有协助义务。因此，拒绝财政部门和其他有关部门对财务会计报告依法进行的监督检查，或者不如实提供有关情况将构成违法行为，企业应承担相应的法律责任。企业财务会计报表的编制及外部监督中发生的违法行为如表 5-2 所示。

表 5-2　企业财务会计报表的编制及外部监督中发生的违法行为

序号	财务违法行为表现形式	制度依据	备注
1	随意改变会计要素的确认和计量标准的	《企业财务会计报告条例》第三十九条	惩处力度与《会计法》第四十二条的规定相一致
2	随意改变财务会计报告的编制基础、编制依据、编制原则和方法的		
3	提前或者延迟结账的		
4	在编制年度财务会计报告前，未按照本条例规定全面清查资产、核实债务的		
5	拒绝财政部门和其他有关部门对财务会计报告依法进行监督检查的，或者不如实提供有关情况的		

（二）企业编制、对外提供虚假的或者隐瞒重要事实的财务会计报告等违法行为

《企业财务会计报告条例》在其第四十条针对企业编制、对外提供虚假的或者隐瞒重要事实的财务会计报告的违法行为，在尚未达到刑事犯罪的条件下设置了行政处罚标准，以惩戒企业及其财务人员的违法行为。《企业财务会计报告条例》的惩处力度与《会计法》第四十三条的规定相一致。

（三）授意、指使、强令会计机构、会计人员及其他人员编制、对外提供虚假的或者隐瞒重要事实的财务会计报告，或者隐匿、故意销毁依法应当保存的财务会计报告等违法行为

《企业财务会计报告条例》在其第四十一条针对授意、指使、强令会计机构、会计人员及其他人员编制、对外提供虚假的或者隐瞒重要事实的财务会计报告，或者隐匿、故意销毁依法应当保存的财务会计报告等违法行为，在尚未达到刑事犯罪的条件下而设置了行政处罚标准，以惩戒企业及其财务人员的违法行为。《会计法》第五条第二款，《企业财务会计报告条例》第四条、十七条第三款规定"授意、指使、强令会计机构、会计人员及其他人员编制、对外提供虚假的或隐瞒重要事实的财务会计报告"构成违法行为，应当承担相应的法律责任。《会计法》第四十五条的规定体现了其对财务机构、财务人员依法行使职权的保护。《会计法》第二十三条、《会计档案管理办法》规定了财务档案的保管规定，所以"隐匿或者故意销毁应当保存的财务会计报告"属于严重的财务违法行为。

（四）同时违反其他相关法律法规的

《企业财务会计报告条例》在其第四十三条针对企业违反《企业财务会计报告条例》同时违反其他法律、行政法规规定的行为，援用行政处罚标准，即由有关部门在各自的职权范围内依法给予处罚。除《会计法》《企业财务会计报告条例》以外，其他的一些法律、行政法规也对编制、对外提供财务会计报告的要求及违反相关法律、行政法规的法律责任进行了一些行政处罚标准规定，比如《公司法》《证券法》等。按照特殊法优于一般法原则，有关部门应依照相应法律进行行政处罚。

四、《总会计师条例》规定的法律责任

《总会计师条例》在第十八条中设置了针对总会计师财务违法行为的行政处理规定，以惩戒总会计师的财务违法行为；在第十九条设置对总会计师依法履职的保护条款，以确保总会计师依法履职，当然《总会计师条例》未设置具体行政处罚或者行政处分标准，有关部门需要援引针对国家公职人员的有关法律和企业规章制度进行处理。

（一）总会计师的财务违规行为应受行政处罚或者行政处分

《总会计师条例》第十八条规定，总会计师的财务违法行为尚未构成犯罪的，应受行政处理，依照国家有关企业职工或者国家行政机关工作人员奖惩的规定接受处分，该条规定的总会计师财务违规行为主要有五大方面（见表5-3）。

表5-3　总会计师的财务违规行为

序号	违反制度行为	制度依据
1	违反法律、法规、方针、政策和财经制度，造成财会工作严重混乱的	《总会计师条例》第十八条
2	对偷税漏税，截留应当上交国家的收入，滥发奖金、补贴，挥霍浪费国家资财，损害国家利益的行为，不抵制、不制止、不报告，致使国家利益遭受损失的	
3	在其主管的工作范围内发生严重失误，或者由于玩忽职守，致使国家利益遭受损失的	
4	以权谋私，弄虚作假，徇私舞弊，致使国家利益遭受损失，或者造成恶劣影响的	
5	有其他渎职行为和严重错误的	

（二）总会计师依法履职应受国家法律保护

《总会计师条例》在其第十九条针对总会计师依法履职设置了保护条款，以保障总会计师依法履职。第十九条明确规定："单位主要行政领导人阻碍总会计师行使职权的，以及对其打击报复或者变相打击报复的，上级主管单位应当根据情节给予行政处分。情节严重，构成犯罪的，由司法机关依法追究刑事责任。"

五、《企业财务通则》规定的法律责任

《企业财务通则》在其第九章财务监督部分，通过第七十二条、第七十三条、第七十四条、第七十五条、第七十六条等五个条文对企业及其财务人员的财务违规行为设置行政处罚标准，以惩戒企业及其财务人员的违规行为。《企业财务通则》赋予财政部门的行政处罚措施有警告、没收违法所得、罚款等三种。

（一）企业财务处理行为违反《企业财务通则》的

《企业财务通则》第七十二条针对企业成本费用列支、收入确认、利润分配等财务运作行为中违反规范的，制定了明确的行政处罚标准（见表5-4）。

表5-4　企业财务处理行为违反《企业财务通则》的类型

序号	违规行为类型	制度依据	备注
1	违反《企业财务通则》规定列支成本费用的	第三十九条、四十条、四十二条第一款、四十三条、四十六条	
2	违反《企业财务通则》规定截留、隐瞒、侵占企业收入的	第四十七条第一款	
3	违反《企业财务通则》规定进行利润分配的	第五十条、五十一条、五十二条	依照《公司法》设立的企业不按《企业财务通则》第五十条第一款第二项规定提取法定公积金的，应被予以处罚
4	违反《企业财务通则》规定处理国有资源的	第五十七条	
5	不按《企业财务通则》规定清偿职工债务的	第五十八条	

（二）企业不遵守《企业财务通则》规定建立健全财务制度的

《企业财务通则》第七十三条针对企业不按规定建立健全内部财务管理制度，或者内部财务制度与国家法律、部门规章等冲突的行为制定了行政处罚标准。违规企业和对企业负有直接责任的主管人员及其他人员，由县级以上主管财政机关责令限期改正、予以警告。

（三）企业不遵守财务会计报告制度规范的

《企业财务通则》第七十四条主要针对对企业负有直接责任的主管人员，以及不按《企业财务通则》第六十四条、第六十五条规定编制、报送财务会计报告等材料的行为。有关企业编制财务会计报告违法行为的法律责任的规定主要在《公司法》《企业财务会计报告条例》中，本条则明确设置了援用相应法律规定的行政处罚标准，县级以上主管财政机关可以依照《公司法》《企业财务会计报告条例》的规定予以处罚。

（四）违反财政税收制度的

《企业财务通则》在其第七十五条针对企业在财务活动中违反财政、税收等法律、行政法规的行为，援用行政处罚标准，即依照《财政违法行为处罚处分条例》（国务院令第 427 号）及有关税收法律、行政法规的规定予以处理、处罚。企业违反财政制度的具体行为规定在《财政违法行为处罚处分条例》中，需要依照其规定由财政部门进行行政处罚。企业违反税收制度的违法行为规定在《中华人民共和国税收征收管理法》（以下简称《税收征收管理法》）和《中华人民共和国税收征收管理法实施细则》（以下简称《税收征收管理法实施细则》）中，税务机关需要依照规定进行行政处罚。

第三节　违反刑事法律的法律责任

通过"中国裁判文书网"，以"刑事案件、判决书、财务人员"为关键词搜索，发现刑事判决书 21 796 份；以"刑事案件、判决书、总会计师"为关键词搜索，发现 803 份；以"刑事案件、判决书、财务总监"为关键词搜索，发现刑事判决书 6128 份；以"刑事案件、判决书、出纳"为关键词搜索，发现刑事判决书 38 618 份；以"刑事案件、判决书、财务部"为关键词搜索，发现刑事判决书 10 591 份。[①]这些搜索结果说明，在这些刑事案件中，财务人员或者财务部门至少与此案有关

---

① 文中所述为 2023 年 6 月 12 日的搜索结果。——编者注

联；同时也说明财务人员涉及刑事案件的比例并不低。当然《中华人民共和国刑法》不仅仅是企业及其财务人员刑事法律责任的界定标准，也是所有犯罪人员刑事责任的界定标准。本节侧重于研究与财务工作有关的罪名及其刑事法律责任，主要根据2018 年 4 月 16 日施行的《国家监察委员会管辖规定（试行）》的规定，以及 2022年 5 月 15 日施行的《最高人民检察院、公安部关于公安机关管辖的刑事案件立案追诉标准的规定（二）》的追诉标准规定，整理出具有财务工作职业特征的常见案件立案标准。

一、常见财务人员职业特征的犯罪

企业财务管理以资金、资产管理为核心，财务人员经常与资产、资金、税收等业务接触，很容易出现资金挪用、资产侵占、税收犯罪、财务信息犯罪等情况；并且财务运作管理和服务对象，财务人员与承包商、供应商、采购商等服务对象难免频繁接触，很容易出现行贿、受贿等刑事犯罪情况；财务人员与税收机关、财政机关、审计机关、金融机构等国家行政机关或者具有该性质的机构也频繁接触，行贿国家机关工作人员也是财务人员刑事犯罪的重要案件。本书对财务人员职业犯罪的常见案件及刑事标准进行了统计，制作了"财务人员职业犯罪的常见刑事标准明细表"（见表 5-5），供大家查询并时刻提醒自己遵纪守法。

表 5-5 财务人员职业犯罪的常见刑事立案标准明细表

序号	涉嫌罪名	认定刑事犯罪的具体标准	典型案例	侦查机关	备注
1	虚报注册资本罪（刑法第一百五十八条）	申请公司登记使用虚假证明文件或者采取其他欺诈手段虚报注册资本，欺骗公司登记主管部门，取得公司登记，涉嫌下列情形之一的，应予立案追诉：（一）法定注册资本最低限额在六百万元以下，虚报数额占其应缴出资数额百分之六十以上的；（二）法定注册资本最低限额超过六百万元，虚报数额占其应缴出资数额百分之三十以上的；（三）造成投资者或者其他债权人直接经济损失数额在五十万元以上的；（四）虽未达到上述数额标准，但具有下列情形之一的：1. 二年内因虚报注册资本受过二次以上行政处罚，又虚报注册资本的；2. 向公司登记主管人员行贿的；3. 为进行违法活动而注册的；（五）其他后果严重或者有其他严重情节的情形	（2019）川刑终 311 号	公安机关	只适用于依法实行注册资本实缴登记制的公司
2	虚假出资、抽逃出资罪（刑法第一百五十九条）	公司发起人、股东违反公司法的规定未交付货币、实物或者未转移财产权，虚假出资，或者在公司成立后又抽逃其出资，涉嫌下列情形之一的，应予立案追诉：（一）法定注册资本最低限额在六百万元以下，虚假出资、抽逃出资数额占其应缴出资数额百分之六十以上的；（二）法定注册资本数额占其应缴出资数额百分之三十以上的；（三）造成公司、股东、债权人的直接经济损失累计数额在五十万元以上的；（四）虽未达到上述数额标准，但具有下列情形之一的：1. 致使公司资不抵债或者无法正常经营的；2. 公司发起人、股东合谋虚假出资、抽逃出资的；3. 二年内因虚假出资、抽逃出资受过二次以上行政处罚，又虚假出资、抽逃出资的；4. 利用虚假出资、抽逃出资所得资金进行违法活动的；（五）其他后果严重或者有其他严重情节的情形	（2016）川刑初 01 刑初 11 号	公安机关	只适用于依法实行注册资本实缴登记制的公司

（续表）

序号	涉嫌罪名	认定刑事犯罪的具体标准	典型案例	侦查机关	备注
3	违规披露、不披露重要信息罪（刑法第一百六十一条）	依法负有信息披露义务的公司，企业向股东和社会公众提供虚假的或者隐瞒重要事实的财务会计报告，或者对依法应当披露的其他重要信息不按照规定披露，涉嫌下列情形之一的，应予立案追诉：（一）造成股东、债权人或者其他人直接经济损失数额累计在一百万元以上的；（二）虚增或者虚减资产达到当期披露的资产总额百分之三十以上的；（三）虚增或者虚减营业收入达到当期披露的营业收入总额百分之三十以上的；（四）虚增或者虚减利润达到当期披露的利润总额百分之三十以上的；（五）未按照规定披露的重大事项所涉及的数额或者连续十二个月的累计数额达到最近一期披露的净资产百分之五十以上的……（八）多次提供虚假的或者隐瞒重要事实的财务会计报告，或者多次对依法应当披露的其他重要信息不按照规定披露的；（九）在公司财务会计报告中将亏损披露为盈利，或者将盈利披露为亏损的；（十）其他严重损害股东、债权人或者其他人利益，或者有其他严重情节的情形。	（2020）浙0105刑初255号	公安机关	
4	妨害清算罪（刑法第一百六十二条）	公司、企业在进行清算时，隐匿财产，对资产负债表或者财产清单作虚伪记载或者在未清偿债务前分配公司、企业财产，涉嫌下列情形之一的，应予立案追诉：（一）隐匿财产价值在五十万元以上的；（二）对资产负债表或者财产清单作虚伪记载涉及金额在五十万元以上的；（三）在未清偿债务前分配公司、企业财产价值在五十万元以上的；（四）虽未达到上述数额标准，但造成债权人或者其他人直接经济损失数额累计在五十万元以上的；（五）造成职工的工资、社会保险费用和法定补偿金得不到及时清偿，造成恶劣社会影响的；（六）其他严重损害债权人或者其他人利益的情形。	（2013）齐刑二终字第71号	公安机关	

（续表）

序号	涉嫌罪名	认定刑事犯罪的具体标准	典型案例	侦查机关	备注
5	隐匿、故意销毁会计凭证、会计账簿、①财务会计报告罪（刑法第一百六十二条之一）	隐匿或者故意销毁依法应当保存的会计凭证、会计账簿、财务会计报告，涉嫌下列情形之一的，应予立案追诉：（一）隐匿、故意销毁的会计凭证、会计账簿、财务会计报告涉及金额在五十万元以上的；（二）依法应当向监察机关、司法机关、行政机关、有关主管部门等提供而隐匿、故意销毁或者拒不交出会计凭证、会计账簿、财务会计报告的；（三）其他情节严重的情形	（2016）内08刑终79号	公安机关	
6	虚假破产罪（刑法第一百六十二条之二）	公司、企业通过隐匿财产、承担虚构的债务或者以其他方法转移、处分财产，实施虚假破产，涉嫌下列情形之一的，应予立案追诉：（一）隐匿财产价值在五十万元以上的；（二）承担虚构的债务涉及金额在五十万元以上的；（三）以其他方法转移、处分财产价值在五十万元以上的；（四）造成债权人或者其他人直接经济损失数额累计在十万元以上的；（五）虽未依法宣告破产，但应清偿的职工工资、社会保险费用得不到及时清偿，造成恶劣社会影响的；（六）其他严重损害债权人或者其他人利益的情形	（2019）吉0581刑初366号	公安机关	
7	非国家工作人员受贿罪（刑法第一百六十三条）	公司、企业或者其他单位的工作人员利用职务上的便利，索取他人财物或者非法收受他人财物，为他人谋取利益，或者在经济往来中，利用职务上的便利，违反国家规定，收受各种名义的回扣、手续费，归个人所有，数额在三万元以上的，应予立案追诉	（2019）陕0581刑终87号	公安机关	
8	对非国家工作人员行贿罪（刑法第一百六十四条第一款）	为谋取不正当利益，给公司、企业或者其他单位的工作人员以财物，个人行贿数额在三万元以上的，单位行贿数额在二十万元以上的，应予立案追诉	（2012）粤高法刑二终字第104号	公安机关	

① 此处应为"账"，法条原文用了"帐"一字，故表内不作修改，P190同理。——编者注

（续表）

序号	涉嫌罪名	认定刑事犯罪的具体标准	典型案例	侦查机关	备注
9	对外国公职人员、国际公共组织官员行贿罪（刑法第一百六十四条第二款）	为谋取不正当商业利益，给予外国公职人员或者国际公共组织官员以财物，个人行贿数额在三万元以上，单位行贿数额在二十万元以上的，应予立案追诉	（2019）闽0128刑初113号	公安机关	
10	背信损害上市公司利益罪（刑法第一百六十九条之一）	上市公司的董事、监事、高级管理人员违背对公司的忠实义务，利用职务便利，操纵上市公司或者实际控制人、股东或实际控制人，损害上市公司利益，指使上市公司董事、监事、高级管理人员实施损害上市公司利益的行为，涉嫌下列情形之一的，应予立案追诉：（一）无偿向其他单位或者个人提供资金、商品、服务或者其他资产，致使上市公司直接经济损失数额在一百五十万元以上的；（二）以明显不公平的条件，提供或者接受资金、商品、服务或者其他资产，致使上市公司直接经济损失数额在一百五十万元以上的；（三）向明显不具有清偿能力的单位或者个人提供资金、商品、服务或者其他资产，致使上市公司直接经济损失数额在一百五十万元以上的；（四）为明显不具有清偿能力的单位或者个人提供担保，或者无正当理由为其他单位或者个人提供担保，致使上市公司直接经济损失数额在一百五十万元以上的；（五）无正当理由放弃债权、承担债务，致使上市公司直接经济损失数额在一百五十万元以上的；（六）致使上市公司发行的股票或者公司、企业债券、存托凭证或者国务院依法认定的其他证券被终止上市交易的；（七）其他致使上市公司利益遭受重大损失的情形	（2017）皖0208刑初10号	公安机关	财务总监属于高级管理人员
11	伪造、变造金融票证罪（刑法第一百七十七条）	伪造、变造下列情形之一的，应予立案追诉：（一）伪造、变造汇票、本票、支票，或者伪造、变造委托收款凭证、汇款凭证、银行存单等其他银行结算凭证，或者伪造、变造信用证或者附随的单据、文件，总面额在一万元以上或者数量在十张以上的；（二）伪造信用卡一张以上，或者伪造空白信用卡十张以上的	（2019）冀08刑终69号	公安机关	

（续表）

序号	涉嫌罪名	认定刑事犯罪的具体标准	典型案例	侦查机关	备注
12	逃汇罪（刑法第一百九十条）	公司、企业或者其他单位，违反国家规定，擅自将外汇存放境外，或者将境内非法转移到境外，单笔在二百万美元以上或者累计数额在五百万美元以上的，应予立案追诉	（2018）闽01刑终850号	公安机关	
13	洗钱罪（刑法第一百九十一条）	为掩饰、隐瞒毒品犯罪、黑社会性质的组织犯罪、恐怖活动犯罪、走私犯罪、贪污贿赂犯罪、破坏金融管理秩序犯罪、金融诈骗犯罪的所得及其产生的收益的来源和性质，涉嫌下列情形之一的，应予立案追诉：（一）提供资金账户的；（二）将财产转换为现金、金融票据、有价证券的；（三）通过转账或者其他支付结算方式转移资金的；（四）跨境转移资产的；（五）以其他方法掩饰、隐瞒犯罪所得及其收益来源和性质的	（2021）辽02刑终189号	公安机关	
14	逃税罪（刑法第二百零一条）	逃避缴纳税款，涉嫌下列情形之一的，应予立案追诉：（一）纳税人采取欺骗、隐瞒手段进行虚假纳税申报或者不申报，逃避缴纳税款，数额在五万元以上并且占各税种应纳税总额百分之十以上，不缴或者少缴应纳税款，经税务机关依法下达追缴通知后，不补缴应纳税款、不缴纳滞纳金或者不接受行政处罚的；（二）纳税人五年内因逃避缴纳税款受过刑事处罚或者被税务机关给予二次以上行政处罚，又逃避缴纳税款，数额在五万元以上并且占各税种应纳税总额百分之十以上的；（三）扣缴义务人采取欺骗、隐瞒手段，不缴或者少缴已扣、已收税款，数额在五万元以上的。纳税人在公安机关立案后再补缴应纳税款、缴纳滞纳金或者接受行政处罚的，不影响刑事责任的追究	（2021）鄂07刑终152号	公安机关	
15	逃避追缴欠税罪（刑法第二百零三条）	纳税人欠缴应纳税款，采取转移或者隐匿财产的手段，致使税务机关无法追缴欠缴的税款，数额在一万元以上的，应予立案追诉	（2018）京03刑终698号	公安机关	
16	骗取出口退税罪（刑法第二百零四条）	以假报出口或者其他欺骗手段，骗取国家出口退税款，数额在十万元以上的，应予立案追诉	（2019）浙刑终424号	公安机关	

（续表）

序号	涉嫌罪名	认定刑事犯罪的具体标准	典型案例	侦查机关	备注
17	虚开增值税专用发票、用于骗取出口退税、抵扣税款发票罪（刑法第二百零五条）	虚开增值税专用发票或者虚开用于骗取出口退税、抵扣税款的其他发票，虚开的税款数额在五万元以上或者造成国家税款损失数额在五万元以上的，应予立案追诉	（2019）京刑终133号	公安机关	
18	虚开发票罪（刑法第二百零五条之一）	虚开刑法第二百零五条规定以外的其他发票，涉嫌下列情形之一的，应予立案追诉：（一）虚开发票金额累计在五十万元以上的；（二）虚开发票一百份以上且票面金额在三十万元以上的；（三）五年内因虚开发票受过刑事处罚或者二次以上行政处罚，又虚开发票，数额达到本条第一、二项标准百分之六十以上的	（2021）鲁14刑终175号	公安机关	
19	非法出售增值税专用发票罪（刑法第二百零七条）	非法出售增值税专用发票，涉嫌下列情形之一的，应予立案追诉：（一）票面税额累计在十万元以上的；（二）非法出售增值税专用发票十份以上且票面税额在六万元以上的；（三）非法获利数额在一万元以上的	（2020）川01刑终781号	公安机关	
20	非法购买增值税专用发票、购买伪造的增值税专用发票罪（刑法第二百零八条第一款）	非法购买增值税专用发票或者购买伪造的增值税专用发票，涉嫌下列情形之一的，应予立案追诉：（一）非法购买增值税专用发票或者购买伪造的增值税专用发票二十份以上且票面税额在十万元以上的；（二）票面税额累计在二十万元以上的	（2021）湘09刑终401号	公安机关	
21	非法出售用于骗取出口退税、抵扣税款发票罪（刑法第二百零九条第三款）	非法出售可以用于骗取出口退税、抵扣税款的其他发票，涉嫌下列情形之一的，应予立案追诉：（一）非法出售可以用于骗取出口退税、抵扣税款发票十份以上且票面可以退税、抵扣税款的其他发票，抵扣税款数额在六万元以上的；（二）非法出售用于骗取出口退税、抵扣税款发票十份以上且票面可以退税、抵扣税额在一万元以上的；（三）非法获利数额在一万元以上的	（2021）川1526刑初15号	公安机关	

（续表）

序号	涉嫌罪名	认定刑事犯罪的具体标准	典型案例	侦查机关	备注
22	非法出售发票案（刑法第二百零九条第四款）	非法出售增值税专用发票以外的发票，涉嫌下列情形之一的，应予立案追诉：（一）非法出售增值税专用发票以外的可以用于骗取出口退税、抵扣税款的其他发票五十份以上且票面额累计在三十万元以上的；（二）票面额累计在五十万元以上的；（三）非法获利数额在一万元以上的	（2020）川03刑终2号	公安机关	
23	持有伪造的发票案（刑法第二百一十条之一）	明知是伪造的发票而持有，涉嫌下列情形之一的，应予立案追诉：（一）持有伪造的增值税专用发票或者可以用于骗取出口退税、抵扣税款的其他发票累计一百份以上或者票面额累计在二十万元以上的；（二）持有伪造的增值税专用发票或者可以用于骗取出口退税、抵扣税款的其他发票累计五十份以上且票面额累计在十万元以上的；（三）持有伪造的第一款规定以外的其他发票累计一百份以上且票面额累计在五十万元以上的；（四）持有伪造的第一款规定以外的其他发票票面额累计在一百万元以上的	（2019）赣1002刑初389号	公安机关	
24	提供虚假证明文件案（刑法第二百二十九条第一款）	承担资产评估、验资、验证、会计、审计、法律服务、保荐、安全评价，环境影响评价，环境监测等职责的中介组织的人员故意提供虚假证明文件，涉嫌下列情形之一的，应予立案追诉：（一）给国家、公众或者投资者造成直接经济损失数额在一百万元以上的；（二）造成其他数额在十万元以上且占实际数额百分之三十以上的；（三）虚假证明文件数额在五百万元以上且占实际数额百分之三十以上的；（四）虽未达到上述数额标准，但二年内因提供虚假证明文件受过二次以上行政处罚，又提供虚假证明文件的；（五）其他情节严重的情形	（2014）鄂江陵刑初字第00120号	公安机关	
25	出具证明文件重大失实案（刑法第二百二十九条第三款）	承担资产评估、验资、验证、会计、审计、法律服务、保荐、安全评价，环境影响评价，环境监测等职责的中介组织的人员严重不负责任，出具的证明文件有重大失实，涉嫌下列情形之一的，应予立案追诉：（一）给国家、公众或者其他投资者造成直接经济损失数额在一百万元以上的；（二）其他造成严重后果的情形	（2017）沪01刑初80号	公安机关	

（续表）

序号	涉嫌罪名	认定刑事犯罪的具体标准	典型案例	侦查机关	备注
26	职务侵占案（刑法第二百七十一条第一款）	公司、企业或者其他单位的人员，利用职务上的便利，将本单位财物非法占为己有，数额在三万元以上的，应予立案追诉	（2021）辽02刑终590号	公安机关	
27	挪用资金案（刑法第二百七十二条第一款）	公司、企业或者其他单位的工作人员，利用职务上的便利，挪用本单位资金归个人使用或者借贷给他人，涉嫌下列情形之一的，应予立案追诉：（一）挪用本单位资金数额在五万元以上，进行营利活动的；（二）挪用本单位资金数额在三万元以上，超过三个月未还的；（三）挪用本单位资金数额在三万元以上，进行非法活动的。具有下列情形之一的，属于本条规定的"归个人使用"：（一）将本单位资金供本人、亲友或者其他自然人使用的；（二）以个人名义将本单位资金供其他单位使用的；（三）个人决定以单位名义将本单位资金供其他单位使用，谋取个人利益的	（2021）新27刑再1号	公安机关	
28	走私普通货物罪（刑法第一百五十三条）	（一）走私货物、物品偷逃应缴税额较大或者一年内曾因走私被给予二次行政处罚后又走私的，处三年以下有期徒刑或者拘役，并处偷逃应缴税额一倍以上五倍以下罚金。（二）走私货物、物品偷逃应缴税额巨大或者有其他严重情节的，处三年以上十年以下有期徒刑，并处偷逃应缴税额一倍以上五倍以下罚金。（三）走私货物、物品偷逃应缴税额特别巨大或者有其他特别严重情节的，处十年以上有期徒刑或者无期徒刑，并处偷逃应缴税额一倍以上五倍以下罚金或者没收财产。单位犯前款罪的，对单位判处罚金，并对其直接负责的主管人员和其他直接责任人员，情节严重的，处三年以下有期徒刑；情节特别严重的，处三年以上十年以下有期徒刑。对多次走私未经处理的，按照累计走私货物、物品的偷逃应缴税额处罚	（2020）粤刑终332号	公安机关	

二、国有企业财务人员常见刑事犯罪

国有企业管理人员经营管理国有资产，具有准国家工作人员身份，对其行为进行约定的主要法律有刑法第九十三条，以及最高人民法院、最高人民检察院《关于办理国家出资企业中职务犯罪案件具体应用法律若干问题的意见》。

刑法第九十三条明确规定，刑法所称国家工作人员，是指国家机关中从事公务的人员。国有公司、企业、事业单位、人民团体中从事公务的人员和国家机关、国有公司、企业、事业单位委派到非国有公司、企业、事业单位、社会团体从事公务的人员，以及其他依照法律从事公务的人员，以国家工作人员论。"以国家工作人员论"主要包括三个方面：一是在国有公司、企业、事业单位、人民团体中从事公务的人员；二是国家机关、国有公司、企业、事业单位委派到非国有公司、企业、事业单位，社会团体从事公务的人员；三是其他依照法律从事公务的人员，这些人虽不是上述单位的人员，却是依照法律规定从事国家事务工作的人员。

最高人民法院、最高人民检察院《关于办理国家出资企业中职务犯罪案件具体应用法律若干问题的意见》（法发〔2010〕49号） 在其第六款"关于国家出资企业中国家工作人员的认定"中，对国有控股企业、国资参股企业的"以国家工作人员论"进行了明确界定。经国家机关、国有公司、企业、事业单位提名、推荐、任命、批准等，在国有控股、参股公司及其分支机构中从事公务的人员，应当认定为国家工作人员。具体的任命机构和程序，不影响国家工作人员的认定。

所以，具有国有企业工作人员身份的财务人员在刑事处罚的依据方面与非国有企业工作人员的财务人员有所差异，本文对国有公职人员身份财务人员的常见案件及刑事标准进行了统计，制作了"国有公职人员身份财务人员的常见案件及刑事标准明细表"（见表5-6）供大家查询，并时刻提醒自己遵纪守法。

表 5-6 国有公职人员身份财务人员的常见案件及刑事标准明细表

序号	涉嫌罪名	认定刑事犯罪的具体标准	典型案例	侦查机关
1	贪污罪案（刑法第三百八十二条、第三百八十四条、第二百七十一条第二款、第一百八十三条第二款）	贪污罪是指国家工作人员利用职务上的便利，侵吞、窃取、骗取或者以其他手段非法占有公共财物的行为。（一）贪污数额在三万元以上不满二十万元的，属于刑法的"数额较大"，依法判处三年以下有期徒刑或者拘役，并处罚金。（二）贪污数额在一万元以上不满三万元，具有下列情形之一的，属于刑法规定的"其他较重情节"，依法判处三年以下有期徒刑或者拘役，并处罚金：1.贪污救灾、抢险、防汛、优抚、扶贫、移民、救济、防疫、社会捐助等特定款物的；2.曾因贪污、受贿、挪用公款受过党纪、行政处分的；3.曾因故意犯罪受过刑事追究的；4.赃款赃物用于非法活动的；5.拒不交待赃款赃物去向或者不配合追缴工作，致使无法追缴的；6.造成恶劣影响或者其他严重后果的。（三）贪污数额在二十万元以上不满三百万元的，属于刑法规定的"数额巨大"，依法判处三年以上十年以下有期徒刑，并处罚金或者没收财产。（四）贪污数额在十万元以上不满二十万元，具有第（二）中六种情形之一的，属于刑法规定的"其他严重情节"，并处罚金或者没收财产。	（2019）青刑终45号	监察机关
2	挪用公款案（刑法第三百八十四条、第一百八十五条第二款）	国家工作人员利用职务上的便利，挪用公款归个人使用，进行非法活动，或者挪用公款数额较大、进行营利活动的，或者挪用公款数额较大、超过三个月未还的，是挪用公款罪。（一）挪用公款归个人使用，进行非法活动，数额在三万元以上的，应当以挪用公款罪追究刑事责任。（二）挪用公款数额在三百万元以上的，属于刑法规定的"数额巨大"。（三）具有下列情形之一的，属于刑法规定的"情节严重"：1.挪用公款数额在一百万元以上的；2.挪用救灾、抢险、防汛、优抚、扶贫、移民、救济特定款物，数额在五十万元以上不满一百万元的；3.挪用公款五百万元以上不满一千万元，进行营利活动或者超过三个月未还，数额在五百万元以上的。（四）其他严重的情节。（五）数额在五百万元以上的，属于刑法第三百八十四条第一款规定的"数额较大"。（六）数额在三百万元以上的，属于刑法第三百八十四条第一款规定的"数额巨大"：1.挪用公款数额在一百万元以上的，属于刑法规定的"情节严重"；2.挪用救灾、抢险、防汛、优抚、扶贫、移民、救济特定款物，数额在一百万元以上不满二百万元的；3.挪用公款不退还，数额在二百万元以上的情节；4.其他严重的情节。	（2019）青刑终45号	监察机关

（续表）

序号	涉嫌罪名	认定刑事犯罪的具体标准	典型案例	侦查机关
3	受贿罪（刑法第三百八十五条、第三百八十八条、第一百八十四条第二款、第一百六十三条第三款）	受贿罪是指国家工作人员利用职务上的便利，为他人谋取利益，索取他人财物的，或者非法收受他人财物，为他人谋取利益的。1.受贿数额在三万元以上不满二十万元的，属于刑法规定的"数额较大"，依法判处三年以下有期徒刑或者拘役，并处罚金。具有下列情形之一的，属于刑法规定的"其他较重情节"，依法判处三年以下有期徒刑或者拘役，并处罚金：（1）曾因贪污、受贿、挪用公款受过党纪、行政处分的；（2）曾因故意犯罪受过刑事追究的；（3）赃款赃物用于非法活动的；（4）拒不交待赃物去向或者拒不配合追缴工作，致使无法追缴的；（5）造成恶劣影响或者其他严重后果的；（6）多次索贿的；（7）为他人谋取不正当利益，致使国家和人民利益遭受损失的；（8）为他人谋取职务提拔、调整的。3.受贿数额在二十万元以上不满三百万元的，属于刑法规定的"数额巨大"，依法判处三年以上十年以下有期徒刑，并处罚金或者没收财产。4.受贿数额在三百万元以上，具有前述2中八种情形之一的，属于刑法规定的"其他严重情节"，依法判处三年以上十年以下有期徒刑，并处罚金或者没收财产。5.受贿数额特别巨大，依法判处十年以上有期徒刑、无期徒刑或者死刑，并处罚金或者没收财产。6.受贿数额在一百五十万元以上不满三百万元，具有前述2中八种情形之一的，属于刑法规定的"数额特别巨大"，依法判处十年以上有期徒刑、无期徒刑或者死刑，并处罚金或者没收财产。7.受贿数额特别巨大，并使国家和人民利益遭受特别重大损失的，可以判处死刑	（2020）京刑终65号	监察机关
4	单位受贿罪（刑法第三百八十七条）	单位受贿罪是指国家机关、国有公司、企业、事业单位、人民团体，索取、非法收受他人财物，为他人谋取利益，情节严重的行为，或者在经济往来中，在账外暗中收受各种名义的回扣、手续费的行为。涉嫌下列情形之一的，应立案：1.单位受贿数额在十万元以上的；2.单位受贿数额不满十万元，但具有下列情形之一的：（1）故意刁难、要挟有关单位、个人，造成恶劣影响的；（2）强行索取财物的；（3）致使国家或者社会利益遭受重大损失的	（2019）冀11刑终133号	监察机关

（续表）

序号	涉嫌罪名	认定刑事犯罪的具体标准	典型案例	侦查机关
5	行贿罪（刑法第三百八十九条）	1. 为谋取不正当利益，向国家工作人员行贿，数额在三万元以上的，应当以行贿罪追究刑事责任。2. 行贿数额在一万元以上不满三万元，具有下列情形之一的，应当以行贿罪追究刑事责任：（1）向三人以上行贿的；（2）将违法所得用于行贿的；（3）通过行贿谋取职务提拔、调整的；（4）向负有食品、药品、安全生产、环境保护等监督管理职责的国家工作人员行贿，实施非法活动的；（5）向司法工作人员行贿，影响司法公正的；（6）造成经济损失数额在五十万元以上不满一百万元的。3. 犯行贿罪，具有下列情形之一的，属于刑法规定的"情节严重"：（1）行贿数额在一百万元以上不满五百万元的；（2）行贿数额在五十万元以上不满一百万元，并具有本解释第七条第一款第二项至第五项规定的情形之一的；（3）其他严重的情节。4. 为谋取不正当利益，向国家工作人员行贿，属于刑法规定的"使国家利益遭受重大损失"。5. 犯行贿罪，具有下列情形之一的，属于刑法规定的"情节特别严重"：（1）行贿数额在五百万元以上的；（2）行贿数额在二百五十万元以上不满五百万元，并具有本解释第七条第二款第一项至第五项规定的情形之一的；（3）其他特别严重的情节。6. 为谋取不正当利益，向国家工作人员行贿，造成经济损失数额在五百万元以上的，属于刑法规定的"使国家利益遭受特别重大损失"	（2017）辽刑抗50号	监察机关
6	对单位行贿罪（刑法第三百九十一条）	对单位行贿罪是指为谋取不正当利益，给予国家机关、国有公司、企业、事业单位、人民团体以财物，或者在经济往来中，违反国家规定，给予上述单位各种名义的回扣、手续费的行为。涉嫌下列情形之一的，应予立案：1. 个人行贿数额在十万元以上、单位行贿数额在二十万元以上的；2. 个人行贿数额不满十万元、单位行贿数额不满二十万元，但具有下列情形之一的：（1）为谋取非法利益而行贿的；（2）向三个以上单位行贿的；（3）向党政机关、司法机关、行政执法机关行贿的；（4）致使国家或者社会利益遭受重大损失的	（2018）湘10刑终236号	监察机关

（续表）

序号	涉嫌罪名	认定刑事犯罪的具体标准	典型案例	侦查机关
7	单位行贿罪（刑法第三百九十三条）	单位行贿罪是指公司、企业、事业单位、机关、团体为谋取不正当利益而行贿，或者违反国家规定，给予国家工作人员以回扣、手续费的行为。涉嫌下列情形之一的，应予以立案：1.单位行贿数额在二十万元以上不满二十万，但具有下列情形之一的：（1）为谋取非法利益而行贿的；（2）向党政领导、司法工作人员、行政执法人员行贿的；（3）向党政领导、司法工作人员、行政执法人员行贿的；（4）致使国家或者社会利益遭受重大损失的	（2018）湘10刑终236号	监察机关
8	介绍贿赂罪（刑法第三百九十二条）	介绍贿赂罪是指在行贿人与受贿人之间沟通关系、撮合条件，使贿赂行为得以实现的行为。涉嫌下列情形之一的，应予立案：1.介绍个人向国家工作人员行贿，数额在二十万元以上的；2.介绍单位向国家工作人员行贿，数额在二十万元以上的；但具有下列情形之一的：（1）为使行贿人获取非法利益而介绍贿赂的；（2）三次以上或者为三人以上介绍贿赂的；（3）向党政领导、司法工作人员、行政执法人员介绍贿赂的；（4）致使国家或者社会利益遭受重大损失的	（2019）桂09刑终236号	监察机关
9	巨额财产来源不明罪（刑法第三百九十五条第一款）	巨额财产来源不明罪是指国家工作人员的财产或者支出明显超过合法收入，差额巨大，而本人又不能说明其来源是合法的行为。涉嫌巨额财产来源不明，数额在三十万元以上的，应予立案	（2019）豫06刑终78号	监察机关
10	隐瞒境外存款罪（刑法第三百九十五条第二款）	隐瞒境外存款罪是指国家工作人员违反国家规定，故意隐瞒不报在境外的存款，折合人民币数额在三十万元以上的，应予立案	（2018）沪01刑初2号	监察机关
11	私分国有资产罪（刑法第三百九十六条第一款）	私分国有资产罪是指国家机关、国有公司、企业、事业单位、人民团体，违反国家规定，以单位名义将国有资产集体私分给个人，数额较大的行为。涉嫌私分国有资产，累计数额在十万元以上的，应予立案	（2017）陕刑终148号	监察机关

（续表）

序号	涉嫌罪名	认定刑事犯罪的具体标准	典型案例	侦查机关
12	国有公司、企业、事业单位人员滥用职权罪（刑法第一百六十八条）	国有公司、企业、事业单位人员滥用职权罪，是指国有公司、企业、事业单位的工作人员，由于滥用职权，以致国有公司、企业破产或者严重亏损，致使国家利益遭受重大损失。国有公司、企业、事业单位的工作人员由于滥用职权，致使国家利益遭受重大损失的行为，应予追诉，涉嫌下列情形之一的，应予立案：1.造成国家直接经济损失数额在三十万元以上的；2.造成有关单位破产、停业、停产六个月以上，或者被吊销许可证和营业执照，责令关闭、撤销、解散的；3.其他致使国家利益遭受重大损失的情形	（2019）鄂刑终197号	监察机关
13	挪用特定款物罪（刑法第二百七十三条）	立案标准与挪用公款罪、挪用资金罪立案标准相同。挪用用于救灾、抢险、防汛、优抚、扶贫、移民、救济款物归个人使用的，从重处罚	（2018）冀06刑终241号	监察机关
14	国有公司、企业、事业单位人员失职罪（刑法第一百六十八条）	国有公司、企业、事业单位人员失职罪，是指国有公司、企业、事业单位的工作人员，由于严重不负责任，造成国有公司、企业破产或者严重亏损，致使国家利益遭受重大损失的行为。国有公司、企业、事业单位的工作人员由于严重不负责任，致使国家利益遭受重大损失，涉嫌下列情形之一的，应予立案追诉：1.造成国家直接经济损失数额在五十万元以上的；2.造成有关单位破产、停业、停产一年以上，或者被吊销许可证和营业执照，责令关闭、撤销、解散的；3.其他致使国家利益遭受重大损失的情形	（2018）鲁09刑终145号	监察机关
15	签订、履行合同失职被骗罪（刑法第一百六十七条）	签订、履行合同失职被骗罪，是指国有公司、企业、事业单位直接负责的主管人员，在签订、履行合同过程中，因严重不负责任被诈骗，致使国家利益遭受重大损失的行为。国有公司、企业、事业单位直接负责的主管人员，在签订、履行合同过程中，因严重不负责任被诈骗，涉嫌下列情形之一的，应予立案追诉：1.造成国家直接经济损失数额在五十万元以上的；2.造成有关单位破产、停业、停产六个月以上，或者被吊销许可证和营业执照，责令关闭、撤销、解散的；3.其他致使国家利益遭受重大损失的情形。金融机构，从事对外贸易经营活动的公司、企业对外汇被骗购或者逃汇一千万美元以上的，应予立案追诉。本条规定的"诈骗"，是指对方当事人的行为已经涉嫌诈骗犯罪作为立案追诉的前提。当事人已经被人民法院判决构成诈骗犯罪的行为为已经涉嫌诈骗立案追诉的提	（2016）川刑再3号	监察机关

（续表）

序号	涉嫌罪名	认定刑事犯罪的具体标准	典型案例	侦查机关
16	徇私舞弊低价折股、出售国有资产罪（刑法第一百六十九条）	徇私舞弊低价折股，出售国有资产行为。国有公司、企业或者其上级主管部门直接负责的主管人员，徇私舞弊，将国有资产折股或者低价出售，致使国家利益遭受重大损失的行为。国有公司、企业或者其上级主管部门直接负责的主管人员，徇私舞弊，将国有资产低价折股或者低价出售，涉嫌下列情形之一的，应予立案追诉：1. 造成国家直接经济损失数额在三十万元以上的；2. 造成有关单位破产、停业、停产六个月以上，或者破产、停业、解散的；3. 其他致使国家利益遭受重大损失的情形	（2019）粤0303刑初1487号	监察机关
17	挪用资金案（刑法第二百七十二条第一款）	公司、企业或者其他单位的工作人员，利用职务上的便利，挪用本单位资金归个人使用或者借贷给他人，涉嫌下列情形之一的，应予立案追诉：（一）挪用本单位资金数额在五万元以上，进行营利活动的；（二）挪用本单位资金数额在三万元以上，进行非法活动的。具有下列情形之一的，属于本条规定的"归个人使用"：（一）将本单位资金供本人、亲友或者其他自然人使用的；（二）以个人名义将本单位资金供其他单位使用的；（三）个人决定以单位名义将本单位资金供其他单位使用，谋取个人利益的	（2020）粤刑终631号	监察机关
18	为亲友非法牟利罪（刑法第一百六十六条）	为亲友非法牟利罪，是指国有公司、企业、事业单位的工作人员，利用职务的便利，将本单位的盈利业务交由自己的亲友进行经营，或者以明显高于市场的价格向自己的亲友经营管理的单位采购商品，或者以明显低于市场的价格向自己的亲友经营管理的单位销售商品，或者向自己的亲友经营管理的单位采购不合格商品，使国家利益遭受重大损失的行为。国有公司、企业、事业单位的工作人员，利用职务便利，为亲友非法牟利，涉嫌下列情形之一的，应予追诉：1. 造成国家直接经济损失数额在十万元以上的；2. 使其亲友非法获利数额在二十万元以上的；3. 致使国家直接经济损失破产、停产，停业六个月以上或者被吊销许可证和营业执照，责令关闭、撤销、解散的；4. 其他致使国家利益遭受重大损失的情形	（2020）黑06刑终244号	监察机关

第四节　违反民商事法律的民事赔偿责任

一、财务人员的赔偿责任

2021 年 11 月 12 日，康美药业因财务舞弊，依法应对投资者损失承担连带民事赔偿责任，有关部门责令康美药业股份有限公司因年报等虚假陈述侵权，赔偿证券投资者损失 24.59 亿元；原董事长、总经理及 5 名直接责任人员、年报主审 × × 会计师事务所及直接责任人员承担全部连带赔偿责任；13 名相关责任人员按过错程度承担部分连带赔偿责任。承担赔偿责任的财务人员名列其上，包括主管会计工作的副总经理、财务总监、协助董事会秘书和财务负责人分管财务工作人员以及财务部总监助理。

《证券法》第二百二十条、最高人民法院《关于审理证券市场虚假陈述侵权民事赔偿案件的若干规定》均规定了责任人员的赔偿责任，上述规定主要针对上市公司中的财务人员，《民法典—侵权责任编》在第一千一百九十一条第一款针对用人单位的追偿责任有着明确规定。

二、用人单位的责任和追偿权

《民法典—侵权责任编》在第一千一百九十一条第一款规定："用人单位的工作人员因执行工作任务造成他人损害的，由用人单位承担侵权责任。用人单位承担侵权责任后，可以向有故意或者重大过失的工作人员追偿。"该条规定了用人单位有追偿权，工作人员在履职过程中如果存在重大过失，用人单位可以行使追偿权。这样有助于强化工作人员的责任意识，促使单位工作人员在工作时认真负责，也符合劳动者对用人单位忠诚和勤勉的要求。可以说，用人单位追偿权的明确，符合责任自负原则要求，能让员工更谨慎地从事工作，从而更好地保护他人的合法权益。一般认为，专业人员违背自己专业范围内的常识，可被认定为重大过失，所以财务人员如果因为违背专业常识，导致企业发生重大损失的，可以被认定为重大过失，企业可以依此行使民事追偿权。

第五节　国有企业财务人员的纪律责任

[**案例 5-2：国务院关于 2021 年度中央预算执行和其他财政收支审计查出问题整改情况的报告（节选）**]关于企业国有资产审计查出的问题。已整改 1557.46 亿元，完善制度 351 项，处理处分 4220 人。一是对会计信息失真问题，有关部门健全国有资产管理基础工作制度体系。34 户央企已调整账表 1023.29 亿元，其中：收入 380.07 亿元、成本费用 410.37 亿元、利润 143.17 亿元，同时完善制度 152 项，追责问责 3756 人。2 户部属企业中，有 1 户已调整账表 3362.47 万元，1 户补缴税款及滞纳金 4369.17 万元……

《中华人民共和国企业国有资产法》第五条规定确定了国有企业的范围，其财务人员具有国有企业管理人员身份，其履行职务行为属于公务性质的行为，所以在国有企业范围界定准确后，其财务人员被纳入《中华人民共和国监察法》（以下简称《监察法》）的监察对象，这也为国有企业财务人员若有财务违规、违反党纪政纪行为，将被予以党纪政纪处分提供了制度依据。

一、国有企业监察对象范围的认定

《监察法》在其第三章第十五条规定了六类监察对象，其第（三）项监察对象目标是"国有企业管理人员"。《〈中华人民共和国监察法〉释义》中对"国有企业管理人员"进行了列举，指出："根据有关规定和实践需要，作为监察对象的国有企业管理人员，主要是国有独资企业、国有控股企业（含国有独资金融企业和国有控股金融企业）及其分支机构的领导班子成员，包括董事会的企业中由国有股权代表出任的董事长、副董事长、董事，总经理、副总经理，党委书记、副书记、纪委书记，工会主席等；未设立董事会的企业的总经理（总裁）、副总经理（副总裁），党委书记、副书记、纪委书记，工会主席等。此外，对国有资产负有经营管理责任的国有企业中层和基层管理人员，包括部门经理、部门副经理、总监、副总监、车间负责人等；在管理、监督国有财产等重要岗位上工作的人员，包括会计、出纳人员等；国有企业所属事业单位领导人员，国有资本参股企业和金融机构中对国有资产负有经营管理责任人员，也应当理解为国有企业管理人员的范畴，涉嫌职务违法和职务犯罪的，监察机关可以依法调查。"

《国家监察委员会管辖规定（试行）》第二章第四条第（三）项规定："国有企业管理人员，包括国有独资、控股、参股企业及其分支机构等国家出资企业中，由党组织或者国家机关、国有公司、企业、事业单位提名、推荐、任命、批准等，从事领导、组织、管理、监督等活动的人员。"

根据《监察法》的立法目的，以及《监察法》《国家监察委员会管辖规定（试行）》对监察对象的范围规定可以得出，我国对所有公职人员进行监督，国家监察已实现全面覆盖。国有企业的财务人员，包括国有独资企业分管财务工作的领导班子成员，国有控股、国有参股企业的财务总监，以及上述企业的财务部门负责人、一般财务人员，都应履行保障国有资产、资金等安全运行的责任，履行确保国有企业依法合规运行的合规责任，有保障国有企业保值增值的经济责任。其具有公职权力的性质决定了其应受监察法律的制约。

二、《中国共产党纪律处分条例》规定的责任

《中国共产党纪律处分条例》主要针对违反党纪的党组织和党员；涉及财务管理合规的党纪责任主要在《中国共产党纪律处分条例——分则》第八章"违反廉洁纪律行为的处分"和第十章"违反工作纪律行为的处分"中。由于财务人员经常与资金、资产等物进行接触，他们需要保持足够的定力才能控制住一些欲望；并且财务人员的工作性质决定了其经常与采购商、承包商等合作单位进行接触，难免被围猎。《中国共产党纪律处分条例》对一些常见的违纪行为进行了规范，也对处分标准进行了明确。

（一）纪律处分的形态、种类及影响期

《中国共产党纪律处分条例》第五条规定了运用监督执纪的"四种形态"；第八条规定了中共党员的纪律处分种类；第九条规定了对于违犯党的纪律的党组织的处理。限于篇幅，本书对具体适用不再详述。对于党员违犯党纪的行为，应当给予警告或者严重警告处分，但是具有《中国共产党纪律处分条例》第十七条规定从轻或者减轻等情形之一或者条例分则中另有规定的，可以给予批评教育、责令检查、诚

勉或者组织处理、免予党纪等处分（见表5–7）。

表 5–7 纪律处分的形态、种类及影响期

序号	监督执纪"四种形态"	纪律处分种类	纪律处分影响期	其他规范事项
制度依据	《中国共产党纪律处分条例》第五条	《中国共产党纪律处分条例》第八条、第九条	《中国共产党纪律处分条例》第十条及第十四条	《中国共产党纪律处分条例》第十条及第十四条
具体规定	经常开展批评和自我批评、约谈函询，让"红红脸、出出汗"成为常态	警告（党员）	一年	不得在党内提升职务和向党外组织推荐担任高于其原任职务的党外职务
	党纪轻处分、组织调整成为违纪处理的大多数	严重警告（党员）	一年半	
	党纪重处分、重大职务调整的成为少数	撤销党内职务（党员）	一年	不得在党内担任和向党外组织推荐担任与其原任职务相当或者高于其原任职务的职务
	严重违纪涉嫌违法立案审查的成为极少数	留党察看（党员）	恢复党员权利后二年内	
	—	开除党籍（党员）	五年内不得重新入党	不得推荐担任与其原任职务相当或者高于其原任职务的党外职务
	—	上级党组织应当责令其作出检查或者进行通报批评（党组织）	—	
	—	改组（党组织）	—	党组织领导机构成员原则自然免职
	—	解散（党组织）	—	党组织中的党员逐个审查

（二）违反廉洁纪律的行为及对其的处分规定

《中国共产党纪律处分条例》在第八十五条至第一百一十一条对党员干部违反廉洁纪律的行为进行了明确界定，对相应纪律处分也明确了标准。具有党员干部身份的财务人员自然属于该条例规定的对象，当然其部分行为也与日常财务运行有关（见表5–8）。

表 5-8　违反廉洁纪律的行为及对其的处分规定

序号	规制违纪行为	制度依据	备注
1	规制党员干部滥用职权以权谋私行为	第八十五条	
2	规制党员干部利用影响力谋取利益等行为	第八十六条、第八十七条	
3	规制违规收受礼品、礼金、消费卡和有价证券、股权、其他金融产品等财物的行为	第八十八条	
4	规制违规赠送明显超出正常礼尚往来的礼品、礼金、消费卡和有价证券、股权、其他金融产品等财物的行为	第八十九条	根据不同的行为、不同的情节制定了详细的处分标准
5	规制职务消费违规等行为	第九十条、第九十二条、第九十三条、第一百零五条	
6	违规从事营利活动或者兼职活动的行为以及帮助违规从事营利活动或者违规取酬等行为	第九十四条、第九十六条、第九十七条	
7	规制违规侵占公私财物等行为	第一百零一条、第一百零二条	
8	违规报销礼品、消费卡券等行为；第一百零四条规制违规发放薪酬及津贴补贴等行为	第一百零三条	
9	规制涉及违规参加培训、公务接待等中央八项规定等行为	第一百零五条至第一百一十条	

（三）违反工作纪律的行为及对其的处分规定

《中国共产党纪律处分条例》在第一百二十一条至第一百三十三条对党员干部违反工作纪律的行为进行了明确界定，对相应纪律处分进行了标准明确。并根据不同的行为、不同的情节制定了详细的处分标准（见表 5-9）。

表 5-9　违反工作纪律的行为及对其的处分规定

序号	违纪行为	制度规范	备注
1	财务工作中不负责任或者疏于管理，贯彻执行、检查督促落实上级决策部署不力，给党、国家和人民利益以及公共财产造成较大损失的	《中国共产党纪律处分条例》第一百二十一条至第一百三十三条	
2	财务工作中存在形式主义、官僚主义行为的		

（续表）

序号	违纪行为	制度规范	备注
3	在上级检查、视察财务工作或者向上级汇报、报告工作时对应当报告的事项不报告或者不如实报告，造成严重损害或者严重不良影响的；在上级检查、视察工作或者向上级汇报、报告工作时纵容、唆使、暗示、强迫下级说假话、报假情的，从重或者加重处分	《中国共产党纪律处分条例》第一百二十一条至第一百三十三条	
4	干预和插手国有企业重组改制、兼并、破产、产权交易、清产核资、资产评估、资产转让、重大项目投资以及其他重大经营活动等事项的；干预和插手资金借贷等事项的；干预和插手经济纠纷的；干预和插手集体资金、资产和资源的使用、分配、承包、租赁等事项的		
5	党员领导干部违反有关规定干预和插手司法活动、执纪执法活动，向有关地方或者部门打听案情、打招呼、说情，或者以其他方式对司法活动、执纪执法活动施加影响的		该规定与财务工作有关

三、《国有企业领导人员廉洁从业若干规定》规定的责任

《国有企业领导人员廉洁从业若干规定》的规制对象为国有独资企业、国有控股企业及其分支机构的领导班子成员，所以企业总会计师，具有董事身份的财务总监，以及分管财务工作的班子副职等财务班子成员均属于规制对象。《国有企业领导人员廉洁从业若干规定》规制的廉洁行为主要有以下几个类型。

（一）禁止滥用职权、损害国有资产权益

《国有企业领导人员廉洁从业若干规定》的第四条针对国有企业领导人员滥用职权、损害国有资产权益的行为进行了列举，大部分行为都与国有企业财务管理运作有关，它明确要求国有企业领导人员应当切实维护国家和出资人的利益。

（二）禁止以权谋私和损害企业

《国有企业领导人员廉洁从业若干规定》第五条针对国有企业领导人员利用职权谋取私利以及损害本企业利益的行为进行列举，大部分行为都与国有企业领导人员履职尽责相关，并明确要求国有企业领导人员应当忠实履行职责，国有企业财务领导干部同样受到约束。

（三）禁止侵害公共利益、企业利益

《国有企业领导人员廉洁从业若干规定》第六条针对国有企业领导人员可能发生的侵害公共利益、企业利益行为进行列举，并明确要求国有企业领导人员应当正确行使经营管理权，正确行使经营管理权也是财务党员领导干部的重要职责。

《国有企业领导人员廉洁从业若干规定》第七条针对国有企业领导人员职务消费行为进行了规范、列举，以督促国有企业领导人员勤俭节约，当然职务消费规范涉及财务报销相关管理的合规。

（四）禁止违反工作作风建设

《国有企业领导人员廉洁从业若干规定》第八条针对国有企业领导人员违法作风建设进行了规范列举，以督促国有企业领导人员加强作风建设，完善自身修养，增强社会责任意识，树立良好的公众形象。

四、《公职人员政务处分法》规定的责任

政务处分直接涉及公职人员的职务、职级、级别、薪酬待遇等重要事项，对公职人员具有重要影响。《公职人员政务处分法》在其第二条明确规定公职人员是指《监察法》第十五条规定的人员，因此国有企业管理人员相应具有公职人员身份，所以国有企业财务管理人员还受《中华人民共和国公职人员政务处分法》（以下简称《公职人员政务处分法》）规制，财务管理不合规还可能受到政务处分。并且《会计法》《总会计师条例》以及《企业财务会计报告》也在相应责任条文中明确规定了国家工作人员的政务责任。

（一）政务处分的种类及影响期

《公职人员政务处分法》第七条规定了政务处分的种类；第八条规定了处分影响期；第十条规定了集体决定或决议的政务处分规定，即有关机关、单位、组织集体作出的决定违法或者实施违法行为的，有关部门应对负有责任的领导人员和直接责任人员中的公职人员依法给予政务处分。政务处分的种类及影响期见表 5–10。

表 5-10　政务处分的种类及影响期

项目	政务处分种类	处分影响期	备注
法律依据	《公职人员政务处分法》第七条	《公职人员政务处分法》第八条	国有企业管理人员在政务处分期内,不得晋升职务、岗位等级和职称;其中,被记过、记大过、降级、撤职的,不得晋升薪酬待遇等级。被撤职的,降低职务或者岗位等级,同时降低薪酬待遇
具体规定	警告	六个月	
	记过	十二个月	
	记大过	十八个月	
	降级	二十四个月	
	撤职	二十四个月	
	开除		

(二)《会计法》的政务处分规定

《会计法》在第六章"法律责任"中针对财务管理常见违法行为规定了行政处罚标准,还针对具有国家工作人员身份的财务管理人员规定了政务处分标准。《会计法》第四十二条、第四十三条、第四十四条、第四十五条等条文均针对国家工作人员身份财务人员设置了行政处分要求或者具体行政处分标准,为国家监察机关和企业监察部门依据《会计法》进行政务处分提供了制度支撑。

(三)《企业财务会计报告条例》的政务处分规定

《企业财务会计报告条例》在其第五章规范了企业及其财务人员违反《企业财务会计报告条例》的法律责任,并针对具有国家工作人员身份的财务人员规定了政务处分标准。比如第三十九条、第四十条、第四十一条,上述条文均针对国家工作人员身份财务人员设置了行政处分要求或者具体行政处分标准,为国家监察机关和企业监察部门依据《企业财务会计报告条例》进行政务处分提供了制度支撑。

(四)《总会计师条例》的政务处分规定

《总会计师条例》在其第十八条明确规定,若总会计师履职不当,有关部门应当依据情节轻重,依照国家有关企业职工或者国家行政机关工作人员奖惩的规定给予处分,也就是依据《公职人员政务处分法》以及企业职工奖惩相关规定,给予其政务处分(见表5-11)。

表 5-11 《总会计师条例》的政务处分规定

序号	违规行为	法律依据
1	违反法律、法规、方针、政策和财经制度，造成财会工作严重混乱的	《总会计师条例》第十八条
2	偷税漏税的，截留应当上交国家的收入；滥发奖金、补贴，挥霍浪费国家资财，损害国家利益的行为，不抵制、不制止、不报告，致使国家利益遭受损失的	
3	在主管的工作范围内发生严重失误，或者由于玩忽职守，致使国家利益遭受损失的	
4	以权谋私，弄虚作假，徇私舞弊，致使国家利益遭受损失，或者造成恶劣影响的	
5	有其他渎职行为和严重错误的	

下篇

税务合规篇

第六章 企业设立过程中的税务合规

第一节 注册地选择的税务合规

一、在实际经营地注册的合规选择

企业在初创阶段绝大多数都会在当地进行实质经营，会选择在实际经营所在地注册成立公司。由于初创期间最核心的问题是生存，是一个从 0 到 1 的过程，企业家不会在税务上有太多的考虑和统筹。同时，初创企业绝大多数为小微企业和小规模纳税人，而国家对小微企业和小规模纳税人在税收上给予了更多的优惠政策，只要合理运用这些政策，初创企业的税负其实并不重。

（一）初创企业增值税优惠政策的选择

在增值税方面，初创企业（小规模纳税人）的税收优惠政策主要体现在以下方面。

1. 免征或减征：2023 年 1 月 9 日，财政部、税务总局发布了《关于明确增值税小规模纳税人减免增值税等政策的公告》（以下简称"1 号公告"）。1 号公告明确规定，自 2023 年 1 月 1 日至 2023 年 12 月 31 日，对月销售额 10 万元以下（含本数）的增值税小规模纳税人，免征增值税；增值税小规模纳税人适用 3% 征收率的应税销售收入，减按 1% 征收率征收增值税；适用 3% 预征率的预缴增值税项目，减按 1% 预征率预缴增值税。《财政部 税务总局关于增值税小规模纳税人减免增值税政策的公告》（财政部 税务总局公告 2023 年第 19 号）将该优惠政策延长至至 2027 年 12 月 31 日。

2. 允许加计抵减：1 号公告明确，2023 年允许生产性服务业纳税人按照当期可抵扣进项税额加计 5% 抵减应纳税额；允许生活性服务业纳税人按照当期可抵扣进项税额加计 10% 抵减应纳税额。

（二）初创企业所得税优惠政策的选择

在企业所得税方面，初创企业（小型微利企业）的税收优惠政策主要体现在以下方面。

1. 年应纳税所得额不超过 100 万元的部分：减按 25% 计入应纳税所得额，按 20% 的税率缴纳企业所得税，执行期限为 2023 年 1 月 1 日至 2027 年 12 月 31 日（《财政部 税务总局关于进一步支持小微企业和个体工商户发展有关税费政策的公告》（财政部 税务总局公告 2023 年第 12 号））。值得注意的是，2021 年 1 月 1 日至 2022 年 12 月 31 日期间，小型微利企业年应纳税所得额不超过 100 万元的部分，是在减按 25% 计入应纳税所得额、按 20% 的税率计征的基础上减半征收企业所得税的（《财政部 税务总局关于实施小微企业普惠性税收减免政策的通知》《财政部 税务总局关于实施小微企业和个体工商户所得税优惠政策的公告》）。

2. 年应纳税所得额超过 100 万元但不超过 300 万元的部分，减按 25% 计入应纳税所得额，按 20% 的税率缴纳企业所得税（《财政部 税务总局关于进一步实施小微企业所得税优惠政策的公告》）。执行期限为 2022 年 1 月 1 日至 2024 年 12 月 31 日。但在 2023 年 8 月 2 日颁布的《财政部 税务总局关于进一步支持小微企业和个体工商户发展有关税费政策的公告》（财政部 税务总局公告 2023 年第 12 号）从 2023 年 1 月 1 日起统一调整为对小型微利企业减按 25% 计算应纳税所得额，按 20% 的税率缴纳企业所得税，不再区分年应纳税所得额是否在 100 万元以上或以下。该政策延续执行至 2027 年 12 月 31 日。

（三）初创企业需要注意的事项

初创企业要注意以下两个标准。

1. 增值税小规模纳税人的标准：年应征增值税销售额在 500 万元以下。

2. 国家税务总局对小型微利企业的认定标准：从事国家非限制和禁止行业，且同时符合年度应纳税所得额不超过 300 万元、从业人数不超过 300 人、资产总额不超过 5000 万元这 3 个条件的企业。这里要特别注意在对中小企业认定标准方面，国家税务总局与市场监管部门、政府的统计口径存在区别。工信部、国家统计局、发展改革委和财政部 2011 年 6 月发布的《关于印发中小企业划型标准规定的通知》

（工信部联企业〔2011〕300 号，以下简称工信部 300 号文）根据企业从业人员、营业收入、资产总额等指标，将 16 个行业的中小企业划分为中型、小型、微型三种类型，我们通常理解的小微企业是指其中的小型企业和微型企业。例如对工业领域，工信部 300 号文明确，从业人员在 20 人及以上，且营业收入在 300 万元及以上的为小型企业；从业人员在 20 人以下或营业收入在 300 万元以下的为微型企业。在零售业，则认定从业人员在 10 人及以上，且营业收入在 100 万元及以上的为小型企业；从业人员在 10 人以下或营业收入在 100 万元以下的为微型企业。把握这种区别非常重要，如果企业要享受小微企业所得税优惠政策，必须要参照税法对小型微利企业认定的标准，否则即使符合工信部、统计局的认定标准，如果不符合税法上的认定标准，其也无法享受小微企业所得税优惠政策。

二、区域性税收优惠地的合规选择

（一）区域性税收优惠政策运用的误解和风险

为鼓励和促进西部大开发，以及促进经国务院批准设立的现代服务合作区、困难地区等地方的经济发展，国家出台了一系列税收优惠政策。对设立在西部地区以《西部地区鼓励类产业目录》中规定的产业项目为主营业务的企业，可以减按 15% 税率缴纳企业所得税，符合《中华人民共和国企业所得税法》（以下简称《企业所得税法》）和国务院规定的其他各项税收优惠条件的，可以同时享受优惠政策。《财政部 税务总局关于新疆困难地区及喀什、霍尔果斯两个特殊经济开发区新办企业所得税优惠政策的通知》（财税〔2021〕27 号）规定，2021 年 1 月 1 日至 2030 年 12 月 31 日，国家对在新疆喀什、霍尔果斯两个特殊经济开发区内新办的属于《新疆困难地区重点鼓励发展产业企业所得税优惠目录》范围内的企业，自取得第一笔生产经营收入所属纳税年度起，5 年内免征企业所得税。

众多的境内区域性税收优惠政策，致使很多企业产生了误解，认为只要在这些有国家税收特别优惠政策的地方设立公司，即使实际运营地在其他地方，企业也可以享受区域性税收优惠。因此，大量企业涌入霍尔果斯、海南等地，在当地注册成立空壳公司，其中还包括一些知名企业的子公司或知名流量电商主播，想通过在这些地方享受区域性税收优惠政策来降低税负。从 2018 年开始，在霍尔果斯、喀什等众多有区域性税收优惠政策的地方注册成立公司已成为各地税务机关关注的重点。中共中央办公厅、国务院办公厅 2021 年 3 月印发的《关于进一步优化税收征管改革的意见》，明确提到对利用"税收洼地"的逃避税行为，将加大依法防控和监督检查力度。

总之，若想依法享受境内区域性税收优惠政策，企业必须在这些地区进行实际经营，企业的成本费用与收入要直接相关与匹配。企业如果只是想利用区域性税收优惠政策进行税收套利，获取税务利益，面临的将是补缴高额税款及滞纳金的风险，甚至面临行政处罚。

【案例 6-1】

深圳市税务局稽查局在深税稽处〔2020〕242 号文书中认为，深圳 A 广告有限公司（以下称"深圳 A 公司"）在新疆霍尔果斯经济开发区设立全资控股公司霍尔果斯市 B 广告有限公司（以下简称"霍尔果斯 B 公司"），深圳 A 公司与霍尔果斯 B 公司的业务相同，都是经营广告相关业务，霍尔果斯 B 公司于 2015 至 2017 年申报营业收入合计 796 402 729.76 元，由于霍尔果斯 B 公司可以享受区域性税收优惠政策，因而最终申报缴纳企业所得税为零元，而深圳 A 公司 2015 至 2017 年申报的营业收入合计仅为 38 710 886.29 元，缴纳企业所得税合计 48 695.77 元。但是霍尔果斯 B 公司仅仅注册登记两名财务人员，并未在霍尔果斯经济开发区进行实质运营。因此，深圳市税务局稽查局认为深圳 A 公司以享受税收优惠为目的，将收入及利润转移至霍尔果斯 B 公司。因此，核定将霍尔果斯 B 公司 2015 年至 2017 年的收入合计 661 540 755.15 元调整至深圳 A 公司，追缴企业所得税合计 5247.02 万元，并加收滞纳金。

（二）境内现有区域性税收优惠地

西部地区

（1）国家政策及适用条件

《财政部 税务总局 国家发展改革委关于延续西部大开发企业所得税政策的公告》（财政部 税务总局 国家发展改革委公告 2020 年第 23 号）第一条规定："自 2021 年

1月1日至2030年12月31日，对设在西部地区的鼓励类产业企业减按15%的税率征收企业所得税。本条所称鼓励类产业企业是指以《西部地区鼓励类产业目录》中规定的产业项目为主营业务，且其主营业务收入占企业收入总额60%以上的企业。"

（2）地域范围

能够享受区域性税收优惠政策的西部地区具体包括内蒙古自治区、广西壮族自治区、重庆市、四川省、贵州省、云南省、西藏自治区、陕西省、甘肃省、青海省、宁夏回族自治区、新疆维吾尔自治区和新疆生产建设兵团。湖南省湘西土家族苗族自治州、湖北省恩施土家族苗族自治州、吉林省延边朝鲜族自治州和江西省赣州市，可以比照西部地区的企业所得税政策执行。

新疆困难地区及喀什、霍尔果斯经济开发区

（1）国家政策及适用范围

《财政部 税务总局关于新疆困难地区及喀什、霍尔果斯两个特殊经济开发区新办企业所得税优惠政策的通知》（财税〔2021〕27号）规定，2021年1月1日至2030年12月31日，对在新疆困难地区新办的属于《新疆困难地区重点鼓励发展产业企业所得税优惠目录》（以下简称《目录》）范围内的企业，自取得第一笔生产经营收入所属纳税年度起，第一年至第二年免征企业所得税，第三年至第五年减半征收企业所得税。享受上述企业所得税定期减免税政策的企业，在减半期内，按照企业所得税25%的法定税率计算的应纳税额减半征税。新疆困难地区包括南疆三地州、其他脱贫县（原国家扶贫开发重点县）和边境县市。

2021年1月1日至2030年12月31日，对在新疆喀什、霍尔果斯两个特殊经济开发区内新办的属于《目录》范围内的企业，自取得第一笔生产经营收入所属纳税年度起，五年内免征企业所得税。属于《目录》范围内的企业是指以《目录》中规定的产业项目为主营业务，其主营业务收入占企业收入总额60%以上的企业。第一笔生产经营收入，是指产业项目已建成并投入运营后所取得的第一笔收入。

（2）实质性运营条件的要求

《财政部 税务总局 发展改革委 工业和信息化部关于印发新疆困难地区重点鼓励发展产业企业所得税优惠目录的通知》（财税〔2021〕42号）规定，享受新疆困难地区及喀什、霍尔果斯两个特殊经济开发区企业所得税优惠政策的企业，需注册在新疆困难地区和喀什、霍尔果斯两个特殊经济开发区并有实质性运营。所谓实质性运营，是指企业的实际管理机构设在当地，并对企业生产经营、人员、账务、财产等实施实质性全面管理和控制。

海南自由贸易港

（1）国家政策及适用范围

《财政部　税务总局关于海南自由贸易港企业所得税优惠政策的通知》（财税〔2020〕31号）规定，2020年1月1日起至2024年12月31日，海南自由贸易港有三种税收优惠政策。

①15%税率。对注册在海南自由贸易港并实质性运营的鼓励类产业企业，减按15%的税率征收企业所得税。对总机构设在海南自由贸易港的符合条件的企业，仅就其设在海南自由贸易港的总机构和分支机构的所得，适用15%税率；对总机构设在海南自由贸易港以外的企业，仅就其设在海南自由贸易港内的符合条件的分支机构的所得，适用15%税率。

②境外直接投资免税。对在海南自由贸易港设立的旅游业、现代服务业、高新技术产业企业新增境外直接投资取得的所得，免征企业所得税。

③加速折旧。对在海南自由贸易港设立的企业，新购置（含自建、自行开发）固定资产或无形资产，单位价值不超过500万元（含）的，允许一次性计入当期成本费用，在计算应纳税所得额时扣除，不再分年度计算折旧和摊销；新购置（含自建、自行开发）固定资产或无形资产，单位价值超过500万元的，可以缩短折旧、摊销年限或采取加速折旧、摊销的方法。

（2）海南自贸港实质性运营条件的判定标准

根据《海南自由贸易港建设总体方案》和财税〔2020〕31号文的规定，注册在海南自贸港并实质性运营的鼓励类产业企业，可减按15%征收企业所得税。其中，"实质性运营"的判定标准是企业的生产经营、人员、账务、资产等都在海南自贸港。国家税务总局海南省税务局、海南省财政厅、海南省市场监督管理局联合发布2022年第5号公告（以下简称"5号公告"）对海南自贸港鼓励类产业企业"实质性运营"的判断标准做出了进一步的细化与完善。

除了在海南自贸港拥有固定生产经营场所和必要的生产经营设备设施等条件，5 号公告最重要的一点就是关于"人员"有着硬性标准，企业必须有满足生产经营需要的从业人员在海南自贸港实际工作，从业人员的工资薪金通过本企业在海南自贸港开立的银行账户发放；最关键的是，5 号公告明确规定了根据企业规模、从业人员的情况，一个纳税年度内至少需有 3 名（含）至 30 名（含）从业人员在海南自贸港均居住累计满 183 天（见表 6-1）。其中，"居住天数"指一个纳税年度内在海南自贸港累计停留的天数，在海南自贸港停留的当天不足 24 小时的，按照一天计算。

表 6-1　企业从业人数及需满足 183 天居住条件的最低人员数量

从业人数	需满足 183 天居住条件的最低人员数量
不满 10 人	3 人
10 人或以上，且不满 100 人	总人数的 30%
100 人或以上	30 人

（3）实质性运营的否定性标准

5 号公告新增了负面规定条款，即注册于海南自贸港的企业存在下列情形之一的，则视为不符合实质性运营标准。

① 不具有生产经营职能，仅承担对内地业务的财务结算、申报纳税、开具发票等功能的。

② 注册地址与实际经营地址不一致，且无法联系或者联系后无法提供实际经营地址的。

中关村国家自主创新示范区

（1）特定区域技术转让所得税政策及适用范围

《财政部 税务总局 科技部 知识产权局关于中关村国家自主创新示范区特定区域技术转让企业所得税试点政策的通知》（财税〔2020〕61 号）规定，在中关村国家自主创新示范区特定区域内注册的居民企业，符合条件的技术转让所得，在一个纳税年度内不超过 2000 万元的部分，免征企业所得税；超过 2000 万元部分，减半征收企业所得税。特定区域包括：朝阳园、海淀园、丰台园、顺义园、大兴——亦庄园、昌平园。

（2）公司型创业投资企业所得税政策及适用范围

《财政部 税务总局 发展改革委 证监会关于中关村国家自主创新示范区公司型创业投资企业有关企业所得税试点政策的通知》（财税〔2020〕63号）作出了以下规定。

① 对示范区内公司型创业投资企业，转让持有3年以上股权的所得占年度股权转让所得总额的比例超过50%的，按照年末个人股东持股比例减半征收当年企业所得税。当年企业所得税免征额计算公式：企业所得税免征额＝年末个人股东持股比例 × 本年度企业所得税应纳税额 ÷2。

② 转让持有5年以上股权的所得占年度股权转让所得总额的比例超过50%的，按照年末个人股东持股比例免征当年企业所得税。当年企业所得税免征额计算公式：企业所得税免征额＝年末个人股东持股比例 × 本年度企业所得税应纳税额。

要注意的是，公司型创业投资企业，应同时符合以下条件：①为在示范区内注册成立，实行查账征收的居民企业。②符合《创业投资企业管理暂行办法》或者《私募投资基金监督管理暂行办法》要求，并按照规定完成备案且规范运作。

【案例6-2】

A公司是中关村国家自主创新示范区的公司型创投企业，2022年末个人股东持股比例为80%，A公司当年应纳企业所得税额为2000万元，2022年共转让所投企业股权3笔，股权转让所得为1200万元。其中转让3年以下股权所得为200万元，转让3年以上5年以下股权所得为600万元，转让5年以上股权所得为400万元。

转让持有3年以上股权的所得占年度股权转让所得总额的比例＝（600+400）/1200×100%=83.3%。

转让持有5年以上股权的所得占年度股权转让所得总额的比例=400/1200×100%= 33.3%。

企业所得税免征额=80%×1200×50%=480万元。

则2022年A公司应纳企业所得税额=1200-480=720万元。

上海浦东新区特定区域

（1）国家政策

《财政部 税务总局 发展改革委 证监会关于上海市浦东新区特定区域公司型创业投资企业有关企业所得税试点政策的通知》（财税〔2021〕53 号）作出以下规定。

① 对上海市浦东新区特定区域内公司型创业投资企业，转让持有 3 年以上股权的所得占年度股权转让所得总额的比例超过 50% 的，按照年末个人股东持股比例减半征收当年企业所得税。当年企业所得税免征额计算公式：企业所得税免征额 = 年末个人股东持股比例 × 本年度企业所得税应纳税额 ÷2。

② 转让持有 5 年以上股权的所得占年度股权转让所得总额的比例超过 50% 的，按照年末个人股东持股比例免征当年企业所得税。当年企业所得税免征额计算公式：企业所得税免征额 = 年末个人股东持股比例 × 本年度企业所得税应纳税额。

（2）适用条件和范围

享受税收优惠的公司型创业投资企业，应同时符合以下条件。

① 为在上海市浦东新区特定区域内注册成立，实行查账征收的居民企业。

② 符合《创业投资企业管理暂行办法》或者《私募投资基金监督管理暂行办法》要求，并按照规定完成备案且规范运作。

上海市浦东新区特定区域是指中国（上海）自由贸易试验区、中国（上海）自由贸易试验区临港新片区浦东部分和张江科学城。其中：中国（上海）自由贸易试验区，按照《国务院关于印发进一步深化中国（上海）自由贸易试验区改革开放方案的通知》（国发〔2015〕21 号）规定的地理范围执行；中国（上海）自由贸易试验区临港新片区浦东部分，按照《国务院关于印发中国（上海）自由贸易试验区临港新片区总体方案的通知》（国发〔2019〕15 号）规定的地理范围中位于浦东的部分执行；张江科学城，按照《上海市人民政府关于印发〈上海市张江科学城发展"十四五"规划〉的通知》（沪府发〔2021〕11 号）规定的地理范围执行。

中国（上海）自贸试验区临港新片区

（1）国家政策及适用范围

根据《国务院关于印发中国（上海）自由贸易试验区临港新片区总体方案的通知》

（国发〔2019〕15 号）和《财政部 税务总局关于中国（上海）自贸试验区临港新片区重点产业企业所得税政策的通知》（财税〔2020〕38 号）规定，自 2020 年 1 月 1日起，新片区内从事集成电路、人工智能、生物医药、民用航空等关键领域核心环节相关产品（技术）业务，并开展实质性生产或研发活动的符合条件的法人企业，自设立之日起 5 年内减按 15% 的税率征收企业所得税。

实质性生产或研发活动是指，企业拥有固定生产经营场所、固定工作人员，具备与生产或研发活动相匹配的软硬件支撑条件，并在此基础上开展相关业务。

但是，上述税收优惠政策在企业投资主体和企业研发生产条件方面要求较为严格，一般企业很难达到条件。

（2）企业投资主体条件

① 企业投资主体在国际细分市场影响力排名前列，技术实力居于业内前列。

② 企业投资主体在国内细分市场居于领先地位，技术实力在业内领先。

（3）企业研发生产条件

① 企业拥有领军人才及核心团队骨干，在国内外相关领域长期从事科研生产工作。

② 企业拥有核心关键技术，对其主要产品具备建立自主知识产权体系的能力。

③ 企业具备推进产业链核心供应商多元化、牵引国内产业升级的能力。

④ 企业具备高端供给能力，核心技术指标达到国际前列或国内领先。

⑤ 企业研发成果（技术或产品）已被国际国内一线终端设备制造商采用或已经开展紧密实质性合作（包括资本、科研、项目等领域）。

⑥ 企业获得国家或省级政府科技或产业化专项资金、政府性投资基金或取得知名投融资机构投资。

横琴粤澳深度合作区

《财政部 税务总局关于横琴粤澳深度合作区企业所得税优惠政策的通知》（财税〔2022〕19 号）规定，横琴粤澳深度合作区相关企业可以享受税率优惠、对外直接投资免税、加速折旧等税收优惠政策。

（1）15% 税率的优惠政策

有关部门对设在横琴粤澳深度合作区符合条件的产业企业，减按 15% 的税率征收企业所得税。享受税率优惠政策的企业需要符合以下条件。

① 以《横琴粤澳深度合作区企业所得税优惠目录（2021 版）》中规定的产业项目为主营业务，且其主营业务收入占收入总额 60% 以上。

② 进行实质性运营，实质性运营是指企业的实际管理机构设在横琴粤澳深度合作区，并对企业生产经营、人员、账务、财产等实施实质性全面管理和控制。对不符合实质性运营的企业，不得享受优惠。

③ 对总机构设在横琴粤澳深度合作区的企业，仅就其设在合作区内符合本条规定条件的总机构和分支机构的所得适用 15% 税率；对总机构设在合作区以外的企业，仅就其设在合作区内符合本条规定条件的分支机构所得适用 15% 税率。

（2）境外直接投资所得免税的政策

对在横琴粤澳深度合作区设立的旅游业、现代服务业、高新技术产业企业新增境外直接投资取得的所得，免征企业所得税。境外直接投资所得应当符合以下条件。

① 从境外新设分支机构取得的营业利润；或从持股比例超过 20%（含）的境外子公司分回的，与新增境外直接投资相对应的股息所得。

② 被投资国（地区）的企业所得税法定税率不低于 5%。

（3）加速折旧的政策

对在横琴粤澳深度合作区设立的企业，新购置（含自建、自行开发）固定资产或无形资产，单位价值不超过 500 万元（含）的，允许一次性计入当期成本费用在计算应纳税所得额时扣除，不再分年度计算折旧和摊销；新购置（含自建、自行开发）固定资产或无形资产，单位价值超过 500 万元的，可以缩短折旧、摊销年限或采取加速折旧、摊销的方法。

（4）实质性运营条件的判定标准

2023 年 2 月 14 日，横琴粤澳深度合作区税务局、财政局等五部门联合发布《关于横琴粤澳深度合作区符合条件的产业企业实质性运营有关问题的公告》明确规定："对于仅在合作区注册登记，其生产经营、人员、账务、财产等任一项不在合作区的居民企业，不属于在合作区实质性运营，不得享受合作区企业所得税优惠政策。"其中关于从业人员的要求，明确规定，一个纳税年度内至少需有 3 名（含）至 30 名（含）从业人员当年度在合作区缴纳 6 个月（含）以上基本养老保险等社会保险。

（5）海南自贸港和横琴粤澳深度合作区实质性运营条件的对比

海南自贸港和横琴粤澳深度合作区实质性运营条件的对比，如表 6–2 所示。

表 6–2　海南自贸港和横琴粤澳深度合作区实质性运营条件的对比

实质性运营条件	海南自贸港	横琴粤澳深度合作区
生产经营	在自贸港有固定生产经营场所和必要的生产经营设备设施等，且主要生产经营场所在自贸港或者对生产经营实施实质性全面管理和控制的机构在自贸港，以本企业名义对外签订相关合同	企业在合作区拥有固定生产经营场所和必要的生产经营设备设施等，主要生产经营地点在合作区，或对生产经营实施实质性全面管理和控制的机构在合作区，以本企业名义对外订立相关合同
人员	在自贸港工作，且与居民企业签订一年以上劳动合同 工资薪金通过本企业在自贸港开立的银行账户发放 根据企业规模，一个纳税年度内至少需有 3 名（含）至 30 名（含）从业人员在自贸港均居住累计满 183 天（10 人以下规模 3 人；10~100 人，总人数的 30%；100 人以上，最少 30 人）	企业有满足生产经营需要的从业人员在合作区实际工作，从业人员的工资薪金通过本企业在合作区开立的银行账户发放；根据企业规模、从业人员的情况，一个纳税年度内至少需有 3 名（含）至 30 名（含）从业人员当年度在合作区缴纳 6 个月（含）以上基本养老保险等社会保险
账务	会计凭证、会计账簿、财务报告等会计档案资料存放在自贸港 基本存款账户和进行主营业务结算的银行账户开立在自贸港	企业会计凭证、会计账簿和财务报表等会计档案资料存放在合作区，基本存款账户和进行主营业务结算的银行账户开立在合作区
财产	拥有资产所有权或使用权并实际使用的资产在自贸港，且与企业生产经营相匹配	企业拥有享有所有权或使用权的财产，该财产在合作区实际使用或对财产实施实质性全面管理和控制的机构在合作区，且该财产须与企业的生产经营相匹配

深圳前海深港现代化服务业合作区

《财政部 税务总局关于延续深圳前海深港现代服务业合作区企业所得税优惠政策的通知》（财税〔2021〕30 号）规定，2021 年 1 月 1 日起至 2025 年 12 月 31 日，对设在前海深港现代服务业合作区的符合条件的企业按 15% 的税率征收企业所得税。享受上述优惠政策的企业，是指以《前海深港现代服务业合作区企业所得税优惠目录（2021 版）》中规定的产业项目为主营业务，且其主营业务收入占收入总额 60% 以上的企业。

对总机构设立在前海深港现代服务业合作区的企业，仅就其合作区内符合本通知规定条件的总机构和分支机构的所得适用 15% 税率；对总机构设在合作区以外的企业，仅就其设立在合作区内符合规定的分支机构所得适用 15% 税率。

平潭综合实验区

《财政部 税务总局关于延续福建平潭综合实验区企业所得税优惠政策的通知》（财税〔2021〕29 号）规定，对设在平潭综合实验区的符合条件的企业减按 15% 的税率征收企业所得税。享受优惠政策的企业，是指以《平潭综合实验区企业所得税优惠目录（2021 版）》中规定的产业项目为主营业务，且其主营业务收入占收入总额 60% 以上的企业。

对总机构设在平潭综合实验区的企业，仅就其设在实验区内符合本通知第一条规定条件的总机构和分支机构的所得适用 15% 税率；对总机构设在实验区以外的企业，仅就其设在实验区内符合规定条件的分支机构所得适用 15% 税率。

三、在各类园区注册的合规选择

在实务中，不少地方政府为了招商引资，常常会给入驻（或注册）到某些园区的企业一系列税收返还（补助）的优惠政策。这些税收返还（补助）优惠政策中，最为普遍的就是通过签订投资协议或入园协议把企业交的一部分税以税收返还（补助）形式返还给企业。如有的地方政府在与企业签订的协议中明确约定了"税收考核及奖励扶持"，按照企业缴纳增值税、所得税、城建税等地方留存部分的一定比例予以扶持，地方政府在收到企业提供的完税证明后兑现给企业。

但这种地方政府的税收返还政策存在较大的不确定性和风险。2022 年，国务院办公厅发布《国务院办公厅关于进一步推进省以下财政体制改革工作的指导意见》，明确提出，"除国家另有规定外，逐步取消对各类区域的财政收入全留或增量返还政策"。地方政府在招商引资过程中的税收返还政策，是属于该文件明文禁止的。

此外，《税收征收管理法》第三条第二款规定，任何机关、单位和个人不得违反法律、行政法规的规定，擅自作出税收开征、停征以及减税、免税、退税、补税和其他同税收法律、行政法规相抵触的决定。地方政府在招商引资中有关税收优惠的奖励约定实质为税收先征后返，违反法律的禁止性规定，超出了地方政府自身法定权限范围，属于无效的行政允诺。一旦地方政府不按协议履行税收返还，企业即使诉诸法律，也未必得到法院支持。在司法实践中，也已有相应案例产生。

【案例 6-3】

2020 年，最高院公布了任某某与襄阳市人民政府之间的行政允诺一案［（2020）最高法行申 9021 号］，在该案中，襄阳市人民政府曾以会议纪要的形式承诺对在当地减持限售股并缴纳税款的个人投资者，按其实际缴纳个税的 39.5% 给予奖励。任某某在当地进行了减持限售股行为，并履行了个税缴纳义务。任某某就此向当地政府申报了奖励资金，得到了市政府的批准，并已支付了 4 932 037.10 元（尚欠 12 210 651.66 元）。针对欠款部分，任某某向法院提起行政诉讼，并再审至最高人民法院。法院最终认定如下内容。

（1）任某某基于襄阳市政府的允诺在当地减持所持有的上市公司限售股并实际获得部分兑付奖励，与襄阳市政府之间形成行政允诺法律关系；

（2）襄阳市政府允诺的奖励属于与缴纳税收挂钩的财政支出优惠政策，事实上是对应纳税款的"先征后返"；

（3）上述"先征后返"行为事实上变相减少了纳税人的应纳税款，减轻了纳税人的纳税义务，违背了财税〔2009〕167 号文（《财政部 国家税务总局 证监会关于个人转让上市公司限售股所得征收个人所得税有关问题的通知》）规定的税率及征税目的。襄阳市政府作出的行政允诺违反了《税收征收管理法》第三条第二款关于"任何机关、单位和个人不得违反法律、行政法规的规定，擅自作出税收开征、停征以及减税、免税、退税、补税和其他同税收法律、行政法规相抵触的决定"的规定，超出自身法定权限范围。

总之，企业不要把地方政府在招商引资中各种与缴纳税收挂钩的优惠政策作为投资和注册成立公司的重要因素，应当从自身实际出发，结合当地资源作出投资决策。

第二节　企业注册类型的合规选择

一、选择个人独资企业的税务考量

（一）关于按经营所得缴纳个税的一般规定

个人独资企业不缴纳企业所得税，而是由个人投资者按照经营所得缴纳5%~35% 的个人所得税。相比较而言，有限责任公司则需要先交企业所得税，税后利润分配至个人股东再交个人所得税。因此，选择个人独资企业具有一定的节税功能。

（二）关于按劳务报酬缴纳个税的特例与风险

目前，对于一些带货主播或从事影视等行业的艺人设立个人独资企业，很多地方是按照个人劳务报酬缴纳个人所得税，而不是按照个人独资企业的经营所得缴纳个人所得税。从《中华人民共和国个人所得税法》（以下简称《个人所得税法》）的规定来看，劳务报酬属于综合所得，合并工资薪金且扣除各类法定项目金额后，应按 3%~45% 的税率缴纳个人所得税；而经营所得可扣除经营的相关成本和费用，再适用 5%~35% 的税率缴纳个人所得税。因此在实际操作中，经营所得缴纳的个人所得税往往低于劳务报酬所得缴纳的个人所得税。这并不意味着带货主播或从事影视等行业的艺人设立个人独资企业就必须按照"个人劳务报酬"缴纳个人所得税。如果带货主播或从事影视等行业的艺人设立的个人独资企业有固定的实际经营场所、雇用了员工从事与直播、影视相关的工作，有明确的业务合同，资金走向和发生的成本费用具有真实性，税务机关可以根据"实质重于形式"的课税原则进行判定，按经营所得计征个人所得税。

（三）从核定征收向查账征收的政策转变

根据《税收征管法》和相关规定，对于一些规模较小、账簿没来得及建立或者核算不健全的个人独资企业，可以适用核定征收。而核定征收率往往偏低，远远低于查账征收的个人独资企业。同一笔收入，核定征收和查账征收对个人独资企业的利润影响极大。《财政部 税务总局关于权益性投资经营所得个人所得税征收管理的公告》明确规定，从 2022 年 1 月 1 日开始，对持有股权、股票、合伙企业财产份额等权益性投资的个人独资企业进行查账征收。2021 年 9 月 18 日，国家税务总局办公厅发布《加强文娱领域从业人员税收管理》，提出进一步加强对文娱领域从业人员的日常税收管理，对明星艺人、网络主播成立的个人工作室和企业，要辅导其依法依规建账建制，并对其采用查账征收方式。

二、选择合伙企业的税务考量

（一）合伙企业按经营所得计征个税

合伙企业由于灵活性强、可操作性强，被持股平台广泛运用，众多持股平台以有限合伙的形式设立。一些观点认为，对于有限合伙企业转让股权，应该按"股息、利息红利所得"，即 20% 的税率扣缴自然人合伙人的个人所得税。但在实务中，《关于个人独资企业和合伙企业投资者征收个人所得税的法规》（财税〔2000〕91 号）和《国家税务总局关于切实加强高收入者个人所得税征管的通知》（国税发〔2011〕50 号）规定，合伙企业取得股权转让或股票减持收入，属于生产经营所得。因此，合伙企业取得的股权转让收入，应被按照"经营所得"征收个人所得税，适用 5%~35% 的税率。

（二）创投企业合伙人的特殊政策

如果合伙企业被认定为创投企业，可以参考《财政部 国家发展和改革委员会 国家税务总局 中国证券监督管理委员会关于创业投资企业个人合伙人所得税政策问题的通知》（财税〔2019〕8 号）和《财政部 税务总局关于创业投资企业和天使投资个人有关税收政策的通知》（财税〔2018〕55 号）两个文件的规定。个人合伙人可以按照被转让项目对应投资额的 70% 抵扣其可以从创投企业应分得的经营所得后再计算其应纳税额。

【案例 6-4】

自然人 A 和自然人 B 成立了有限合伙创投企业甲，双方各出资 50%，同时约定按五五比例分成。2021 年 1 月，甲投资 1000 万元到某科技公司乙。2023 年 1 月，甲将持有的乙公司的股权转让，自然人 A 从合伙企业甲分得股权转让收益 500 万元。自然人 A 对应的能抵扣的金额 = 1000 万元 × 50%（合伙人出资比例）× 70% = 350 万元，自然人 A 在此次股权转让交易中能抵扣 350 万元，余下的 150 万元（500 万元 - 350 万元）按经营所得规定计算缴纳个人所得税。

第三节　股权架构设计中的税务合规考量

中国境内居民企业的股权架构通常有四种模式，即自然人持股、有限公司持股、合伙企业持股以及上述三种持股模式的混搭。从税法的角度出发，不同的持股模式有不同的税务风险。

一、自然人持股架构的税务合规考量

自然人持股是企业股权架构中常见的模式之一，在企业初创期，常有由股东夫妻双方、朋友伙伴各自持股现象。此种架构模式的优点是能够迅速聚集创业资金，但在税务方面，存在税负较高等缺点，而且其在自然人分红、股权转让等方面也是税务稽查的重点。

（一）自然人资金占用的税务合规

自然人股东借款

在企业经营期间，自然人股东特别是企业的实际控制人出于家庭消费开支等因素，经常向企业借款。《财政部 国家税务总局关于规范个人投资者个人所得税征收管理的通知》（财税〔2003〕158 号）第二条规定，纳税年度内个人投资者从其投资企业（个人独资企业、合伙企业除外）借款，在该纳税年度终了后既不归还，又未用于企业生产经营的，其未归还的借款可视为企业对个人投资者的红利分配，依照利息、股息、红利所得项目计征个人所得税。财税〔2003〕158 号文规定得比较明确，操作性强。在实务中，若是股东从企业借款用于经营的或者年底之前归还了，就不需要视同分红缴纳 20% 的个人所得税。一般建议企业在借款当年的 12 月 31 日归还借款，于第二天 1 月 1 日再借，并且一定要有流水记录，在账务上有体现。需要注意的是，在实务中，股东或实际控制人的配偶以及直系亲属有借款行为的，很多税务机关一般也认为是股东借款，纳税人须视同分红缴纳个人所得税。

自然人购买房屋或其他财产

《财政部 国家税务总局关于企业为个人购买房屋或其他财产征收个人所得税问题的批复》（财税〔2008〕83 号）规定，符合以下情形的房屋或其他财产，不论所有权人是否将财产无偿或有偿交付企业使用，其实质均为企业对个人进行了实物性质的分配，应依法计征个人所得税。

（1）企业出资购买房屋及其他财产，将所有权登记为投资者个人、投资者家庭成员或企业其他人员的；

（2）企业投资者个人、投资者家庭成员或企业其他人员向企业借款用于购买房屋及其他财产，将所有权登记为投资者、投资者家庭成员或企业其他人员，且借款年度终了后未归还借款的。

对个人独资企业、合伙企业的个人投资者或其家庭成员取得的上述所得，视为企业对个人投资者的利润分配，按照个体工商户的生产经营所得项目计征个人所得税；对除个人独资企业、合伙企业以外其他企业的个人投资者或其家庭成员取得的上述所得，视为企业对个人投资者的红利分配，按照利息、股息、红利所得项目计征个人所得税；对企业其他人员取得的上述所得，按照工资、薪金所得项目计征个人所得税。

利润分配

《个人所得税法》规定，利息、股息、红利所得，财产租赁所得，财产转让所得和偶然所得，适用比例税率，税率为 20%。若企业进行分红，则自然人股东需要缴纳 20% 的个人所得税。在实务中，一些企业明面上通过往来账的方式将利润分配至自然人股东，在企业的会计科目只显示为"往来款"，其实质为红利分配。也就是说，以"往来款""借款"的名义挂账，款项实质为"其他应收账款"等往来科目的，不按税法规定确认红利所得。

（二）自然人股东股权转让的税务合规

自然人股东股权转让的合规操作

自然人股东的股权转让方需要按规定缴纳个人所得税。《股权转让所得个人所得税管理办法（试行）》（国家税务总局公告2014年第67号）规定，个人转让股权，以股权转让收入减除股权原值和合理费用后的余额为应纳税所得额，按财产转让所得缴纳20%的个人所得税。合理费用是指股权转让时按照规定支付的有关税费。个人股权转让所得的个人所得税，以股权转让方为纳税人，以受让方为扣缴义务人。

各地税务机关和市场监督部门已实行个人股权转让信息自动交互机制，个人转让股权办理股东变更登记的，在向市场监督管理部门办理变更登记前，扣缴义务人、纳税人应依法在被投资企业所在地主管税务机关办理纳税申报。市场主体登记机关根据税务机关提供的《自然人股东股权变更完税情况表》办理股权变更登记。

自然人股东股权转让的合规事项

在自然人股东股权转让的实务中，要注意以下几点。

（1）股权转让纳税（扣缴）义务发生时间，应以下列情形孰早的原则进行确认：① 受让方已支付或部分支付股权转让价款；② 股权转让协议已签订生效的；③ 受让方已经实际履行股东职责或者享受股东权益的；④ 国家有关部门判决、登记或公告生效；⑤ 发行人首次公开发行新股时；⑥ 被投资企业股东将其持有的股份以公开发行方式一并向投资者发售；⑦ 股权被司法或行政机关强制过户；⑧ 以股权对外投资或进行其他非货币性交易；⑨ 以股权抵偿债务，⑩ 税务机关认定的其他有证据表明股权已发生转移情形的。

（2）自然人将股权平价转让至其名下一人公司是否合规？从理论上来说，如果自然人股东将其个人持有的某企业股权转让给自己名下的一人公司，为自己转让给自己，企业的实际控制权并没有发生变更，仍然完全在该自然人名下。而且，该自然人无法因本次股权转让而获得任何现金、实物等形式的经济利益，并没有实现"收入"或"所得"，无法成就个人所得税法设定的实体课税要素，应当属于同一投资主体内部之间股权的划转。如果该股权交易不是人为安排减少应纳税收入或者所得额，不属于故意偷逃税款的行为，不低于同等条件下的股权转让价格，也未造成国家税收的不当流失，应当属于具备"正当理由"，不属于股权转让收入明显偏低的情形。但要注意的是，实务中各地执行口径不一，应以当地主管税务机关的意见为准。

【案例 6-5】

辽宁××石化股份有限公司 IPO 保荐书中明确载明，为调整股权架构，两自然人股东将持有的该公司股份转让给各自设立的一人有限公司。××市地方税务局出具的《关于自然人股东股权转到其设立的一人有限公司是否缴纳个人所得税请示的回复》称，鉴于公司目前的实际情况，该局暂未查到此行为征收个人所得税相关政策依据，暂按国家税务总局公告 2014 年第 67 号《股权转让所得个人所得税管理办法（试行）》第十三条第（四）款处理，股权转让双方能够提供有效证明其合理的其他合理情形，视为有正当理由，不征收个人所得税。

（三）代持股的税务合规

有限公司代持股的合法性在法律上已经得到确认，但在税务上存在诸多争议，例如纳税主体的确定以及代持股还原是否属于股权转让等，因无统一政策规定，各地执行口径不一。

在税法上，一般会认为显名股东作为登记在股东名册上的股东，是符合税法规定的转让股权和取得投资收益的纳税人，其取得股息红利所得、股权转让所得，应当依法履行纳税义务。显名股东在股息红利或股权转让过程中已依法纳税，将取得的税后股息红利所得、股权转让所得，转付给隐名股东（自然人），其所得不属于法律规定应当缴纳个人所得税的所得。

但是如果显名股东为自然人股东，而隐名股东为企业，那么显名股东在依法纳税后，将所得转付给隐名股东（企业），隐名股东（企业）应当按照企业所得税法规定缴纳企业所得税。同时，隐名股东（企业）从显名股东（自然人）取得的收入不属于直接投资，不符合股息、红利所得的定义，不属于《企业所得税法》中"符合条件的居民企业之间的股息、红利等权益性投资收益为免税收入"的规定，不能作为免税收入进行确认。

【案例 6-6】

在安徽省淮南市中级人民法院审理的（2021）皖 04 刑终 102 号一案中，鲍某、李某分别持有某药业公司 20% 和 40% 的股权，其中李某所持股份系帮助鲍某代持。2017 年 1 月 17 日，鲍某、李某将某药业公司 51.09% 的股权（其中李某 40% 股权，鲍某 11.09% 股权）转让给殷某，并于同年 3 月收取转让价款 7000 万元。同年 2 月 15 日，鲍某在进行纳税申报时，在虚假的《股权转让协议》中将 51.09% 股份作价 326 万元申报缴纳个人所得税，税务稽查要求鲍某作为实际纳税人，就股权转让未依法足额申报的税款（李某所欠税款）承担纳税义务。法院经审理认为，鲍某将其持有的某公司股权转让他人后采取欺骗、隐瞒手段进行虚假纳税申报，逃避缴纳税款数额合计 695 余万元，逃避缴纳税款数额巨大并且占应纳税额的 30% 以上，其行为已构成逃税罪。法院两审终审，最终判决鲍某犯逃税罪，判处有期徒刑四年，并处罚金人民币 50 万元。由此可见，该案在确认代持股转让的应纳税主体时采用实质课税原则，"穿透"名义股东李某向实际股东鲍某追究逃税罪的刑事责任。

（四）股权还原的合规退税

国家税务总局曾在 2005 年对四川省税务局作出批复，对于收回股权能否退税问题进行了区分。根据该批复，对纳税人收回转让股权能否退税，要分为两类情况进行处理。

（1）如合同履行完毕、股权已作变更登记，且所得已经实现，当事人之间自行协商解除原股权转让协议导致股权被收回，应将原股权转让和退回股权视为是两个独立的股权转让行为，对原股权转让征收的税款不予退回。

（2）如合同未履行完毕、原价收回股权，转让协议系经过仲裁等司法程序被确认解除导致的股权被收回，可认为原股权转让行为未完成，股权收益不存在，纳税人不应纳税。

二、法人持股架构的税务合规考量

设立有限责任公司作为法人股东，可以实现风险的有效隔离，同时在税法上也可以享受税收优惠政策。《企业所得税法》规定，符合条件的居民企业之间的股息、红利等权益性投资收益为免税收入，因此，法人股东在分红时无须缴纳税费。但是法人持股架构仍存在诸多问题。

（一）股权转让时的双重纳税问题

通过法人持股架构模式在进行股权转让时，会存在双重纳税问题。假设自然人甲先成立一个有限公司 A 作为持股平台，再由 A 投资或共同成立有限责任公司 B，根据《企业所得税法》第二十六条"符合条件的居民企业之间的股息、红利等权益性投资收益"免税的规定，B 公司将红利分配给 A 公司时免征企业所得税。如果 A 公司将所得红利继续分配给自然人甲，则甲按 20% 的税率缴纳个人所得税。但是，如果 A 公司将持有 B 公司的股权转让，则应先由 A 公司按转让所得确认收入，判断其是否属于小微企业、高新技术企业，是否享受相应的所得税税收优惠政策，再按相应的企业所得税税率缴纳税款。如果后续自然人甲想从 A 公司中分红，需要再按20% 的税率缴纳个人所得税。所以一般来说，甲不会从 A 公司中获得红利分配，会将股权转让所得放于 A 公司中，继续运营投资，以获取更大的投资收益。

（二）内部资金拆借的税务合规

通过法人持股设立集团公司，股东还可以在运营中享受相应的税收优惠政策。《财政部 税务总局关于明确养老机构免征增值税等政策的通知》（财税〔2019〕20 号）、《财政部 税务总局关于延长部分税收优惠政策执行期限的公告》（财政部 税务总局公告 2021 年第 6 号）规定，自 2019 年 2 月 1 日至 2023 年 12 月 31 日，对企业集团内单位（含企业集团）之间的资金无偿借贷行为，免征增值税。也就是说，在法人持股体系内通过集团公司的形式下设子公司，可以实现集团内部的资金调拨而享受免征增值税优惠政策。

《国务院关于取消一批行政许可等事项的决定》（国发〔2018〕28 号）规定，取消企业集团核准登记，《国家市场监督管理总局关于做好取消企业集团核准登记等 4项行政许可等事项衔接工作的通知》（国市监企注〔2018〕139 号）规定，不再单独登记企业集团，不再核发《企业集团登记证》。但是，企业法人可以在名称中组织形式之前使用"集团"或者"（集团）"字样，该企业为企业集团的母公司。取消企业集团核准登记后，集团母公司应当将企业集团名称及集团成员信息通过国家企业信用信息公示系统向社会公示。要注意的是，集团内部公司必须在国家企业信用信息公示系统的公示栏进行公示，否则不得享受集团内部资金调拨的税收优惠政策。

在税收征管实务中，针对此资金调拨的增值税免税优惠政策，目前税务上并未明确企业集团的认定条件，也未对该等优惠政策的适用作出进一步的解读或发布实施细则，只能参考工商上的认定，这导致在征管过程中容易出现较大的争议。此外，对集团向集团的境外企业进行资金拆借是否适用该免征增值税政策，尚没有明确的规定，导致企业甚至税务机关也无法作出准确的判断。

在企业所得税方面，由于集团内部的资金借贷没有可享受的税收优惠政策，因此集团内关联方的无息资金拆借存在着被税务局认定为相互提供无息借款，需缴纳企业所得税的风险。特别是如果集团内各方的税率、优惠政策、亏损弥补期限等存在较大差异，则税务机关会要求资金出让方就无偿拆借资金的利息收入进行纳税调整，从而给企业带来较大的税收风险。

（三）非居民企业股东的税务合规

境外企业间接转让财产的合规

如今，越来越多的境外企业在中国境内设立居民企业或与中国境内居民企业在境内共同投资设立企业，因此，一些境内居民企业的股权架构中出现了境外企业的身影。在实务中，税收监管的操作难点涉及境外企业间接转让境内企业股权问题。

《国家税务总局关于非居民企业间接转让财产企业所得税若干问题的公告》（以下简称为"7号公告"）和《国家税务总局关于非居民企业所得税源泉扣缴有关问题的公告》规定，非居民企业通过实施不具有合理商业目的的安排，间接转让中国居民企业股权等财产，规避企业所得税纳税义务的，中国税务机关将重新定性该间接转让交易，确认为直接转让中国居民企业股权等财产。中国居民企业股权等财产，是指非居民企业直接持有，且转让取得的所得按照中国税法规定，应在中国缴纳企业所得税的中国境内机构、场所财产，中国境内不动产，在中国居民企业的权益性投资资产等。也就是说，不仅限于买卖境外企业的股权，任何涉及境外企业"股权及其他类似权益"的交易，都可产生与直接转让中国居民企业应税财产相同或相近的实质结果，非居民企业重组引起境外企业股东发生变化的情形，也受到此条文的约束。当这些交易属于上述"规避企业所得税纳税义务的""不具有合理商业目的的安排"情形，而被视同转让"中国居民企业股权等财产"时，转让方需要承担申报及纳税义务，而扣缴义务人负责协助申报和履行代扣代缴义务。7号公告还明确了相关报告机制，税务机关在获悉有关交易后，有权要求受让方、转让方、被转让的中国居民企业（如相关）和有关安排涉及的筹划方提供一系列的资料和信息，各方须按照要求执行。除此之外，交易各方可自愿提供信息，自愿报告可减轻处罚力度。

如图6-1所示，日本企业A欲将其持有的新加坡投资公司的股权转让至日本企业B，由于被转让主体新加坡投资公司通过中国香港公司间接持有中国境内居民企业的股份。因此，对于日本企业A将其持有的新加坡投资公司的股权转让至日本企业B的股权转让行为，如果中国税务机关经7号公告规定的一系列测试后认定该交易不具有合理商业目的，则日本企业A需要按7号公告要求，就境外股权转让所得中归属于中国居民企业股权的数额，在中国境内计算缴纳相应的企业所得税。

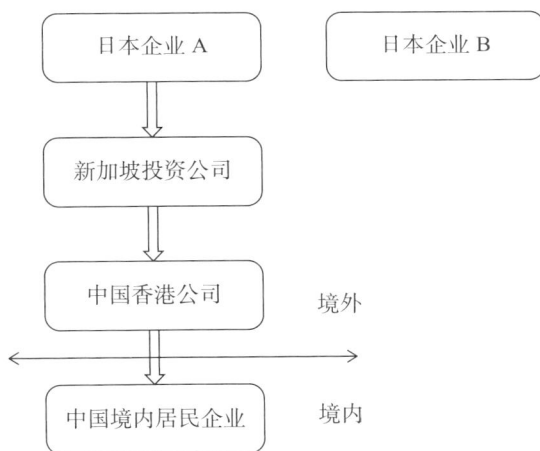

特别提示：此处境内外只是指关境内外。

图6-1

实务操作中，境外股权间接转让如果涉及中国境内居民企业，境外转让方和被转让方需要向中国税务机关提供规定的资料，出于商业秘密的考虑，企业有时不愿意提供相关资料，这导致许多成本无法进行有效抵减，可能违背商业实质，使得转让方的税负有不合理的提升，导致税负分摊不合理，也在一定程度上影响境外企业的投资热情。

因此，如果境外投资企业有意投资中国境内居民企业，应当关注其公司架构是否有足够的业务实质。如果经过评估认为公司架构可能不具备足够的经济实质，则其应考虑未来退出时的潜在纳税义务和风险。

境外投资者利润分配的合规

为进一步鼓励境外投资者在华投资，财政部等四部委联合制发了《财政部 国家发展和改革委员会 国家税务总局 商务部关于扩大境外投资者以分配利润直接投资暂不征收预提所得税政策适用范围的通知》（财税〔2018〕102号），规定称对境外投资者从中国境内居民企业分配的利润，用于境内直接投资暂不征收预提所得税政策的适用范围，由外商投资鼓励类项目扩大至所有非禁止外商投资的项目和领域。同时，国家税务总局发布了《国家税务总局关于扩大境外投资者以分配利润直接投资暂不征收预提所得税政策适用范围有关问题的公告》（国家税务总局公告2018年第53号）作了进一步的明确规定。相关方需要注意以下几点。

（1）境外企业用从中国境内居民企业分配的利润来收购关联方的中国境内居民企业股权，不可以享受递延纳税政策。

（2）境外投资者分得的利润性质应为股息、红利等权益性投资收益，来源于居民企业已经实现的留存收益，包括以前年度留存尚未分配的收益。

（3）境外投资者用于直接投资的利润以现金形式支付的，相关款项从利润分配企业的账户直接转入被投资企业或股权转让方账户，在直接投资前不得在境内外其他账户中周转。

三、合伙企业架构的税务合规考量

合伙企业由于其灵活性广受各方青睐。合伙企业可以被作为投资平台、股权激励计划中的持股平台，保障核心员工团队的稳定性，甚至可以被作为家族财富管理中的家族持股平台，便于实际控制人家族之间进行利益共享。由于投资人只是持有合伙企业的份额，而不是直接持有被投资企业的股份（股权），不直接参与被投资企业的运营和决策，因此这样能够最大程度保证公司控制权的稳定。

（一）合伙企业征收方式的合规

在 2021 年之前，合伙企业可以采用核定征收的方式，同时也可以利用境内区域性税收优惠政策进行合理避税。在企业股权架构设计中，经常出现员工持股平台或家族持股平台的合伙企业注册地远离被投资企业的实际运营地的情形。2021 年，财政部、国家税务总局发布的《关于权益性投资经营所得个人所得税征收管理的公告》明确规定，持有股权、股票、合伙企业财产份额等权益性投资的个人独资企业、合伙企业（以下简称独资合伙企业），一律适用查账征收方式计征个人所得税。作为企业股权架构之一的合伙企业不得再采用核定征收的方式，此举封锁了纳税人利用合伙企业的核定征收进行避税的路径。

有限合伙企业为税收透明体，其生产经营所得和其他所得采取"先分后税"的原则纳税。《财政部国家税务总局关于合伙企业合伙人所得税问题的通知》（财税〔2008〕159 号）第二条规定，合伙企业以每一个合伙人为纳税义务人。合伙企业合伙人是自然人的，缴纳个人所得税；合伙人是法人和其他组织的，缴纳企业所得税。

合伙企业取得的利润无论是否进行了实际分配，合伙企业都需要在年末先按合伙人各自分配比例分别确定应纳税所得额，之后再根据各合伙人的身份来缴税。

（二）合伙企业税率适用的合规

对于有限合伙企业的股转所得的个人所得税税率，一般认为有限合伙人取得的所得属于财产转让所得，应适用 20% 的个人所得税税率，但也有一些地方的税务机关认为取得的所得属于生产经营所得，应适用 5%~35% 的个人所得税税率。各地口径不一，纳税人需要与当地主管税务机关进行沟通确认。

此外，对于创投基金的有限合伙企业而言，如果是单一投资基金核算，股权转让取得的所得的税率为 20%；如果是创投基金年度所得整体核算，则适用生产经营所得，适用 5%~35% 的个人所得税税率。单一投资基金也可以投资多个项目，但是每年盈亏相抵之后，亏损不得递延；而创投基金年度所得整体核算可以结转亏损，也可以扣除管理人成本。享受单一投资基金核算的前提是完成创投基金备案。

此外，为了享受区域性税收优惠政策因素而注册成立的合伙企业，在实际运营过程中，会遇见优惠政策取消、企业不符合实质经营条件、无法合法开具发票等问题，影响企业的整体运营和布局，建议慎重选择。

（三）不同类型合伙企业的税收优惠合规

自然人合伙企业

《国家税务总局〈关于个人独资企业和合伙企业投资者征收个人所得税的规定〉执行口径的通知》（国税函〔2001〕84号）第二条规定，个人独资企业和合伙企业对外投资分回的利息或者股息、红利，不并入企业的收入，而应单独作为投资者个人取得的利息、股息、红利所得，按"利息、股息、红利所得"应税项目计算缴纳个人所得税。

法人合伙企业

《企业所得税法》第二十六条规定，符合条件的居民企业之间的股息、红利等权益性投资收益为免税收入。但是法人合伙人不是直接投资于居民企业，而是通过合伙企业间接投资居民企业，其收入不属于免税收入。

境外合伙企业

《国家税务总局关于税收协定执行若干问题的公告》（国家税务总局公告2018年第11号）规定，"依照外国（地区）法律成立的合伙企业，其实际管理机构不在中国境内，但在中国境内设立机构、场所的，或者在中国境内未设立机构、场所，但有来源于中国境内所得的，是中国企业所得税的非居民企业纳税人。"因此，如果境外合伙企业间接转让中国境内应税财产，作为中国企业所得税法下的非居民企业纳税人，其可以适用7号公告及其中关于"安全港"规则的规定。其只有在符合税收协定待遇的情形下，申请适用7号公告税收协定相关的"安全港"规则，才可以免于在我国缴纳企业所得税。

第四节　股东出资的税务合规考量

《公司法》第二十七条规定，股东可以用货币出资，也可以用实物、知识产权、土地使用权等可以用货币估价并可以依法转让的非货币财产作价出资，但股东不得用劳务、信用、自然人姓名、商誉、特许经营权或者设定担保的财产等作价出资。在股东出资中，货币出资好理解，而以非货币财产作价出资（以非货币性资产出资）由于涉及企业所得税、个人所得税、增值税、分期计缴、递延纳税等税务问题，让企业头痛不已。

一、以非货币性资产出资的企业所得税合规

（一）一般和特殊性税务处理的纳税选择

企业以非货币性资产对外投资，取得被投资企业股权，属于发生非货币性资产交换，资产所有权已归属于被投资企业，企业不应按视同销售确定收入，应按资产公允价值确认收入，计入当年度计算缴纳企业所得税，同时结转资产的计税基础。在按公允价值确认收入时，考虑如果一次性确认所得缴纳企业所得税，会给企业带来较大的现金流压力，因此企业可以选择分期纳税的方式，将转让所得均匀计入相应年度的应纳税所得额。

《财政部 国家税务总局关于非货币性资产投资企业所得税政策问题的通知》（财税〔2014〕116号）和《国家税务总局关于非货币性资产投资企业所得税有关征管问题的公告》（国家税务总局公告2015年第33号）等政策明确可以采用分期纳税的方式计缴企业所得税，即实行查账征收的居民企业以非货币性资产对外投资确认的非货币性资产转让所得，可自确认非货币性资产转让收入年度起不超过连续5个纳税年度的期间内，分期均匀计入相应年度的应纳税所得额，按规定计算缴纳企业所得税。这里需要注意的是，财税〔2014〕116号文只明确了适用于"居民企业"，而2015年第33号公告则进一步明确，享受分期纳税优惠政策的只能是"实行查账征收的居民企业"。

当然，如果企业考虑提高收入、净利润等财务会计调整因素，也可以选择对非货币性资产对外投资的转让所得一次性确认收入。

（二）企业以非货币性资产对外投资合规事项

在实务中，企业以非货币性资产对外投资应注意以下几点。

1.对非货币性资产进行评估并按评估后的公允价值扣除计税基础后的余额，确

认非货币性资产转入所得。这里的焦点就是"公允价值"。根据《公司法》的规定，非货币财产出资"应当"进行评估作价。然而《公司法》并没有规定必须要经评估机构评估作价，也没有规定未经评估作价的后果。且《公司注册资本登记管理规定》也没有必须经评估机构评估作价的规定。公司注册资本由实缴制改为认缴制后，股东使用非货币财产出资的，不强制要求由资产评估机构评估作价。最高人民法院在（2013）民申字第2479号案例中认为："其一，股东以非货币出资的，未依法评估作价不是其履行出资义务的前提条件；其二，只有当公司、其他股东或者公司的债权人向法院主张以非货币出资的股东未全面履行出资义务时，法院才会启动评估作价程序。"财税〔2014〕116号文规定，企业以非货币性资产对外投资，应对非货币性资产进行评估并按评估后的公允价值扣除计税基础后的余额，计算确认非货币性资产转让所得。因此，实务中就"公允价值"问题存在税企争议。企业认为只要股东们就"非货币性资产"价格达成一致，就属于"公允价值"；而税务机关则可能认为即便是股东们就"非货币性资产"价格达成一致，但仍有可能属于价格明显偏低情形，需要进行调整，否则会导致国家税款的流失。

2. 企业在以非货币性资产投资时，如果满足《财政部 国家税务总局关于企业重组业务企业所得税处理若干问题的通知》（财税〔2009〕59号）和《财政部 国家税务总局关于促进企业重组有关企业所得税问题的通知》（财税〔2014〕109号）中的特殊性税务处理条件——"非货币性资产投资涉及的收购股权不低于被收购企业股权的50%，且股权支付金额不低于其交易支付总额的85%"，可暂不确认收入。

3. 技术入股暂不纳税。根据《财政部 国家税务总局关于完善股权激励和技术入股有关所得税政策的通知》（以下简称"101号文"）和《国家税务总局关于股权激励和技术入股所得税征管问题的公告》（以下简称"62号公告"）等文件规定，企业以技术成果投资入股到境内居民企业，被投资企业支付的对价全部为股票（权）的，企业可选择继续按现行有关税收政策执行，也可选择投资入股当期暂不纳税，待转让股权时，按股权转让收入减去技术成果原值和合理税费后的差额计算缴纳所得税。技术成果主要包括专利技术（含国防专利）、计算机软件著作权、集成电路布图设计专有权、植物新品种权、生物医药新品种，以及科技部、财政部、国家税务总局确定的其他技术成果。此处强调已经形成技术成果，即已取得相应认定证书。被投资企业取得技术成果的计税基础，按技术成果投资入股时的评估值入账并在企业所得税前摊销扣除。根据101号文的规定，企业以技术成果入股可以选择递延纳税，可以推迟应纳税义务的发生时间；在股权持有期间，如果股权贬值，企业还有可能少缴或者不缴税款。

【案例 6-7】

A企业（查账征收的居民企业）有一项专利技术（研发成本为200万元），A企业于2022年将其评估作价600万元投资入股B企业（境内居民企业），占B企业20%的股权。假设投资过程中发生的其他相关税费忽略不计，现行税收政策延续。从税收角度来看，A企业可选择以多种方式缴纳企业所得税。

（1）选择一次性确认收入。2022年以技术成果投资时应纳税所得额=600-200=400（万元）。

（2）选择分期均匀计入。A企业选择在5年期限内，将转让所得分期均匀计入相应年度的应纳税所得额，即2022年当年应纳所得额为80（400÷5）万元。

（3）选择递延纳税。2022年以技术成果投资时，经向主管税务机关备案，A企业2022年当年不作税务处理。未来转让股权时，按未来股权转让收入减去技术成果原值（200万元）和合理税费后的差额计算缴纳所得税。

二、以非货币性资产出资的个人所得税合规

（一）一般和特殊性税务处理的纳税选择

《财政部 国家税务总局关于个人非货币性资产投资有关个人所得税政策的通知》（财税〔2015〕41号）规定，个人以非货币性资产投资，属于个人转让非货币性资产和投资同时发生。对个人转让非货币性资产的所得，应按照"财产转让所得"项目（税率为20%），依法计算缴纳个人所得税。个人以非货币性资产投资，应按评估后的公允价值确认非货币性资产转让收入。非货币性资产转让收入减除该资产原值及合理税费后的余额为应纳税所得额。个人一次性缴税有困难的，可合理确定分期缴纳计划并报主管税务机关备案后，自发生上述应税行为之日起不超过5个公历年度内（含）分期缴纳个人所得税。

根据 101 号文和 62 号公告的规定，个人以技术成果投资入股到境内居民企业，被投资企业支付的对价全部为股票（权）的，个人可选择继续按现行有关税收政策执行，也可选择适用递延纳税优惠政策。选择技术成果投资入股递延纳税政策的，经向主管税务机关备案，投资入股当期可暂不纳税，允许递延至转让股权时，按股权转让收入减去技术成果原值和合理税费后的差额计算缴纳所得税。

（二）个人以非货币性资产对外投资合规事项

在实务中，个人以非货币资产投资时，应注意以下几点。

1. 自行申报纳税的主管税务机关有区别。《国家税务总局关于个人非货币性资产投资有关个人所得税征管问题的公告》（国家税务总局公告 2015 年第 20 号）规定，个人以不动产投资的，以不动产所在地税务机关为主管税务机关；个人以其持有的企业股权对外投资的，以该被投资企业所在地税务机关为主管税务机关；纳税人以其他非货币性资产投资的，以被投资企业所在地税务机关为主管税务机关。

2. 个人非货币性资产投资需要分期缴纳个人所得税的，应当在取得被投资企业股权之日的次月 15 日内，自行制定缴税计划并向主管税务机关报送相关资料进行备案。未备案的，税务机关将会认为个人放弃分期缴纳的权利，按一次性缴税进行征收。

3. 分期缴纳。要注意不是分期均匀缴纳，这是个人跟企业的重要区别。居民企业以非货币性资产对外投资取得并确认的转让所得，可在不超过 5 年期限内，分期均匀计入相应年度的应纳税所得额，按规定计算缴纳企业所得税。而个人自发生非货币性资产对外投资的应税行为之日起，在不超过 5 个公历年度内（含）可以选择分期均匀缴纳，也可以选择 5 年内分两三期缴纳个人所得税。但无论如何选择，都应当在取得被投资企业股权之日的次月 15 日内，向主管税务机关提交分期缴税计划并办理相关备案手续。

4. 个人在分期缴税期间转让其持有的全部或部分股权，并取得现金收入的，该现金收入应优先用于缴纳尚未缴清的税款。纳税人在分期缴税期间转让股权的，应于转让股权之日的次月 15 日内向主管税务机关申报纳税。

三、以非货币性资产出资的增值税合规

《中华人民共和国增值税暂行条例实施细则》（以下简称"增值税暂行条例实施细则"）规定，单位和个体工商户将自产、委托加工或者购进的货物作为投资，提供给其他单位或者个体工商户，应视同销售征收增值税。《财政部 国家税务总局关于全面推开营业税改征增值税试点的通知》（财税〔2016〕36号）也规定，以不动产或者无形资产出资属于增值税应税行为，按规定征收增值税。

在实务中，企业应当注意以下几点。

1. 企业以自己使用过的固定资产对外投资，享有一定的减免政策。《财政部 国家税务总局关于部分货物适用增值税低税率和简易办法征收增值税政策的通知》（财税〔2009〕9号）规定，一般纳税人销售自己使用过的未抵扣进项税额的固定资产，按照简易办法4%征收率减半征收增值税；企业销售自己使用过的2009年1月1日以后购进或者自制的固定资产，按照适用税率征收增值税；一般纳税人销售自己使用过的除固定资产以外的物品，应当按照适用税率征收增值税。小规模纳税人销售自己使用过的固定资产，减按2%征收率征收增值税；小规模纳税人销售自己使用过的除固定资产以外的物品，应按3%的征收率征收增值税。

2. 应当开具发票。《企业所得税税前扣除凭证管理办法》第九条规定，企业在境内发生的支出项目属于增值税应税项目的，对方为已办理税务登记的增值税纳税人，其支出以发票（包括按照规定由税务机关代开的发票）作为税前扣除凭证。因此，企业以固定资产、货物等形式出资，需要开具发票给被投资企业作为税前扣除凭证。

3. 技术成果出资免征增值税。如果企业以无形资产出资，按税法规定也需要缴纳增值税。但是根据营改增相关文件规定，纳税人提供技术转让、技术开发和与之相关的技术咨询、技术服务可以免征增值税。因此，如果企业使用专利等技术成果对外投资，可以免征增值税，但必须履行备案程序：持技术转让、开发的书面合同，到纳税人所在地省级科技主管部门进行认定，并持有关的书面合同和科技主管部门审核意见证明文件报主管税务机关备查。

4. 以非上市公司股权（股份）出资，为股权（股份）转让行为，不属于增值税应税项目，企业无须缴纳增值税。但如果以上市公司股票出资，则视同转让金融商

品，应按规定缴纳增值税。

四、资本公积转增资本的税务合规

（一）个人股东转增资本的合规

《国家税务总局关于股权奖励和转增股本个人所得税征管问题的公告》（国家税务总局公告 2015 年第 80 号）关于转增股本有以下规定。

1. 非上市及未在全国中小企业股份转让系统挂牌的中小高新技术企业以未分配利润、盈余公积、资本公积向个人股东转增股本，并符合财税〔2015〕116 号文件有关规定的，纳税人可分期缴纳个人所得税；非上市及未在全国中小企业股份转让系统挂牌的其他企业转增股本，应及时代代缴个人所得税。

2. 上市公司或在全国中小企业股份转让系统挂牌的企业转增股本（不含以股票发行溢价形成的资本公积转增股本），按现行有关股息红利差别化政策执行。

（二）境内居民企业股东转增资本的合规

企业所得税法规定，对居民企业直接投资于其他居民企业取得的权益性投资收益免征企业所得税。因此企业分配利润给投资者这一步无须缴纳企业所得税，而整个留存收益转增资（股）本的过程也就无须纳税。

因此，被投资企业用留存收益转增资本（股本）的，法人股东不需要缴纳企业所得税。但法人股东将其转增资本（股本）的，相当于法人股东获得利润分配后再投资，在会计处理和税务处理上，应增加该项长期股权投资的计税基础。

（三）非居民企业股东转增资本的合规

如果股东是非居民企业，企业资本公积转增资本，那么非居民企业就需要就股息、红利所得缴纳 10% 的预提所得税。若非居民企业所在国家或地区与中国大陆之间的税收协定规定了更加优惠的税率，则可就这部分收入享受税收协定待遇。

（四）将未分配利润转入资本公积的合规

1. 未分配利润原则上不能直接转至资本公积。

这是首先必须明确的一点，未分配利润不能直接转至资本公积。

未分配利润是指企业实现的净利润经过弥补亏损、提取盈余公积和向投资者分配利润后留存在企业的、历年结存的利润。未分配利润是企业年终结算时，当年所实现的利润与已分配利润调整的结果，其计算可以用下列公式表示。

年末累计未分配利润＝上年累计未分配利润＋本年全年实现净利润－本年已分配利润

资本公积是指企业在经营过程中由于接受捐赠、股本溢价以及法定财产重估增值等原因所形成的公积金。是投资者或者他人投入企业，所有权归属于投资者，并且在投入金额上超过法定资本部分的资本。资本公积是与企业收益无关而与资本相关的贷项。

因此，未分配利润并不能直接转入资本公积，部分股份公司甚至在有限责任公司阶段即通过会计报表调整，将未分配利润转入资本公积是违背会计原则的。

2. 未分配利润转入资本公积的例外情形

未分配利润转入资本公积只有一种例外情况，即在有限责任公司按照净资产折股整体变更为股份有限公司（股改）时，包括未分配利润在内的净资产除部分用于折股以外，剩余部分（包含未分配利润）全部计入资本公积。但是，无论是股改，还是会计报表调整，前述从未分配利润计入资本公积的过程，实际上是分两个步骤来实现的。

（1）公司向股东进行利润分配；

（2）股东向公司出资形成溢价（资本溢价／股票溢价）。

【案例6-8】

某公司在2019年10月31日将公司性质由有限责任公司变为股份有限公司，公司2019年10月31日审计净资产为1.5亿元，折为股份公司股本1.2亿股，拟将2019年10月31日之前形成的未分配利润3000万元转入资本公积。该公司将未分配利润转入资本公积，其实质是间接进行利润分配，在会计上已将未分配利润余额进行了处理。"利润分配——未分配利润"账户贷方余额已经为零，转入账户"资本公积"，这样形成了事实上的利润分配。

总之，由"未分配利润"科目转入"资本公积"科目，首先应将税后利润从"未分配利润"科目转出，等同于对股东进行了利润分配，在此环节对自然人股东就应按照"股息、红利所得"计算缴纳个人股东的个人所得税。随后进入"资本公积",这时属于自然人股东向公司出资形成了溢价。

若企业股份制改造完成并上市后,后续申请由资本公积转增股本,从而增加注册资本,则用于转增股本的资本公积系企业股票溢价发行收入所形成的资本公积金。《国家税务总局关于股份制企业转增股本和派发红股征免个人所得税的通知》(国税发〔1997〕198号)和《国家税务总局关于原城市信用社在转制为城市合作银行过程中个人股增值所得应纳个人所得税的批复》(国税函〔1998〕289号)规定,对股份制企业股票溢价发行收入所形成的资本公积金转增股本不属于股息、红利性质的分配,对个人取得的转增股本数额,不作为个人所得,不征收个人所得税。新三板和其他非上市股份公司的资本公积转增个人股本,是否征收个人所得税,在实务中存在争议,各地执行口径不一,纳税人应与当地主管税务机关沟通。

如果有限责任公司未进行股份制改造,直接通过会计报表调整,将未分配利润转入资本公积,后续再由资本公积转增个人股本,该公司的自然人股东应当就利润分配和资本公积转增股本两个环节缴纳个人所得税。

第七章 企业运营中的税务合规

第一节 合同的税务合规

一、税负承担条款的税务合规

税负承担条款俗称"包税条款"。在交易活动中，经常会在合同中约定由非纳税义务人的交易一方来承担本次交易所产生的税费。如在自然人股权转让合同中，会约定"本次交易所产生的全部税费（包括但不限于转让方基于本次交易所产生的个人所得税）由受让方承担"。

【案例 7-1】

最高人民法院在山西××房地产开发有限公司与太原××重型机械有限公司土地使用权转让合同纠纷案［最高人民法院民事判决书（2007）民一终字第 62 号］中认为，根据《补充协议》的约定，除流转税按 76% 和 24% 的比例由机械公司和房地产公司分别承担外，其余所有税费均由房地产公司承担。《补充协议》关于税费负担的约定并不违反税收管理法律法规的规定，是合法有效协议，双方当事人应按约定履行自己的义务。该案还登载于《最高人民法院公报》2008 年第 3 期，对后续和指导下级法院审判实践产生了重要影响。最高人民法院（2015）民一终字第 199 号《民事判决书》也就"包税条款"的效力作出认定：法定纳税义务人通过民事合同方式与他人约定由合同相对人缴纳税款，或者第三人代替纳税义务人缴纳税款，属于民事法律关系，民事合同当事人的这种约定和安排，并没有导致国家税收的流失，因此，这种代为缴纳税款的行为并不能被认定为无效。

关于包税条款的法律效力目前已无争议。包税条款在法律上认定有效，但约定承担税费的一方就所承担的税费存在不能税前扣除的风险。《企业所得税法》及其实施条例明确规定，企业实际发生的与取得收入有关的、合理的支出，包括成本、费用、税金、损失和其他支出，准予在计算应纳税所得额时扣除。《企业所得税税前扣除凭证管理办法》也明确规定，本办法所称税前扣除凭证，是指企业在计算企业所得税应纳税所得额时，证明与取得收入有关的、合理的支出实际发生，并据以税前扣除的各类凭证。由于承担税费的一方并不是交易的纳税义务人，也不是扣缴义务人，却承担了不是自己义务的税费，很难证明该项支出是与企业的生产经营有关且该支出为合理支出，所以不能税前扣除。《国家税务总局关于雇主为雇员承担全年一次性奖金部分税款有关个人所得税计算方法问题的公告》（国家税务总局公告 2011 年第 28 号）明确规定，雇主为雇员负担的个人所得税款，应属于个人工资薪金的一部分。凡单独作为企业管理费列支的，在计算企业所得税时不得进行税前扣除。

我国境内居民企业与境外非居民企业发生业务往来时，合同约定由境内居民企业承担税费，在计算企业所得税时能否进行税前扣除？

《企业所得税法》第三十七条规定了我国企业所得税源泉扣缴制度，该条规定，对非居民企业取得本法第三条第三款规定的所得应缴纳的所得税，实行源泉扣缴，以支付人为扣缴义务人。税款由扣缴义务人在每次支付或者到期应支付时，从支付或者到期应支付的款项中扣缴。《国家税务总局关于非居民企业所得税源泉扣缴有关问题的公告》（国家税务总局公告 2017 年 37 号）进一步明确，扣缴义务人与非居民企业签订与企业所得税法第三条第三款规定的所得有关的业务合同时，凡合同中约定由扣缴义务人实际承担应纳税款的，应将非居民企业取得的不含税所得换算为含税所得计算并解缴应扣税款。而《国家税务总局办公厅关于沃尔玛（中国）投资有限公司有关涉税诉求问题的函》（国税办函〔2010〕615 号）第二条规定，如果合同约定，非居民企业取得所得应纳中国税金由中国企业承担，且非居民企业出具收款发票的注明金额为包含代扣代缴税金的总金额，原则上应允许计算企业所得税税前扣除，但主管税务机关应根据有关规定审核该项支付的真实性与合理性。同时，《企业所得税税前扣除凭证管理办法》第十一条规定，企业从境外购进货物或者劳务发生的支出，以对方开具的发票或者具有发票性质的收款凭证、相关税费缴纳凭证作为税前扣除凭证。

以上规范性文件均明确了，非居民企业取得所得应向中国缴纳的税金约定由中国企业承担的，原则上应允许进行企业所得税税前扣除，但实务中这一点操作起来很困难，大部分境内企业无法就承担的境外企业税费进行税前扣除。

【案例 7-2】

境内 A 居民企业与境外 B 非居民企业签订特许权使用费合同，合同金额为 100 万美元（约合人民币 715 万元），合同约定，产生的税款全部由境内 A 居民企业承担。

该合同不含税价款 =100÷（1-10%）=111.11（万美元）

境内 A 居民企业应代扣代缴预提税 =111.11×10%=11.11（万美元）

但是境外 B 企业向境内 A 企业出具的收款发票上标注的金额只可能是 100 万美元，因为境外 B 企业只收到了 100 万美元，而不是收到 111.11 万美元，B 企业在正常情况下，会拒绝开具 111.11 万美元的收款发票，即收款发票的注明金额不是包含了代扣代缴税金的总金额。因为境外 B 企业认为合同已经约定产生的税款全部由境内 A 企业承担，而不是代扣代缴。因此，境内 A 企业只能按境外 B 企业开具的 100 万美元收款发票作为税前扣除凭证，承担的 11.11 万美元的税费无法进行税前扣除。

二、先开票后付款条款的税务合规

先开票后付款是合同中常见的条款，特别是在买方强势的情况下该条款尤为常见。对卖方来说，由于先开票，而款项不一定及时收回，就存在开票和收款的时间差，会造成现金流错配。即便如此，在现实交易中，很多纳税人仍愿意接受在合同中约定先开票后付款。主要原因是，如果双方提前在合同中约定先开票后付款，该约定为当事人真实意思表示，且不违反法律规定，对合同双方当事人就具有约束力。开具发票是收款方先履行义务，付款方享有先履行抗辩权，即付款方可以以收款方未按约定开票为由拒绝付款。

要注意的是，司法实践中有关部门可能并不认可付款方的先履行抗辩权。因为当事人之间形成合同关系，主要合同义务是交付货物或提供服务，买方的主要合同义务是支付款项。在卖方已向买方交付了符合要求的货物或提供服务后，买方就应当按照约定支付相应款项。开具发票并非卖方的主要合同义务，而仅仅是附随义务。总之，买方不能以卖方未开票为由拒付货款。

【案例 7-3】

在最高人民法院的《北京金日酷媒文化传播有限公司、成都今日酷媒文化传媒有限公司广告合同纠纷再审审查与审判监督民事裁定书》[（2020）最高法民申4859号]一案中，最高人民法院认为，在双方已明确约定付款前应开具广告费发票，迟延提供发票的，付款期限相应顺延的前提下，案涉合同中付款义务系主给付义务，开具发票系从给付义务，付款义务直接影响到当事人合同目的的实现，发票开具义务不具有与付款义务相匹配的对待给付地位，故付款方依据合同关于"迟延开发票付款可相应顺延"的从给付义务的约定主张先履行抗辩权不能成立。

此处提请注意，如果付款方没有得到司法机关的支持，可以就开发票事项向税务机关举报，但前提是纳税义务已经发生。

还需要注意的是，双方应当在合同中明确约定应开具发票的种类，因为如果收款方是小规模纳税人，绝大多数不愿意开具增值税专用发票，因为这会增加收款方的支出成本，而只愿意开具增值税普通发票；而如果付款方是一般纳税人，则只愿意接受增值税专用发票。如果合同中对应开具发票的种类没有进行明确约定，易产生争议。

三、违约条款的税务合规

在合同中，违约条款是必备条款之一。对于收取的违约金，是否需要开具发票？如何计算缴纳税款？

【案例7-4】

A公司与B公司签订《设备买卖合同》一份，合同约定B公司向A公司购买设备，若A公司逾期交付设备或B公司逾期付款，违约方每日按照合同总金额的0.5‰计算违约金。上述合同签订后，A公司未按照合同约定交付设备，为此，B公司要求A公司按照合同约定支付逾期交付设备的违约金。经协商无果，B公司向法院提起诉讼，法院作出了A公司承担相应逾期交付设备违约金的判决。但在判决书的履行过程中，A公司要求B公司向其开具等同于违约金金额的增值税发票，同时作为企业所得税抵扣凭证，B公司则认为不需要开具发票，双方为此产生了争执。

应开具发票的法律规定

《增值税暂行条例实施细则》第十二条规定，条例第六条第一款所称价外费用，包括价外向购买方收取的手续费、补贴、基金、集资费、返还利润、奖励费、违约金、滞纳金、延期付款利息、赔偿金、代收款项、代垫款项、包装费、包装物租金、储备费、优质费、运输装卸费以及其他各种性质的价外收费。因此，纳税人发生应税行为取得的违约金属于价外费用，应当征收增值税，并按照相关规定开具发票，以开具的发票作为税前扣除凭证。违约金的应税项目与合同约定的应税行为一致，如果合同约定的应税行为是咨询服务，违约金也应当按照咨询服务适用的税率或征收率计税。

不能开具发票的情形

如果合同约定的应税行为尚未发生即终止而收取的违约金不属于增值税上的价外费用，则其不属于增值税应税项目，不予征收增值税。收取违约金的一方无法开具发票给支付方，只能依照《企业所得税税前扣除凭证管理办法》第十条规定处理，企业在境内发生的支出项目不属于应税项目的，对方为单位的，以对方开具的发票以外的其他外部凭证作为税前扣除凭证，即收取方应以合同、支付违约金银行转账记录等作为税前扣除凭证。

第二节　发票的税务合规

一、发票的功能

《发票管理办法》（2023 年 7 月 20 日第三次修订）第三条明确规定："本办法所称发票，是指在购销商品、提供或者接受服务以及从事其他经营活动中，开具、收取的收付款凭证。"发票是收付款凭证。发票的使用范围限于经营活动，包括购销商品等经营活动。对于非经营活动的行为，即使存在款项收付也不应开具和收取发票。在 2023 年 7 月 20 日新修订的《中华人民共和国发票管理办法》中，新增加了电子发票的法律效力。明确规定："发票包括纸质发票和电子发票。电子发票与纸质发票具有同等法律效力。"

（一）发票的性质和作用

增值税专用发票的性质和作用

根据国家税务总局颁布的《增值税专用发票使用规定》，增值税专用发票，是增值税一般纳税人销售货物或者提供应税劳务开具的发票，是购买方支付增值税额并可按照增值税有关规定据以抵扣增值税进项税额的凭证。增值税专用发票又是兼记销货方纳税义务和购货方进项税额的合法证明。增值税专用发票的主要功能有两点，一是被购销双方作为记账凭证，二是可以用于抵扣，即购货方能够用其来扣税。

增值税普通发票的性质和作用

增值税普通发票与增值税专用发票是由同一防伪税控系统开出的，二者的格式、字体、栏次、内容完全一致，增值税普通发票的的功能主要为被购销双方作为记账凭证。

（二）发票的证明能力

发票最重要的功能是印证发票内容与实际经营活动信息之间的钩稽关系，发票能够证明购销双方发生了真实的交易行为。开具增值税发票需要同时存在两个事实：一是发票上的销货单位和购货单位之间成立买卖合同关系；二是发票上的货物名称、数量、金额等内容是双方实际履行的合同内容。这两个事实是开具增值税发票的法定构成条件。

《最高人民法院关于审理买卖合同纠纷案件适用法律问题的解释》（法释〔2012〕8号）第八条规定，出卖人仅以增值税专用发票及税款抵扣资料证明其已履行交付标的物义务，买受人不认可的，出卖人应当提供其他证据证明交付标的物的事实。合同约定或者当事人之间习惯以普通发票作为付款凭证，买受人以普通发票证明已经履行付款义务的，人民法院应予支持，但有相反证据足以推翻的除外。可见，最高人民法院的主流观点为：增值税专用发票仅是付款的记账凭证，它既不能证明标的物已经交付，也不能证明买受人已经付款；对于增值税普通发票，在有合同约定或当事人之间交易习惯存在的前提下，其可以作为买方已经履行付款义务的证明，但有相反证据足以推翻的除外。

二、红字发票使用的合规

《国家税务总局关于红字增值税发票开具有关问题的公告》（国家税务总局公告2016年第47号）规定，增值税一般纳税人开具增值税专用发票后，发生销货退回、开票有误、应税服务中止等情形但又不符合发票作废条件，或者因销货部分退回或发生销售折让的，可根据需要开具红字专用发票。

红字发票（红冲）在实务中很常见，涉及业务有平销返利（或者所谓的冲销返利）、销售折让、销售退回等。甚至有些企业就因为下游品目不得抵扣或其他原因而要求上游企业强行红冲。红冲的情形多种多样，红冲并不一定是交易解除或销售退回，相关方要结合实际情况作综合判定。

发票是在税务系统内开具的，整个流程都在税务机关的监控之下，形成了一个闭环。发票无法做到体外循环，但资金可以做到体外循环，一些企业会通过红冲的形式达到资金体外循环的目的。

此外，一些企业的财务人员认为红字发票能够调节各会计期间收入、利润指标，甚至能够成为避税的有效手段。如A企业在第四季度与同城关联企业B签订多份购销合同，合同约定先开票后付款。A企业将货物交付给B后开具发票给B，但在第二年年初，A企业和B企业签订解除合同，将原来的购销合同全部解除，B企业又将货物运回A企业，A企业又全额开具了红字发票。整个交易看上去真实，有合同，货物也真实交付了。但实际上，A企业是为了避免退市，其在第四季度通过与B虚构购销合同和开具发票虚增营业收入，实现了当年扭亏为盈的目的，在次年年初再开具红字发票冲回并解除合同。实际上该笔交易是虚构的，属于一次有预谋的财务舞弊行为。

税务机关对纳税人开具的红字发票，会分级分类进行事后抽验，并依法对违法违规行为进行处罚。纳税信用好、开具发票规范的纳税人，被抽验的概率相对较低，反之则概率相对较高。

三、拒开发票的合规

在实务中，购货方经常遇到销售方拒绝开具增值税专用发票的情形，有时是购销合同中没有对发票开具进行明确约定，有时是合同中有约定开票事宜但销售方拒绝开票，特别是拒绝开具增值税专用发票。那么购货方应怎么做？

一些企业在协商未果的情况，会采取诉讼手段，直接到法院起诉，要求对方开具发票。目前，对于这类争议，法院也没有统一的处理标准，导致同案不同判的情况发生，具体来说，裁判结果大致有以下两种。

1. 支持采购方的开票请求。虽然双方签订的合同中未约定开具发票事宜，有义务开具发票的当事人在遵守税收法律法规的前提下，可以自主作出向其他民事主体开具发票的意思表示，该行为属于民事法律行为，对于接受发票的一方当事人来说，是否可以取得发票将对其权益有重大影响。基于此，有法院裁判支持受票方的开票请求。

【案例 7-5】

在贵州好旺佳房地产开发有限公司、福建省晓沃建设工程有限公司建设工程施工合同纠纷案［最高人民法院民事判决书（2019）最高法民终 996 号］中，最高人民法院认为，根据《建设工程施工合同》的约定，晓沃公司作为工程款接受方，应当开具对应金额的建筑安装发票，开具发票是双方约定的晓沃公司应承担的合同义务，晓沃公司主张发票开具义务是基于税法规定的收款方的法定义务而非平等主体之间的民事权利义务关系的主张不能成立，晓沃公司应按合同约定履行开具发票义务。

2. 认为不属于人民法院受理范围。理由是，发票管理属于税务行政机关的法定职责，应由税务机关处理。

【案例 7-6】

在内蒙古长融房地产开发有限公司建设工程施工合同纠纷案［最高人民法院民事判决书（2018）最高法民终 482 号］和李某某与贵州南长城企业（集团）房地产开发有限公司建设工程施工合同纠纷案［最高人民法院民事判决书（2019）最高法民终 1510 号］中，最高人民法院认为，根据《发票管理办法》，发票管理是税务主管部门的法定职责，发票的主管机关是税务部门，对拒不开具发票的行为，权利遭受侵害的一方当事人可以向税务部门投诉，由税务部门依照税收法律法规处理，法院不支持合同约定的开具发票的诉请。

从上述两类裁判案例可以明显看出，对开票方拒绝开具发票的行为提起民事诉讼，法院是否支持，即使是在最高人民法院也是有不同观点的。因此，在实务中，企业就开票方拒绝开具发票的行为，可以一方面起诉至法院，一方面向税务机关投诉，争取更多的救济。当事人还可以一并向法院起诉要求另一方承担因未开具发票而造成的进项税额损失，但应当向法院提交税务机关的书面证明，以证明金钱损失的具体数额。

四、入账抵扣的合规

企业在履行合同的过程中，特别在建筑工程领域，结算价格有时不能明确；有时合同已履行完毕，如建筑工程已完工，但未最终决算。施工方向发包方开具了增值税发票，发票上明确记载了价格，发包人接受发票并入账进行了抵扣，但是最终结算价格与发票上载明的价格有较大差异，双方易产生争议。

从理论上看，增值税发票记载的金额应当与实际经营业务相符合，即通常所说的，如实开具。但这并不意味着接受了发票并认证抵扣的行为代表买方认可发票载明的价格为结算价格。如果结算价格高于发票金额，对差额部分应补开发票；如果结算价格低于发票金额，应开具红字发票进行冲抵。

【案例 7-7】

在内蒙古包钢钢联股份有限公司与江苏刚正薄板科技有限公司买卖合同纠纷案［最高人民法院民事判决书（2013）民提字第 215 号］中，最高人民法院认为，开具增值税发票的目的在于接受国家管理部门的税费管理，并非用于双方当事人就特定事项进行要约和承诺，入账抵扣行为不应被认定对单方面定价的认可，增值税发票上的价格不能被视为最终价格。

第三节　收入的税务合规

一、增值税应税收入的合规

（一）增值税应税收入的确认

收入确认涉及增值税应税收入的确认、企业所得税应税收入的确认、会计准则上的收入确认，三者存在差异。在实务中，企业财务人员通常是以取得货款或者是开具发票的时间来确认增值税的纳税义务的。但在增值税的相关规定中，不同的销售模式存在不同的增值税收入确认方法。纳税义务发生时间与会计确认收入的时间存在差异，导致不能按增值税纳税义务发生时间确认应税收入，申报缴纳增值税。

【案例 7-8】纳税人销售建造时间超过 12 个月的货物，合同约定了货物交付前分期收取款项。在交付前，由于控制权未转移给客户，导致货物销售收入在会计上未达到确认时点，因此，企业在货物交付前一直未申报缴纳增值税。但是按增值税法的规定，该类货物的销售，需按照合同约定的收款时间确认纳税义务发生时间，这就导致企业存在未及时缴纳增值税的风险。

采取赊销和分期收款方式销售货物，增值税纳税义务发生时间为书面合同约定的收款日期的当天，无书面合同或者书面合同没有约定收款日期的，为货物发出的当天；采取预收款方式的，增值税纳税义务发生时间为收到预收款的当天。

【案例 7-9】一些房地产开发企业已经竣工验收并交付使用，预收款已经达到确认销售收入的条件，有些企业未及时确认收入，就造成预收款和增值税预缴税款较大，而纳税申报的应税收入却很少。这就存在未及时确认收入并按照规定计算缴纳增值税的风险。

因此，在日常业务处理中，会出现增值税纳税义务已经发生，但是会计收入和所得税收入还不需要确认的情况。这种情况下，企业先不确认收入，只确认增值税，在达到会计标准后才确认收入，同时结转成本。

【案例 7-10】A 企业为一般纳税人，向 B 企业销售货物，购销合同约定 A 企业开具增值税专用发票（税率为 13%），同时发货，B 企业验货合格后付款。该批货物成本为 100 万元，不含税售价为 150 万元，A 企业于发货的当天开具增值税专用发票，35 天后，B 企业收到并验收货物合格，又 15 天后支付货款。A 企业该批货物的账务处理如下。

（1）发货时确认增值税：

借：应收账款　　　　　　　　　　　　　　　　　　　　　　19.5 万元

　　贷：应交税费——应交增值税（销项税额）　　　　　　　19.5 万元

（2）验货后确认收入：

借：应收账款　　　　　　　　　　　　　　　　　　150 万元

　　贷：主营业务收入　　　　　　　　　　　　　　　150 万元

同时结转成本：

借：主营业务成本　　　　　　　　　　　　　　　　100 万元

　　贷：库存商品　　　　　　　　　　　　　　　　　100 万元

（3）收到款项时：

借：银行存款　　　　　　　　　　　　　　　　　169.5 万元

　　贷：应收账款　　　　　　　　　　　　　　　　169.5 万元

实务中也有一些企业采用暂估入账的方式处理。

（1）发货时确认增值税：

借：应收账款　　　　　　　　　　　　　　　　　169.5 万元

　　贷：主营业务收入——暂估入账　　　　　　　　　150 万元

　　　　应交税费——应交增值税（销项税额）　　　19.5 万元

（2）验货后确认收入：

借：主营业务收入——暂估入账　　　　　　　　　　150 万元

　　贷：主营业务收入　　　　　　　　　　　　　　　150 万元

同时结转成本：

借：主营业务成本　　　　　　　　　　　　　　　　100 万元

　　贷：库存商品　　　　　　　　　　　　　　　　　100 万元

（3）收到款项时：

借：银行存款　　　　　　　　　　　　　　　　　169.5 万元

　　贷：应收账款　　　　　　　　　　　　　　　　169.5 万元

如果企业采用暂估入账的方式，若该业务跨年度，那么企业会在开具发票和发货的当年提前缴纳企业所得税；若开具发票和收款都是当年，则不存在此问题。

此外，一些企业将账外销售收入通过"其他应收款""其他应付款"等往来账款科目挂账，也会造成不及时缴纳或少缴增值税。

（二）未开票收入的合规

未开票收入应作纳税申报

按照增值税纳税义务的原理，只要发生应税行为，纳税人已经收款或已经取得索取销售款项的凭据，即使未开具发票其也已经产生纳税义务，会产生未开票收入。会计上记录如下。

借：银行存款

　贷：主营业务收入

　　　应交税费——应交增值税（销项税额）

在实际生活中，不少企业在取得收入时，对方客户是不需要开票的。比如电商平台、网络主播平台等做线上电子平台销售业务，在向消费者销售产品之后，绝大多数消费者都不会在后台申请开具发票，这也导致很多实际发生了业务的企业并没有开具发票。根据税法规定，这种情况需要企业对未开票收入进行纳税申报，在"未开票收入"栏填列正数销售额即可。但企业需要保留有关的证据，如合同、收款记录等，以备日后查证。

补开发票的税务合规

如果是以前年度的未开票收入已申报并已缴纳税费，现在客户要求补开发票，应做如下处理。

（1）如果是一般纳税人，以前年度未开票收入已申报并已缴纳税费，当时取得的未开票收入已填入《增值税纳税申报表附列资料（一）》的"未开具发票"对应栏次，现在补开发票之后，在《增值税纳税申报表附列资料（一）》"未开具发票"对应的栏次填列负数冲减。

（2）如果是小规模纳税人，以前年度未开票收入已申报并已缴纳税费，当时已填入《增值税纳税申报表》（小规模纳税人适用）的"本期数"列，现在补开发票之后，直接冲减对应栏次的销售额即可。

【案例 7-11】

A 自动化科技股份有限公司，主要从事自动化物流系统的研发、设计与销售，在创业板首次公开发行股票招股说明书（申报稿）中披露：2019 年 4 月之前，发行人主要按照开票金额申报缴纳增值税；2019 年 4 月，发行人对截至 2019 年 4 月之前未开票收入补申报增值税。发行人进行上述自查确认并主动申报调整。2019 年 6 月，国家税务总局上海市 ×× 区税务局制发《税务事项通知书》，同意发行人对截至 2019 年 4 月末的未开票收入，自行补申报缴纳增值税 2293 余万元，并缴纳滞纳金 78 余万元。

实务中在销售货物时，有些客户不能确定是否需要开具发票，为防止客户在申报纳税后又提出补开发票的要求，有些企业在销售当月不开具这部分的发票，也不确认这部分的收入。至当年年底，如果企业确定客户不需要开具发票，再统一对这部分销售收入作未开票收入进行申报。这种情况可以不被认定为偷税行为，但企业必须缴纳滞纳金。理由是，企业应以增值税纳税义务发生的时间确认实际收入并申报纳税，包括当月应确认的未开票收入。

因此，对于客户构成主要是自然人客户的，是否将未开票收入进行增值税纳税申报，也是税务稽查的重点。这类企业尤其要注意业务背后隐藏的税务风险，关注开票收入和未开票收入是否已全部申报，从源头上防范少缴增值税的风险。

（三）增值税零申报的合规

零申报是指企业纳税申报的所属期内没有发生应税收入，产生此类情况的原因一般为未开展经营或者当期有收入但未按规定如实申报。

纳税人如果当期增值税、消费税、企业所得税申报数据全部为 "0"（数据真实），可以进行零申报。但是，如果当期有收入但无应纳税款而办理零申报，属于虚假申报，企业将承担不利后果。如果当期有收入又有应纳税款而办理零申报，则属于偷税，主管税务机关将按现行《税收征管法》有关规定追征税款，并进行税务行政处罚。

要特别注意的是，如果企业零申报持续时间达到 6 个月，税务机关将会对企业展开分析调查，确认企业是否存在隐匿收入等问题。

（四）增值税税率适用的合规

正确选择增值税税率

近年来增值税税率变化较大，最大的变化就是税率降低，种类细化。现行有效的税率一共有 13%、10%、9%、6%、0% 几档，征收率则有 5%、3%、1% 等。在开具发票时，企业需要正确选定票面税率。税率栏的填写非常重要，一不小心容易选错税率，导致税额计算错误。

受票方财务人员应当对取得的增值税发票进行逐票核实，核查发票所用品目与税率是否相符。如果税率错误，则属于不符合规定的发票，受票方应当及时将发票退回，要求对方重新开具，否则会因为违反《发票管理办法》而受到处罚。

此外，有些企业将适用高税率的增值税销售额按低税率申报纳税，这属于虚假申报，将导致销售方销项税额减少，采购方进项税额虚增，也属于违法行为，将导致不利的法律后果。

【案例 7-12】

某写字楼物业公司为一般纳税人，既提供物业服务，又对地下停车场实施经营：未售车位以租赁方式对外出租，已售车位对使用权人收取管理服务费。对取得的上述收入，该公司一律按物业服务项目开具了税率为 6% 的增值税发票。这里要注意的是，如果车位以租赁方式对外出租，无论协议如何约定，该公司均应按照"不动产经营租赁服务"缴纳增值税，适用税率应为 9%；而向买断车位的使用权人收取的管理服务费，则应按照"物业服务"缴纳增值税，适用税率为 6%。该公司应对收入进行区分，准确适用不同税率。

在增值税的税率合规的问题上，最应该关注的是兼营和混合销售。若纳税人在经营中提供的，既包括销售货物、加工修理修配劳务，又包括销售服务、销售无形资产和不动产的行为，则属于兼营行为，适用不同税率或征收率；一项销售行为如果既涉及服务又涉及货物，为混合销售。

混合销售以及税率适用

《财政部 国家税务总局关于全面推开营业税改征增值税试点的通知》（财税〔2016〕36 号）规定，从事货物的生产、批发或者零售的单位和个体工商户的混合销售行为，按照销售货物缴纳增值税；其他单位和个体工商户的混合销售行为，按照销售服务缴纳增值税。

同一项销售行为既涉及服务又涉及货物的，就是混合销售，与建筑服务有关的两种情况除外。

（1）建筑企业销售活动板房、机器设备、钢结构件等自产货物的同时提供建筑、安装服务，不属于财税〔2016〕36号第四十条规定的混合销售，企业应分别核算货物和建筑服务的销售额，分别适用不同的税率或者征收率。

（2）《国家税务总局关于明确中外合作办学等若干增值税征管问题的公告》（国家税务总局公告2018年第42号）第六条规定，一般纳税人销售自产机器设备的同时提供安装服务，应分别核算机器设备和安装服务的销售额，安装服务可以按照甲供工程选择适用简易计税方法计税。一般纳税人销售外购机器设备的同时提供安装服务的，如果已经按照兼营的有关规定，分别核算机器设备和安装服务的销售额，安装服务可以按照甲供工程选择适用简易计税方法计税。

兼营以及税率适用

《增值税暂行条例》第三条规定，纳税人兼营不同税率的项目，应当分别核算不同税率项目的销售额；未分别核算销售额的，从高适用税率。

《财政部 国家税务总局关于全面推开营业税改征增值税试点的通知》规定，纳税人兼营销售货物、劳务、服务、无形资产或者不动产，适用不同税率或者征收率的，应当分别核算适用不同税率或者征收率的销售额；未分别核算的，从高适用税率。

【案例7-13】

在国家税务总局淄博市税务局稽查局2022年的稽查案例中，山东某化工科技有限公司于2021年3月投入使用MTBE（甲基叔丁基醚）装置，生产出的直接产品为甲基叔丁基醚和醚后碳四。企业将醚后碳四按照液化气适用税率9%计提增值税。2021年取得醚后碳四的销售收入为455 979 357.36元，其中：4月14 440 951.70元、5月50 494 410.45元、6月61 259 662.70元、7月63 473 522.65元、8月54 146 174.37元、10月107 937 457.59元、11月104 227 177.90元，上述业务均按照石油液化气适用税率即9%申报缴纳增值税，企业开具了增值税专用发票。

经稽查局核实，醚后碳四与石油液化气为不同产品，销售产品醚后碳四适用税率为13%，根据《增值税暂行条例》第一条、第二条、第五条、第六条、第十九条,《财政部 税务总局关于调整增值税税率的通知》及《财政部 税务总局 海关总署关于深化增值税改革有关政策的公告》的规定,企业应补缴2021年度增值税合计18 239 174.18元。

处罚结果是,根据《税收征收管理法》第六十三条第一款规定,对该企业未按规定申报缴纳的2021年度增值税18 239 174.18元,2021年度城市维护建设税1 276 742.19元,处以应缴未缴税款50%的罚款,罚款金额为9 757 958.21元。根据《税收征收管理法》第六十四条第二款规定,对该企业未按规定申报缴纳的2019年度印花税14 700.00元,2020年度印花税41 400.00元,2021年度印花税17 486.90元,处以应缴未缴税款50%的罚款,罚款金额为36 793.45元。

二、企业所得税应税收入的合规

(一) 企业所得税应税收入的确认

应税收入确认的原则

企业所得税应税收入的确认以权责发生制为原则。根据《企业所得税法实施条例》第九条规定,企业应纳税所得额的计算,以权责发生制为原则,属于当期的收入和费用,不论款项是否收付,均作为当期的收入和费用;不属于当期的收入和费用,即使款项已经在当期收付,均不作为当期的收入和费用。

在《国家税务总局关于确认企业所得税收入若干问题的通知》(国税函〔2008〕875号)(以下简称"875号函")中,国家税务总局认为,除企业所得税法及实施条例另有规定外,企业销售收入的确认,必须遵循权责发生制原则和实质重于形式原则。

企业在销售商品的同时满足下列条件的,应确认收入的实现。

(1) 商品销售合同已经签订,企业已将商品所有权相关的主要风险和报酬转移给购货方;

(2) 企业对已售出的商品既没有保留通常与所有权相联系的继续管理权,也没有实施有效控制;

(3) 收入的金额能够可靠地计量;

（4）已发生或将发生的销售方的成本能够可靠地核算。

但权责发生制原则也存在例外，在房地产企业就有"收付实现制"的情形。房地产企业所得税是根据签订的销售合同条款来确认收入的。《国家税务总局关于印发〈房地产开发经营业务企业所得税处理办法〉的通知》（国税发〔2009〕31号）第六条规定，企业通过正式签订《房地产销售合同》或《房地产预售合同》所取得的收入，应确认为销售收入的实现。也就是说企业只要签订了《预售合同》，就应确认应税收入。而无论房屋是否已经完工结算、是否已交付给购买方。对预售房地产取得的预收账款开征企业所得税，意味着将收入的"权责发生制"变为"收付实现制"。

应税收入确认的时间

875号函规定，符合收入确认条件，采取下列商品销售方式的，应按以下规定确认收入实现时间。

（1）销售商品采用托收承付方式的，在办妥托收手续时确认收入。

（2）销售商品采取预收款方式的，在发出商品时确认收入。

（3）销售商品需要安装和检验的，在购买方接受商品以及安装和检验完毕时确认收入。如果安装程序比较简单，可在发出商品时确认收入。

（4）销售商品采用支付手续费方式委托代销的，在收到代销清单时确认收入。

跨年收入的确认

（1）对于货物已发出，但年底货款仍未收到的情形，如果企业销售商品同时满足前述875号函规定的条件的，应确认收入的实现，并按规定确认收入实现时间。

（2）提供劳务服务的情形

企业在各个纳税期末，提供劳务交易的结果能够可靠估计的，应采用完工进度（完工百分比）法确认劳务收入。提供劳务交易的结果能够可靠估计，是指同时满足下列条件。

①收入的金额能够可靠地计量；

②交易的完工进度能够可靠地确定；

③交易中已发生和将发生的成本能够可靠地核算。

企业应按照从接受劳务方已收或应收的合同或协议价款确定劳务收入总额，根据纳税期末提供劳务收入总额乘以完工进度扣除以前纳税年度累计已确认提供劳务收入后的金额，确认为当期劳务收入。

（二）所得税应税收入和会计收入的差异

在实务中，财会人员经常会混淆企业所得税上的收入和会计收入。然而，税收上的收入和会计上的收入是不同的，不能把二者混为一谈，税收上的收入范围大于会计上的收入范围。

收入包括的范围不同

《企业会计准则第14号——收入》规定："收入，是指企业在日常活动中形成的、会导致所有者权益增加的、与所有者投入资本无关的经济利益的总流入。"而《企业所得税法》第六条关于收入规定则是："企业以货币形式和非货币形式从各种来源取得的收入，为收入总额。包括：（一）销售货物收入；（二）提供劳务收入；（三）转让财产收入；（四）股息、红利等权益性投资收益；（五）利息收入；（六）租金收入；（七）特许权使用费收入；（八）接受捐赠收入；（九）其他收入。"

从上述规定可以发现，"股息、红利等权益性投资收益"和"利息收入"在《企业所得税法》上是确认收入的，但在会计上是不计入收入的；"股息、红利等权益性投资收益"在会计上是计入投资收益，"利息收入"在会计上计入财务费用。

收入确认的条件不同

在会计上，我们通常用"五步法"来确认收入。《企业会计准则第14号——收入》第五条规定："当企业与客户之间的合同同时满足下列条件时，企业应当在客户取得相关商品控制权时确认收入。（一）合同各方已批准该合同并承诺将履行各自义务；（二）该合同明确了合同各方与所转让商品或提供劳务（以下简称"转让商品"）相关的权利和义务；（三）该合同有明确的与所转让商品相关的支付条款；（四）该合同具有商业实质，即履行该合同将改变企业未来现金流量的风险、时间分布或金额；（五）企业因向客户转让商品而有权取得的对价很可能收回。"

而在税法上，875号函第一条第（一）项规定："企业销售商品同时满足下列条件的，应确认收入的实现：（一）商品销售合同已经签订，企业已将商品所有权相关的主要风险和报酬转移给购货方；（二）企业对已售出的商品既没有保留通常与所有权相联系的继续管理权，也没有实施有效控制；（三）收入的金额能够可靠地计量；（四）已发生或将发生的销售方的成本能够可靠地核算。"

【案例 7-14】

2022 年 6 月，A 公司向 B 公司销售一批价值 1000 万元的货物，货物成本为 900 万元，销售合同约定 B 公司先支付 20% 的预付款，货物收到后 15 天内向 A 公司支付剩余款项。2022 年 10 月 5 日，A 公司按约定将全部货物发给 B 公司，B 公司确认签收。但 B 公司由于经营恶化，在 2022 年 11 月被列入失信被执行人，一直未按约定支付剩余款项 800 万元，A 公司经法务判断 B 公司很难再支付剩余款项。A 公司的财务负责人根据会计准则，认为很难满足"企业因向客户转让商品而有权取得的对价很可能收回"的条件，A 公司未将剩余款项 800 万元确认收入。但税务机关则认为，A 公司已将货物全部发出，且 B 公司已确认收到，那么该批货物控制权和所有权已全部转移至 B 公司，根据 875 号函，要求 A 公司在 2022 年将剩余款项 800 万元确认为收入。

【案例 7-15】

2021 年 10 月，甲公司为乙公司提供安装服务，合同约定费用为 100 万元（不含税），预计时间为 10 个月，工程完毕且验收合格后，乙公司向甲公司一次性支付全部费用。2021 年 12 月 31 日，工程完工进度为 60%，2022 年 6 月，工程完毕且验收合格，乙公司全额支付了费用，甲公司向乙公司开具了增值税发票。甲公司在 2021 年根据会计准则的要求在 12 月 31 日按照完工进度确认收入 60（100×60%）万元，在 2022 年就该安装工程确认收入 40 万元。但在税法上，《企业所得税法实施条例》第二十三条规定，企业从事建筑、安装、装配工程业务或者提供其他劳务等，持续时间超过 12 个月的，按照纳税年度内完工进度或者完成的工作量确认收入的实现。因此，由于甲公司提供的劳务持续时间不超过 12 个月，其 2021 年无须确认企业所得税收入，应纳税调减 60 万元，甲公司在 2022 年纳税调增 60 万元后，可以确认收入 100 万元。

三、企业所得税与增值税的应税收入差异

企业所得税和增值税都是以收入为起点计算应纳税额，二者在确认收入上存在

一定的差异。税务机关在日常税收征管中，也会对纳税人申报的增值税收入和企业所得税收入进行比对，查看企业申报是否异常。但只要是正常的业务，难免会出现增值税收入与所得税收入不一致的情况。

增值税收入的确认时间即为增值税的纳税义务发生时间。《增值税暂行条例》规定："增值税纳税义务发生时间如下。（一）销售货物或者应税劳务，为收讫销售款项或者取得索取销售款项凭据的当天；先开具发票的，为开具发票的当天。（二）进口货物，为报关进口的当天。"《财政部 国家税务总局关于全面推开营业税改征增值税试点的通知》则作了更明确的规定："增值税纳税义务发生时间如下。（一）纳税人发生应税行为并收讫销售款项或者取得索取销售款项凭据的当天；先开具发票的，为开具发票的当天。收讫销售款项，是指纳税人销售服务、无形资产、不动产过程中或者完成后收到款项。取得索取销售款项凭据的当天，是指书面合同确定的付款日期；未签订书面合同或者书面合同未确定付款日期的，为服务、无形资产转让完成的当天或者不动产权属变更的当天。（二）纳税人提供建筑服务、租赁服务采取预收款方式的，其纳税义务发生时间为收到预收款的当天。（三）纳税人从事金融商品转让的，为金融商品所有权转移的当天。（四）纳税人发生视同销售服务、无形资产或者不动产情形的，其纳税义务发生时间为服务、无形资产转让完成的当天或者不动产权属变更的当天。"

从上述增值税的相关规定和 875 号函对比，可以发现增值税和企业所得税的收入确认时间是不同的，企业所得税按照权责发生制确认收入，而增值税上如果先开票，开具发票的当天就应当确认收入，因此会导致申报的收入存在差异。比如在托收承付方式下，《增值税暂行条例实施细则》规定："采取托收承付和委托银行收款方式销售货物，为发出货物并办妥托收手续的当天。"而 875 号函规定："销售商品采用托收承付方式的，在办妥手续时确认收入。"企业所得税在托收承付方式下，只需要办妥手续即可确认收入，而增值税则要求"发出货物"并"办妥托收手续"。因此，如果企业在 2022 年 12 月办妥托收手续，2023 年 1 月发出货物，则在企业所得税上 2022 年应当确认收入，增值税上不确认收入，这将会造成企业 2022 年申报的增值税收入和企业所得税收入不同。如果税务机关就此收入差异提出疑问，企业进行差异说明即可，说明该笔业务增值税与企业所得税纳税义务的发生时间不同，导致产生了差异，这是符合税法规定的。

四、不征税收入的合规

（一）不征税收入的税务处理

很多企业一直认为收到的财政性资金属于不征税收入，在计算应纳税所得额时应当将其从收入总额中减除。但财政性资金被作为不征税收入是有条件的，它与从政府无偿取得的补助是有区别的。

《财政部 国家税务总局关于专项用途财政性资金企业所得税处理问题的通知》（财税〔2011〕70 号）第一条规定，企业从县级以上各级人民政府财政部门及其他部门取得的应计入收入总额的财政性资金，凡同时符合以下条件的，可以作为不征税收入，在计算应纳税所得额时从收入总额中减除：（一）企业能够提供规定资金专项用途的资金拨付文件；（二）财政部门或其他拨付资金的政府部门对该资金有专门的资金管理办法或具体管理要求；（三）企业对该资金以及以该资金发生的支出单独进行核算。

因此，企业取得的政府补助，如果是从县级以上各级人民政府财政等部门取得的财政性资金，企业能够提供规定资金专项用途的资金拨付文件，财政部门或其他拨付资金的政府部门对该资金有专门的资金管理办法或具体管理要求，且企业对该资金以及以该资金发生的支出单独进行核算，则该资金可以被作为不征税收入进行处理。如果不满足这些条件，则属于应税收入。

但在实务中，地方政府发文并不十分规范，有的是以"实施意见""会议纪要"等形式作为资金拨付文件，有的对专项财政资金并没有发布专门的资金管理办法或要求，只是笼统地规定参照其他政策执行即可。而会议纪要是否可被视为拨付文件，也是目前税企争议的焦点；同时财政性资金的来源也是五花八门，有的是财政直接拨付，有的是城投支付，有的甚至是某某项目办拨付的。

2023 年以前，各地税务机关对于企业收到的财政性资金的认定，严格按照财税〔2011〕70 号文中规定执行，有的税务机关甚至要求相关政府文件必须点对点明确提到拨付专项财政资金给企业。因此，很多企业收到的财政性资金不能满足形式要件，而无法被认定为不征税收入。

目前，有些省市的税务机关在执行财税〔2011〕70号文过程中，认为如果企业确实收到了政府相关部门的拨付款项，则不必严格要求企业满足"两个必须"（即必须有规定资金专项用途的资金拨付文件、必须有对该资金有专门的资金管理办法或具体管理要求），政策依据不必达到确实充分。但强调该拨付资金必须被用于项目、必须为专款专用。

企业往往容易忽视的是，财税〔2011〕70号文还规定，如果将资金确认为不征税收入，企业应满足"对该资金以及以该资金发生的支出单独进行核算"的条件。如果企业不满足该条件，即使政策依据充分，也不能将相关资金作为不征税收入进行税务处理。

此外，与销售挂钩的财政补贴收入应计算缴纳增值税。《国家税务总局关于取消增值税扣税凭证认证确认期限等增值税征管问题的公告》（国家税务总局公告2019年第45号，以下简称"45号公告"）第七条规定："纳税人取得的财政补贴收入，与其销售货物、劳务、服务、无形资产、不动产的收入或者数量直接挂钩的，应按规定计算缴纳增值税。纳税人取得的其他情形的财政补贴收入，不属于增值税应税收入，不征收增值税。"

（二）不征税收入的税会差异

如果企业收到不符合财税〔2011〕70号文规定的不征税收入条件的政府补助，则应一次性将其作为企业应税收入，计入应纳税所得额，依法缴纳企业所得税。但在会计处理上，则确认其为递延收益，存在税会差异。

政府补助有两种会计处理方法：总额法和净额法。

总额法：在确认政府补助时，将资金全额一次性或分次确认为收益，而不是作为相关资产账面价值或者成本费用等的扣减。与收益相关的政府补助，在总额法下，应当计入其他收益或营业外收入。

净额法：将政府补助作为相关资产账面价值或所补偿费用的扣减。与收益相关的政府补助，在净额法下，应当冲减相关成本费用或营业外支出。

【案例 7-16】

A 公司 2020 年收到政府部门发放的补助资金 600 万元，经确认不符合不征税收入确认条件，A 公司决定采用总额法，受益期为 3 年，会计处理如下（单位：万元）。

收到政府补助时：

借：银行存款　　　　　　　　　　　　　　　　　　　　　　600

　　贷：递延收益　　　　　　　　　　　　　　　　　　　　600

2020 年末：

借：递延收益　　　　　　　　　　　　　　　　　　　　　200

　　贷：其他收益　　　　　　　　　　　　　　　　　　　200

2021 年末、2022 年末：

借：递延收益　　　　　　　　　　　　　　　　　　　　　200

　　贷：其他收益　　　　　　　　　　　　　　　　　　　200

税务处理如下：

A 公司 2020 年一次性确认政府补助收入 600 万元，2020 年调增 400 万元，2021 年、2022 年度各调减 200 万元。

（三）不征税收入和免税收入的差异

根据《企业所得税法》等规定，企业的下列收入为免税收入。

1. 国债利息收入；国债利息收入，是指企业持有国务院财政部门发行的国债取得的利息收入。

2. 符合条件的居民企业之间的股息、红利等权益性投资收益；具体是指居民企业直接投资于其他居民企业取得的投资收益。不包括连续持有居民企业公开发行并上市流通的股票不足 12 个月取得的投资收益。

3. 在中国境内设立机构、场所的非居民企业从居民企业取得与该机构、场所有实际联系的股息、红利等权益性投资收益。

4. 符合条件的非营利组织的收入。非营利组织，是指同时符合下列条件的组织：（1）依法履行非营利组织登记手续；（2）从事公益性或者非营利性活动；（3）取得的收入除用于与该组织有关的、合理的支出外，全部用于登记核定或者章程规定的公益性或者非营利性事业；（4）财产及其孳息不用于分配；（5）按照登记核定或者章程规定，该组织注销后的剩余财产用于公益性或者非营利性目的，或者由登记管理机关转赠给与该组织性质、宗旨相同的组织，并向社会公告；（6）投入人对投入该组织的财产不保留或者享有任何财产权利；（7）工作人员工资福利开支控制在规定的比例内，不变相分配该组织的财产。非营利组织的认定管理办法由国务院财政、税务主管部门会同国务院有关部门制定。

免税收入属于税收优惠，其对应的支出允许在税前扣除。不征税收入不属于税收优惠，不在企业所得税的征税范围之内，企业无须缴纳企业所得税，其对应的费用、折旧摊销也不允许被在税前扣除。

五、视同销售的合规

（一）税法上视同销售的类别

税法上，视同销售主要分为两类，即增值税视同销售、所得税视同销售。增值税视同销售是为了保证增值税的链条完整性，如果企业在购进时进行了抵扣，采取了员工福利、无偿赠送等方式而在会计准则上不作销售，导致增值税链条中没有销项税额，则要通过视同销售确认收入，结转成本及计提销项税额来避免链条断裂。而企业所得税视同销售是非销售性质的货物所有权在不同主体之间的权属转移。这是二者之间的主要区别。

一些企业在实际运营过程中，经常发生视同销售货物的行为，它们由于对政策把握不准确或者出于少缴增值税的目的而未按规定申报缴纳增值税。如一些企业在市场营销过程中采购了一些纪念品，将其无偿赠送给客户，企业在主观上会认为这些物品属于外购用于市场活动而不是销售的，应被作为销售费用处理。但实际上，无偿赠送的行为应视同销售处理，并应缴纳增值税、企业所得税。

同理，视同销售可以开具增值税发票，因为视同销售也是为了防止增值税链条断裂，这个链条需要抵扣凭证来维系，如果视同销售，企业就可以给下游开增值税发票。但如果没有开具发票，企业也应按未开票收入申报纳税。

（二）视同销售税务处理的合规

视同销售也是一个困扰企业财务人员的问题，很多财务人员容易混淆企业所得税上和增值税上的视同销售。视同销售也是税务稽查的重点。

《企业所得税法实施条例》第二十五条规定："企业发生非货币性资产交换，以及将货物、财产、劳务用于捐赠、偿债、赞助、集资、广告、样品、职工福利或者利润分配等用途的，应当视同销售货物、转让财产或者提供劳务，但国务院财政、税务主管部门另有规定的除外。"

具体而言，《国家税务总局关于企业处置资产所得税处理问题的通知》（国税函〔2008〕828号）规定，以下情况也属于视同销售，要在企业所得税上确认收入。"企业将资产移送他人的下列情形，因资产所有权属已发生改变而不属于内部处置资产，应按规定视同销售确定收入。（1）用于市场推广或销售；（2）用于交际应酬；（3）用于职工奖励或福利；（4）用于股息分配；（5）用于对外捐赠；（6）其他改变资产所有权属的用途。"

在增值税方面，《增值税暂行条例实施细则》规定，单位或者个体工商户的下列行为，视同销售货物。（1）将货物交付其他单位或者个人代销；（2）销售代销货物；（3）设有两个以上机构并实行统一核算的纳税人，将货物从一个机构移送其他机构用于销售，但相关机构设在同一县（市）的除外；（4）将自产或者委托加工的货物用于非增值税应税项目；（5）将自产、委托加工的货物用于集体福利或者个人消费；（6）将自产、委托加工或者购进的货物作为投资，提供给其他单位或者个体工商户；（7）将自产、委托加工或者购进的货物分配给股东或者投资者；（8）将自产、委托加工或者购进的货物无偿赠送其他单位或者个人。

从以上企业所得税和增值税上关于视同销售的规定来看，在企业所得税上，视同销售是以企业资产所有权属是否发生改变为标准，不发生改变则不视同销售。但在实务中，这并不是绝对的。企业外购商品对外赠送，如果是针对不特定客户进行的无差别赠送，需要视同销售缴纳增值税；如果是针对特定的业务客户的赠送，则按交际应酬处理，不需要视同销售缴纳增值税。

六、境内关联交易特别纳税调整的合规

企业境内关联交易近些年来成为税务机关关注的重点。而很多企业认为境内关联交易是无须进行调整的，依据为《国家税务总局关于发布〈特别纳税调查调整及相互协商程序管理办法〉的公告》（国家税务总局公告 2017 年第 6 号）的第三十八条规定："实际税负相同的境内关联方之间的交易，只要该交易没有直接或者间接导致国家总体税收收入的减少，原则上不作特别纳税调整。"部分财务人员有着境内关联交易不存在税务风险的错误认知，却忽略了"只要该交易没有直接或者间接导致国家总体税收收入的减少"这一关键前提条件。如果该交易导致国家总体税收收入减少，还是需要作特别纳税调整的。此外《企业所得税法》第四十一条规定，企业与其关联方之间的业务往来，不符合独立交易原则而减少企业或者其关联方应纳税收入或者所得额的，税务机关有权按照合理方法调整。

在实务中，一些集团公司利用税负差将利润进行转移，从而达到少缴税款的目的，如利用高新技术企业享受 15% 的企业所得税税率优惠或集团内部企业集中采购模式，在关联企业间转移利润。如 A 公司（企业所得税税率为 25%）以低于成本价的价格向其关联方（高新技术企业，企业所得税税率为 15%）销售产品，造成 A 公司处于长期亏损状态。税务机关通过功能分析，发现其利润水平与其所承担的功能不匹配，导致"国家总体税收收入的减少"，因此，税务机关有权对其进行特别纳税调整。

第四节　抵扣和扣除的合规

一、增值税抵扣的合规

在增值税的日常管理中，存在诸多风险，无论是销项或进项，还是留抵退税，每一项、每一个细节都不容忽视。在增值税的抵扣方面，根据增值税的原理和规定，一般纳税人取得增值税进项税额可以抵扣，但不是所有的增值税进项税额都可以抵扣，纳税人若取得不能抵扣的增值税进项税额，其在认证后需要做进项税额转出。

如果不做进项税额转出，就增加了企业的抵扣额，导致税款的流失。在实务中，企业应当注意以下几个方面。

1. 查验增值税发票及其所附清单。很多企业由于业务较多，对于收到的增值税发票只是简单比对了开票方信息和开票金额，然后就将发票归集进当月会计凭证，同时在"增值税发票综合服务平台"进行进项税额勾选抵扣，后期一直未进入"发票查验平台"进行查验。企业很可能收到虚假发票或走逃失联发票，一旦企业对这类发票进行抵扣，就会触发税务预警，引起税务稽查。因此，无论业务多忙，企业财务人员都应当进入"国家税务总局全国增值税发票查验平台"，对收到的增值税发票一一进行查验。同时，企业还应当核实发票所附的销货清单。特别注意，如果采购的数量、品种过多，开票方无法在发票上将所有品种一一填列，会附上销货清单。企业财务人员往往会忽视对销货清单的核实查验，实务中会出现收到的发票后附"销货清单"与供应商上传到税务系统的"销货清单"不一致的情形。如果发票所附销货清单与实际交易不符，同时企业进行了抵扣，税务机关会认为这属于通过虚增进项税额进行虚假纳税申报，是具有主观故意的偷税行为。因此，企业应当在抵扣前，全面查验增值税发票及其所附的销货清单。

2. 对供应商进行背景调查。很多企业财务人员认为对供应商进行背景调查是律师和法务人员的工作。但律师和法务人员不可能对每一笔业务的供应商进行背景调查，只是做形式上的调查。财务人员也应当对供应商进行背景调查。企业财务人员可以通过"全国企业信用信息公示系统"查询供应商的注册资本、成立日期、经营范围等。如果发现供应商提供的货品或服务不在经营范围之内，就要作认真分析：该供应商是否不具备相关供货资质，能否开具与所提供的货物一致的发票，供货商提供的货物是自产还是挂靠，等等。特别是涉及出口退税的采购业务，企业更要对供应商进行严格审查，否则有可能导致无法申请出口退税。

二、增值税进项留抵的合规

（一）留抵退税的合规

《财政部 税务总局关于进一步加大增值税期末留抵退税政策实施力度的公告》

（财政部 税务总局公告 2022 年第 14 号，以下简称"14 号公告"）和《财政部 税务总局关于扩大全额退还增值税留抵税额政策行业范围的公告》（财政部 税务总局公告 2022 年第 21 号）等规定，增值税留抵退税政策进一步升级，旨在降低企业税负，同时使企业获得留抵退税款以补充运营资金。

留抵退税是在一般计税方式下，增值税进项税额大于销项税额时，不足抵扣的部分形成增值税留抵税额。实务中存在不符合留抵退税条件，但企业通过欺骗手段非法获取留抵退税的行为，即骗取留抵退税。14 号公告规定，以虚增进项、虚假申报或其他欺骗手段，骗取留抵退税款的，由税务机关追缴其骗取的退税款，并按照税收征管法等有关规定处理。2022 年 5 月 17 日，为深入贯彻落实党中央、国务院关于实施大规模增值税留抵退税政策的重大决策部署，国家税务总局、公安部、最高人民检察院、海关总署、中国人民银行、国家外汇管理局经研究，发布了《国家税务总局等六部门关于严厉打击骗取留抵退税违法犯罪行为的通知》（税总稽查发〔2022〕42 号），把打击骗取留抵退税违法犯罪行为作为 2022 年常态化打击虚开骗税工作的重点，集中力量开展联合打击。

从目前税务机关的处理情况来看，对于骗取留抵退税行为的定性和处理，要结合"虚增进项、虚假申报或其他欺骗手段"等具体手段和"骗取留抵退税款"的后果，来认定企业违反了何种"有关规定"，构成何种违法行为。从国家税务总局曝光的案例来看，通过接受虚开发票虚增进项税额实行骗取留抵退税的行为，通常按虚开发票定性和处理。

（二）留抵不退税的合规

在实务中，是否进行留抵退税可以由纳税人自行选择。14 号公告明确规定，纳税人可以选择向主管税务机关申请留抵退税，也可以选择将款项结转下期继续抵扣。

符合留抵退税条件的企业可以不申请退税，选择继续抵扣。只是各地税务局在征管中的具体要求不同，有的税务局会明确要求纳税人注明不申请留抵退税的原因。例如税务系统里会显示以下留抵不退税的原因供纳税人选择（见图 7–1）。

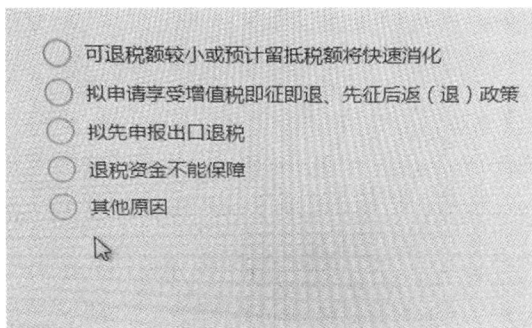

图 7–1 税务系统提供的"留抵不退税"原因选择

三、企业所得税税前扣除的合规

（一）税前扣除的关联性原则要求

税前扣除是企业所得税征管中的一个重点和难点。《企业所得税法》第八条规定："企业实际发生的与取得收入有关的、合理的支出，包括成本、费用、税金、损失和其他支出，准予在计算应纳所得额时扣除。"例如，某企业老总喜爱字画，他以企业的名义支付 200 万元购买了一幅字画，拍卖行以自己名义向该企业开具增值税普通发票，企业是否可以在企业所得税税前扣除该笔金额？这就涉及相关性原则，相关性是判定支出项目能否在税前扣除的基本原则。除一些特殊的文化企业外，一般生产性企业、商贸企业购买的非经营性的字画、古董等，与取得的收入不直接相关，不符合相关性原则，因此金额不能在税前扣除；同时，所采购的物品也不具有被确认为固定资产的特征，所发生的折旧费用也不能进行税前扣除。

很多企业财务人员认为，只要取得合法的增值税发票，就可以凭票进行税前扣除，这种观点是不正确的。因为除了发票，其他符合法定条件要求的凭证也可以进行税前扣除。《企业所得税税前扣除凭证管理办法》（国家税务总局公告 2018 年第 28 号，以下简称 28 号公告）规定："税前扣除凭证在管理中遵循真实性、合法性、关联性原则。真实性是指税前扣除凭证反映的经济业务真实，且支出已经实际发生；合法性是指税前扣除凭证的形式、来源符合国家法律、法规等相关规定；关联性是指税前扣除凭证与其反映的支出相关联且有证明力。"

（二）税前扣除的实质性合规

预付卡

如果公司购买预付卡用于业务，在还未使用的情况下，可否直接对取得的普通发票（税率栏填列为不征税）做税前扣除？从合法性原则来看，该业务已经取得了合法凭证，但由于还没有使用预付卡，业务也还没有发生，在预付卡购买或充值环节，企业应将其作为企业的资产进行管理，充值时发生的相关支出不得税前扣除。只能在业务实际发生时，取得业务实际发生的凭据进行扣除。

境外支付费用

大多数情况下，企业在业务中取得的发票都能进行税前扣除。但企业向境外支付的费用，无法取得发票，如何做到有效的税前扣除？28号公告规定："企业从境外购进货物或者劳务发生的支出，以对方开具的发票或者具有发票性质的收款凭证、相关税费缴纳凭证作为税前扣除凭证。"因此，境外交易的收款方根据其所在国税法提供的类同发票性质的收款依据，可视同境内发票被作为扣除凭证。但《发票管理办法》（2023年7月20日第三次修订）第三十二条规定："单位和个人从中国境外取得的与纳税有关的发票或者凭证，税务机关在纳税审查时有疑义的，可以要求其提供境外公证机构或者注册会计师的确认证明，经税务机关审核认可后，方可作为记账核算的凭证。"总之，企业应当留存合同协议、收付款凭证等证明业务真实性的依据备查。税务机关更多关注的是交易的合法性、合理性及真实性、相关性。

（三）共同支出分摊的税务合规

企业所得税税前扣除的一个风险就是共同支出分摊风险。

28号公告第十八条规定："企业与其他企业（包括关联企业）、个人在境内共同接受应纳增值税劳务（以下简称"应税劳务"）发生的支出，采取分摊方式的，应当按照独立交易原则进行分摊，企业以发票和分割单作为税前扣除凭证，共同接受应税劳务的其他企业以企业开具的分割单作为税前扣除凭证。企业与其他企业、个人在境内共同接受非应税劳务发生的支出，采取分摊方式的，企业以发票外的其他外部凭证和分割单作为税前扣除凭证，共同接受非应税劳务的其他企业以企业开具的分割单作为税前扣除凭证。"

在实务中，共同支出分摊的风险表现之一就是：企业错误地采取开发票的形式分摊支出至其他企业。企业如果共同接受应税劳务，采取分摊方式的，企业以劳务提供方开具的发票和分割单作为税前扣除凭证，共同支出分摊的其他企业以分割单作为税前扣除凭证。但要注意的是，分割单需要获得主管税务机关的认可。

【案例 7-17】

集团母公司委托某公关公司提供公关服务，母公司支付 2000 万元的公关服务费，母公司将上述 2000 万元中的 1500 万元分配至集团 15 家子公司承担，每家子公司承担 100 万元。因此，该集团母公司以公关公司开具的 2000 万元发票及 1500 万元分割单入账并作为税前扣除凭证，集团各子公司应以母公司开具的 100 万元分割单作为税前扣除凭证，而不是子公司各自向母公司开具 100 万元的发票供母公司作为税前扣除凭证。

（四）亏损企业捐赠税前扣除的合规

2021 年 7 月 21 日，某品牌企业通过公益性组织向灾区捐赠了 5000 万元物资，因该企业常年亏损，此项巨额捐赠引起热议，也带来了一个税务问题，即亏损企业的公益性捐赠支出能否进行税前扣除？

有观点认为，企业的捐赠支出，允许在计算应纳税所得额时全额扣除，不受"年度利润总额 12%"的扣除标准限制。即使企业当年会计利润亏损，也可以全额进行税前扣除，以扣除捐赠支出后的亏损额作为后续年度亏损弥补的基数，按照亏损弥补政策执行。

《财政部　国家税务总局关于公益性捐赠支出企业所得税税前结转扣除有关政策的通知》（财税〔2018〕15 号）规定："企业通过公益性社会组织或者县级（含县级）以上人民政府及其组成部门和直属机构，用于慈善活动、公益事业的捐赠支出，在年度利润总额 12% 以内的部分，准予在计算应纳税所得额时扣除；超过年度利润总额 12% 的部分，准予结转以后三年内在计算应纳税所得额时扣除。"

根据以上规定不难看出，只有盈利企业对外符合条件的公益性捐赠，在年度利润总额 12% 以内的部分，准予在计算应纳税所得额时扣除，超过年度利润总额 12%

的部分需要进行纳税调整缴纳企业所得税。由于亏损企业利润总额小于零，其公益性捐赠支出不能在企业所得税税前扣除。

此外，财税〔2018〕15号文规定，企业发生的公益性捐赠支出未在当年税前扣除的部分，准予向以后年度结转扣除，但结转年限自捐赠发生年度的次年起计算，最长不得超过三年。

从企业财务管理方面来说，亏损企业一般也不能对外捐赠。《财政部关于加强企业对外捐赠财务管理的通知》（财企〔2003〕95号）规定："企业已经发生亏损或者由于对外捐赠将导致亏损或者影响企业正常生产经营的，除特殊情况以外，一般不能对外捐赠。"

还要注意的是，如果亏损企业坚持进行公益性的物资捐赠，则有可能需要进行全额纳税调增。

【案例 7-18】

某企业 2021 年度发生亏损，会计利润为负数，当年企业公益性捐赠共计 5000 万元的自产产品。由于企业捐赠的实物所有权权属已发生转移，其应当视同销售确认收入。如果产生利润，企业需要补缴企业所得税。

第五节　其他税种的合规

一、土地增值税的合规

土地增值税的税负比较沉重，它是房地产企业最为关注的一个税种，也是房地产开发企业税务遵从的难点和重点，但它也是非房地产企业较为忽视的一个税种。土地增值税的规范性文件较少，地域特征明显，在实务操作中，各地征管的标准和口径不一。

（一）土地增值税应税收入的合规

土地增值税应税收入的一般确认

《国家税务总局关于营改增后土地增值税若干征管规定的公告》（国家税务总局

公告 2016 年第 70 号）规定，房地产开发企业在营改增后进行房地产开发项目的土地增值税清算时，按以下方法确定相关金额。

（1）土地增值税应税收入 = 营改增前转让房地产取得的收入 + 营改增后转让房地产取得的不含增值税收入。

（2）与转让房地产有关的税金 = 营改增前实际缴纳的营业税、城建税、教育费附加 + 营改增后允许扣除的城建税、教育费附加。

这里需要注意的是，土地增值税纳税人转让房地产取得的收入为不含增值税收入。即适用增值税一般计税方法的纳税人，其转让房地产的土地增值税应税收入不含增值税销项税额；适用简易计税方法的纳税人，其转让房地产的土地增值税应税收入不含增值税应纳税额。

视同销售的收入确认

房地产开发企业将开发产品用于职工福利、奖励、对外投资、分配给股东或投资人、抵偿债务、换取其他单位和个人的非货币性资产等，发生所有权转移时应视同销售房地产，其收入按下列方法和顺序确认。

（1）按本企业在同一地区、同一年度销售的同类房地产的平均价格确定；

（2）由主管税务机关参照当地当年、同类房地产的市场价格或评估价值确定。

土地增值税清算时的收入确认

土地增值税清算时，已全额开具商品房销售发票的，按照发票所载金额确认收入；未开具发票或未全额开具发票的，以交易双方签订的销售合同所载的售房金额及其他收益确认收入。销售合同所载商品房面积与有关部门实际测量面积不一致，在清算前已发生补、退房款的，应在计算土地增值税时予以调整。

因此，企业在土地增值税清算中，应根据销售发票、合同来确认收入。

如果房地产开发企业安置回迁户，其拆迁安置用房应税收入和扣除项目的确认，应按照《国家税务总局关于土地增值税清算有关问题的通知》（国税函〔2010〕220号）的第六条规定执行，即安置用房视同销售处理；按《国家税务总局关于房地产开发企业土地增值税清算管理有关问题的通知》（国税发〔2006〕187号）第三条第（一）款规定确认收入。

（二）土地增值税扣除项目的合规

计算土地增值税增值额的扣除项目有以下几项。

取得土地使用权所支付的金额

取得土地使用权所支付的金额。包括为取得土地使用权所支付的地价款和按国家统一规定缴纳的有关费用。具体为：以出让方式取得土地使用权的，为支付的土地出让金；以行政划拨方式取得土地使用权的，为转让土地使用权时按规定补交的出让金；以转让方式取得土地使用权的，为支付的地价款。

开发土地的成本、费用

（1）开发土地和新建房及配套设施的成本，包括土地征用及拆迁补偿费、前期工程费、建筑安装工程费、基础设施费、公共设施配套费、开发间接费用。这些成本允许按实际发生额扣除。

如前所述，如果房地产开发企业安置回迁户，安置用房视同销售处理，企业按规定确认收入，同时将此确认为房地产开发项目的拆迁补偿费。房地产开发企业支付给回迁户的补差价款，计入拆迁补偿费；回迁户支付给房地产开发企业的补差价款，应抵减本项目的拆迁补偿费。

① 开发企业采取异地安置的，异地安置的房屋属于自行开发建造的，房屋价值按本企业在同一地区、同一年度销售的同类房地产的平均价格确定或由主管税务机关参照当地当年、同类房地产的市场价格、评估价值确定，计入本项目的拆迁补偿费；异地安置的房屋属于购入的，以实际支付的购房支出计入拆迁补偿费。

② 货币安置拆迁的，房地产开发企业凭合法有效凭据将款项计入拆迁补偿费。

（2）开发土地和新建房及配套设施的费用是指销售费用、管理费用、财务费用。与房地产开发有关的费用直接计入当年损益，不按房地产项目进行归集或分摊。三项费用的扣除在取得土地使用权所支付的金额及房地产开发成本的10%以内进行扣除。关于财务费用中的利息支出，凡能够按转让房地产项目计算分摊，并提供金融机构证明的，允许被据实扣除，扣除额最高不得超过商业银行同类同期贷款利率计算出的金额。

此外，在计算土地增值税时，对从事房地产开发的纳税人，可按取得土地使用权所支付的金额与房地产开发成本之和，加计 20% 扣除。

（三）改制重组后再转让土地使用权的合规

《财政部 税务总局关于继续实施企业改制重组有关土地增值税政策的公告》（财政部 税务总局公告 2021 年第 21 号）规定，改制重组后再转让房地产并申报缴纳土地增值税时，对"取得土地使用权所支付的金额"，按照改制重组前取得该宗国有土地使用权所支付的地价款和按国家统一规定缴纳的有关费用确定；经批准以国有土地使用权作价出资入股的，为作价入股时县级及以上自然资源部门批准的评估价格。按购房发票确定扣除项目金额的，按照改制重组前购房发票所载金额并从购买年度起至本次转让年度止每年加计 5% 计算扣除项目金额，购买年度是指购房发票所载日期的当年。

要特别注意的是，房地产转移的任意一方为房地产开发企业的，不得享受改制重组土地增值税优惠，应按规定申报缴纳土地增值税。

（四）土地返还款的土地增值税税务合规

企业收到的与房地产项目开发有关的政府土地返还款在确认扣除项目金额时应当抵减"取得土地使用权所支付的金额"。

关于这一点，有些地方对此作了更明确的规定。实务中，各地主管税务机关也采取这一做法。

例如，《安徽省土地增值税清算管理办法》（安徽省税务局公告 2018 年第 21 号）第三十八条规定："根据有关土地转让、出让合同、协议及其补充协议，政府或有关单位、部门以扶持、奖励、补助、改制或其他形式返还、支付、拨付给纳税人或其控股方、关联方的金额应从取得土地使用权所支付的金额中剔除。"再如《青岛市地税局房地产开发项目土地增值税税款清算管理暂行办法》（青地税发〔2008〕100 号）规定，对于开发企业因从事公共配套设施建设等原因，从政府部门取得的补偿以及财政补贴款项，抵减房地产开发成本中的土地征用及拆迁补偿费的金额。

（五）关联交易规避土地增值税的合规

在实务中，部分房地产企业利用关联交易达到少缴土地增值税的目的。税务机关往往通过对该房地产企业开发项目的土地增值税申报数据与工程决算成本明细进行分析对比，通过审核建材购销合同、工程结算单据等重要涉税资料，发现建材的单位成本明显偏高，且无正当理由，认为该房地产开发企业可能与建材企业通过关联交易形式提高建筑材料的交易价格，多列建筑安装成本，从而达到少缴土地增值税的目的。税务机关往往根据独立交易原则，参照非关联交易及市场行情确认建材的单位价格，对开发项目的建安成本进行纳税调整。

（六）土地增值税清算的合规

首先，企业要夯实土地增值税清算基础。有效界定不同项目之间收入、成本、费用的归集范围，核算土地增值税增值额，避免不同清算单位之间增值额过于不平衡而引起的税负上升。

其次，要做到事前的有效预防，加强发票管理。发票管理要做到合同流、资金流和发票流"三流一致"。许多房地产企业被税务稽查，就是因为缺少成本发票，导致无法有效申辩，只能被动地调减成本，导致土地增值税税负过高。

（七）土地司法拍卖的土地增值税税务合规

部分企业由于经营不善，土地使用权被司法拍卖，这些法拍土地有价格上的优势，同时地段理想，竞拍企业若缺乏谨慎考虑，便容易掉入土地增值税的深渊。在法拍项目中，被执行人已经资不抵债，失去支付能力。因此法院通常在项目的竞拍公告里约定，由买家承担买卖双方的税费。但在实际操作中，买受人即使承担了这部分税费，税务机关的完税凭证仍然是按税法规定开具给被执行人。被执行人应当再行开具发票给买受方企业。实际中，被执行人要么走逃失联，要么被税务机关停票，导致无法开票。而买受方企业常在取得土地后，发现不能取得合法合规的发票，导致本企业的增值税、土地增值税以及企业所得税的税负受到严重影响，企业税负大大增加。因此，如果企业要想获得法拍土地，一定要想清楚谁来承担税费，以及如果取得了法拍土地，企业能否获得发票。

（八）未办证土地使用权转让的土地增值税税务合规

企业将未办理土地使用权证的土地进行转让，需要征收土地增值税。《国家税务总局关于未办理土地使用权证转让土地有关税收问题的批复》（国税函〔2007〕645号）规定，土地使用者转让、抵押或置换土地，无论其是否取得了该土地的使用权属证书，无论其在转让、抵押或置换土地过程中是否与对方当事人办理了土地使用权属证书变更登记手续，只要土地使用者享有占有、使用、收益或处分该土地的权利，且有合同等证据表明其实质转让、抵押或置换了土地并取得了相应的经济利益，土地使用者及其对方当事人应当依照税法规定缴纳土地增值税和契税等相关税金。

二、房产税的税务合规

（一）一般房产的界定

房产税以房产作为征税对象。这里需要澄清的一点是，对建筑物是否征收房产税的判定依据应该从税法规定的"房产"定义本身出发，而不以纳税方是否具有房屋产权证为依据。税法关于"房产"的定义可以追溯到1987年，《财政部 国家税务总局关于房产税和车船使用税几个业务问题的解释与法规》（财税地字〔1987〕3号）对"房产"做了明确定义："房产"是以房屋形态表现的财产。房屋是指有屋面和围护结构（有墙或两边有柱），能够遮风避雨，可供人们在其中生产、工作、学习、娱乐、居住或储藏物资的场所。因此，如果企业在应税范围的集体土地上建造民宿，用于出租经营娱乐餐饮等项目，企业作为管理方收取租金，则尽管这些民宿无法办理产权证，税务机关仍然应该从租计征房产税。

但实务中，由于建筑种类繁多，关于"房产"的争议也较多。如前些年某地对某养猪企业的猪舍征收房产税一事引起广泛关注。如果该养猪企业的猪舍其实是一栋平房，有屋面和围护结构（有墙或两边有柱），能够遮风避雨，完全符合财税地字〔1987〕3号文中对"房产"的定义，则税务机关应该征收房产税；但如果只是猪圈，只有栅栏，那就不应当征收房产税。

（二）地下建筑的房产税合规

关于地下建筑，《财政部 国家税务总局关于具备房屋功能的地下建筑征收房产税的通知》（财税〔2005〕181号）规定，凡在房产税征收范围内的具备房屋功能的地下建筑，包括与地上房屋相连的地下建筑以及完全建在地面以下的建筑、地下人防设施等，均应当依照有关规定征收房产税。

有关地下建筑的房产税，分两类情况进行计算。

1. 自用的地下建筑，按以下方式计税。

（1）工业用途房产，以房屋原价的 50%~60% 作为应税房产原值。

应纳房产税的税额 = 房屋原价 ×（50%~60%）×［1-（10%~30%）］×1.2%

（2）商业和其他用途房产，以房屋原价的 70%~80% 作为应税房产原值。

应纳房产税的税额 = 房屋原价 ×（70%~80%）×［1-（10%~30%）］×1.2%

房屋原价折算为应税房产原值的具体比例，由各省、自治区、直辖市和计划单列市财政和地方税务部门在上述幅度内自行确定。

（3）对于与地上房屋相连的地下建筑，如房屋的地下室、地下停车场、商场的地下部分等，应将地下部分与地上房屋视为一个整体，按照地上房屋建筑的有关规定计算征收房产税。

2. 出租的地下建筑，按照出租地上房屋建筑的有关规定计算征收房产税。

（三）无租和免租使用房产的合规

无租使用他人房产的情形

如果企业无租使用他人房产，需要依照房产余值代缴纳房产税，也就是适用"从价计征"的模式。

从价计征：房产税额 = 房产原值 ×（1-30%）×1.2%。

从租计征：房产税额 = 不含税租金 ×12%。

因此，无租使用房产采用从价计征方式，企业在一些情况下可能缴纳更多的房产税。此外，不收租金把房产提供给其他单位使用，就相当于为其他单位无偿提供服务，在增值税上，出租方是需要做视同销售处理的，税务机关会参考同地段同类房产出租价格，核定需要缴纳的增值税。

免租使用他人房产的情形

《财政部 国家税务总局关于安置残疾人就业单位城镇土地使用税等政策的通知》（财税〔2010〕121号）第二条规定，关于出租房产免收租金期间房产税问题，对出租房产，租赁双方签订的租赁合同约定有免收租金期限的，免收租金期间由产权所有人按照房产原值缴纳房产税。实务中需要考虑，出租方是提供免租期还是降低了月租金。

三、印花税的税务合规

印花税虽然是一个小税种，税率低，单笔税额少，但是它贯穿经济活动的始终，遍及各个环节。例如企业虽然没有签订购销合同，但双方实际发生了购销业务往来，则涉及印花税的缴纳。《国家税务总局关于印花税若干具体问题的解释和规定的通知》（国税发〔1991〕155号）规定，对工业、商业、物资、外贸等部门使用的调拨单（或其他名称的单、卡、书、表等）凡属于明确双方供需关系，据以供货和结算，具有合同性质的凭证，应按规定贴花，缴纳印花税。

特别需要注意的是，《中华人民共和国印花税法》规定："应税合同的计税依据，为合同所列的金额，不包括列明的增值税税款。"实务中一般按照以下情形处理。

（1）如果合同所载金额包含增值税税款，但未分别记载的，以合同所载金额，即以含税金额作为印花税计税依据。

（2）如果合同所载金额包含增值税税款，且单独记载了增值税税款的，以不含税金额作为印花税计税依据。

（3）如果合同所载金额为不含增值税金额，直接以合同所载不含税金额作为印花税计税依据。

总之，未分开注明的，以合同所载金额为计税依据。如果在一份合同中的合同金额记载的是含增值税的金额，则印花税的计税依据为含增值税的合同金额，企业将缴纳更多的印花税。

第六节　税收优惠政策适用的合规

一、小型微利企业优惠政策适用的税务合规

在企业所得税上的小型微利企业（以下简称"小微企业"）是指，从事国家非限制和禁止行业，且同时符合年度应纳税所得额不超过300万元、从业人数不超过

300 人、资产总额不超过 5000 万元等三个条件的企业。

（一）所得税优惠政策

《财政部 税务总局关于实施小微企业和个体工商户所得税优惠政策的公告》（财政部 税务总局公告 2021 年第 12 号）规定，2021 年 1 月 1 日至 2022 年 12 月 31 日，对小微企业年应纳税所得额不超过 100 万元的部分，在《财政部 税务总局关于实施小微企业普惠性税收减免政策的通知》（财税〔2019〕13 号）第二条规定的优惠政策（减按 25% 计入应纳税所得额，按 20% 的税率缴纳企业所得税）基础上，再减半征收企业所得税。《财政部 税务总局关于进一步支持小微企业和个体工商户发展有关税费政策的公告》（财政部 税务总局公告 2023 年第 12 号）则进一步明确规定，对小型微利企业减按 25% 计算应纳税所得额，按 20% 的税率缴纳企业所得税政策，延续执行至 2027 年 12 月 31 日。

《财政部 税务总局关于进一步实施小微企业所得税优惠政策的公告》（财政部 税务总局公告 2022 年第 13 号）规定，2022 年 1 月 1 日至 2024 年 12 月 31 日，对小微企业年应纳税所得额超过 100 万元但不超过 300 万元的部分，减按 25% 计入应纳税所得额，按 20% 的税率缴纳企业所得税。

因此，小微企业如果在 2022 年应纳税所得额不超过 100 万元的部分，按照相当于 2.5% 的税率缴纳企业所得税；超过 100 万元但不超过 300 万元的部分，按照相当于 5% 税率缴纳企业所得税。但是小微企业年应纳税所得额在 2023 年至 2027 年 12 月 31 日期间无论是否超过或低于 100 万元，都按照相当于 5% 税率缴纳企业所得税。

【案例 7-19】

例 1：A 企业属于小微企业（企业所得税税率为 25%），2022 年度应纳税所得额为 400 万元，则应区分为三个部分：100 万元部分（不超过 100 万元）、200 万元部分（超过 100 万元但不超过 300 万元的部分）和 100 万元部分（超过 300 万元部分）。应纳企业所得税税额 =100×2.5%+200×5%+100×25%=37.5（万元），比原来的应纳企业所得税额 100（400×25%）万元减少了 62.5 万元。

例 2：A 企业属于小微企业（企业所得税税率为 25%），2023 年度第 1 季度应纳税所得额为 150 万元，则 A 企业 2023 年第 1 季度应纳税额为：150×25%×20%= 7.5（万元）。

如果该小微企业同时也是增值税小规模纳税人，则还可以享受小规模纳税人的税收优惠政策。

（二）增值税优惠政策

1.增值税小规模纳税人月销售额10万元以下免征增值税政策

《国家税务总局关于增值税小规模纳税人减免增值税等政策有关征管事项的公告》（国家税务总局公告2023年第1号，以下简称"1号公告"）规定："增值税小规模纳税人（以下简称"小规模纳税人"）发生增值税应税销售行为，合计月销售额未超过10万元（以1个季度为1个纳税期的，季度销售额未超过30万元，下同）的，免征增值税。""小规模纳税人发生增值税应税销售行为，合计月销售额超过10万元，但扣除本期发生的销售不动产的销售额后未超过10万元的，其销售货物、劳务、服务、无形资产取得的销售额免征增值税。"

因此，如果小规模纳税人合计月销售额超过10万元或季度销售额超过30万元（一个季度为纳税期），在扣除本期发生的销售不动产的销售额后未超过10万元，则其销售货物、劳务、服务、无形资产取得的销售额，也可以享受小规模纳税人免税政策。

【案例7-20】

例1：某小规模纳税人2023年7~9月的销售额分别是5万元、9万元和15万元。如果纳税人按月纳税，则9月的销售额超过了月销售额10万元的免税标准，可减按1%缴纳增值税，7月、8月的5万元、9万元的销售额能够享受免税；如果纳税人按季纳税，2023年第三季度销售额合计29万元，未超过季度销售额30万元的免税标准，因此，29万元全部能够享受免税政策。

例2：小规模纳税人A企业在2023年6月销售货物取得收入9万元，当月出售一栋自建的厂房，取得收入200万元。则A企业2023年6月合计销售额209万元，当月的销售收入超过10万元，但是扣除本期发生的销售厂房的200万元销售额后的销售额是9万元，没有超过10万元，根据1号公告的规定，仍然可以享受小规模纳税人免增值税政策。但免增值税的是9万元销售货物取得的收入，而销售自建厂房取得的收入200万元则应当按照5%的征收率进行申报。

此外，对于小微企业，无论其在增值税上是一般纳税人还是小规模纳税人，1号公告规定，从 2023 年 1 月 1 日起，企业如果属于生产性服务业，可以按照当期可抵扣进项税额加计 5% 抵减应纳税额（原政策为可以加计 10% 抵减应纳税额）；如果属于生活性服务业，则可以按照当期可抵扣进项税额加计 10% 抵减应纳税额（原政策允许加计 15% 抵减应纳税额）。计算公式如下。

当期计提加计抵减额 = 当期可抵扣进项税额 ×5%（10%）

当期可抵减加计抵减额 = 上期末加计抵减额余额 + 当期计提加计抵减额 - 当期调减加计抵减额

【案例 7-21】

A 公司是一家主营生活服务的企业，符合加计抵减的条件。2023 年 1 月，A 公司发生销项税额 50 000 元，进项税额 30 000 元，加计抵减期初余额为 0，则 A 公司的本期实际抵减额是多少？应纳税额是多少？

加计抵减本期发生额：30 000 × 10%=3000 元

加计抵减本期可抵减额：0+3000=3000 元

本期"抵减前的应纳税额"：50 000-30 000=20 000 元

加计抵减本期可抵减额 3000 元小于本期抵减前的应纳税额 20 000 元，因此加计抵减本期实际抵减额 =3000 元。

应纳税额：50 000-30 000-3000=17 000 元

2. 增值税小规模纳税人适用 3% 征收率的应税销售收入减按 1% 征收增值税政策

根据《财政部 税务总局关于增值税小规模纳税人减免增值税政策的公告》（财政部 税务总局公告 2023 年第 19 号）的规定，自 2023 年 1 月 1 日至 2027 年 12 月 31 日，增值税小规模纳税人适用 3% 征收率的应税销售收入，减按 1% 征收率征收增值税；适用 3% 预征率的预缴增值税项目，减按 1% 预征率预缴增值税。

需要注意的是，在具体税务填报中，该事项属于申报享受增值税减免事项。小规模纳税人减按 1% 征收率征收增值税的销售额应填写在《增值税及附加税费申报表（小规模纳税人适用）》中的"应征增值税不含税销售额（3% 征收率）"相应栏次，对应减征的增值税应纳税额按销售额的 2% 计算填写在《增值税及附加税费申报表（小规模纳税人适用）》中的"本期应纳税额减征额"相应栏次，并在《增值税减免税申报明细表》中选择对应的减免性质代码 01011608，填写减税项目相应栏次。

（三）六税两费优惠政策

《财政部 税务总局关于进一步实施小微企业"六税两费"减免政策的公告》（财政部 税务总局公告 2022 年第 10 号）规定，自 2022 年 1 月 1 日至 2024 年 12 月 31 日，小微企业可以在 50% 的税额幅度内减征资源税、城市维护建设税、房产税、城镇土地使用税、印花税（不含证券交易印花税）、耕地占用税和教育费附加、地方教育附加。

《财政部 税务总局关于进一步支持小微企业和个体工商户发展有关税费政策的公告》（财政部 税务总局公告 2023 年第 12 号）规定，自 2023 年 1 月 1 日至 2027 年 12 月 31 日，对增值税小规模纳税人、小型微利企业和个体工商户减半征收资源税（不含水资源税）、城市维护建设税、房产税、城镇土地使用税、印花税（不含证券交易印花税）、耕地占用税和教育费附加、地方教育附加。该文件第四条规定，增值税小规模纳税人、小型微利企业和个体工商户已依法享受其他优惠政策的，可叠加享受"六税两费"减半征收优惠政策。因此，企业在纳税申报时，可以先享受相关税收优惠政策（如物流企业大宗商品仓储设施用地城镇土地使用税相关优惠政策），再按减免后的金额享受"六税两费"减半征收的优惠政策。

二、高新技术企业优惠政策适用的税务合规

（一）高新技术企业申报认定的合规

《企业所得税法》规定："国家需要重点扶持的高新技术企业，减按 15% 的税率征收企业所得税。"因此，如果企业被认定为高新技术企业，不但可以享受 15% 的税率、弥补最长 10 年的亏损、研发费用加计扣除等税收优惠政策，还可以享受当地政府的相关财政补助，甚至在未来上市时也可以取得优势。

在这巨大的诱惑下，一些企业铤而走险，在明知本企业不符合高新技术认定条件的情况下，与中介机构签订服务协议，同意甚至配合其进行信息造假或捏造，从

而"包装"申报成为国家高新技术企业。一旦认定成功，中介机构与企业将就财政补助或税收优惠部分按比例进行分成。这种行为实际上已构成犯罪，多被定性为诈骗罪。而企业负责人或经营者、实控人也多以诈骗罪共犯的身份被一并起诉。

【案例 7-22】

广东省佛山市顺德区人民法院公布的"许某某诈骗罪一案"［（2020）粤 0606 刑初 2247 号］中，佛山市顺德区人民检察院指控称，被告人许某某是广州市某科技有限公司（以下简称"A 科技公司"）的法定代表人、实际经营者。2017 年 2 月 15 日，许某某在明知其公司不符合高新企业条件的情况下，与广州市某企业管理咨询有限公司（以下简称"B 中介公司"）签订《技术咨询服务协议》，约定由 B 中介公司代理 A 科技公司办理高新企业认证和高新企业培育入库申报事宜，A 科技公司按照 B 中介公司的要求提供材料，申报成功后 A 科技公司支付财政补助资金的 50% 给 B 中介公司作为服务费用。B 中介公司在帮助 A 科技公司申报时，为迎合评分标准和要求采取不同的造假手法编造申报所需的数据和材料，具体包括：为 A 科技公司购买 6 项软件著作权，伪造财务报表、科研立项报告及管理制度，虚增研发人数；串通广州 C 会计师事务所出具虚假的审计报告，串通广州 D 税务师事务所出具虚假的研发费用专项审计报告和高新技术收入专项审计报告等。随后 B 中介公司将上述虚假材料交给许某某确认并加盖 A 科技公司公章。被告人许某某分别于 2017 年 4 月、2017 年 7 月将上述虚假的申报材料提交给广东省科技厅审核，并获得了"高新企业认证"和"高新企业培育入库"项目的资格确认。A 科技公司分别于 2018 年 3 月 28 日、2018 年 12 月 28 日、2019 年 2 月 28 日收到广东省、广州市、广州市 ×× 区三级政府财政补贴人民币（币种，下同）30 万元、12 万元、8 万元，合共 50 万元。许某某按照约定向 B 中介公司支付了服务费 21 万元。被告人许某某伙同 B 中介公司的业务员符某等人制作并利用虚假资料申报"高新企业认证"和"高新企业培育入库"项目，共同诈骗省、市、区三级政府高新企业财政补贴 50 万元。公诉机关据此认为，被告人许某某以非法占有为目的，使用欺骗的方法，骗取国家财物，数额巨大，其行为触犯了《中华人民共和国刑法》第二百六十六条，犯罪事实清楚，证据确实、充分，应当以诈骗罪追究其刑事责任。法院认为，被告人许某某无视国家法律，以非法占有为目的，伙同他人虚构事实、隐瞒真相，骗取国家财政补贴，数额巨大，其行为已构成诈骗罪。判决被告人许某某犯诈骗罪，判处有期徒刑三年，缓刑四年，并处罚金人民币 4 万元。

此外，根据《税收征管法》及相关规定，企业一旦被认定机构取消高新技术企业资格，其自发生行为之日所属年度起已享受的高新技术企业税收优惠将被追缴。也就是说其在高新技术企业资格有效期内享受的相应税收优惠都要被追缴。企业这种行为属于偷税漏税行为的，还将接受行政处罚，企业将面临补税、加收滞纳金及偷逃税款的 0.5~5 倍的处罚。

许多企业错误地认为，只要高新技术企业申报通过了，企业就可以一劳永逸。国科发火〔2016〕32 号第九条规定，通过认定的高新技术企业，其资格自颁发证书之日起有效期为三年，三年到期之后，需要继续申报高企认定的，可在到期后三个月之内，向相关部门提出高新技术企业重新认定。因此，高新技术企业的有效期仅仅为三年，在这三年中，企业不可大意，如果届时不符合相关设定要求，将存在资格被取消的风险。

（二）高新技术企业的常见税务合规风险

实务中，企业存在以下不合规的情形。

1. 企业从事研发和相关技术创新活动的科技人员占企业当年职工总数的比例低于 10%。很多企业在此问题上弄虚作假，把其他人员算到研发人员队伍中，以提高比例。相关主管部门会重点核实从事研发活动人员与单位签订的《劳动合同》，查看企业为员工缴纳社保的情况，与个税明细申报表比对。此外，对研发人员要求在职超过 183 天，在职天数不够的，主管部门在统计人数比例时将其剔除。

2. 近三年研发费用总额占同期销售收入总额的比例不符合条件，其中：企业在中国境内发生的研发费用总额占全部研发费用总额的比例低于 60%。在实务中，有的企业将其他与研发无关的费用计入研发费用，例如将业务招待费或管理人员的工资计入研发费用，以增加研发费用总额。企业应重点区分研发费用归集口径与会计准则的规定是否一致。此外，如果企业未按规定设置并记录辅助账，不得享受加计扣除，在纳税评估中将会被税务机关全额剔除。

3. 近一年高新技术产品（服务）收入占企业同期总收入的比例低于 60%。实务中税企争议的一个焦点就是"总收入"应如何确定，是会计准则上确认的收入才是总收入，还是《企业所得税法》规定的所有收入才是总收入？在《高新技术企业认定管理工作指引》中则明确规定："总收入是指收入总额减去不征税收入。收入总额与不征税收入按照《中华人民共和国企业所得税法》（以下简称《企业所得税法》）及《中华人民共和国企业所得税法实施条例》（以下简称《实施条例》）的规定计算。"但如前面章节所述，《企业所得税法》上的收入范围远远大于企业会计收入，这样导致企业很有可能达不到比例标准，企业应当对此做精密测算，防止因达不到规定比例而被取消资质。

4. 发生重大安全、重大质量事故或有严重环境违法行为。这是具有"一票否决"性质的规则。企业要特别注意"重大"和"严重"的定义，没有达到"重大"和"严重"程度的，一般不会被取消高新技术企业资质。

【案例 7-23】

2018 年 12 月，深圳市××建设集团股份有限公司在《关于公司未通过高新技术企业资格复审的公告》中披露："深圳市××建设集团股份有限公司（以下简称"公司"）于 2015 年通过了高新技术企业认定，有效期三年。公司自 2015 年 1 月 1 日起至 2017 年 12 月 31 日按照 15% 的优惠税率缴纳企业所得税。公司根据规定于 2018 年进行了高新技术企业的资格复审，但近日收到《关于公示深圳市 2018 年第三批拟认定高新技术企业名单的通知》，公司未被列入该名单，公司高新技术企业资格复审未获得核准。本次未能通过高新技术企业资格复审将对公司企业所得税产生影响，公司 2018 年度将不能享受高新技术企业的企业所得税优惠政策，须按 25% 的税率缴纳企业所得税。公司 2018 年 1~9 月已按 15% 的所得税税率预缴企业所得税，因此须补缴 2018 年 1~9 月所得税额约为 2228.49 万元，占当期归属于上市公司股东的净利润比例约为 16.77%。本次公司未通过高新技术企业资格复审，将对公司 2018 年度的业绩产生一定影响。"

三、技术先进型服务企业优惠政策适用的税务合规

很多企业都知道高新技术企业可以减按 15% 的税率缴纳企业所得税，但高新技术企业的认定较难，其实如果被认定为技术先进型服务企业，企业同样可以享受

15%的优惠税率。《财政部 税务总局 商务部 科技部 国家发展改革委关于将技术先进型服务企业所得税政策推广至全国实施的通知》（财税〔2017〕79号）和《关于将服务贸易创新发展试点地区技术先进型服务企业所得税政策推广至全国实施的通知》（财税〔2018〕44号）规定，"对经认定的技术先进型服务企业，减按15%的税率征收企业所得税"，"对经认定的技术先进型服务企业（服务贸易类），减按15%的税率征收企业所得税"。享受此优惠政策的条件如下。

1. 技术先进型服务企业为在中国境内（不包括港、澳、台地区）注册的法人企业。

2. 从事《技术先进型服务业务认定范围（试行）》中的一种或多种技术先进型服务业务，采用先进技术或具备较强的研发能力，其中服务贸易类技术先进型服务企业须满足的技术先进型服务业务领域范围按照《技术先进型服务业务领域范围（服务贸易类）》执行。

3. 具有大专以上学历的员工占企业职工总数的50%以上。

4. 从事《技术先进型服务业务认定范围（试行）》中的技术先进型服务业务取得的收入占企业当年总收入的50%以上，其中服务贸易类技术先进型服务企业从事《技术先进型服务业务领域范围（服务贸易类）》中的技术先进型服务业务取得的收入占企业当年总收入的50%以上。

5. 从事离岸服务外包业务取得的收入不低于企业当年总收入的35%。

但要特别注意的是，除了15%的优惠税率，技术先进型服务企业不能按照高新技术企业或科技型中小企业享受亏损结转弥补最长10年的优惠政策。

四、创业投资企业优惠政策适用的税务合规

（一）创业投资企业设立的合规

《国家税务总局关于实施创业投资企业所得税优惠问题的通知》（国税发〔2009〕87号）规定："创业投资企业是指依照《创业投资企业管理暂行办法》（国家发展和改革委员会等10部委令2005年第39号，以下简称《暂行办法》）和《外商投资创业投资企业管理规定》（商务部等5部委令2003年第2号）在中华人民

共和国境内设立的专门从事创业投资活动的企业或其他经济组织。"因此，创业投资企业经营范围应当符合《暂行办法》规定且需要在程序上完成备案。

（二）创投企业投资中小高新企业的条件和税收优惠

创业投资企业投资的中小高新技术企业，除应具有高新技术企业资质以外，还应符合职工人数不超过 500 人，年销售（营业）额不超过 2 亿元，资产总额不超过 2 亿元的条件。

满足以上条件后，创业投资企业采取股权投资方式投资未上市的中小高新技术企业在 2 年（24 个月）以上的，可以按照其对中小高新技术企业投资额的 70%，在股权持有满 2 年的当年抵扣该创业投资企业的应纳税所得额；当年不足抵扣的，可以在以后纳税年度结转抵扣。

【案例 7-24】

A 创业投资公司 2022 年利润总额为 2000 万元，2 年前投资了一个未上市的中小高新技术企业，投资额为 1000 万元，没有其他纳税调整事项，则 A 创业投资公司 2022 年可抵扣的应纳税所得额 =1000×70%=700 万元，2022 年年度应纳税所得额 =2000-700=1300 万元。

（三）创投企业股权投资初创科技企业的条件和税收优惠

《财政部 税务总局关于创业投资企业和天使投资个人有关税收政策的通知》（财税〔2018〕55 号）规定："公司制创业投资企业采取股权投资方式直接投资于种子期、初创期科技型企业（以下简称初创科技型企业）满 2 年（24 个月，下同）的，可以按照投资额的 70% 在股权持有满 2 年的当年抵扣该公司制创业投资企业的应纳税所得额；当年不足抵扣的，可以在以后纳税年度结转抵扣。"此处的创业投资企业，应同时符合以下条件。

1. 为在中国境内（不含港、澳、台地区）注册成立、实行查账征收的居民企业或合伙创投企业，且不属于被投资初创科技型企业的发起人。

2. 符合《创业投资企业管理暂行办法》（国家发展和改革委员会令第 39 号）规定或者《私募投资基金监督管理暂行办法》（证监会令第 105 号）关于创业投资基金的特别规定，按照上述规定完成备案且规范运作。

3.投资后 2 年内，创业投资企业及其关联方持有被投资初创科技型企业的股权比例合计应低于 50%。

（四）创投企业的税务合规事项

创业投资企业应注意以下事项。

1.完成备案。创投企业应当在行业主管部门（证券监管部门或发展改革部门）完成创业投资的备案，同时要在税务部门完成备案，如果采用"单一基金"的方式，也要完成备案，否则无法享受税收优惠政策。

2.投资年限。投资须满 2 年的时间要求。

3.资料齐备。创投企业应留存必要资料备查，佐证被投资企业达到适用税收优惠政策的条件。

五、动漫企业优惠政策适用的税务合规

近些年来，国产动漫电影已经展现了强大的票房潜力，《哪吒之魔童降世》《大圣归来》等动漫电影做到了口碑、票房双丰收。因此，不少企业开始把主营业务转移到开发和经营动漫产品。与此同时，国家也出台了一系列对动漫企业的税收优惠政策，以促进国内动漫产业发展。

《财政部 国家税务总局关于延续动漫产业增值税政策的通知》（财税〔2018〕38 号）和《财政部 税务总局关于延长部分税收优惠政策执行期限的公告》（财政部 税务总局公告 2021 年第 6 号）等文件规定，2018 年 1 月 1 日至 2023 年 12 月 31 日，动漫企业增值税一般纳税人销售其自主开发生产的动漫软件，对其增值税实际税负超过3% 的部分，实行即征即退政策。

同时，增值税一般纳税人经认定为动漫企业的，发生下列应税行为可以选择适用简易计税方法计税：为开发动漫产品提供的动漫脚本编撰、形象设计、背景设计、动画设计、分镜、动画制作、摄制、描线、上色、画面合成、配音、配乐、音效合成、剪辑、字幕制作、压缩转码（面向网络动漫、手机动漫格式适配）服务，以及在境内转让动漫版权（包括动漫品牌、形象或者内容的授权及再授权）。

此外，经认定的动漫企业自主开发、生产动漫产品，可申请享受国家现行企业所

得税优惠政策，即自获利年度起，对相关企业第一年至第二年免征企业所得税，第三年至第五年按照25%的法定税率减半征收企业所得税，动漫软件出口免征增值税。

但要注意的是，不是所有的动漫企业都可以享受上述税收优惠政策。企业必须是经过各省、自治区、直辖市文化行政部门与同级财政、税务部门组成的本行政区域动漫企业认定管理机构进行初审的动漫企业，且必须在文化部所公布的名单之内。在经营范围上，满足认定条件的企业大致有以下几种。

（1）漫画创作企业；

（2）动画创作、制作企业；

（3）网络动漫（含手机动漫）创作、制作企业；

（4）动漫舞台剧（节）目制作、演出企业；

（5）动漫软件开发企业；

（6）动漫衍生产品研发、设计企业。

总之，只有上述企业才能享受国家为动漫企业量身定做的各项税收优惠政策。此外，企业必须具备以下条件。

（1）为在我国境内依法设立的企业；

（2）动漫企业经营动漫产品的主营收入占企业当年总收入的60%以上；

（3）自主开发生产的动漫产品收入占主营收入的50%以上；

（4）具有大学专科以上学历的或通过国家动漫人才专业认证的、从事动漫产品开发或技术服务的专业人员占企业当年职工总数的30%以上，其中研发人员占企业当年职工总数的10%以上；

（5）具有从事动漫产品开发或相应服务等业务所需的技术装备和工作场所；

（6）动漫产品的研究开发经费占企业当年营业收入的8%以上；

（7）动漫产品内容积极健康，无法律法规禁止的内容；

（8）企业产权明晰，管理规范，守法经营。

还要注意的是，各地为了鼓励动漫文化产业的发展，给了动漫企业诸多的扶持政策，特别是政府补贴。但如果动漫企业享受的政府补贴过多，而有些补助又不属于不征税收入，就有可能导致企业的上述两项收入占比不达标，从而使得企业不能享受相应的税收优惠政策。

六、农、林、牧、渔企业优惠政策适用的税务合规

（一）所得税和增值税的优惠政策适用

《企业所得税法》规定，从事农、林、牧、渔业项目的所得可以免征、减征企业所得税。增值税的相关规定也明确对农业生产者销售的自产农产品免征增值税，企业销售自产货物可选择按照简易办法计税。在实务中，企业应当注意以下几个方面。

1. 只有《农业产品征税范围注释》(《财政部　国家税务总局关于印发〈农业产品征税范围注释〉的通知》(财税字〔1995〕52号)所列的农业产品，才能享受免税政策，不属于注释所列的农业产品，不能享受免税政策。

2. 经过包装后的自产农产品还是属于自产的农产品。外购农产品加工后再销售的，则不属于农产品初加工免税项目范围。

3. 农民专业合作社销售本社成员生产的农产品，视同农业生产者销售自产农产品，免征增值税。纳税人购进农民专业合作社销售的免税农产品，购进后直接销售的，按照9%扣除率抵扣进项税额；用于生产销售或委托加工13%税率货物的，按照10%扣除率抵扣进项税额。

4. 从小规模纳税人处购进农产品，取得征收率为3%的专用发票，可按票面金额的9%计算抵扣进项税额；从小规模纳税人处购进农产品，取得征收率为1%的专用发票，不得按票面金额的9%计算抵扣。

5. "公司＋农户"经营模式下，必须是从事畜禽饲养，回收用于销售的纳税人才属于农业生产者销售自产农产品，才免征增值税。"公司＋农户"经营模式从事农、林、渔业不免征增值税。但"公司＋农户"经营模式从事农、林、牧、渔业项目生产的企业可以享受减免企业所得税优惠政策。

6. "公司＋农户"经营模式下，如果企业只是与农户签订了采购合同，没有形成委托关系，或名为委托合同实为采购合同，则不能享受"公司＋农户"的税收优惠政策。

7. 涉农企业如果同时从事适用不同企业所得税政策规定项目的，在财务上应分别核算，单独计算优惠项目的计税依据及优惠数额。如茶叶公司既从事茶叶种植，也经营茶叶初级加工业务。按规定，茶叶种植所得为减半征收项目，而符合条件的

茶叶初加工所得为免税项目。企业应划分不同项目的各项成本、费用支出，分别核算种植、养殖项目和初加工项目的所得，并分别适用税收优惠政策。

（二）涉农企业的税务合规风险

农产品销售发票往往是虚开和骗税的源头，涉农企业往往成为虚开发票和骗税的重灾区。《财政部 税务总局 海关总署关于深化增值税改革有关政策的公告》（财政部 税务总局 海关总署公告 2019 年第 39 号）规定："纳税人购进农产品，原适用 10% 扣除率的，扣除率调整为 9%。纳税人购进用于生产或者委托加工 13% 税率货物的农产品，按照 10% 的扣除率计算进项税额。"而《财政部 国家税务总局关于农民专业合作社有关税收政策的通知》（财税〔2008〕81 号）规定，对农民专业合作社销售本社成员生产的农业产品，视同农业生产者销售自产农业产品，免征增值税。

一些不法分子向农户收购身份证，注册多家农业合作社，利用农产品免征增值税的政策达到虚开牟利或骗税的目的。不法分子还通过这些农业合作社开具农产品销售发票给农产品贸易公司。某些农产品贸易公司销售农产品，需要开具发票给购货方。但贸易公司收购农产品时，很多情况下无法获得进项发票，于是从农业合作社购买发票作为进项税额抵扣，就构成了虚开。

如果农产品贸易公司取得虚开的发票，那么依照《中华人民共和国刑法》的规定，将认定为与开票方构成共同犯罪，应该也按虚开发票罪处罚。而且这些虚开的进项发票不得抵扣进项税额，如果已经抵扣，那么应补缴税款。

七、跨境电商企业优惠政策适用的税务合规

（一）跨境电商进口企业的税务合规

近些年来，国家为鼓励跨境电商发展，对以跨境电商方式进口的商品设置了较低的税率，其与一般贸易有一定的税率差。一般贸易的综合关税将近 40%，而跨境电商只有 10%，仅仅在税收上就体现了极大的优势，致使许多线下企业进军跨境电商。

跨境电商零售进口的一般流程为：境内个人消费者在与中国海关联网的电商平台下单购买境外商品或保税备货商品，消费者支付货款后，商品自境外或保税仓发

送至消费者，相应的交易订单、支付、仓储和物流信息由电商企业、支付平台及物流服务商向海关推送并完成进口申报。根据监管法规，跨境电商进口商品可以享受更低的税率，但该税收优惠仅限于境内消费者个人自用的商品；此外，跨境电商零售进口商品设有单次交易限值和年度交易限值，超过单次限值且不属于不可分割物品的商品，以及超过年度交易限值的商品，则需要按照一般贸易进口来缴税。

但一些跨境电商企业将本应通过一般贸易货物方式进口的货物，以伪报贸易和编造虚假交易信息方式逃避海关监管，多数订单并非由境内个人消费者在电商平台上下单，而是通过线下或者其他渠道下单。电商平台通过更改单据等方式制造订单、支付单、物流单三单相符的假象，将普通商品伪报为跨境电商零售进口商品申报进境。将本应以一般贸易方式进口的货物以跨境电商的名义化整为零走私进境，享受本不该享受的优惠税率，属于伪报贸易性质的走私行为，情节严重的，则构成走私罪。

还有少数跨境电商企业通过利用虚假国内客户信息、伪报商品编号和伪报货物贸易真实价格等方式以达到少缴税款的目的，这些方式都涉嫌走私或违反海关监管规定。

（二）跨境电商出口企业的税务合规

跨境电商的出口模式

跨境电商的出口模式可以分为以下四种。

（1）特殊区域出口。

特殊区域出口又称为保税备货出口，该模式依托于综合保税区等海关特殊监管区域开展，跨境电商企业享受入区即退税的政策（保税区除外）。跨境电商特殊区域出口，又可以划分为特殊区域包裹零售出口和特殊区域出口海外仓零售。

特殊区域包裹零售出口：货物通过一般贸易出口方式进入综合保税区等海关特殊监管区域取得出口退税；通过电商平台完成销售后，在特殊区域内打包为小包裹，拼箱离境后送达境外消费者。

特殊区域出口海外仓零售：货物通过一般贸易出口方式进入综合保税区等海关特殊监管区域取得出口退税，在特殊区域内完成理货、拼箱，再批量出口至海外仓，在境外电商平台完成零售后，再将商品从海外仓打包后送达境外消费者。

这种模式相当于境内跨境电商出口企业把货物存放在海关特殊监管区域或保税监管场的仓库中，企业可以申请出口退税，之后按照订单由仓库发往境外消费者。该模式适用于境内个人或跨境电商出口企业在经海关认可的电子商务平台实现跨境交易，并通过海关特殊监管区域或保税监管场所进出的电子商务零售进出境商品。

（2）B2C出口（海关监管代码为9610）。

在这种模式下，境外消费者下单付款后，跨境电商出口企业将交易、收款、物流等电子信息实时传输给海关，海关审核该包裹的《申报清单》，查验后放行包裹，再通过国际运输、境外配送交予境外消费者。在该模式下，企业采取"清单核放、汇总申报（统计）"方式办理报关手续；对不涉及出口征税、出口退税、许可证件管理且单票价值在人民币5000元以内的商品，企业可以简化申报。清单核放是指跨境电商出口企业将"三单信息"（商品信息、物流信息、支付信息）推送到单一窗口，海关对"清单"进行审核并办理货物放行手续；汇总申报指跨境电商出口企业定期汇总清单形成报关单进行申报，海关为企业出具报关单退税证明。

要特别注意的是，因为该种模式采取的是清单核放、汇总申报（统计）的方式，所以企业很容易被不法分子利用单证信息，不法分子将以配单配票的方式骗取出口退税。

（3）B2B出口。

B2B出口模式一般有两种：一般贸易模式（海关监管代码为0110）和跨境电商B2B模式（海关监管代码为9710）。

一般贸易模式较为简单，即境内企业直接与境外企业完成跨境交易。这种模式首先要向海关报关；其次通过国际物流将货物发送给境外企业。这种模式对产品以及产品的报关口岸没有限制。这种方式下，企业出口退税需要同时满足以下条件：取得报关单信息，取得采购货物增值税发票和全部收汇。

跨境电商B2B模式，是指国内跨境电商出口企业通过跨境电商平台开展线上商品和企业信息展示，并在线上或线下完成沟通、下单、支付、履约流程，即与境外企业达成交易，然后通过跨境物流将货物直接出口送达境外企业。

（4）跨境电商出口海外仓。

跨境电商出口海外仓（海关监管代码为9810），是指境内跨境电商出口企业先将出口货物通过跨境物流运达海外仓，再通过跨境电商平台实现交易后，从海外仓送达境外购买者。海外仓有自营型海外仓、第三方海外仓、亚马逊物流模式三种类型。企业在这种模式下需要提供海外仓的仓储费凭证以及外汇的收汇凭证，才可以获得出口退税。

需要注意的是，《国家税务总局关于〈出口货物劳务增值税和消费税管理办法〉有关问题的公告》（国家税务总局公告 2013 年第 12 号）规定，出口企业或其他单位出口并按会计规定做销售的货物，须在做销售的次月进行增值税纳税申报。

无票免税及核定征收

跨境电商出口企业一直存在着购入无票货物，出口增值税、消费税不能免征，企业所得税无法进行税前扣除的问题。为解决这一问题，国家税务总局出台了相应的政策予以扶持跨境电商企业。

《财政部 国家税务总局 海关总署 商务部关于跨境电子商务综合试验区零售出口货物税收政策的通知》（财税〔2018〕103 号）规定，对跨境电子商务综合试验区（以下简称"综试区"）电子商务出口企业出口未取得有效进货凭证的货物，符合条件的，试行增值税、消费税免税政策。

《国家税务总局关于跨境电子商务综合试验区零售出口企业所得税核定征收有关问题的公告》（国家税务总局公告 2019 年第 36 号）规定，综试区内的跨境电子商务零售出口企业（以下简称"跨境电商企业"）核定征收企业所得税，应税所得率统一按照 4% 确定。综试区内实行核定征收的跨境电商企业符合小型微利企业优惠政策条件的，可同时享受小型微利企业所得税优惠政策。

因此，在跨境电商综试区内注册的企业，其出口货物没有取得有效进货凭证且不属于官方明确取消出口退（免）税的货物，并且该货物通过综试区所在地海关办理了电子商务出口申报手续的，适用无票免税的政策。这就解决了跨境电商出口企业的购入无票货物，出口增值税、消费税不能免征的问题。企业同时可以进行核定征收，综试区内核定征收的跨境电商企业采用应税所得率征收企业所得税，应税所得率统一按照 4% 确定。这也解决了电商出口企业购入无票货物，企业所得税无法税前扣除的问题。

第七节　员工股权激励计划中的税务合规

员工激励是企业治理的重要方面，众多企业设计并实施了多种形式的员工股权激励计划。部分企业在设计之初，并没有考虑税收因素，导致在实施过程中产生了涉税风险，令员工不安。因此，若想设计一个考虑周全的员工股权激励计划，企业需要重点考虑税收因素。

股权激励的定义在各个专业领域都有着不同表述。税务领域的表述依据为国家税务总局所得税司下发的《股权激励和技术入股个人所得税政策口径》，即"与奖金、福利等现金激励类似，股权激励是企业以股权形式对员工的一种激励。企业通过低于市场价或无偿授予员工股权，对员工此前的工作业绩予以奖励，并进一步激发其工作热情，与企业共同发展。股权激励中，员工往往低价或无偿取得企业股权。对于该部分折价，实质上是企业给员工发放的非现金形式的补贴或奖金，应在员工取得时计算纳税，这也是国际上的通行做法"。

股权激励涉及员工纳税的主要政策依据为《个人所得税法》《财政部 国家税务总局关于完善股权激励和技术入股有关所得税政策的通知》（财税〔2016〕101号，即"101号文"）以及《财政部 国家税务总局关于个人股票期权所得征收个人所得税问题的通知》（财税〔2005〕35号，以下简称"35号文"）等法律和规范性文件。员工在获得股权激励时，其纳税义务贯穿于整个股权激励计划全过程，在授予、行权／解禁、转让等阶段均有体现。根据员工持股路径的不同以及股权激励方案不同，还将产生不同的纳税义务。

一、授予阶段的税务合规

员工取得实际股权和期权的纳税时间不相同。如果员工以低于市场公允价格取得股权，在取得股权激励时，应以取得相应股权的实际购买价与市场公允价格之间的差额作为员工"工资、薪金所得"，适用《个人所得税法》综合所得，按纳税年度合并计算个人所得税。如果企业授予员工的只是期权，员工并未取得实际收益，因此通常不会产生个人所得税纳税义务。需要特别注意的是，《财政部 税务总局关于中关村国家自主创新示范区核心区（海淀园）股权激励分期纳税政策的通知》（财税

〔2022〕16 号）特别规定，自 2022 年 1 月 1 日起，对在中关村国家自主创新示范区核心区（海淀园）注册的上市高新技术企业授予个人的股票期权、限制性股票、股权奖励，可自股票期权行权、限制性股票解禁或取得股权奖励之日起，三年内分期缴纳个人所得税。该规定只针对在中关村国家自主创新示范区核心区（海淀园）注册的上市高新技术企业，无法惠及全国。至于后续是否在全国适用，纳税人需要密切关注税收动态。

（一）转让价格偏低的合规风险

由于股权激励过程中的股权主要来自老股东，受让价格往往明显偏低。《股权转让所得个人所得税管理办法（试行）》（国家税务总局公告 2014 年第 67 号）规定，税务机关可能认为这种转让价格偏低且无正当理由，从而要求股权转让方自然人股东先行缴纳个人所得税，否则税务机关可以拒绝出具税收证明，导致无法办理工商变更。因此，企业应当在股权激励前与主管税务机关进行沟通，证明其转让价格合理等。

（二）有限合伙型持股平台的税务合规

目前企业实施股权激励计划更多的是通过持股平台间接持股。在实务中，公司型持股平台由于易引发矛盾和纠纷较少被采用，普遍采用的是通过设立有限合伙企业来间接持股。《国家税务总局关于〈关于个人独资企业和合伙企业投资者征收个人所得税的规定〉执行口径的通知》（国税函〔2001〕84 号）和《财政部 国家税务总局关于合伙企业合伙人所得税问题的通知》（财税〔2008〕159 号）等规定，合伙企业生产经营所得和其他所得，采取"先分后税"的原则，合伙企业以每一个合伙人为纳税义务人，合伙企业合伙人是自然人的，缴纳个人所得税；合伙企业是法人和其他组织的，缴纳企业所得税。合伙企业对外投资分回的利息或者股息、红利，不并入企业的收入，而应单独作为投资者个人取得的利息、股利、红利所得，按"利息、股息、红利"所得缴纳个人所得税。

（三）递延纳税的税务合规

股权激励在员工取得股权时需要计算纳税。但从实际来看，纳税人此时往往取得的是股权形式的所得，并没有获得现金，此时纳税会给员工带来资金压力，导致员工不愿意参加股权激励计划。因此，国家出台了递延纳税优惠政策，将纳税时点递延至股权转让环节，即纳税人因股权激励或技术成果投资入股取得股权时先不纳税，待实际转让股权时再纳税。这样可解决纳税人纳税义务发生当期缺乏缴税资金的困难，能够顺利推动股权激励计划的进一步实施。在授予阶段，符合条件的股权激励计划可以享受递延纳税政策。

101 号文规定，上市公司自 2016 年 9 月 1 日起，经向主管税务机关备案，个人可自股票期权行权、限制性股票解禁或取得股权奖励之日起，在不超过 12 个月的期限内缴纳个人所得税。非上市公司授予本公司员工的股票期权、股权期权、限制性股票和股权奖励，符合规定条件的，经向主管税务机关备案，可实行递延纳税政策，即员工在取得股权激励时可暂不纳税，递延至转让该股权时纳税。但是，非上市公司激励对象若想享受递延纳税优惠政策，需同时在激励主体、激励对象、激励计划程序、激励标的、持有时间、激励企业行业等方面满足特定条件。如果企业不符合条件且没有向主管税务机关备案和申报，则不能享受相关政策。税务机关会认定员工无论是直接还是间接取得股权，均须按照取得时候的公允价值和取得成本的价差计算缴纳个人所得税。

如果员工通过持股平台间接持有公司股权，则无法享受递延纳税的优惠政策。2016 年 9 月，《财政部税政司 国家税务总局所得税司有关负责人就完善股权激励和技术入股税收政策答记者问》中对"激励股权标的"进行了解释："为体现激励对象与公司的利益相关性，激发员工的创业热情，规定激励股权标的应为本公司的股权，授予关联公司股权的不纳入优惠范围。"该回答将范围限定在"本公司的股权"。若通过合伙企业等持股平台来持股，员工持有的是合伙企业的份额，而不是实施激励企业的股权。因此，一些地方的税务机关认为直接持有公司股权的才能享受递延纳税优惠政策，而通过持股平台持股属于间接持有公司股权，不得享受递延纳税优惠政策。但也有部分地方的税务机关认为间接持股情形下可以适用递延纳税优惠政策，在实务中也为企业办理了递延纳税备案。企业在办理递延纳税优惠政策时需要提前与当地主管税务机关进行有效的沟通。

企业应特别注意以下情形。

（1）无论是直接还是间接持股，如果企业设立的是境外持股平台持股，则无法适用递延纳税的优惠政策。

（2）如果在股权激励计划中含有非本公司员工，则该类人员不能享受递延纳税优惠政策。

（3）境外企业对境内人员实施股权激励的，境内人员不能享受递延纳税优惠政策。

（四）递延纳税条件的合规

上市公司实施股权激励享受递延纳税政策的条件

（1）享受主体：必须是获得上市公司授予股票期权、限制性股票和股权奖励的本公司员工。

（2）享受条件：必须是获得上市公司所属的股票期权、限制性股票和股权奖励。

非上市公司实施股权激励享受递延纳税政策的条件

非上市公司实施股权激励享受递延纳税政策需要同时满足以下 7 个条件。

（1）属于境内居民企业的股权激励计划。

（2）股权激励计划经公司董事会、股东（大）会审议通过；未设股东（大）会的国有单位，经上级主管部门审核批准。股权激励计划应列明激励目的、对象、标的、有效期、各类价格的确定方法、激励对象获取权益的条件、程序等。

（3）激励标的应为境内居民企业的本公司股权。股权奖励的标的可以是技术成果投资入股到其他境内居民企业所取得的股权。激励标的股票（权）包括通过增发、大股东直接让渡以及法律法规允许的其他合理方式授予激励对象的股票（权）。

（4）激励对象应为公司董事会或股东（大）会决定的技术骨干和高级管理人员，激励对象人数累计不得超过本公司最近 6 个月在职职工平均人数的 30%。

（5）股票（权）期权自授予日起应持有满 3 年，且自行权日起持有满 1 年；限制性股票自授予日起应持有满 3 年，且解禁后持有满 1 年；股权奖励自获得奖励之日起应持有满 3 年。上述时间条件须在股权激励计划中列明。

（6）股票（权）期权自授予日至行权日的时间不得超过 10 年。这一条件仅针对股票（权）期权形式的股权激励。

（7）实施股权奖励的公司及其奖励股权标的公司所属行业均不属于《股权奖励

税收优惠政策限制性行业目录》范围。公司所属行业按公司上一纳税年度主营业务收入占比最高的行业确定。这一条件仅针对股权奖励形式的股权激励。

（五）备案的税务合规

股权激励计划须备案

这是很多企业特别是非上市企业容易忽略的一点。《国家税务总局关于进一步深化税务领域"放管服"改革 培育和激发市场主体活力若干措施的通知》（税总征科发〔2021〕69号，以下简称"69号文"）规定，无论是上市公司还是非上市公司的股权激励，在决定实施股权激励的次月15日内，均应当向主管税务机关报送《股权激励情况报告表》。非因主观故意的原因造成备案与实际不一致的，应当及时向主管税务机关报告。

备案主体

对于个人来讲，无论取得的是上市公司还是非上市公司的股权激励，都无须本人到税务机关办理备案，相关备案手续由实施股权激励的企业向税务机关报备。

备案资料

实施股权激励的公司应向税务机关提供以下备案资料。

（1）上市公司实施股权激励，备案时需要提交《上市公司股权激励个人所得税延期纳税备案表》、股权激励计划、董事会或股东大会决议等资料。

（2）非上市公司实施符合条件的股权激励，备案时需要提交《非上市公司股权激励个人所得税递延纳税备案表》、股权激励计划、董事会或股东大会决议、激励对象任职或从事技术工作情况说明、本企业和股权激励标的企业上一个纳税年度主营业务收入构成情况说明（仅限股权奖励）等资料。

【案例7-25】

长春致远新能源装备股份有限公司在招股说明书（注册稿）中披露了2019年9月的股权转让事项，即：2019年9月25日，公司形成出资人决定，股东长春汇锋将其持有公司25%的股权以人民币1元的价格转让给王然，股东长春汇锋将其持有公司2.60%的股权以人民币1元的价格转让给众志汇远，股东长春汇锋将其持有公司 3% 的股权以人民币 600 万元的价格转让给吴卫钢。同日，长春汇锋分别与王然、众志汇远、吴卫钢签署《股权转让协议》。

为保障公司持续稳定发展，发行人考虑与核心员工个人利益绑定，共同分享公司成长价值，决定向公司核心员工授予股份，众志汇远系公司核心员工的持股平台。以 1 元的名义价格向众志汇远转让股权系发行人在考虑受让方出资人的工作岗位及对公司的贡献程度后所做的股权激励，发行人对此已确认股份支付并一次性将其计入管理费用。

公告称，根据《财政部 国家税务总局关于完善股权激励和技术入股有关所得税政策的通知》（财税〔2016〕101 号），非上市公司授予本公司员工的股票期权、股权期权、限制性股票和股权奖励，符合规定条件的，经向主管税务机关备案，可实行递延纳税政策，即员工在取得股权激励时可暂不纳税，递延至转让该股权时纳税。

2020 年 3 月 12 日，发行人就上述股权激励对相关激励对象的个人所得税递延纳税事项进行备案，并取得国家税务总局长春市朝阳区税务局出具的《非上市公司股权激励个人所得税递延纳税备案表》，确认相关人员可暂不纳税。长春汇锋已将上述股权转让所得汇总在所得税申报中，一并缴纳了企业所得税。

综上所述，股权转让相关方已及时履行纳税义务或进行递延纳税备案，该类股权转让极少存在税务风险。

二、持有和行权阶段的税务合规

（一）员工持股的一般税务合规

员工作为激励对象，在持有股权期间，如取得公司分配的股息、红利，该部分收益应依据《个人所得税法》缴纳个人所得税，适用税率为 20%。在期权行权时，员工被认为实际取得股权形式的激励收益。此时，应按照行权时股权的公平市场价格与员工取得股权时实际购买价之间的差额作为员工的"工资、薪金所得"，按综合所得计算员工的个人所得税。

（二）员工持股递延纳税的税务合规

如前所述，101 号文对符合条件的股权激励给予递延纳税的优惠。非上市公司员工作为激励对象，在持有股权期间，可以选择递延纳税、分期缴纳。即在符合特定条件的情况下，员工在期权行权或限制性股权解禁时可以暂不按照"工资、薪金所得"缴纳个人所得税，而是在未来股权转让时按财产转让所得纳税。不符合递延纳税条件的，应在获得股票（权）时，对实际出资额低于公平市场价格的差额，按照"工资、薪金所得"项目计算缴纳个人所得税，并在后续转让股权时，按照"财产转让所得"项目再次计算缴纳个人所得税。

对全国中小企业股份转让系统（俗称"新三板"）挂牌公司，考虑其属于非上市公司，且股票变现能力较弱，因此按照非上市公司的股权激励递延纳税政策执行。

（三）员工持股特殊情形的税务合规

年度内多次取得不符合递延纳税条件的股权

62 号公告规定，对于员工在一个纳税年度中多次取得不符合递延纳税条件的股权形式工资薪金所得的，与递延纳税股权分别计算，具体计税方法参照国税函〔2006〕902 号文件的第七条规定执行。也就是说，对一年内多次取得的股权形式的工资薪金，纳税方须在合并后再按照上述计税方法计算纳税，即将其与递延纳税股权分开计算。

个人持有非上市公司股权选择递延纳税，持有股权期间公司在境内上市的

纳税人因获得非上市公司符合条件的股权激励而选择递延纳税的，自其取得股权至实际转让期间，如果公司在境内上市，员工持有的递延纳税股权，自然转为限售股。101 号文第四条第（二）项规定，对该类业务的税务处理应按照限售股相关规定执行。具体包含以下三方面。

（1）股票转让价格，按照限售股有关规定确定。

（2）扣缴义务人转为限售股转让所得的扣缴义务人（即证券机构），实施股权激励的公司、获得技术成果的企业只须及时将相关信息告知税务机关，无须继续扣缴递延纳税股票的个人所得税。

（3）个人股票原值仍按 101 号文的规定确定。也就是说，转让的股票来自股权激励的，原值为其实际取得成本；来自技术成果投资入股的，原值为技术成果原值。

要注意的是，若证券机构扣缴的个人所得税与纳税人的实际情况不一致，个人

需要按照《财政部 国家税务总局 证监会关于个人转让上市公司限售股所得征收个人所得税有关问题的通知》(财税〔2009〕167号)规定,向证券机构所在地主管税务机关申请办理税收清算。

个人持有递延纳税股权期间取得转增股本收入的

依据税法相关规定,企业以未分配利润、盈余公积、资本公积转增股本,需要按照"利息、股息、红利所得"项目计征个人所得税。同时,根据《财政部 国家税务总局关于将国家自主创新示范区有关税收试点政策推广到全国范围实施的通知》(财税〔2015〕116号),中小高新技术企业转增股本,个人股东可分期5年缴税。但是,个人持有递延纳税股权期间,根据101号文第四条第(四)项规定,因递延纳税的股权产生的转增股本收入,纳税人应在当期缴纳税款。

递延纳税股权财产原值的确定

单独取得的股票(权)期权、限制性股票、股权奖励或以技术成果入股的财产原值确定并不困难。101号文规定,非上市公司股票(权)期权的财产原值按照行权价确定,限制性股票按照实际出资额确定,股权奖励的原值为零,技术成果投资入股的财产原值即为技术成果的原值。

若纳税人同时取得了多项享受递延纳税政策的股权,应按照加权平均法计算财产原值,并且不与其他方式取得的股权成本合并计算。总之,对于同时取得多项享受递延纳税政策的股权,实务中应把握两点:一是须按照加权平均法进行统筹计算;二是将其与其他方式出资取得的股权分开计算。

递延纳税期间发生的股权转让

101号文规定,递延纳税期间发生股权转让的,享受递延纳税优惠政策的股权优先转让。如果受让方为非企业员工,则不再享受递延纳税;如果受让方仍为符合条件的企业员工,则可以继续享受递延纳税,但企业须向主管税务机关报告。

递延纳税股权转让时,企业须代扣代缴个人所得税

101号文规定,企业实施股权激励或个人以技术成果投资入股,以实施股权激励或取得技术成果的企业为个人所得税扣缴义务人。也就是说,虽然纳税时点递延了,但企业的扣缴义务并没有因此而消除。

递延纳税期间企业情况发生变化，不再符合条件的

根据 101 号文和 62 号公告规定，非上市公司实施股权激励递延纳税期间，非上市公司情况发生变化，不再符合 7 项递延纳税条件中的第（4）~（6）项的，不能继续享受递延纳税的优惠政策，应在情况发生变化的次月 15 日内按不符合条件的计税方法计算纳税，税款应及时缴清。

递延纳税期间，企业主营业务所属行业发生变化，进入负面清单行业的，已经实施的股权激励计划可继续享受递延纳税政策。自行业变化之日起新实施的股权激励计划不得享受递延纳税政策。

中国居民个人高管拥有境外上市公司股权激励的股权，员工出售该股权取得境外支付收入的

中国居民个人取得境外企业支付的股权激励，属于来自境外的所得，在境外需要按照境外的税法规定缴纳所得税。员工将行权后的境外股票再转让时获得的高于购买日公平市场价的差额，应按照《个人所得税法》的"财产转让所得"向境内计算缴纳个人所得税；员工已在境外缴纳的税金如未超过按境内税法规定的抵免限额的部分，可以从当前应纳税额中扣除。但需要注意的是，居民个人申请抵免已在境外缴纳的个人所得税税额，应当提供境外税务机关出具的税款所属年度的相关纳税凭证。签订了税收协定的，以税收协定的规定为准。

三、行权后股权转让的税务合规

在行权之后，如果员工转让股权，原则上按照"财产转让所得"，适用 20% 的税率计算相应个人所得税。套现减持时，根据持股方式和类型的不同，员工应按照不同的方式计算缴纳税金。

（一）自然人直接持股

如果是自然人直接持股，转让股权时，应根据《个人所得税法》，按照"财产转让所得"，适用 20% 的税率计算相应的个人所得税。

（二）通过公司型持股平台间接持股

如果激励对象是通过公司型持股平台间接持股，在行权后套现减持时，首先应遵循《企业所得税法》的规定。持股平台转让激励股权的所得收益属于"转让财产收入"，应一次性计入确认收入的年度计算缴纳企业所得税，一般税率为25%（如果是小微企业可以享受小微企业的税收优惠政策）。其次，员工转让持有的公司型持股平台的股权，应遵循《股权转让所得个人所得税管理办法（试行）》的规定，按"财产转让所得"缴纳个人所得税，税率为20%。这一过程相当于缴了两次税，一次为企业所得税，一次为个人所得税。

（三）通过合伙企业型持股平台间接持股

如果员工通过合伙企业型持股平台间接持股，那么该员工在转让合伙企业持股平台上的份额时，应遵循《国家税务总局关于切实加强高收入者个人所得税征管的通知》（国税发〔2011〕50号）规定。有限合伙企业从事股权（票）投资的所得，应当纳入生产经营所得，按照"先分后税"的原则征收个人所得税，适用《个人所得税法》的经营所得项目，按5%至35%的超额累进税率计算缴纳。

四、股权激励费用税前扣除的合规

（一）上市公司股权激励费用的税前扣除

《国家税务总局关于我国居民企业实行股权激励计划有关企业所得税处理问题的公告》（国家税务总局公告2012年第18号，以下简称"18号公告"）规定，上市公司股权激励计划的税务处理有以下两种情形。

一是股权激励计划实行后，立即可以行权的。此时，股权激励计划实施企业可以根据实际行权时该股票的公允价格与激励对象实际行权支付价格的差额和数量，计算确定作为当年上市公司的工资薪金支出，依照税法规定进行税前扣除。

二是股权激励计划实行后，须待一定服务年限或达到规定业绩条件方可行权的。这种情况下，上市公司等待期内会计上计算确认的相关成本费用，不得在对应年度计算缴纳企业所得税时税前扣除；在股权激励计划可行权后，上市公司方可根据该股票实际行权时的公允价格与当年激励对象实际行权支付价格的差额及数量，计算确定作为当年上市公司的工资薪金支出，依照税法规定进行税前扣除。总之，在会计处理上存在税会差异，在股权激励计划的等待期间，企业要在会计上确认相关费用，但在税收上这些费用不得在对应年度进行税前扣除。

（二）非上市企业选择递延纳税的股权激励费用扣除

非上市企业根据 101 号文件办理了个人所得税递延纳税备案，股权转让时，按照股权转让收入减除股权取得成本及合理税费后的差额，适用"财产转让所得"项目，按照 20% 的税率计算缴纳个人所得税。因为此时不能适用"工资薪金所得"项目，企业也就不能将相应支出确认为"工资薪金"支出，在企业所得税税前扣除。

在实务中，一些企业认为，非上市企业员工选择了个人所得税递延纳税，此股权激励仍属于企业生产经营相关的合理支出，应可以被费用化，在企业所得税税前扣除。不同地区税务机关执行口径不一，建议企业在处理该类问题时，于事前、事中、事后与主管税务机关进行沟通、协调。

需要注意的是，《国家税务总局关于企业工资薪金及职工福利费用扣除问题的通知》（国税函〔2009〕3 号）第一条第四项规定，企业可税前扣除的合理工资薪金，必须是企业实际发生并依法履行了个人所得税代扣代缴义务的，否则不得在企业所得税税前扣除。

【案例 7-26】

某上市公司 2019 年 6 月 30 日召开股东大会，通过了实施股权激励的方案。方案规定：公司 10 名高管人员每人以每股 3 元的价格，共计购买公司 10 万股普通股，自方案通过之日起，高管人员在本公司服务满 3 年且 3 年内公司净利润累计达 5000 万元以上，3 年期满后每名高管即有权利拥有相关股票。若服务期未满高管人员即离职或未达到 3 年内公司净利润累计达 5000 万元以上的业绩条件，3 年期满后，公司将以每股 3 元的价格回购有关高管人员持有的股票。3 年等待期内，高管人员不享有相关股份的股东权利。2019 年 12 月 31 日，该公司普通股的市场价格为每股 10 元。当日，被授予股份的高管人员向公司支付了价款并登记为相关股票的持有人。

该公司财务人员认为，股权激励方案涉及的 10 名高管人员不会出现离职情况，且业绩目标预期能够实现。因此，公司确认因实施股权激励将共计发生工资性支出 $10 \times （10-3） \times 10$ 万股 $=700$ 万元，2019—2021 年，公司每个年度应平均分摊工资性支出 $700/3=233.33$ 万元。

2019 年 6 月 30 日收到高管人员支付的限制性股票价款 1500 万元时：

借：银行存款　　　　　　　　　　　　　　　　　　700 万元

　　贷：其他应付款　　　　　　　　　　　　　　　　700 万元

2019 年 12 月分摊工资性支出 233.33 万元时：

借：管理费用——工资性支出　　　　　　　　　　233.33 万元

　　贷：应付职工薪酬　　　　　　　　　　　　　233.33 万元

2020 年 12 月分摊工资性支出 233.33 万元时：

借：管理费用——工资性支出　　　　　　　　　　233.33 万元

　　贷：应付职工薪酬　　　　　　　　　　　　　233.33 万元

2021 年 12 月分摊工资性支出 233.33 万元时：

借：管理费用——工资性支出　　　　　　　　　　233.33 万元

　　贷：应付职工薪酬　　　　　　　　　　　　　233.33 万元

《国家税务总局关于我国居民企业实行股权激励计划有关企业所得税处理问题的公告》（国家税务总局公告 2012 年第 18 号）第二条规定："上市公司依照《管理办法》要求建立职工股权激励计划，并按我国企业会计准则的有关规定，在股权激励计划授予激励对象时，按照该股票的公允价格及数量，计算确定作为上市公司相关年度的成本或费用，作为换取激励对象提供服务的对价。上述企业建立的职工股权激励计划，其企业所得税的处理，按以下规定执行。（1）对股权激励计划实行后立即可以行权的，上市公司可以根据实际行权时该股票的公允价格与激励对象实际行权支付价格的差额和数量，计算确定作为当年上市公司工资薪金支出，依照税法规定进行税前扣除。（2）对股权激励计划实行后，需要待一定服务年限或者达到规定业绩条件（以下简称"等待期"）方可行权的。上市公司等待期内会计上计算确认的相关成本费用，不得在对应年度计算缴纳企业所得税时扣除。在股权激励计划可行权后，上市公司方可根据该股票实际行权时的公允价格与当年激励对象实际行权支付价格的差额及数量，计算确定作为当年上市公司工资薪金支出，依照税法规定进行税前扣除。（3）本条所指股票实际行权时的公允价格，以实际行权日该股票的收盘价格确定。"

　　因此，该公司所实施的股权激励方案属于"需待一定服务年限且达到规定业绩条件方可行权"类的股权激励计划。2019 年、2020 年和 2021 年，该上市公司在等待期内会计上分别计算确认的相关成本费用（233.33 万元），不能被在对应年度计算缴纳企业所得税时进行税前扣除，也不能被作为当年上市公司工资薪金支出，计入管理费用。

第八节　股权收购中的税务合规

股权收购，是指收购企业购买被收购企业的股权，以实现对被收购企业控制的交易。收购企业支付对价的形式包括股权支付、非股权支付或二者的组合。股权收购是企业经营中一项非常重要且复杂的业务活动，税务风险贯穿全过程。不少并购重组最终因为税务问题被迫提前终止。如 2015 年北纬通信宣布重组终止。北纬通信表示，在重组实施的过程中，对方 6 人无法筹措税务主管机关要求的因本次交易所产生的个人所得税款，并可预见地将导致本次交易无法继续完成交割。作为单方面毁约的成本，重组交易方将向北纬通信支付 500 万元的违约赔偿金。

在股权收购的过程中，涉及众多税种，有企业所得税、个人所得税、土地增值税等。每一个税种的处理都是极其复杂的，就仅仅标的公司持有不动产的股权转让是否征收土地增值税问题的争论已久，涉税司法案件层出不穷。

《财政部　国家税务总局关于企业重组业务企业所得税处理若干问题的通知》（财税〔2009〕59 号，以下简称"59 号文"）规定，股权收购中企业所得税按条件不同，分别适用一般性税务处理规定和特殊性税务处理规定。

一、股权收购中企业所得税的合规

（一）一般性税务处理的合规

如果股权收购业务不符合特殊性税务处理条件，或者虽然符合但企业不选择适用特殊性税务处理的情况下，按照一般性税务处理规定进行税务处理。

股权收购的企业所得税一般性税务处理，是指交易以公允价值确认取得股权的计税基础。交易发生时，确认应税所得或损失。交易各方在交易前的亏损不得互相弥补或结转，各方原有的税收优惠继续保持不变。

59号文第四条第（三）项规定，企业股权收购重组交易，适用一般性税务处理的，相关交易应按以下规定处理。

（1）股权收购的被收购方应确认股权转让所得或损失；

（2）收购方取得股权的计税基础应以公允价值为基础确定；

（3）被收购企业的相关所得税事项原则上保持不变。

【案例7-27】

2023年1月，A公司拟收购B公司持有的甲公司股权，甲公司注册资本为1000万元，B公司持有甲公司40%股权，已全部实缴到位，B公司按权益法核算对甲公司的投资。甲公司于2020年成立，当年实现净利润100万元，2021年实现净利润100万元，2022年实现净利润100万元，甲公司均未作利润分配。双方确认股权转让价格为800万元。2023年1月，交易双方办理完毕股权变更手续。

税务处理

交易双方适用一般性税务处理，转让方B公司投资成本为400（1000×40%）万元，转让收入为800万元，股权转让所得为400万元。收购方A公司按800万元确认股权计税基础。B公司财务人员认为，股权转让收入应当为680（800-100×40%×3）万元，应当减去甲公司未分配利润对应比例的收益，则股权转让所得为280万元。这种理解将会计上的处理和税务上的处理混为一谈。《国家税务总局关于贯彻落实企业所得税法若干税收问题的通知》（国税函〔2010〕79号）第三条规定，企业转让股权收入，应于转让协议生效且完成股权变更手续时，确认收入的实现。转让股权收入扣除为取得该股权所发生的成本后，为股权转让所得。企业在计算股权转让所得时，不得扣除被投资企业未分配利润等股东留存收益中按该项股权所可能分配的金额。因此，B公司的股权转让收入应当为800万元，而不是680万元。

B公司在2023年汇算清缴时，该笔股权转让交易需要调增，因为存在税会差异。因为B公司按照权益法核算对甲公司的投资，B公司在2020年度至2022年度在会计上应当分别确认40万元、40万元、40万元的投资收益，但由于甲公司并没有进行利润分配，该项投资收益在税务上并不确认所得，因此B公司在2020年度至2022年度应当分别调减持有期间的投资收益40万元。在2023年股权转让时，B公司就甲公司未分配利润在会计上实现了 120 万元的投资收益，同时确认股权转让所得 400 万元，因此，在 2023 年度的汇算清缴中，该项股权转让交易需要调增 280 万元。

对于收购方 A 公司而言，A 公司计税基础和会计成本均为 800 万元，税会处理一致。

（二）特殊性税务处理的合规

相较于一般性税务处理，特殊性税务处理其实是一种例外，它需要满足特定条件，还要"具有合理的商业目的，且不以减少、免除或者推迟缴纳税款为主要目的"。特殊性税务处理实质上是一种递延纳税，交易的计税基础按照原有的计税基础确定，不确认应税所得或损失。本次交易涉及的资产或股权的纳税义务递延到下次交易，简单来说就是，原计税基础不变，损益递延。

特殊性税务处理的条件

59 号文第五条和《财政部 国家税务总局关于促进企业重组有关企业所得税处理问题的通知》（财税〔2014〕109 号，以下简称"109 号文"）第一条规定，企业股权收购重组同时符合下列条件的，适用特殊性税务处理规定。

（1）具有合理的商业目的，且不以减少、免除或者推迟缴纳税款为主要目的。

（2）被收购部分的股权不低于被收购企业全部股权的 50%。

（3）企业重组后的连续 12 个月内不改变重组资产原来的实质性经营活动。

（4）重组交易对价中涉及股权支付金额不低于其交易支付总额的 85%。

（5）企业重组中取得股权支付的原主要股东，在重组后连续 12 个月内，不得转让所取得的股权。原主要股东，是指原持有被收购企业 20% 以上股权的股东。

股权支付比例的计算

股权支付比例应按所支付股权的公允价值占按公允价值计量的交易总额的比例来确定。计算公式如下。

股权支付比例 = 所支付股权公允价值 ÷ 交易总额

这里强调的股权支付包括现金支付的部分。因此，一些股权并购架构设计如果采用"股权 + 现金"的模式，则只计算股权的公允价值。

计税基础的确定

59 号文第六条第（二）项和 109 号文第一条规定：股权收购，收购企业购买的股权不低于被收购企业全部股权的 50%，且收购企业在该股权收购发生时的股权支付金额不低于其交易支付总额的 85%，可以选择特殊性税务处理。

（1）被收购企业的股东取得收购企业股权的计税基础，以被收购股权的原有计税基础确定。

（2）收购企业取得被收购企业股权的计税基础，以被收购股权的原有计税基础确定。

（3）收购企业、被收购企业的原有各项资产和负债的计税基础和其他相关所得税事项保持不变。

【案例 7-28】

甲公司注册资本为 1000 万元，已全部实缴到位，A 公司持有甲公司 60% 的股权，投资成本为 600 万元，A 公司将该项投资作为长期股权投资按成本法确认。B 公司在 2022 年 9 月 6 日，与 A 公司签订了股权转让协议，以甲公司 2022 年 8 月 31 日净资产账面价值 2000 万元和公允价值 3000 万元为基准，B 公司向 A 公司增发本公司股份 500 万股（面值 1 元 / 股，公允价值 5 元 / 股）收购 A 公司持有的甲公司全部股权，A 公司持有 B 公司股份后，对 B 公司不构成重大影响。

税务处理：交易双方 A 公司与 B 公司一致采用特殊性税务处理

转让方 A 公司的税务处理：A 公司转让甲公司的 60% 股权暂不确认股权转让所得，其取得 B 公司增发的股份的计税基础，按照原持有甲公司股权的计税基础 600 万元确认。

收购方 B 公司的税务处理：B 公司取得甲公司 60% 股权的计税基础，按照被收购股权的原计税基础 600 万元确定，不按增发股权的公允价值 2500 万元确认。

从上述税务处理来看，本次交易存在税会差异。

转让方 A 公司原持有甲公司股权按成本法核算，本次交易后，A 公司在会计上确认 1900 万元（5 元 / 股 ×500–600）的投资收益，在税务上暂不确认股权转让所得。因此，A 公司在交易年度的纳税申报中需要进行纳税调整。A 公司取得了 B 公司增发的 500 万股股份，计税基础为 600 万元，但会计上为 1900 万元，存在 1300 万元的税会差异。如果 A 公司后期打算处置该 500 万股份，则需要进行纳税调整。

收购方 B 公司取得的甲公司 60% 股权按原计税基础 600 万元确认，但会计上按 2500 万元确认投资成本，存在 1900 万元的税会差异，后期如 B 公司转让该 60% 股权，需要再进行纳税调整。

纳税申报

《国家税务总局关于企业重组业务企业所得税征收管理若干问题的公告》（国家税务总局公告 2015 年第 48 号）第四条规定，企业资产收购重组业务适用特殊性税务处理的，重组各方（转让方和收购方）应在该重组业务完成当年办理企业所得税年度申报时，分别向各自主管税务机关报送"企业重组所得税特殊性税务处理报告表及附表"和申报资料。

重组主导方（转让方）申报后，其他当事方向其主管税务机关办理纳税申报。受让方申报时还应附送重组主导方经主管税务机关受理的"企业重组所得税特殊性税务处理报告表及附表"（复印件）。

事后的税务遵从

根据税法规定，股权收购在适用特殊性税务处理情况下，取得股权支付的原主要股东在重组后连续 12 个月内，不得转让所取得的股权。若原主要股东在重组后连续 12 个月内转让了所取得的股权，则不能再适用特殊性税务处理，当事各方须按一般性税务处理重新计算缴纳企业所得税。

适用特殊性税务处理的企业若在以后年度转让或处置股权，主管税务机关在评估和检查时，会将企业特殊性税务处理时确定的计税基础与转让或处置时的计税基础及相关的年度纳税申报表进行比对，发现问题的，应依法进行调整。

二、股权收购中其他税种的合规

（一）土地增值税

股权收购中是否征收土地增值税一直是争议的焦点。国家税务总局曾分别于 2000 年、2009 年和 2011 年发布国税函〔2000〕687 号、国税函〔2009〕387 号、国税函〔2011〕415 号等文件，对广西壮族自治区税务局、天津市地方税务局等地请示的三起股权转让个案予以批复，并建议按穿透处理。而《湖南省地税局 财产和行为税处关于明确"以股权转让名义转让房地产"征收土地增值税的通知》（湘地税财行便函〔2015〕3 号）中明确认为："总局曾下发三个批复明确'以股权转让名义转让房地产'属于土地增值税应税行为。为了规范我省土地增值税管理，堵塞征管漏洞，对于控股股东以转让股权为名，实质转让房地产并取得了相应经济利益的，应比照国税函〔2000〕687 号、国税函〔2009〕387 号、国税函〔2011〕415 号文件，依法缴纳土地增值税。"2019 年 10 月 8 日，上市公司恒立实业一则公告显示，其对企业作为股权转让方 100% 股权间接转让的"名股实地"行为缴纳了土地增值税。

由于该问题争议极大，最高人民法院和江苏省高级人民法院先后就类似股权转让纠纷作出判决，认定股权转让环节原始股东不需要缴纳土地增值税。在实务中，如果标的公司的土地没有闲置，上面建有厂房或办公楼，且占标的公司的资产总额比重不高，仍然在正常经营，此时如果收购标的公司，一般会认为是正常的股权收购行为，不会被认定实质上是房地产交易行为。

【案例 7-29】

在马庆泉、马松坚与湖北瑞尚置业有限公司股权转让纠纷二审案（案号：（2014）民二终字第 264 号）中，最高人民法院二审认为："……股权与建设用地使用权是完全不同的权利，股权转让与建设用地使用权转让的法律依据不同，二者不可混淆。当公司股权发生转让时，该公司的资产收益、参与重大决策和选择管理者等权利由转让方转移到受让方，而作为公司资产的建设用地使用权仍登记在该公司名下，土地使用权的公司法人财产性质未发生改变……公司在转让股权时，该公司的资产状况，包括建设用地使用权的价值，是决定股权转让价格的重要因素。但不等于说，公司在股权转让时只要有土地使用权，该公司股权转让的性质就变成了土地使用权转让，进而认为其行为是名为股权转让实为土地使用权转让而无效……由于转让股权和转让土地使用权是完全不同的行为，当股权发生转让时，目标公司并未发生国有土地使用权转让的应税行为，目标公司并不需要缴纳营业税和土地增值税。如双方在履行合同中有规避纳税的行为，应向税务部门反映，由相关部门进行查处。"

而在江苏高成房地产开发有限公司与福中集团有限公司股权转让纠纷再审案（案号：（2014）苏商再终字第 0006 号）中，江苏省高级人民法院再审认为："现行税法没有对涉及土地使用权的项目公司的股权转让作出是否征收土地增值税和契税的规定。根据税收法定主义，税法未规定需要纳税的，当事人即可不缴税。且在股权转让时，土地增值税最终并未流失，因为股权转让也只是股东的变换，土地使用权权属没有变化，股权无论经过多少次转让，土地无论如何增值，公司初始受让土地支付对价的成本不变。但是，只要房地产发生了权属流转，公司就需要按最终的实际房地产销售价与最初的房地产成本价之间的增值部分缴纳土地增值税。因此，涉案股权转让实际上并未逃避土地增值税的征收。高成公司主张涉案股权转让逃避了国家土地增值税征收的理由不能成立。"

（二）个人所得税

股权收购中如果转让方是自然人，应按《股权转让所得个人所得税管理办法（试行）》（国家税务总局公告 2014 年第 67 号，以下简称"67 号公告"）规定，缴纳个人所得税。同时，各地市场监督部门和税务机关实行个人股权转让信息交互机制，个人转让股权办理变更登记的，在向市场主体登记机关办理变更登记前，应先持相关资料到被投资企业所在地主管税务机关办理税款缴纳（纳税申报）。市场主体登记机关在确认个人股权转让已完成税款缴纳（纳税申报）后，依法办理股权变更登记。在股权转让的实务中，个人所得税的征收缴纳存在以下合规事项。

扣缴义务人没有履行代扣代缴义务

《个人所得税法》第九条规定："个人所得税以所得人为纳税人，以支付所得的单位或者个人为扣缴义务人。"67 号公告第五条也规定："个人股权转让所得个人所得税，以股权转让方为纳税人，以受让方为扣缴义务人。"根据上述规定，在股权转让交易中，受让方成为股权交易中个人所得税的扣缴义务人。因此，受让方作为扣缴义务人应当依法向主管税务机关申报纳税，主管税务机关也有权督促扣缴义务人和纳税人履行法定义务。此外，《国家税务总局关于贯彻〈中华人民共和国税收征收管理法〉及其实施细则若干具体问题的通知》（国税发〔2003〕47 号，以下简称"47 号文"）规定，扣缴义务人违反税收征管法及其实施细则的规定，应扣未扣、应收未收税款的，税务机关除按税收征管法及其实施细则的有关规定对其给予处罚外，应当责成扣缴义务人限期将应扣未扣、应收未收的税款补扣或补收。

扣缴义务人的合规风险

在股权转让交易中，如果股权转让款项已经全部被支付给受让方，且转让方在支付时未先行扣缴应缴纳的个人所得税，而受让方为税法上确定的扣缴义务人，如果税务机关责成扣缴义务人"补扣"税款，扣缴义务人在纳税人不配合的情况下，为避免先行"补缴"后追偿难的问题，是否可以通过先起诉的方式向纳税人追讨税款？这种方式很难得到法院的支持。首先，股权转让款项已经全部被支付给纳税人，扣缴义务人在先行代"补缴"税款前，扣缴义务人与纳税人之间并没有债权债务关系，不能提起债权之诉。其次，虽然47号文规定了税务机关可责成扣缴义务人补扣补缴税款，但法律并没有赋予扣缴义务人强行追缴税款的行政权力。最后，扣缴义务人与纳税人之间只能是民事法律关系，而民事法律关系中不存在"补扣"这一权力，只能追究债权债务关系，但二者之间此时不存在债权债务关系。所以，在代"补缴"之前，先起诉追讨税款行为很难在法院立案成功，即使立案成功，也会被驳回起诉。笔者建议，第一，股权交易受让方要依法及时履行个人所得税的扣缴义务；第二，受让方在行使扣缴义务而纳税人不配合时，应及时报告税务机关，并暂停剩余转让款的支付或留存税务款项的相应金额。

股权转让超过税款追征期限的

《税收征收管理法》第五十二条规定："因税务机关的责任，致使纳税人、扣缴义务人未缴或者少缴税款的，税务机关在三年内可以要求纳税人、扣缴义务人补缴税款，但是不得加收滞纳金。因纳税人、扣缴义务人计算错误等失误，未缴或者少缴税款的，税务机关在三年内可以追征税款、滞纳金；有特殊情况的，追征期可以延长到五年。"

在《国家税务总局关于未申报税款追缴期限问题的批复》（国税函〔2009〕326号）文件中，国家税务总局明确："纳税人不进行纳税申报造成不缴或少缴应纳税款的情形不属于偷税、抗税、骗税，其追征期按照税收征管法第五十二条规定的精神，一般为三年，特殊情况可以延长至五年。"

因此，五年前发生的股权转让行为中，如果主管税务机关一直未出具任何法律文书要求扣缴义务人、纳税人就该股转行为申报纳税，从时间来推算，已过了追征期，企业可以要求税务机关不予追征。

但要特别注意最后一笔股权转让款支付的时间。67号公告第二十条规定，具有下列情形之一的，扣缴义务人、纳税人应当依法在次月15日内向主管税务机关申报纳税。

（1）受让方已支付或部分支付股权转让价款的；

（2）股权转让协议已签订生效的；

（3）受让方已经实际履行股东职责或者享受股东权益的；

（4）国家有关部门判决、登记或公告生效的；

（5）本办法第三条第四至第七项行为已完成的；

（6）税务机关认定的其他有证据表明股权已发生转移的情形。

如果五年前的股权转让行为由于存在争议，经过诉讼程序才予以解决，最后一笔股权转让款是在法院判决生效后才予以支付的。那么，税务机关可以根据上述67号公告从人民法院判决生效时点的次月开始计算追征期，也可以以最后一笔股权转让价款的支付时点次月开始计算追征期。如果以该两个时点开始计算追征期，则有可能没有超过5年的追征期，企业无法要求税务机关不予追征。在此，特别提示企业注意核实相关时点。

三、对赌协议的税务合规

对赌协议，又可称业绩补偿安排，在投资领域中比较常见。一般指投资人要求在投资后一段时期内标的公司需要实现一定的业绩指标，若未能实现该指标，创始人团队有义务以股权或以现金向投资人进行补偿。在法律层面，关于对赌已基本达成共识，也有较多成熟的司法判例。2019年11月8日，最高法院发布《全国法院民商事审判工作会议纪要》（以下简称《九民纪要》），就"对赌协议"的效力认定及履行明确了审判指导意见。《九民纪要》指出，实践中俗称的"对赌协议"，又称估值调整协议，是指投资方与融资方在达成股权性融资协议时，为解决交易双方对目标公司未来发展的不确定性、信息不对称以及代理成本而设计的包含了股权回购、金钱补偿等对未来目标公司的估值进行调整的协议。但在税法层面，由于国家税务总局的相关税收文件对对赌协议并无特别的规定，导致在税收征管的实践中，各地税务机关执行口径不一，易引发税企争议。

虽然国家税务总局没有对对赌的有关涉税问题进行规范，但各地税务机关在实际操作中已有不少案例可供参考。税务机关对对赌协议的指导意见最早见于2014年海南省地方税务局给海南航空股份有限公司的一份复函。在这份复函中，海南省地方税务局认为："依据《中华人民共和国企业所得税法》及《中华人民共和国企业所得税法实施条例》关于投资资产的相关规定，你公司在该对赌协议中取得的利润补偿可以视为对最初受让股权的定价调整，即收到利润补偿当年调整相应长期股权投资的初始投资成本。"但这份复函仅限于海南省，不具有普遍适用效力。

【案例 7-30】

2020年，国家税务总局广州市税务局第三稽查局发布送达公告（2020年第91号），税务机关查明的交易事实如下。

李菊莲持有邦富软件38.096%股份，对应出资额9 524 000元，2014年5—8月，李菊莲等邦富软件股东与华闻传媒投资有限公司签署《股权转让协议》《对赌协议》，针对李菊莲对赌事宜摘取约定事项如下。

（1）华闻传媒采取"现金＋股份支付"的方式，向李菊莲支付现金7680万元、股份支付14 436 421股×13.68元/股（股份对价收入约为197 490 200元），合计支付对价274 290 200元；

（2）如邦富软件2014—2016年三个年度利润数低于预测数，则向华闻传媒补偿；

（3）李菊莲补偿华闻传媒1 038 644股，按照13.68元/股计算，共计14 208 649.92元；

（4）华闻传媒就现金支付7680万元部分代扣个税14 826 656元；

（5）华闻传媒代扣印花税137 145.60元。

最终税务机关在计算李菊莲应补缴个税时，对李菊莲发生的补偿给华闻传媒的相关股份进行了扣除。

同上，上市公司银禧科技2019年9月26日发布的《关于收到兴科电子科技原股东部分业绩补偿款的公告》和2019年12月4日发布的《关于收到兴科电子科技原股东部分业绩补偿款的公告》显示，原股东在对赌失败后，支付的业绩补偿款已在税务局办理了多缴税款退税。

第九节　资产划转的税务合规

资产（股权）划转是指资产、股权在 100% 直接控制的居民企业之间，以及受同一或相同多家居民企业 100% 直接控制的居民企业之间所进行的无偿转移或以股权支付为对价的转移。因其具有税收筹划方面的价值，已越来越多地被运用在商业活动中。

一、资产划转的企业所得税合规

《财政部 国家税务总局关于促进企业重组有关企业所得税处理问题的通知》（财税〔2014〕109 号，以下简称"109 号文"）规定，对 100% 直接控制的居民企业之间，以及受同一或相同多家居民企业 100% 直接控制的居民企业之间按账面净值划转股权或资产，凡具有合理商业目的、不以减少、免除或者推迟缴纳税款为主要目的，股权或资产划转后连续 12 个月内不改变被划转股权或资产原来实质性经营活动，且划出方企业和划入方企业均未在会计上确认损益的，可以选择按以下规定进行特殊性税务处理。

（1）划出方企业和划入方企业均不确认所得。

（2）划入方企业取得被划转股权或资产的计税基础，以被划转股权或资产的原账面净值确定。

（3）划入方企业取得的被划转资产，应按其原账面净值计算折旧扣除。

据此，在资产 / 股权划转时，适用特殊性税务处理的必须是在母子公司之间，或为子公司之间的二类架构（即同一控制下）之下的资产 / 股权划转，且必须同时满足上述三个条件。同时，股权或资产划转时，应具有合理商业目的，不以减少、免除或者推迟缴纳税款为主要目的；股权或资产划转后，企业连续 12 个月内不改变被划转股权或资产原来的实质性经营活动。值得注意的是，子公司之间划转资产 / 股权时，子公司的股东必须全部是公司法人股东，不得有自然人股东或合伙企业股东。

在资产划转的企业所得税处理上，分为一般性税务处理和特殊性税务处理。

（一）一般性税务处理

（1）划出方按照划转股权的公允价值视同销售确认股权转让收入，缴纳企业所得税。

（2）划入方按公允价值确定划入股权的计税基础。

（二）特殊性税务处理

特殊性税务处理的方式

109 号文以及《国家税务总局关于资产（股权）划转企业所得税征管问题的公告》（国家税务总局公告 2015 年第 40 号）规定，资产重组的特殊性税务处理适用情形主要是 100% 直接控制的母子公司之间按账面净值划转股权或资产，以及受同一或相同多家母公司 100% 直接控制的子公司之间按账面净值划转股权或资产这两种情形，在这两种情形下，企业可以作出如下税务处理。

（1）划出方企业和划入方企业均不确认所得。

（2）划入方企业取得被划转股权或资产的计税基础，以被划转股权或资产的原账面净值确定。

（3）划入方企业取得的被划转资产，应按其原账面净值计算折旧扣除。

特殊性税务处理的适用条件

在资产划转中，如果采用特殊性税务处理，必须还得同时满足如下条件。

（1）具有合理的商业目的，且不以减少、免除或者推迟缴纳税款为主要目的。

（2）企业在股权、资产划转后的连续 12 个月内不改变被划转股权、资产原来实质性经营活动。

（3）划出方和划入方均未在会计上确认损益。

二、资产划转的增值税合规

（一）一般资产划转的增值税政策适用

针对所划转资产或者股权的不同，增值税的征收政策亦有不同，具体如下。

（1）非上市公司股权划转。若被划转的股权属于非上市公司股权，则不属于增值税征税范围，划出方不缴纳增值税。

（2）上市公司股权划转。若被划转的股权属于上市公司股权，即使是无偿，划出方也应按照金融商品转让缴纳增值税。

（3）资产实物划转。划出方在资产重组过程中，通过合并、分立、出售、置换等方式，将全部或者部分实物资产以及与其相关联的债权、负债、劳动力一并划给其他单位和个人的，涉及货物、不动产、土地使用转让的，不征收增值税。

除上述情形外，划出方划出资产涉及货物、无形资产或不动产的，均视同销售，应缴纳增值税。

（二）商标资产划转的增值税政策适用

《国家税务总局关于纳税人资产重组有关增值税问题的公告》（国家税务总局公告 2011 年第 13 号）规定，纳税人在资产重组过程中，通过合并、分立、出售、置换等方式，将全部或者部分实物资产以及与其相关联的债权、负债和劳动力一并转让给其他单位和个人，不属于增值税的征税范围。那么在资产划转中将商标资产也一并转让给其他单位和个人，是否缴纳增值税？

《增值税暂行条例》规定，在中华人民共和国境内销售货物或者加工、修理修配劳务，销售服务、无形资产、不动产以及进口货物的单位和个人，为增值税的纳税人，应当缴纳增值税。即一般情况下，销售货物，销售服务、无形资产、不动产需要依法缴纳增值税。而财税〔2016〕36 号文规定，无形资产，是指不具实物形态，但能带来经济利益的资产，包括技术、商标、著作权、商誉、自然资源使用权和其他权益性无形资产。它同时也规定，纳税人提供技术转让、技术开发和与之相关的技术咨询、技术服务免缴增值税。但是，商标转让并不属于技术转让，因此，在资产划转过程中，如果涉及商标、著作权、商誉、自然资源使用权和其他权益性无形资产转让，则纳税人需要缴纳增值税。

此外，境内企业向境外公司支付商标使用权的费用是需要代扣代缴增值税的。境外公司向境内企业提供商标使用权，属于应税服务范围，境内企业应按"现代服务业"扣缴增值税。境内企业凭税收通用缴款书可以抵扣增值税进项税额。需要注意的是，境内企业凭通用缴款书抵扣进项税额的，应当将书面合同、付款证明和境外单位的对账单或者发票等相关资料留存备查。资料不全的，其进项税额不得从销项税额中抵扣。

三、资产划转的契税合规

《财政部　税务总局关于继续支持企业事业单位改制重组有关契税政策的通知》（财税〔2018〕17号）和《财政部　税务总局关于继续执行企业、事业单位改制重组有关契税政策的公告》（财政部、国家税务总局公告2021年第17号）等文件规定，资产划转符合以下情形之一的，免征契税。

（1）承受县级以上人民政府或国有资产管理部门按规定进行政策性调整、划转国有土地、房屋权属的单位。

（2）同一投资主体内部所属企业之间的土地、房产权属的划转，包括母公司与其全资子公司之间，同一公司所属全资子公司之间，同一自然人与其设立的个人独资企业、一人有限公司之间土地、房屋权属的划转。

（3）母公司以土地、房屋权属向其全资子公司增资，视同划转。

四、资产划转的土地增值税合规

在资产划转中，以土地使用权划转于房地产开发企业用于开发产品，或房地产开发企业以开发产品对外划转的，须视同按公允价值转让房地产，计算缴纳土地增值税，其他情形不缴土地增值税。因此，居民企业间资产划转如涉及不动产、土地使用权，划入方按接受投资处理的，属于接受投资入股，企业无须缴纳土地增值税。在具体税务处理上，如果以净资产出资，不涉及土地及房屋权属转移、应税货物转让、转增注册资本，则不缴纳土地增值税、增值税、契税、印花税。

【案例7-31】

A公司是位于某市的一家跨国企业集团下属子公司，其主要业务为货物生产及销售，同时兼营部分物流仓储业务。B公司为A公司的全资子公司，主要从事物流仓储业务。为优化中国地区业务线，该集团拟就中国境内公司的物流仓储业务进行拆分重组，将全部物流仓储业务集中于B公司。该计划涉及转让A公司名下的用于物流仓储业务的不动产。该土地及地上建筑物于2016年4月30日前取得，其原值约为 4 亿元，转让期间的账面净值约为 2.8 亿元。经第三方评估事务所评估，此房产的公允价值约为 6 亿元。

在本案例中，A 公司将其持有的、用于物流仓储业务的不动产无偿划转给其全资子公司 B 公司。

针对上述不动产划转，划出方和划入方均未在会计上确认损益。同时，鉴于本次资产划转是出于优化集团物流仓储业务的商业目的，且被划转资产即目前用于仓储职能的土地及地上建筑物，将继续用于经营物流仓储业务，在资产划转后 12 个月内不会改变原实质性经营活动。所以，A 公司无须缴纳土地增值税。

第十节　尽职调查中的税务合规

在股权并购重组业务中，应当充分进行法律、税务、财务的尽职调查。企业应当向目标企业提出涉税资料需求或通过外部渠道获取等方式，充分收集目标企业的相关资料。应向目标企业收集的涉税资料包括：（1）目标企业的纳税信用等级情况；（2）目标企业纳税申报及计算资料；（3）目标企业的税款缴纳资料；（4）目标企业税收优惠文件资料；（5）税务机关对目标企业进行检查的资料。

一、目标企业制度的涉税合规

尽调人员应充分调查目标企业的相关制度是否完善，执行是否到位。认真分析目标企业的采购制度流程、存货管理制度流程、销售制度流程、财务核算及报销制度流程、合同管理制度、研发制度、纳税申报等内控制度和对应的流程，要能够识别目标企业是否存在因制度缺失导致的涉税风险。

尽调人员要结合账簿凭证、财务账表、业务合同、各税种纳税申报表等资料，分析并判断目标企业的业务实质，能够发现目标企业对商业模式判断错误而导致的涉税风险，要认真核实涉税数据准确性及重大差异的原因，调查目标企业纳税申报数据是否存在重大涉税风险，是否存在偷漏税行为等。要了解并核实目标企业既往年度税务检查情况。如果曾被税务处罚，应仔细了解并掌握税务处罚的原因及有关法律文书。

二、目标企业生产经营涉税处理的合规

尽调人员要梳理目标企业生产、销售或提供服务的业务模式，关注不同业务模式或服务种类中的涉税处理是否合规。如果目标企业的投融资渠道复杂多样，应关注不同渠道投融资业务中的涉税处理是否合规。分析目标企业人员和薪酬、奖金的构成情况，特别是销售人员的提成，要特别关注涉税处理是否合规。尽调人员要认真分析目标企业对税务事项的会计处理是否符合相关会计制度或准则以及相关法律法规，是否存在长期的、固化的、重大的税务处理错误。重大交易事项是否存在应缴未缴但税务机关尚不知情的税款，是否存在不应缴纳但已缴纳的税款，是否存在货物流、发票流、资金流不一致的增值税发票使用情况，甚至是虚开增值税专用发票的行为，等等。

此外，尽调人员还要分析目标企业获得收益的情况，包括收入、成本、费用、接受捐赠、税收返还、财政补助、诉讼、担保或仲裁等情况，关注涉税处理是否合规。要重点关注目标企业选择适用的税收优惠政策是否合规，享受的税收优惠事项是否按规定进行了申报或备案（查）。

三、目标企业重大经济事项涉税处理的合规

尽调人员应当重点关注目标企业的重大并购或重组业务方案和合同，特别是重组业务选择适用特殊性税务处理是否合规；重点关注目标企业的关联交易类型和关联业务流程，相关涉税处理是否合规；重点关注目标企业的重大资产确认、管理、处置等环节的相关情况，相关涉税处理是否合规；重点关注目标企业的重大投资业务投前、投中、投后等环节的相关情况，相关涉税处理是否合规。对于有境外投资业务的，要关注目标企业对境外所得及亏损等事项的涉税处理是否合规。此外，税务尽调人员要与法律、财务尽调人员沟通，将相关事项与结论进行对比，分析涉税情况。

第八章 企业注销和破产中的税务合规

第一节 企业注销的税务合规

一、企业注销的涉税程序

市场竞争遵循优胜劣汰规律，企业注销时有发生，一些企业想通过注销逃避税务风险，然而注销事项并非如此简单。企业注销时，如果企业本身为非正常户，或出现一些严重的税务异常问题，企业须按税务局的要求整理企业所有的账簿、凭证、财务报表、合同等资料；如果企业以前的账务没有整理或者没有做，需要及时补全。如果发现有纳税异常或者偷逃税款的情况，企业还要补税或者交罚款，就需要较长的时间才能注销。因此企业注销前一般要进行税务清算，税务清算是最重要也是最为烦琐的环节。

《税收征收管理法实施细则》第十五条第一款规定，纳税人发生解散、破产、撤销以及其他情形，依法终止纳税义务的，应当在向工商行政管理机关或者其他机关办理注销登记前，持有关证件向原税务登记机关申报办理注销税务登记；按照规定不需要在工商行政管理机关或者其他机关办理注册登记的，应当自有关机关批准或者宣告终止之日起 15 日内，持有关证件向原税务登记机关申报办理注销税务登记。

《税收征收管理法实施细则》第十六条规定，纳税人在办理注销税务登记前，应当向税务机关结清应纳税款、滞纳金、罚款，缴销发票、税务登记证件和其他税务证件。

在实务中，不少企业家认为企业已经注销，账簿即没有保留的必要，可以销毁。实际上，《税收征收管理法实施细则》第二十九条规定，账簿、记账凭证、报表、完税凭证、发票、出口凭证以及其他有关涉税资料应当合法、真实、完整。账簿、记账凭证、报表、完税凭证、发票、出口凭证以及其他有关涉税资料应当保存 10 年。因此，企业不得擅自销毁。

近些年来，税务机关也在不断优化办理企业税务注销程序，出台了相关规范性文件。对符合条件的纳税人，优化即时办结服务，采取了"承诺制"容缺办理，即纳税人在办理税务注销时，若资料不齐，可在其作出承诺后，税务机关即时出具清税文书。具体容缺条件如下。

（1）办理过涉税事宜但未领用发票（含代开发票）、无欠税（滞纳金）及罚款的纳税人，主动到税务部门办理清税。

（2）未处于税务检查状态、无欠税（滞纳金）及罚款、已缴销增值税专用发票及税控设备，且符合下列情形之一的纳税人：

① 纳税信用级别为 A 级和 B 级的纳税人；

② 控股母公司纳税信用级别为 A 级的 M 级纳税人；

③ 省级人民政府引进人才或经省级以上行业协会等机构认定的行业领军人才等创办的企业；

④ 未纳入纳税信用级别评价的定期定额个体工商户；

⑤ 未达到增值税纳税起征点的纳税人。

纳税人应按承诺的时限补齐资料并办结相关事项。若未履行承诺，税务机关会将其法定代表人、财务负责人纳入纳税信用 D 级进行管理。

二、税务注销的不同种类

税务注销工作主要分为两类：一类叫注销税务登记，适用于未领取加载统一社会信用代码证照的纳税人，业务办结，将由主管税务机关开具《税务事项通知书》；另一类叫清税申报，适用于已领取加载统一社会信用代码证照的纳税人，业务办结，将由主管税务机关开具《清税证明》。

现行的税务注销程序分为简易注销、即办注销和一般注销三大类。

（一）简易注销

符合市场监管部门简易注销条件，满足下列情形之一的，免予到税务机关办理清税证明，可直接向市场监管部门申请简易注销。

（1）未办理过涉税事宜；

（2）办理过涉税事宜但未领用发票（含代开发票）、无欠税（滞纳金）及罚款且没有其他未办结涉税事项。

2021年，市场监管总局、国家税务总局联合发布了《关于进一步完善简易注销登记便捷中小微企业市场退出的通知》（国市监注发〔2021〕45号），将简易注销登记的适用范围拓展至未发生债权债务或已将债权债务清偿完结的市场主体。

（二）即办注销

即办注销是指税务机关受理申请后，确认符合即办条件，当场办结税务注销，即时出具税务注销文书。以下情形符合即办条件。

（1）未在税务机关办理过涉税事宜的纳税人；

（2）未处于税务检查状态、未领用发票、无欠税费（滞纳金）及罚款的纳税人；

（3）未处于税务检查状态、无欠税费（滞纳金）及罚款、已缴销增值税发票及税控专用设备，且纳税信用级别为A级和B级的纳税人；

（4）未处于税务检查状态、无欠税费（滞纳金）及罚款、已缴销增值税发票及税控专用设备，且控股母公司纳税信用级别为A级的M级纳税人；

（5）未处于税务检查状态、无欠税费（滞纳金）及罚款、已缴销增值税发票及税控专用设备，且属省级人民政府引进人才或经省级以上行业协会等机构认定的行业领军人才等创办的企业；

（6）未纳入纳税信用级别评价的定期定额个体工商户；

（7）未达到增值税纳税起征点的纳税人；

（8）经人民法院裁定宣告破产，持人民法院终结破产程序裁定书向税务机关申请税务注销的纳税人。

（三）一般注销

不属于即办范围的，即为一般流程。税源管理部门依法核实纳税人纳税申报、税款缴纳情况或清税申报情况后，再由主管税务机关在规定时限内办结税务注销，出具税务注销文书。若发现纳税人存在涉嫌逃避缴纳税款、骗取出口退税等特殊情况，税务机关有权中止或终止税务注销程序。

三、注销后的税务风险

企业注销后，税务机关仍然会对已注销企业进行税务稽查立案。即使企业已完成清税与注销程序，仍可能面临补缴税款、滞纳金、罚款等不利后果。

大多数情况下，税务机关是向已注销企业最后一任的法定代表人、经营期间实际控制人下达税务处理决定书，追缴税款及滞纳金。在实务中，也有税务机关对注销企业下达税务行政处罚告知书，定性偷税并处罚款。

但实际上，对已注销企业进行税务行政处罚缺乏法律依据，因为企业已注销完成，其企业法人资格彻底消灭，其作为责任承担主体的法律地位已不存在，已注销完毕的企业不应再作为行政处罚的被处罚对象。但在实务中，若企业只完成了税务注销，工商注销尚未完成，税务机关仍可恢复其税务登记，对其进行处罚。若工商注销已经完成，法人主体资格消灭，税务机关就只能对实际控制人进行处罚。

《最高人民检察院关于涉嫌犯罪单位被撤销、注销、吊销营业执照或者宣告破产的应如何进行追诉问题的批复》（高检发释字〔2002〕4号）规定，涉嫌犯罪的单位被撤销、注销、吊销营业执照或者宣告破产的，应当根据刑法关于单位犯罪的相关规定，对实施犯罪行为的该单位直接负责的主管人员和其他直接责任人员追究刑事责任，对该单位不再追诉。因此，如果企业因涉税行为构成犯罪，而企业已注销的，该企业的法定代表人、实际控制人和其他直接责任人员将被追究相应的刑事责任。

第二节　企业破产的税务合规

一、企业破产的涉税程序

（一）核销死欠

《国家税务总局关于深化"放管服"改革更大力度推进优化税务注销办理程序工作的通知》（税总发〔2019〕64号）规定，经人民法院裁定宣告破产的纳税人，可持人民法院出具的终结破产程序裁定书向税务机关申请税务注销，税务机关即时出具清税文书，按照有关规定核销"死欠"。此外，《关于推动和保障管理人在破产程序中依法履职进一步优化营商环境的意见》(发改财金规〔2021〕274号)第五条第(十三)款也明确规定:"便利税务注销。经人民法院裁定宣告破产的企业,管理人持人民法院终结破产清算程序裁定书申请税务注销的,税务部门即时出具清税文书,按照有关规定核销'死欠',不得违反规定要求额外提供证明文件,或以税款未获全部清偿为由拒绝办理(税务总局负责)。"

上述文件明确了破产企业税务注销的程序。但在实务中,核销"死欠"工作并不是容易一步到位的。不少税务机关会依据《税收征收管理法实施细则》第十六条的规定,即"纳税人在办理注销税务登记前,应当向税务机关结清应纳税款、滞纳金、罚款,缴销发票、税务登记证件和其他税务证件",要求纳税人结清税款,方可办理注销登记手续。

即使破产管理人依据税总发〔2019〕64号文件,要求税务部门即时出具清税文书,按照有关规定核销"死欠",部分税务机关仍认为,根据《税收征收管理法实施细则》第五十条规定,纳税人有破产情形的,在清算前应当向其主管税务机关报告,未结清税款的,由其主管税务机关参加清算。而破产企业的管理人并没有依法主动向税务机关报告,税务机关也没有参加破产企业的清算过程。管理人在制定破产财产分配方案和清偿债权的过程中,税收债权的优先权并没有得到体现,造成国家税款流失。因此主管税务机关往往不认可破产财产分配方案,拒绝出具清税文书,要求补缴欠缴税款。为了避免争议,在企业破产清算过程中,破产管理人应当在清算前主动向主管税务机关报告,邀请其参加清算;同时在破产财产分配方案中,要体现税务债权的优先权。

(二)"非正常户"的解除

部分企业申请破产前,在税收征管系统上可能已被认定为非正常户,并被停止发票领用簿和发票的使用。破产管理人可以在人民法院裁定受理破产申请之日起至债权申报截止日前,到主管税务机关,就企业逾期未申报行为接受处罚,并补办纳税申报,主管税务机关按规定解除企业的非正常户认定,同时税务机关应当向管理人申报债权。

（三）出具清税文书

在实务中，不少税务机关将出具清税文书和核销"死欠"的程序混淆了，在核销"死欠"后才出具清税文书。但是核销"死欠"并非出具清税文书的前置程序。税总发〔2019〕64号文件规定，管理人持人民法院终结破产清算程序裁定书到税务机关申请税务注销的，税务机关应当即时出具清税文书。这里强调的是"即时"，属于"即办注销"，核销"死欠"程序则属于内部审批程序。

（四）后续税务合规事项

企业进入破产程序后，纳税申报并没有就此中止，企业仍然需要继续办理纳税申报。如当地税务机关无特别规定，原则上应该延续原申报方式。《国家税务总局关于税收征管若干事项的公告》（国家税务总局公告（2019）年第48号）规定，人民法院指定的管理人可以以企业名义办理纳税申报等涉税事宜。但如果管理人拒绝代企业履行纳税申报义务，税务机关也不得对其进行处罚。因为管理人不是债务人企业，税务机关处罚管理人并没有法律依据。但是《企业破产法》规定，管理人未依照规定勤勉尽责，给债权人、债务人或者第三人造成损失的，依法承担赔偿责任。如果管理人未按规定办理纳税申报，导致企业少缴或不缴税款，被税务机关处罚的，管理人会被利益关联方要求承担赔偿责任。

二、税务清算的合规

企业在注销或破产的程序中都要进行清算。清算的重要内容是清理公司资产，清结各项债务，终结现存的各种法律关系。清算的目的在于保护公司债权人的利益、股东的利益以及社会公共利益。清算的一个重要组成部分就是税务清算。

《财政部 国家税务总局关于企业清算业务企业所得税处理若干问题的通知》（财税〔2009〕60号）规定，企业清算的所得税处理，是指企业在不再持续经营，发生结束自身业务、处置资产、偿还债务以及向所有者分配剩余财产等经济行为时，对清算所得、清算所得税、股息分配等事项的处理。而清算所得，是企业的全部资产可变现价值或者交易价格减除资产净值、清算费用以及相关税费等后的余额，即企业将清算时的全部资产或者财产的公允价值扣除各项清算费用、损失、负债、以前年度留存的利润后，超过实缴资本那一部分。企业清算过程中的涉税合规事项主要涉及以下几个方面。

（一）清算中股东的税务合规

对于法人企业投资者，其从被清算企业分得的剩余资产，其中相当于从被清算企业累计未分配利润和累计盈余公积中应当分得的部分，应当确认为股息所得；剩余资产减除上述股息所得后的余额，超过或者低于投资成本的部分，应当确认为投资资产转让所得或者损失。

对于个人投资者，《国家税务总局关于个人终止投资经营收回款项征收个人所得税问题的公告》（国家税务总局公告 2011 年第 41 号）规定："个人因各种原因终止投资、联营、经营合作等行为，从被投资企业或合作项目、被投资企业的其他投资者以及合作项目的经营合作人取得股权转让收入、违约金、补偿金、赔偿金及以其他名目收回的款项等，均属于个人所得税应税收入，应按照'财产转让所得'项目适用的规定计算缴纳个人所得税。"

（二）资产处置的税务合规

企业注销或破产清算过程不可避免地涉及资产处置，这些资产不但包括大量库存商品，还包括厂房及土地。

对于库存商品、车辆的处置变现，有的是以折价出售抵债，有的是通过无偿赠送等形式抵债或变现。如果是无偿赠送，企业需要按照视同销售来进行流转税和所得税的税务处理；如果是折价形式，企业需要按照所处置的动产公允价值估价，价格不能明显偏低，否则将被予以税务调整。

对于厂房、土地等不动产，涉及房产税、土地增值税等税种，企业需要进行综合考虑。如企业转让固定资产，需要判断是按简易办法按征收率征收增值税还是其属于免征范畴。如企业转让土地使用权，需要同时考虑增值税和土地增值税。但在实务操作中，一些注销或破产企业的经营时间较长，很多原始凭证资料丢失或土地使用权及地上建筑物成本无法被明确区分，企业无法确定扣除项目成本金额，致使其在申报缴纳土地增值税时无法提供相关凭证、扣除相关成本费用，导致承担较高的税负，而在清算的情况下，企业已无力缴纳。这时需要企业和主管税务机关进行有效沟通，争取以核定方式确认税额。此外，注销企业的房产分回股东名下的，需要按照视同销售缴纳土地增值税。

《国家税务总局关于印发〈中华人民共和国企业清算所得税申报表〉的通知》（国税函〔2009〕388号）规定，清算所得的计算公式如下。

清算所得＝全部资产的可变现价值或交易价格－计税基础－清算费用－相关税费＋债务清偿损益

（三）清算期间的税务合规

需要注意的是，清算期间是非正常的生产经营周期，是企业实际生产经营终止之日至办理完毕清算事务之日止的期间。企业在终止经营前处于正常生产经营年度，应正常申报企业所得税。清算期应当作为一个独立的纳税年度计算清算所得，企业自清算结束之日起15日内，申报企业所得税。由于清算期间为非正常生产经营年度，清算时的清算所得不存在适用企业所得税优惠税率的情况，企业是无法享受小微企业等税收优惠政策的，须全部按照基本税率25%进行计算。

【案例8-1】

甲企业为高新技术企业，享受15%的企业所得税优惠税率，经股东决定进行清算注销。清算时资产的计税基础为1000万元，公允价值为3000万元，则清算所得为2000万元。在计算清算期间的企业所得税时，不能适用15%的税率，只能适用25%的税率。

（四）清算中增值税留抵的合规

清算期间如果企业有增值税留抵，原则上是不可以申请退还的。因为清算企业已不再正常经营，特别是破产企业，无法达到留抵退税政策规定的纳税信用等级。

实务中存在一个争议：如果无法申请留抵退税，那么这些留抵税额是否能够抵销其他税种的应缴未缴税款？《最高人民法院关于适用〈中华人民共和国企业破产法〉若干问题的规定（二）》规定："债权人依据企业破产法第四十条的规定行使抵销权，应当向管理人提出抵销主张。管理人不得主动抵销债务人与债权人的互负债务，但抵销使债务人财产受益的除外。"因此留抵税额可以进行抵销。但税款有特殊性，根据《国家税务总局关于企业破产、倒闭、解散、停业后增值税留抵税额处理问题的批复》（国税函〔1998〕429号）和《财政部 国家税务总局关于增值税若干政策的通知》（财税〔2005〕165号）的规定，一般纳税人在注销时，其存货不作进项税额转出处理，其留抵税额也不予以退税。因此，税务机关普遍认为，不能退税的留抵税额不满足"互换债务"的条件，不能适用抵销制度。但是司法实践中，法院有不同的观点。

【案例8-2】

在国家税务总局大英县税务局、四川盛马化工股份有限公司破产债权确认纠纷二审民事判决书〔（2018）川09民终1325号〕中，四川省遂宁市中级人民法院认为："双方当事人均认可该86 860 689.92元的增值税留抵税款是盛马公司的企业资产，实质上系盛马公司对税务机关享有的债权，故本案属于双方互负债务的情形，盛马公司管理人在《四川盛马化工股份有限公司破产重整债权审查意见书》（盛马债审〔2018〕第187号）中将该笔增值税留抵税款抵减了盛马公司所欠缴的税款本金，系主动行使抵销权，通过债务抵销使盛马公司财产受益，符合《最高人民法院关于适用〈中华人民共和国企业破产法〉若干问题的规定（二）》第四十一条第二款中关于管理人主动抵销互负债务的规定，在不损害税务机关所享有的税收优先债权的同时，也提高了普通债权受偿率，维护了普通债权人的利益。虽然大英县税务局主张按照《国家税务总局关于增值税一般纳税人用进项留抵税额抵减增值税欠税问题的通知》的规定，增值税留抵税额应当抵减增值税欠税，在盛马公司未欠缴增值税的情况下，其不能用于抵减企业欠缴的其他税种税款，但该通知对一般纳税人用增值税留抵税额抵扣除增值税之外的税款未作明确的禁止性规定。同时按照法律适用的基本原则，本案应当优先适用企业破产的相关法律法规及司法解释，故盛马公司在税务机关留抵的增值税税款86 860 689.92元可以用于抵减其欠缴的税款。"

第九章　企业涉税刑事合规

第一节　危害税收征管的刑事法律风险

一、虚开增值税专用发票罪

虚开增值税专用发票罪属于企业高发型犯罪，存在于各类商业领域和商业模式中，税务机关需要特别注意防范该类犯罪。

（一）虚开增值税专用发票罪的定罪量刑

关于虚开增值税专用发票罪，《中华人民共和国刑法》（以下简称《刑法》）第二百零五条明确规定，虚开增值税专用发票或者虚开用于骗取出口退税、抵扣税款的其他发票的，处三年以下有期徒刑或者拘役，并处二万元以上二十万元以下罚金；虚开的税款数额较大或者有其他严重情节的，处三年以上十年以下有期徒刑，并处五万元以上五十万元以下罚金；虚开的税款数额巨大或者有其他特别严重情节的，处十年以上有期徒刑或者无期徒刑，并处五万元以上五十万元以下罚金或者没收财产。

单位犯本条规定之罪的，对单位判处罚金，并对其直接负责的主管人员和其他直接责任人员，处三年以下有期徒刑或者拘役；虚开的税款数额较大或者有其他严重情节的，处三年以上十年以下有期徒刑；虚开的税款数额巨大或者有其他特别严重情节的，处十年以上有期徒刑或者无期徒刑。

（二）定罪量刑的数额标准

前述是我国刑法对虚开增值税专用发票罪定罪量刑的基本规定，那么虚开税款的数额达到多少要予以立案呢？数额较大或数额巨大的标准又是多少呢？

立案的标准

关于本罪的立案标准，最高人民检察院、公安部于 2022 年 4 月 29 日联合发布了修订后的《关于公安机关管辖的刑事案件立案追诉标准的规定（二）》（以下简称《新立案追诉标准（二）》），其中第五十六条规定，刑法第二百零五条所涉及的虚开增值税专用发票、用于骗取出口退税、抵扣税款发票案，虚开增值税专用发票或者虚开用于骗取出口退税、抵扣税款的其他发票，虚开的税款数额在十万元以上或者造成国家税款损失数额在五万元以上的，应予立案追诉。

数额较大或巨大的标准

关于本罪数额较大或数额巨大的标准，2018 年最高人民法院发布了《关于虚开增值税专用发票定罪量刑标准有关问题的通知》（法发〔2018〕226 号），自通知下发之日起，人民法院在审判工作中不再参照执行《最高人民法院关于适用〈全国人民代表大会常务委员会关于惩治虚开、伪造和非法出售增值税专用发票犯罪的决定〉的若干问题的解释》（法发〔1996〕30 号）第一条规定的定罪量刑标准。

而在新的司法解释颁行前，对虚开增值税专用发票刑事案件定罪量刑的数额标准，可以参照最高人民法院《关于审理骗取出口退税刑事案件具体应用法律若干问题的解释》（法释〔2002〕30 号）的第三条规定执行。即虚开的税款数额在五万元以上的，以虚开增值税专用发票罪处三年以下有期徒刑或者拘役，并处二万元以上二十万元以下罚金；虚开的税款数额在五十万元以上的，认定为刑法第二百零五条规定的"数额较大"；虚开的税款数额在二百五十万元以上的，认定为刑法第二百零五条规定的"数额巨大"。

总之，关于虚开增值税专用发票刑事案件定罪量刑的数额标准，暂没有新的司法解释，目前司法实践是参照 2002 年出口退税刑事案件的标准的。而该标准，明显与上述 2022 年的《新立案追诉标准（二）》第五十六条所规定的立案追诉标准是不一致的。这一矛盾有望在将来新的司法解释出台之后得到解决。那么目前如何解决这一法律冲突呢？司法实践中会依照"从旧兼从轻"原则解决。

（三）企业切不可虚开发票

虚开发票可以导致如此严重的法律后果，那么什么是虚开呢？执法部门又是如何判断构成了虚开的呢？

虚开发票，换言之，就是不如实开具发票的一种违法行为。纳税单位和个人为了达到偷逃国家税款的目的或者购货单位为了某种需要，在商品交易过程中开具发票时，虚构交易或者在商品名称、数量、单价以及金额上采取虚假办法，从而构成虚开发票。

虚开发票行为按主体可分为四种类型

《刑法》第二百零五条第三款规定，虚开增值税专用发票或者虚开用于骗取出口退税、抵扣税款的其他发票，是指有为他人虚开、为自己虚开、让他人为自己虚开、介绍他人虚开行为之一的。

《发票管理办法》（2023年7月20日第三次修订）第二十一条第二款也规定，任何单位和个人不得有下列虚开发票行为：（1）为他人、为自己开具与实际经营业务情况不符的发票；（2）让他人为自己开具与实际经营业务情况不符的发票；（3）介绍他人开具与实际经营业务情况不符的发票。

总之，《刑法》与《发票管理办法》的规定是基本一致的，都将虚开发票的行为分为四种类型，即为他人虚开、为自己虚开、让他人为自己虚开、介绍他人虚开。

虚开发票行为按交易可分为两大类型

最高人民法院《关于适用〈全国人民代表大会常务委员会关于惩治虚开、伪造和非法出售增值税专用发票犯罪的决定〉的若干问题的解释》规定，虚开增值税专用发票中的"虚开"主要指：（1）没有货物购销或者没有提供或接受应税劳务而为他人、为自己、让他人为自己、介绍他人开具增值税专用发票；（2）有货物购销或者提供或接受了应税劳务但为他人、为自己、让他人为自己、介绍他人开具数量或者金额不实的增值税专用发票；（3）进行了实际经营活动，但让他人代开了增值税专用发票。

从上述规定可以看出，虚开发票的行为可以分为两大类情形：一是当事人不存在真实的交易，虚构交易开具发票；二是行为人存在真实交易，但数量、金额、主体、品名等发票项目与实际交易不符。结合司法实践来看，"虚开"的内容仅指发票中所记录的纳税关键信息，对不能反映纳税情况的有关内容作虚假填写，虽属违法不实开具，但并不构成本罪所指的"虚开"。

总而言之，以下情形均构成虚开发票。

（1）没有真实交易发生，却开具了发票。

（2）有真实交易发生，开票不实。

①虚开品名。比如销售的是钢材，发票开的是黄金。

②虚构数量。比如销售了 2 吨钢材，发票开的是 10 吨钢材。

③虚构价格。比如每吨钢材销售价格为 1000 元，发票开的是每吨钢材价格为 1500 元。

④票、货、款相背离。比如甲将货物销售给 A，甲根据 A 的指令将发票开给了 B，或者甲将货物销售给 A，甲指令子公司乙将发票开给 A。

⑤进销项品名不符。比如购进手机，销售开票品名为黄金。

（四）认定虚开增值税专用发票罪的几个重要问题

犯罪主体的认定

本罪的主体为一般主体，自然人和单位均可构成本罪的犯罪主体。但由于我国对自然人开具发票有限制，虚开发票罪的犯罪主体往往具有合法的发票申领资格。

认定单位犯罪必须同时具备两个要件，一是犯罪是以单位名义实施的，二是违法所得归单位所有。虚开犯罪案件具有一定特殊性，导致该类犯罪不以单位名义则难以被实施，因此税务机关要着重审查涉案单位成立后的主要经营活动以及虚开违法所得的去向、用途。如果涉案单位在成立后主要从事虚开犯罪活动，或者以正常经营单位的名义实施虚开犯罪行为，但违法所得并没有归单位所有，而主要被行为人所占用的，应被认定为个人犯罪。在《刑事审判参考》第 89 号（总第 14 集）中的张某练虚开增值税专用发票案中，最高人民法院经复核认为，被告人张某练在没有货物购销的情况下，为他人虚开和让他人为自己虚开增值税专用发票的行为已构成虚开增值税专用发票罪。张某练以停业的 A 公司名义办理营业执照年检和税务登记证，领购增值税专用发票，在公司重新经营的三个月的时间内只从事虚开增值税专用发票活动，违法所得除有数千元用于公司开支，其余均归个人占有。故张某练以 A 公司名义进行的虚开增值税专用发票罪，应被依照刑法有关自然人犯罪的规定定罪处罚。

是否有骗取税款主观目的的认定

本罪的行为人若为受票方，则主观上应具有骗取抵扣税款的主观目的。对于不具有骗取抵扣税款的主观目的，客观上也没有造成国家税款流失的，不以虚开增值税专用发票罪论处。行为人若暴力虚开，则不要求有骗取税款的目的。

最高人民法院发布的《充分发挥审判职能作用保护产权和企业家合法权益典型案例（第二批）》中的张某强虚开增值税专用发票案中，最高人民法院经复核认为，被告人张某强以其他单位名义对外签订销售合同，由该单位收取货款、开具增值税专用发票，虽不符合当时的税收法律规定，但其不具有骗取国家税款的主观目的，未造成国家税款损失，不具有社会危害性，其行为不构成虚开增值税专用发票罪。

善意取得的处理与认定

所谓善意取得，是指购货方与销售方存在真实交易，且购货方不知道取得的增值税专用发票是以非法手段获得的。即购货方取得该虚开的发票是出于不知道的"善意"，因为购货方在交易过程中有合理的理由相信该发票并非虚开，对销售方的虚开行为并不知情。

国家税务总局在对纳税人取得虚开增值税专用发票的处理作出规定的同时，2000年在《国家税务总局关于纳税人善意取得虚开的增值税专用发票处理问题的通知》（国税发（2000）187号）（以下简称"187号文"）中明确了纳税人善意取得虚开增值税专用发票的处理方式，即如果购货方不知道取得的增值税专用发票是销售方虚开的，税务机关对购货方就不以偷税或者骗取出口退税论处。

由上述规定可知，虚开的增值税专用发票的受票方，若能证明其取得发票是善意的，可以免除其法律责任。那么，如何认定善意取得呢？187号文规定，认定企业善意取得虚开的发票需要同时符合以下四个条件。（1）购货方与销售方存在真实的交易；（2）销售方使用的是其所在省（自治区、直辖市和计划单列市）的专用发票；（3）专用发票注明的销售方名称、印章、货物数量、金额及税额等全部内容与实际相符；（4）没有证据表明购货方知道销售方提供的专用发票是以非法手段获得的。只有同时符合上述四个条件的发票取得，才能被税务机关认定为善意取得。

因此，如果企业账面显示，入库货物的品名、数量、金额、税额与涉嫌虚开的专用发票上注明的品名、数量、金额、税额一致，入库手续齐全；且没有证据表明企业知道销售方提供的增值税专用发票是以非法手段获得的，也没有资金回流的现象，那么则属于属善意取得虚开增值税专用发票的行为。

资金回流的判定

在虚开增值税专用发票案件中，办案机关常用"三流一致"来判断交易双方是否存在真实交易，即票据流、货物流、资金流一致。但很多虚开案件在形式上做到了"三流一致"，这时就要注意是否存在"资金回流"现象了。

资金回流是虚开增值税专用发票案件中常见的问题，也是办案机关关注的重点。在正常的交易中，不会出现受票方资金向开票方汇出后又汇回受票方的情形。如果资金交易明细表、资金流向表等证据显示"资金回流"，那么这将证明纳税人存在虚开的主观故意。即存在虚构交易或交易与实际经营业务不符，交易双方为配合票据流故意制造款项支付的证据，使交易款项最终以通过多个对公和私人账号等各种形式回流到支付方，所以发票须与纳税人的生产经营能力、物流、购销等证据共同组成证据链。

未造成实际税收损失的，不构成犯罪

在最高人民法院研究室《关于如何认定以"挂靠"有关公司名义实施经营活动并让有关公司为自己虚开增值税专用发票行为的性质》征求意见的复函（法研〔2015〕58号）中，最高人民法院认为："虚开增值税发票罪的危害实质在于通过虚开行为骗取抵扣税款，对于有实际交易存在的代开行为，如行为人主观上并无骗取的扣税款的故意，客观上未造成国家增值税款损失的，不宜以虚开增值税专用发票罪论处。"

最高人民检察院《关于充分发挥检察职能服务保障"六稳""六保"的意见》也指出："对于有实际生产经营活动的企业为虚增业绩、融资、贷款等非骗税目的且没有造成税款损失的虚开增值税专用发票行为，不以虚开增值税专用发票罪定性处理，依法作出不起诉决定的，移送税务机关给予行政处罚。"

由于增值税环环相扣的原理，若行为人仅开票但受票人未申报抵扣，则不会造

成国家税款的损失，故行为人主观上也不具有骗取国家税款的目的。实践中虚开增值税专用发票后未用于抵扣的行为一般不作犯罪处理，只有在受票方将不应当进行抵扣的发票进行了进项抵扣，或者准备用于抵扣而同时开票方不缴或少缴税款，才有造成国家税收损失的危险。

二、虚开增值税普通发票罪

很多企业认为，虚开发票入罪只限于虚开增值税专用发票，但实际上，虚开增值税专用发票或普通发票都可能涉嫌犯罪。《刑法》第二百零五条之一虚开发票罪规定，虚开本法第二百零五条规定以外的其他发票，情节严重的，处二年以下有期徒刑、拘役或者管制，并处罚金；情节特别严重的，处二年以上七年以下有期徒刑并处罚金。

对于上述量刑规定中的"情节特别严重"，目前法律法规以及"两高"[①] 司法解释尚无明确规定。根据最高人民检察院、公安部《关于公安机关管辖的刑事案件立案追诉标准的规定（二）》的补充规定，虚开发票涉嫌以下情形之一的，应予立案追诉：（1）虚开发票100份以上或者虚开金额累计40万元以上的；（2）虽未达到上述数额标准，但五年内因虚开发票行为受过行政处罚二次以上，又虚开发票的；（3）其他情节严重的情形。

可见，只要虚开增值税普通发票达到100份以上，无论虚开金额多少，都会被公安机关立案侦查。同样，如果虚开金额达到了40万元，无论开票数量多少，也会被公安机关立案侦查。

三、骗取出口退税罪

（一）骗取出口退税罪的定罪量刑

《刑法》第二百零四条规定，以假报出口或者其他欺骗手段，骗取国家出口退税款，数额较大的，处五年以下有期徒刑或者拘役，并处骗取税款一倍以上五倍以下

---

① 指最高人民法院、最高人民检察院。

罚金；数额巨大或者有其他严重情节的，处五年以上十年以下有期徒刑，并处骗取税款一倍以上五倍以下罚金；数额特别巨大或者有其他特别严重情节的，处十年以上有期徒刑或者无期徒刑，并处骗取税款一倍以上五倍以下罚金或者没收财产。

纳税人缴纳税款后，采取前款规定的欺骗方法，骗取所缴纳的税款的，依照本法第二百零一条（即逃税罪）的规定定罪处罚；骗取税款超过所缴纳的税款部分，依照前款的规定处罚。以假报出口或者其他欺骗手段，骗取国家出口退税款，数额较大的，即可以本罪定罪处罚。因此，根据该规定，纳税人缴纳税款后，采取假报出口或其他欺骗手段，骗取所缴纳的税款的，依照逃税罪定罪处罚；骗取税款超过所缴纳的税款部分，依照骗取出口退税款的规定处罚。

骗取出口退税罪与逃税罪的区别在于纳税人是否已经缴纳了税款。如果行为人根本没有纳税，骗取出口退税的，构成骗取出口退税罪；如果在已纳税款后，又以种种手段骗回所纳税款的，则是逃税行为的一种表现形式，达到数额较大标准的，应以逃税罪论处。

（二）定罪量刑的数额标准

立案的标准

根据 2022 年《最高人民检察院、公安部关于公安机关管辖的刑事案件立案追诉标准的规定（二）》，以假报出口或者其他欺骗手段，骗取国家出口退税款，数额在十万元以上的，应予立案追诉。

数额较大或巨大的标准

根据《最高人民法院关于审理骗取出口退税刑事案件具体应用法律若干问题的解释》，骗取国家出口退税款 5 万元以上的，为刑法第二百零四条规定的"数额较大"；骗取国家出口退税款 50 万元以上的，为刑法第二百零四条规定的"数额巨大"；骗取国家出口退税款 250 万元以上的，为刑法第二百零四条规定的"数额特别巨大"。

（三）假报出口和其他欺骗手段的认定

最高人民法院《关于审理骗取出口退税刑事案件具体应用法律若干问题的解释》

（法释〔2002〕30 号）对"假报出口"和"其他欺骗手段"作了较为具体的规定。

刑法第二百零四条规定的"假报出口"，是指以虚构已税货物出口事实为目的，具有下列情形之一的行为：（1）伪造或者签订虚假的买卖合同；（2）以伪造、变造或者其他非法手段取得出口货物报关单、出口收汇核销单、出口货物专用缴款书等有关出口退税单据、凭证；（3）虚开、伪造、非法购买增值税专用发票或者其他可以用于出口退税的发票；（4）其他虚构已税货物出口事实的行为。

具有下列情形之一的，应当认定为刑法第二百零四条规定的"其他欺骗手段"：（1）骗取出口货物退税资格的；（2）将未纳税或者免税货物作为已税货物出口的；（3）虽有货物出口，但虚构该出口货物的品名、数量、单价等要素，骗取未实际纳税部分出口退税款的；（4）以其他手段骗取出口退税款的。

（四）骗取出口退税行为的表现

在实务中，涉案企业一般主要通过下列行为来达到骗取出口退税的目的。

（1）无真实出口货物，以虚假证明材料向税务部门申请出口退税。这种类型没有任何真实出口业务，在资金流、合同流、业务流、物流等方面完全采用虚假信息或者虚假材料，以未纳税的出口货物的相应信息材料申请出口退税。

（2）向海关申报出口时，故意提高货物价格，低值高报，虚增出口额以骗取出口退税。由于出口货物种类繁多，专业性强、差异大，监管部门很难直观判断货物的价格及价值。因此，部分涉案企业利用这个监管"死角"，通过伪造买卖合同等材料，故意抬高货物的价值，以套取更多数额的国家出口退税金额。

（3）有真实货物出口，但通过循环出口骗取出口退税。涉案企业将货物报关出口，获得出口的数据，之后向税务部门申请办理退税。在货物出境之后，由于被境外企业认定质量有问题，要求退货。涉案企业并没有原状复运进境，而是指令其境外关联公司接收该批货物，然后以伪报品名或者低报价格等方式，又将同一批货物入境。后又将该批货物再次出口境外，向税务部门申请出口退税，如此循环。因企业在退货时并没有原状复运进境，而是其境外关联公司以伪报品名或者低报价格等方式入境，所以企业并没有补缴已经取得的退税税款，这也构成了走私行为。

（五）假自营、真代理的税务风险

在一些企业的出口贸易中，由于不是自营出口，而是采取了直接销售给国内有出口资质的第三方，由第三方出口的模式。这种模式下经常会有"假自营、真代理"的税务风险。

在出口退税领域，有自营出口、委托代理出口、外综服代办退税三种模式。为了预防骗取出口退税的违法犯罪行为，税务机关要求企业严格按照正常的贸易程序开展出口业务，禁止以"假自营、真代理"方式出口申报退税。

"假自营、真代理"的方式从形式上看，出口企业以"自营"名义出口，签订的购销合同、开具的增值税专用发票、报关、收汇凭证等证明交易和出口的资料均显示其为出口企业，而实际上不是自营出口的企业。税务机关在税收征管中一般以"谁出口、谁收汇、谁退税、谁负责"为原则，一旦出现追缴出口退税款、暂不办理、视同内销征税等不利后果，通常由名义上的出口方来承担。即使企业有真实的货物和出口，不存在骗税的行为，一旦企业被税务机关查出为"假自营、真代理"，其也难以通过行政救济途径进行权利的救济，只能通过民事救济途径向委托方公司进行追偿。

此外，"假自营、真代理"出口方式除申报退税本身是违规的以外，还往往伴随着虚开、备案单证虚假、不齐等风险。"假自营、真代理"虽然属于违规经营出口业务行为，但是不一定为骗税行为，如存在有真实货物出口。即使出口企业没有货单、单票一致的货物出口，具有违法行为，也不一定具有犯罪行为；但如果出口企业没有尽到监管责任，放任骗税行为的发生，造成国家税款流失，属于间接故意的，将构成骗取出口退税罪。

总之，对于从事"假自营、真代理"方式出口的企业来说，税务风险是极高的。根据《财政部 国家税务总局关于出口货物劳务增值税和消费税政策的通知》（财税〔2012〕39号）的有关规定，其业务不能退税，须适用增值税征税政策。如果涉及到骗取出口退税，代理企业也应当承担相应法律责任。所以建议生产企业可采取委托符合条件的外综服代办模式。

四、逃避追缴欠税罪

（一）逃避追缴欠税的违法行为

《税收征收管理法》第三十一条规定，"纳税人因有特殊困难，不能按期缴纳税款的，经省、自治区、直辖市国家税务总局、地方税务局批准，可以延期缴纳税款，但是最长不得超过三个月。"该法第六十五条还规定，"纳税人欠缴应纳税款，采取转移或者隐匿财产的手段，妨碍税务机关追缴欠缴的税款的，由税务机关追缴欠缴的税款、滞纳金，并处欠缴税款百分之五十以上五倍以下的罚款；构成犯罪的，依法追究刑事责任。"

上述法律规定说明，因合法理由欠税是可以延期缴纳的，但如果是行为人故意拖欠税款，则税务机关可以采取强制措施，通过银行从行为人账户上扣缴税款或扣押、查封、拍卖其财产抵缴税款。一旦造成"欠税无法追缴"的事实，则可能构成逃避追缴欠税罪。

（二）逃避追缴欠税罪的相关法律规定

我国《刑法》第二百零三条规定，纳税人欠缴应纳税款，采取转移或者隐匿财产的手段，致使税务机关无法追缴欠缴的税款，数额在一万元以上不满十万元的，处三年以下有期徒刑或者拘役，并处或者单处欠缴税款一倍以上五倍以下罚金；数额在十万元以上的，处三年以上七年以下有期徒刑，并处欠缴税款一倍以上五倍以下罚金。

最高人民检察院、公安部的《关于公安机关管辖的刑事案件立案追诉标准的规定（二）》第五十四条明确规定，《刑法》第二百零三条规定的逃避追缴欠税案，纳税人欠缴应纳税款，采取转移或者隐匿财产的手段，致使税务机关无法追缴欠缴的税款，数额在一万元以上的，应予立案追诉。

在实务中，一些企业在明知公司欠缴税款的情况下，采取将公司经营收入转入或直接存入职工个人账户、走逃失联、另外开设新公司等转移或者隐匿财产的手段，致使税务机关无法追缴其所欠税款，将可能构成逃避追缴欠税罪。

第二节　涉税刑事合规评估及应对

刑事合规目前已成为一个热点话题，也是企业合规的重点内容之一。为避免企业因刑事追诉而导致企业破产清算，大批职工失业，我国启动了企业合规不起诉制度。这是针对涉案企业采取的一种激励性的整改措施，将企业合规激励机制引入公诉制度之中，通过合规整改考核的企业或企业家将获得刑事激励。具体的激励措施包括不起诉、缓刑以及从宽的量刑建议等。

一、企业刑事合规的启动

（一）启动方式

刑事合规机制的启动方式主要有两种，一是由检察机关主动启动刑事合规，二是由涉案企业申请刑事合规。目前的刑事合规案件绝大多数由检察机关主导启动。检察机关会主动审查案件情况，在征得涉案企业或嫌疑人同意后启动刑事合规机制，由涉案企业或嫌疑人作出合规承诺并开展合规整改。

2021 年 6 月 3 日，最高人民检察院联合司法部、财政部等部门印发了《关于建立涉案企业合规第三方监督评估机制的指导意见（试行）》（以下简称《指导意见》），明确第三方监管机制为刑事合规的主要监管模式，由第三方监管成为刑事合规的发展方向。在涉案企业合规整改过程中，企业可以聘请律师、会计师、税务师等专业人员作为合规顾问，协助企业进行合规体系建设。

（二）刑事合规启动条件

目前，对企业启动刑事合规考察制度需要同时符合以下条件。

（1）犯罪事实清楚，证据确实、充分；

（2）企业及相关负责人员系初犯、偶犯；

（3）企业及相关负责人员对案件事实无异议，且自愿认罪认罚；

（4）直接负责的主管人员和其他直接责任人员依法可能被判处三年以下有期徒刑、拘役、管制或单处罚金，如被判处三年以上十年以下有期徒刑，涉案人员须具有自首、立功或从犯等量刑情节；

（5）涉案企业或主要负责人员赔偿了损失，消除了犯罪影响，如涉案企业补缴税款等。

（三）刑事合规考察期限

我国《刑事诉讼法》规定，检察机关审查起诉期限一般为一个半月，即便两次退回补充侦查，最多也不过六个半月。但是企业刑事合规往往设定六个月至一年的考察期，用于企业开展刑事合规计划建设以及检察机关的考察评估。

二、企业刑事合规的流程

目前企业刑事合规主要流程如下。

（1）检察院根据案件性质、情节等提出检察建议，向符合合规条件且同意接受考察的涉案企业出具《企业刑事合规风险告知书》。

（2）企业出具《企业合规承诺书》。《企业合规承诺书》内容包括：如实供述案件事实、认罪认罚，就涉嫌刑事案件涉及情况进行承诺；承诺出具有效的整改方案；承诺接受指派第三方监管人指导，服从整改配合验收；承诺合规整改期间不再犯罪；如需行政处罚，承诺愿意接受行政部门的处罚，积极缴纳罚款等。

（3）由第三方介入开展调查、评估、监督。第三方负责涉案企业的合规承诺进行调查、评估、监督和考察，并出具合规考察书面报告、涉案企业合规计划、定期书面报告等合规材料。该合规材料作为人民检察院在办理涉企犯罪案件过程中，依法作出批准或者不批准逮捕、起诉或者不起诉以及是否变更强制措施等决定，提出量刑建议或者检察建议、检察意见的重要参考。

（4）在检察院规定的合规考验期内（一般考验期为6个月至2年），企业就自身存在的风险或漏洞进行自查，提出有效的整改方案。

（5）企业依据整改方案，对照常见风险点自行整改，并将整改的情况整理汇总，交由第三方核验。

（6）第三方机制复核、评估、验收，第三方机制应当对涉案企业合规计划的可行性、有效性与全面性进行审查，提出修改完善的意见建议。

（7）人民检察院对于拟作不批准逮捕、不起诉、变更强制措施等决定的涉企犯罪案件，可以召开听证会，并邀请第三方人员到会发表意见。

（8）如果涉案企业合规方案通过验收，听证会一致同意对该企业及相关负责人员作出不起诉处理，检察院经审查认为符合刑事诉讼法相关规定，将通告对该企业及相关负责人员作出不起诉的决定，否则起诉至人民法院。

（9）人民检察院决定不起诉的案件，同时对侦查中查封、扣押、冻结的财物解除查封、扣押、冻结。对不起诉人员需要给予行政处罚、处分或者需要没收其违法所得的，人民检察院应当提出检察意见，移送有关主管机关处理。有关主管机关应当将处理结果及时通知人民检察院。

三、涉税刑事合规典型案例

2021年6月3日，最高人民检察院发布企业合规改革试点典型案例，其中上海市A公司、B公司、关某某虚开增值税专用发票案是税务刑事合规的典型案例。

被告单位上海A医疗科技股份有限公司（以下简称"A公司"）、上海B科技有限公司（以下简称"B公司"），被告人关某某系A、B两家公司的实际控制人。2016年至2018年间，关某某在经营A公司、B公司业务期间，在无真实货物交易的情况下，通过他人介绍，采用支付开票费的方式，让他人为两家公司虚开增值税专用发票共219份，价税合计2887余万元，其中税款419余万元已申报抵扣。2019年10月，关某某到案后如实供述上述犯罪事实并补缴涉案税款。2020年6月，公安机关以A公司、B公司、关某某涉嫌虚开增值税专用发票罪移送检察机关审查起诉。上海市宝山区检察院受理案件后，走访涉案企业及有关方面了解情况，督促企业作出合规承诺并开展合规建设。

检察机关走访涉案企业了解经营情况，并向当地政府了解其纳税及容纳就业情况。经调查，涉案企业系我国某技术领域的领军企业、上海市高新技术企业，科技实力雄厚，对地方经济发展和增进就业有很大贡献。公司管理人员及员工学历普遍较高，对合规管理的接受度高、执行力强，企业合规具有可行性，检察机关遂督促企业作出合规承诺并开展合规建设。同时，检察机关先后赴多地税务机关对企业提供的纳税材料及涉案税额补缴情况进行核实，并针对关某某在审查起诉阶段提出的立功线索自行补充侦查，认为其具有立功情节。

2020 年 11 月，检察机关以 A 公司、B 公司、关某某涉嫌虚开增值税专用发票罪对其提起公诉并适用认罪认罚从宽制度。12 月，上海市宝山区人民法院采纳检察机关全部量刑建议，以虚开增值税专用发票罪分别判处被告单位 A 公司罚金 15 万元，B 公司罚金 6 万元，被告人关某某有期徒刑三年，缓刑五年。

在山西省检察院公布的一批涉案企业合规典型案例中，"晋中介休市 3 家洗煤企业虚开增值税专用发票案"也属于典型的税务刑事合规案例。在该案例中，涉案企业都真实购买了煤炭或其他原材料，只是由于无法取得发票，只能由第三方代开相应的发票，且第三方开具的发票与交易金额相符。但是先行开展合规的 3 家洗煤企业，只有 2 家顺利通过了第三方组织的评估。有 1 家企业由于迟迟未能缴纳全部税款，合规整改期限届满后仍不具备复工复产的条件，未能通过第三方组织的评估，被认定为虚假整改，依法被提起公诉。

总之，企业如果出现涉税犯罪，应当积极配合检察机关做好税务刑事合规工作，认罪认罚，积极主动补缴税款及滞纳金，对受损的法益进行修复，用合规激励换取刑法的宽大处理。但企业也不要抱有幻想，认为出现涉税犯罪就一定能够适用刑事合规，交钱了事。目前披露的相关涉税刑事合规案件中，如上述"上海市 A 公司、B 公司、关某某虚开增值税专用发票案"，涉案企业本身系我国某技术领域的领军企业、上海市高新技术企业，科技实力雄厚，对地方经济发展和增进就业有很大贡献。实践中，有的涉案企业提交企业所在经济开发区或者市场监督管理局出具的合规证明／情况说明，以证明企业合法合规经营，本次的案发系由于企业法律意识淡薄所导致的突发、小概率事件；有的涉案企业系当地招商引资重点扶持企业，在当地招聘大量员工，同时也是当地的利税大户，为当地经济发展做出较大贡献。如果企业本身无实际经营业务，或者主要业务就是做与涉税犯罪相关的业务，那么肯定是无法适用刑事合规的。

第十章 "走出去"企业的税务合规

第一节 国际重复征税及其合规应对

一、"走出去"企业存在的问题及风险

（一）"走出去"企业面临的问题和困难

中国企业逐步走向世界，以前走出去的中国企业以中资国有企业、华为等大型企业为主，现在，国内大批民营企业也开展了全球化布局，与国外企业一起参与国际竞争和发展。中国企业在"走出去"的过程中逐步发现了一些问题，主要体现在以下方面。

资金流转困难

海外项目投资通常金额规模较大，而且涉及当地制度约束，尤其是各国的外汇及金融管制会极大地制约海外项目资金的自由回流。如果投资所在国属于发展中国家，对外汇流出多采用极其严格的外汇管制，往往在外汇银行账户的设立、汇出、携带出入境、分配外汇额度等方面作出极其严格的规定，国内企业在进行交易时甚至要获得所在国中央银行的批准，如果中国与投资所在国尚未签署双边货币互换协议，人民币与该国货币便不能直接兑换，只能通过第三方货币互换，这些限制直接给资金回流造成极大的阻碍。另外，外汇资金再流入中国也要经历严格的审核，从外部账户的申请开设，到外汇资金流入限额、控制结汇额度，国内有关部门将严格审查回流资金、货物流的匹配性与真实性，避免异常跨境资金的回流，导致走出去企业的外汇资金回流困难。对项目资金的这种双向管制，使得资金流转过程十分繁杂，有时需要多方参与并耗费大量时间，才能够完成资金的流转。

此外，如果企业在海外银行账户多头开户，且主要是在项目当地银行开设，可能造成企业海外项目资金的分散，不利于资金的集中管理，为企业带来资金风险，

给海外项目资金造成损失。"走出去"企业还要面对投资所在国的财政政策、经济风险为资金管理带来的难题。上述风险的叠加会给"走出去"企业，特别是民营企业的资金管理带来极大困难。

此外，大多数国家实施严格的外汇管制，对合同的外币支付比例的要求较低，而对当地货币支付比例的要求较高。同时由于当地货币币值不稳定，存在长期贬值风险，使国内企业在会计上前期成本确认不足，后期结算时收入确认虚高。特别是一些大型项目规模较大、实施期间长、投入成本与结算收款和确认收入的间隔期大，这些都可能造成以当地货币计量的收入因汇率变化在账面上利润虚高，从而增加企业税负。

缺乏海外投资融资渠道

"走出去"企业开展海外投资需要大量的资金支持，资金的筹集是企业要解决的首要问题。目前多数民营企业海外投资的资本金主要为自有资金，无法正常融资。虽然国内银行可以直接为我国企业的海外投资业务提供贷款服务，并对满足相关条件的贷款利息给予减免优惠待遇，但大多数银行更倾向于国有企业或大型民营企业，对于中小型民营企业则处于谨慎观望的状态，投放贷款的额度并不大。

中资民营企业在"走出去"的税务合规安排中，必须首先考虑上述两个问题，否则海外税收合规安排便成了纸上谈兵，可能无法有效实施落地。

（二）"走出去"企业面临的税务风险

"走出去"的中国企业在海外税务方面主要有以下几个风险。

税制差异的风险

"走出去"企业首先遇到的是东道国（地区）的税制。企业必须先了解东道国（地区）的税收环境，熟悉东道国（地区）的税制。在投资架构设计、投资方式选择等方面要考虑东道国（地区）的税收因素，不能仅凭借有税收优惠政策而轻易决策。企业不但要考虑东道国（地区）的税制，同时要考虑到我国对外投资的相关税收政策，以及各方签订生效的税收协定。在实务中，"走出去"企业通常对当地税制不熟悉，同时缺乏与当地税务机关能够用当地语言进行有效沟通的国际税收人员，中资企业的翻译人员可能缺乏财税特别是国际税收知识，而企业在东道国（地区）聘请的税务咨询机构由于缺乏对中国税制的了解和中文沟通，导致中资企业在东道国（地区）接受税务调查时极其被动，经常被征收高额的税款甚至罚金，无法获得有效的救济。

双重征税的风险

大部分"走出去"企业的国际布局都是先从发展中国家开始的，较少直接投资布局于发达国家。而发展中国家更多倾向于其本国的税收利益，有不遵从双方签订生效的税收协定情况，导致中资企业既无法享受东道国（地区）的税收优惠，也无法享受中国的饶让抵免等税收优惠政策。同时，由于"走出去"企业会模仿一些大公司的架构，在海外第三国或地区设立中间控股公司和其他职能性公司，进行对品牌、财务的管理。但近年来，随着税基侵蚀和利润转移（BEPS）的实施落地，全球对于跨国企业的税收遵从要求日趋严格。2023 年 2 月 14 日，欧盟经济和金融事务理事会（ECOFIN）更新了其税收不合作辖区名单，至此，欧盟税收不合作辖区黑名单增加到 16 个辖区：美属萨摩亚、安圭拉、巴哈马、英属维尔京群岛、哥斯达黎加、斐济、关岛、马绍尔群岛、帕劳、巴拿马、俄罗斯、萨摩亚群岛、特立尼达和多巴哥、特克斯和凯科斯群岛、美属维尔京群岛和瓦努阿图。而中国香港、马来西亚、泰国、越南等 15 个辖区被欧盟列入了税收不合作灰名单。

对此，开曼群岛等传统避税港相继出台经济实质法案，要求在当地设立的从事特定经营活动的公司须符合经济实质要求，否则将面临罚款、信息交换、注销等一系列惩罚措施。如我国香港特别行政区（香港）修订"外地收入免税制度"的相关法例已于 2022 年 12 月 23 日刊宪，并于 2023 年 1 月 1 日起生效。香港新税收条例明确指出，香港税收居民在中国香港收取的指明外地收入需要满足经济实质要求（仅适用于非知识产权收入）、持股免税机制（仅适用于股息和股权处置收益）或关联规定（仅适用于使用知识产权收入），才可以继续享受所得税免税优惠，否则需要按规定在中国香港缴纳税款。

"走出去"企业甚至可能面临多重征税问题。所以，企业需要从全球的视野出发进行有效的税务合规安排，进行功能规划，防止价值创造地和利润归属地之间的失衡，减少因税务调查带来的涉税风险，同时做到资金的有效融通。

国内的税务风险

"走出去"企业在做税务合规安排时，更需要考虑到国内的税务风险。"走出去"的中国居民企业的国际税收，实际上归根到底还是国内税。企业应重视其国际业务在中国税务机关的全面申报及备案要求，是否主动申报将直接影响其承担的国内税务风险。同时"走出去"企业在海外投资东道国（地区）正面临越来越多的税收质疑，需要中国税务机关提供相互协商程序（MAP）等协助。

"走出去"企业应当提前做好规划，做好不同税的有效平衡，更好地实现商业目标，降低税收风险。

二、税收饶让抵免的合规

（一）饶让抵免以税收协定为前提

"走出去"企业应当就其来源于中国境内、境外的所得缴纳企业所得税。企业在境外销售货物、提供劳务、转让财产取得的所得，以及来源于境外的股息红利等权益性投资所得等其他所得，扣除按规定计算的各项合理支出后的余额，为其境外应纳税所得额。对于企业在境外投资设立不具有独立纳税地位的分支机构，其取得的各项境外所得，无论是否汇回境内，均应计入该企业所属纳税年度的境外应纳税所得额。

饶让抵免是一种特殊的"税收优惠"，有利于减轻"走出去"企业的税收负担，增加境外投资经营的税后收益。饶让抵免是境外税收抵免制度的一种特殊情形，是指政府对本国居民在境外得到减免的那部分所得税，视同已经缴纳，并允许其用这部分被减免的境外税款抵免在境内的应缴纳税款。需要注意的是，目前我国企业所得税法中没有关于税收饶让的直接规定，饶让抵免只存在于一些税收协定中。

【案例 10-1】

假设中国与某国签订生效的税收协定中明确了饶让抵免制度。中国某居民企业（企业所得税税率为 25%）在该国（企业所得税税率为 35%）国家级园区投资建厂，根据该国对国家级园区的税收优惠政策，我国税务机关给予了企业 15% 的企业所得税优惠税率。企业当年所得为 100 万元，在该国只缴纳了 15 万元的税金，由于两国之间的税收协定中明确了饶让抵免，因此企业在中国视同按 35% 交税，无须再补税。若无饶让抵免的规定，则中国该居民企业须在中国境内补缴100×（35%-15%）=20（万元）的税金。但要注意的是，如果该中国居民企业是以其在中国香港设立的投资公司在该国投资建厂，则该中国居民企业在国内不能享受税收饶让抵免政策。

实务中，"走出去"企业有时会将当地给予的免税优惠视同已缴企业所得税，就此向国内税务机关进行申报。然而，有时我国与当地的税收协定中并未约定饶让抵免，导致企业的这种申报并不合法。因此，"走出去"企业在企业所得税汇算清缴时，需要仔细审核当地与我国的税收协定中是否约定了饶让抵免。

我国与绝大多数国家的税收协定都规定了税收饶让抵免制度，只有与少数国家的税收协定中没有该项制度。在没有税收饶让抵免制度的情况下，国内企业可以通过在具有税收饶让抵免的国家设立居民公司来享受该项优惠政策。《财政部 国家税务总局关于企业境外所得税收抵免有关问题的通知》（财税〔2009〕125号，以下简称"125号文件"）第七条规定，居民企业从与我国政府订立税收协定（或安排）的国家（地区）取得的所得，按照该国（地区）税收法律享受了免税或减税待遇，且该免税或减税的数额按照税收协定规定应视同已缴税额在中国的应纳税额中抵免的，该免税或减税数额可作为企业实际缴纳的境外所得税额用于办理税收抵免。

（二）饶让抵免的限额与层级

《财政部 税务总局关于完善企业境外所得税收抵免政策问题的通知》（财税〔2017〕84号）规定，2017年1月1日起，"走出去"企业可以自行选择分国（地区）不分项，或者不分国（地区）不分项抵免其来源于境外的应纳税所得额，并按照125号文件第八条规定的税率，分别计算其可抵免境外所得税税额和抵免限额，抵免层级由三层增为五层。上述方式一经选择，五年内不得改变。该文件允许纳税人选择境外税收综合抵免法（即"不分国（地区）不分项"），同时扩大境外股息所得的税收抵免层级。境外税收综合抵免法将有利于纳税人平衡境外不同国家（地区）间的税负，不同国家（地区）间的盈亏也可以互抵，可增加可抵免税额，有利于纳税人更彻底地消除重复征税，有效降低企业境外所得的总体税收负担，在一定程度上能够帮助企业缓解现金流压力。

企业已在境外缴纳的所得税税额，未超过按境内税法规定计算的抵免限额的部分，可以从当期应纳税额中抵免；超过抵免限额的部分，可以在以后五个年度内，用每年度抵免限额抵免当年应抵税额后的余额进行抵补。

抵免限额计算公式如下：

抵免限额＝中国境内、境外所得依照企业所得税法和企业所得税法实施条例的规定计算的应纳税总额 × 来源于某国（地区）的应纳税所得额 ÷ 中国境内、境外应纳税所得总额

提请注意的是，如果"走出去"企业的境外所得采用简易办法计算抵免额的，是不适用饶让抵免的。此外，企业取得的境外所得根据来源地税收法律法规不判定为应税所得，而按境内税收法律法规规定属于应税所得的，也不属于税收饶让抵免范畴，应全额按境内税收法律法规规定缴纳企业所得税。

（三）饶让抵免的凭证

饶让抵免的税种需要与双方税收协定明确的税种保持一致。"走出去"企业如果在境内税务机关办理境外税收抵免，必须取得有效的境外完税证明。境外完税证明中的税种一般是企业所得税性质，方可作为可抵免的境外税款。对于其他已经在境外缴纳但不是企业所得税性质的税款，如增值税等，则不能进行抵免，只能作为成本、费用或营业税金及附加在税前扣除。建议企业在取得完税证明后再做税收抵免处理，以免引发税务风险。如果企业取得境外完税证明滞后，根据相关政策，企业可以追溯计算该境外所得的税收抵免额。在直接抵免时，提交的完税证明上的纳税人应当为中国居民企业；而在间接抵免时，完税证明上的纳税人应当为中国居民企业的境外公司。

工程承包企业也可以凭《境外承包工程项目完税凭证分割单》作为有效完税凭证，在我国办理境外税收抵免。

三、业务合同的涉税合规

很多"走出去"企业在海外投资架构方面比较重视税务问题，但其具体的业务合同往往只是经法务或律师审核，未经专业的国际税务人员进行涉税审查。而在实

务中，合同的涉税条款是模板化的，若企业没有针对合同业务所在国的税务实际情况进行审查，将导致在业务开展过程或项目实施过程中发现税负成本远远高于预期，容易引发争议。因此，对于具体的业务合同，有必要由国际税收的专业人员参与境外项目的谈判和合同起草，全程跟进项目的推进和最终落实。

在实务中，企业向境外支付租金应如何进行税前处理，也存在较大争议。

【案例 10-2】

A 公司为中国居民企业，到德国开展经营活动。在德国的两个月期间租用了汽车用于日常活动。A 公司向德国 C 公司支付 1 台车辆（不含司机）的租金，该车用于人员外出使用；向德国 D 公司支付另 1 台车辆（含司机）的租金，该车用于展品在当地的运输。德国公司均为中国非居民企业，A 公司与德国 C、D 公司签订的租赁合同中均约定：A 公司为中国境内税款的代理缴纳人，并需要承担相应税费。

在该案例中，A 公司支付给德国 C、D 公司的租金，不属于中国境内所得，不需要代扣代缴企业所得税。《中华人民共和国和德意志联邦共和国对所得和财产避免双重征税和防止偷漏税的协定》规定："由缔约国一方居民取得的各项所得，不论发生于何地，凡本协定上述各条未作规定的，应仅在该缔约国一方征税。"因此，德国 C、D 公司取得的租金仅在其居民国即德国有征税权，根据中德税收协定，中国对该笔租金是没有所得税征税权的。A 公司无须代为扣缴相应的预提所得税。

此外，A 公司支付给德国 C、D 公司的租金，也不应代扣代缴增值税、城市维护建设税和教育费附加等税费。《财政部 国家税务总局关于全面推开营业税改征增值税试点的通知》（财税〔2016〕36 号）规定，境外单位或者个人向境内单位或者个人销售完全在境外发生的服务，不属于在境内销售服务或者无形资产。因此，A 公司支付给德国 C、D 公司的租金属于完全发生在境外的服务，其不需要缴纳增值税，也不需要代扣代缴。

四、账务整理和报税的合规

"走出去"企业往往会在当地聘请代理记账公司，根据东道国（地区）的会计制度记账，在当地税务机关申报纳税。同时中国总部会计人员会根据中国的会计制度进行记账。由于双方在会计制度和税务制度上都有差异，中国企业需要和东道国

（地区）的会计师、税务师、税务机关不断进行沟通和调整。如果在东道国（地区）没有建立规范、完善的财务体系制度，包括票据管理制度，则我国企业很有可能无法应对东道国（地区）税务机关的税务检查或稽查，导致税务风险。

五、收入及个人所得税的合规

"走出去"企业派出的境内员工的个人所得税问题也很重要。个人被派往境外工作取得的境外所得，一般有以下三种情形：一是由境内单位支付工资薪金的，境内单位应履行扣缴税款义务；二是由境外单位支付工资薪金且属于境外中方机构的，可由中方机构预扣税款，并委托境内派出单位申报纳税；三是不属于中方机构的境外单位支付工资薪金的，境内派出单位应当于次年2月28日前向主管税务机关报送外派人员情况。

一般在东道国（地区）成立的中资企业发放中方员工的工资，会依照东道国（地区）税法代扣代缴个人所得税。在实务中，许多"走出去"中国企业在境外公司只是给派驻的中方员工发放象征性工资，其大部分工资和福利补助都在国内发放。因此，经常遇到东道国（地区）税务机关比照或参考当地的其他投资国同行业公司员工的工薪水准，认定中方外派人员工资过低而进行纳税调整，进而补征个人所得税。例如中国企业投资越南，越南税务机关会比照参考当地日本、韩国等企业派驻高管的工资福利待遇。另外，由于，中国"走出去"企业的外派中方员工在东道国（地区）的名义工资较低，还有很多在中国境内实际发放的工资并不能在东道国（地区）的企业所得税税前列支，因此，造成事实上在东道国（地区）的"法律机构"的中方外派员工工薪成本费用不足，虚增了企业利润，在东道国（地区）多缴纳了企业所得税。

对于"走出去"企业外派中方员工的境外工资所得确定所得来源地，是划分境内、境外所得及其纳税义务的基础和核心。财政部、国家税务总局于2020年发布了《关于境外所得有关个人所得税政策问题的公告》（财政部 税务总局公告2020年第3号，以下简称"2020年第3号公告"）对境外所得来源地确定规则进行了明确：对工资薪金所得、劳务报酬所得、经营所得、动产转让所得按发生地原则进行划分；对财产租赁所得、特许权使用费所得按使用地原则进行划分；对稿酬所得、偶然所得和利息、股息、红利所得按支付地原则进行划分；对不动产转让所得和股权等权益性资产转让所得按财产所在地原则进行划分。

境外所得已纳税款的税收抵免规则继续实行"分国（地区）不分项"的计算方法，即计算抵免限额时，来源于境外一个国家或地区的抵免限额为综合所得抵免限额、经营所得抵免限额以及其他所得抵免限额之和，不再按所得项目计算分项抵免限额。鉴于境内对综合所得和经营所得都实行累进税率，在计算境内和境外所得的应纳税额时，须将居民个人来源于境内、境外的综合所得、经营所得分别合并后计算其应纳税额。适用比例税率的其他分类所得可以不合并计算，单独计算应纳税额。

此外，2020 年第 3 号公告和《个人所得税法》均规定，居民个人应在 3 月 1 日至 6 月 30 日期间进行境外所得申报。

六、税务争议的救济

境外国家或地区对于税收纠纷或争议案件，一般采用法院诉讼的手段，耗时长，律师费用高。建议境内企业如果不是金额巨大，一般情况下不就涉税问题进行法院诉讼，可以选择与税务机关或东道国（地区）税务机关下辖的税务争议裁判机关进行协商和解。例如日本国税厅下的国税不服裁判所，就是国税厅下的特别税务争议裁判机关。

如果东道国（地区）与我国签订了税收协定，除依照东道国（地区）法律进行救济外，企业还可以依照《国家税务总局关于发布〈税收协定相互协商程序实施办法〉的公告》（国家税务总局公告 2013 年第 56 号）有关规定，向省级税务机关提出申请，请求税务总局与缔约对方主管当局通过相互协商程序解决有关问题。申请人应在有关税收协定规定的期限内，以书面形式向省级税务机关提出启动相互协商程序的申请。可以申请启动相互协商程序的情形包括以下几种。

（1）对居民身份的认定存有异议，特别是相关税收协定规定双重居民身份情况下需要通过相互协商程序进行最终确认的；

（2）对常设机构的判定，或者常设机构的利润归属和费用扣除存有异议的；

（3）对各项所得或财产的征免税或适用税率存有异议的；

（4）违反税收协定非歧视待遇（无差别待遇）条款的规定，可能或已经形成税收歧视的；

（5）对税收协定其他条款的理解和适用出现争议而不能自行解决的；

（6）其他可能或已经形成不同税收管辖权之间重复征税的。

第二节 境外架构设计的涉税合规考量

很多"走出去"企业为了尽快开展境外业务，在境外架构中采用比较简单的直接投资方式，即直接在东道国（地区）注册成立项目公司，或者由其实控人（或境外代理人）在东道国（地区）注册成立公司，该公司在股权架构上与国内企业无任何关联。前者以中国中小型工程建设企业为主，后者以中国中小型民营企业为主。这两种直接投资架构往往会在运营过程中，在资金、机械设备等方面遇到各种问题。例如工程企业在南亚某国的机械设备在项目完工后，受该国政策影响，无法将产品正常运输到另一国的项目现场，只能留在该国；资金方面也无法实现有效的融通，大量的境外资金沉淀在外，无法正常回流，造成国内企业资金周转不灵，同时也给实控人带来不可预测的税务风险。

因此，"走出去"企业应当提前设计好境外架构，不但要在税务上进行考量，同时还要在资金流转、设备转运等方面进行综合考量，设计一个优化的全球投资框架。

一、避税港架构设计的税务合规

在境外架构设计中，目前并不建议我国企业在开曼群岛等国际知名的避税港设立多层次复杂的架构。这些著名的国际避税港已经被许多国家的税务机关列入"税收黑名单"，只要股权穿透中发现有这些避税港的身影，一定会引起包括中国税务机关在内的各国税务机关的高度关注。因为这些避税港公司很多实质上并没有开展什么业务，它们纯粹是以避税为目的而设立的各种壳公司、导管公司，属于价值创造地和利润归属地之间的重大失衡，会形成较高的涉税风险。

二、中间层控股架构设计的税务合规

在境外架构设计中，我国企业还应当考虑退出机制。是否需要提前设计一个中间层控股公司，需要企业充分评估东道国（地区）和中国的相关反避税规定。

从实务角度来看，"走出去"企业可考虑在中国香港投资设立顶层的境外投资公司，负责境外业务开展。中国香港不但有税收优惠政策，同时也是国际知名的金融中心和海运中心，中资银行也较多，企业可以向中资银行申请境外投资贷款或内保外贷，这样能够有效地降低企业融资成本。同时，以中间层的控股公司转让东道国（地区）当地公司的股权相对简单，税负也相对轻。企业还可以考虑中国海南自贸港的特殊税收优惠政策。但目前海南尚无法实现资金的有效互换，海南自贸港还需要经过一段时间的发展。

对于绝大多数"走出去"的境内居民企业来说，在中国香港设立一个中间控股公司，以中间控股公司投资项目所在国的公司就已足够，无须再设计更多的中间控股公司。这样的股权架构就足以达到较低的综合税负，实现资金的有效融通（见图10–1）。

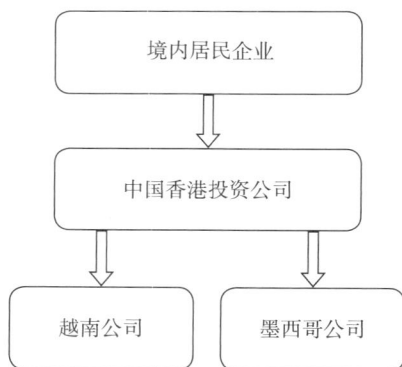

图 10–1　一个较为合理的"走出去"企业股权架构

三、境内外关联交易的税务合规

独立交易原则目前是关联交易的基本原则，通俗地讲就是关联企业之间的业务往来必须视同完全独立竞争的无关联企业。独立交易原则也是国际税收的基本原则，被各国税务机关广泛采用。实践中，"走出去"企业的关联交易存在境内和境外的双重税收风险。

境内方面，一些"走出去"企业向境外关联企业提供了品牌、客户资源等，但没有收取相应的特许权使用费等相关费用；或者通过产品购销、服务提供等转让定价行为，将境内利润转移至境外，侵蚀境内母公司利润，损害了境内税基。因此，在股权架构设计中，企业需要特别注意关联交易的税务风险，防止被境内税务机关进行特别纳税调整。

例如在图 10-1 所示的架构中，中国香港投资公司如果只是一个空壳公司，其境外投资决策、业务运作开展实际是在境内母公司进行的，则有可能接受境内税务机关的反避税调查。因此，企业需要将业务和交易分配到境外各公司，以做到形式与实质的统一、架构与承担功能相匹配、功能与利润相匹配，这需要企业用大量时间和精力来进行准确定位，做严格的可比性分析。

如企业在境外开展业务，境外子公司将不可避免地与"走出去"企业的海外成员开展关联交易，引发多种转让定价风险。企业需要综合考虑与境内外关联子、孙公司之间的商业模式、供应链，结合各方在关联交易中承担的功能和风险，进行转让定价基准分析，确保利润在经济活动发生地和价值创造地发生，准备好相关同期资料，接受东道国（地区）税务机关的转让定价调查。如果东道国（地区）税务机关调查后发现企业把利润分配给关联方，则会认定其为不合理的交易，有权根据独立交易原则对交易重新定性调整。"走出去"企业接受东道国（地区）税务机关的转让定价调查，在协商未果的情况下，可以分别向中国和该国主管税务部门提请双边磋商，由两国主管税务机关进行磋商谈判，解决企业重复征税问题，这在一定程度上能够减少税收损失。如果"走出去"企业与国外子公司的关联交易额巨大，可以向中国税务机关提起双边预约定价申请，通过两国税务当局的谈判形成双边预约定价安排，使企业在预约年度的转让定价问题得到确定，从而避免接受转让定价调查。

四、受控外国企业认定的税务合规

受控外国企业是"走出去"企业海外架构设计中极其重要的部分。在实务中，一些"走出去"企业将全部或部分所得留存国外而不汇回国内，从而在中国境内不缴纳或者延期缴纳税款。《企业所得税法》规定："由居民企业，或者由居民企业和中国居民控制的设立在实际税负明显低于本法第四条第一款规定税率水平的国家

（地区）的企业，并非由于合理的经营需要而对利润不作分配或者减少分配的，上述利润中应归属于该居民企业的部分，应当计入该居民企业的当期收入。"这里所称的控制，包括以下两点。

（1）居民企业或者中国居民直接或者间接单一持有外国企业 10% 以上有表决权股份，且由其共同持有该外国企业 50% 以上股份的。

（2）居民企业，或者居民企业和中国居民持股比例没有达到 第（一）项规定的标准，但在股份、资金、经营、购销等方面对该外国企业构成实质控制的。

因此，"走出去"企业如果将消极收入产生的大额利润，堆积在设于国外低税率地区的被投资企业，并非出于合理经营的需要，且对利润不作分配或减少分配，达到受控外国企业认定条件的，中国税务机关可以将被投资企业不作分配或减少分配的利润视同股息分配额，计入"走出去"企业的当期收入并征税。

在图 10–1 的境外架构中，如果"走出去"企业在越南、墨西哥等地的孙公司将利润分配给了中国香港投资公司，中国香港投资公司的账上留有大额未分配利润，却从未向境内母公司进行分配。境内税务机关一旦认为企业满足上述受控企业条件，则会对中国香港投资公司的境外投资收益进行纳税调整，并要求境内母公司补缴投资收益的企业所得税款。

《国家税务总局关于完善关联申报和同期资料管理有关事项的公告》（国家税务总局公告 2016 年第 42 号）、《国家税务总局关于居民企业报告境外投资和所得信息有关问题的公告》（国家税务总局公告 2014 年第 38 号）《国家税务总局关于发布〈特别纳税调查调整及相互协商程序管理办法〉的公告》（国家税务总局公告 2017 年第 6 号）等文件规定，"走出去"企业需要履行关联申报和对外投资信息报备的义务。

对于不依法履行申报或报备的"走出去"企业，税务机关可以通过第三方大数据，尤其是通过情报交换和境外金融账户涉税信息自动交换（CRS）手段获取相关信息。

五、常设机构认定的税务合规

常设机构条款是税收协定的重要条款。它主要与营业利润条款结合，组成对缔约一方所取得营业利润的征税规则，以限制所得来源国的征税权，避免双重征税。

常设机构规则不仅是征税的前提条件，还是辨别应税所得征收方式的基础。

"走出去"企业在境外业务开展前，需要评估其在投资东道国（地区）构成常设机构的风险。如果中国企业在投资东道国（地区）构成常设机构，则应进一步评估当地的合规要求和纳税义务，并按规定履行纳税与合规义务。一般而言，归属于该常设机构的合理利润需要在当地缴纳企业所得税。在一些国家或地区，常设机构通常还需缴纳增值税、印花税等。中国"走出去"企业若已在东道国（地区）构成常设机构，除应了解投资东道国（地区）的国内（地区内）税法对常设机构的定义和规定之外，还有必要了解投资国（地区）与中国签订的税收协定中有关常设机构的定义。

但中国"走出去"企业往往忽视常设机构。这些企业在东道国（地区）有业务往来，但是又没有在当地注册法律实体，也没有注册当地的纳税号，在业务往来过程中，很可能会被东道国（地区）当地税务机关判定为常设机构，成为东道国（地区）的纳税居民。例如中国境内企业把设备卖到巴西，在设备购销协议中，约定中国境内企业派技术人员来巴西提供设备安装、咨询等售后服务，如果中国企业在巴西设立售后技术服务中心，即使没有在巴西工商登记注册为巴西实体，但该售后技术服务中心也很可能被巴西税务机关视为"常设机构"，被要求在巴西完税，即中国境内企业销售给巴西企业的全部收入都必须在巴西纳税，而且税款必须被在巴西公司给中国境内企业支付货款时直接扣缴。

《中华人民共和国政府和新加坡共和国政府关于对所得避免双重征税和防止偷漏税的协定》第五条对常设机构有规定，常设机构通常包括四种类型。

（1）固定经营场所型常设机构，一般包括管理场所、分支机构、办事处、工厂、作业场所，以及矿场、油井、气井、采石场或者其他开采自然资源的场所。

（2）工程型常设机构，指连续超过6个月的建筑工地，建筑、装配或安装工程以及与其有关的监督管理活动。

（3）服务型常设机构，指企业通过其雇员或者其他人员在项目所在国为同一个项目或者有关项目提供劳务，包括咨询劳务，以在任何12个月中连续或者累计超过6个月的为限。

（4）代理型常设机构，即当一个人（除规定的独立代理人以外）在缔约国一方代表缔约国另一方的企业进行活动，有权并经常行使这种权力以该企业的名义签订合同，这个人为该企业进行的任何活动，应认为该企业在首先提及的缔约国一方设有常设机构。除非这个人通过固定营业场所进行的活动限于第四款，按照该款规定，不应该为该固定营业场所是常设机构。

要注意的是，一般税收协定规定了常设机构的豁免条款。原则上从事准备性和辅助性活动的营业场所将豁免被认定为常设机构。

因此，建议中国企业在走出去的同时，充分了解投资东道国（地区）对常设机构的认定条件，准确判断并有效管控常设机构的涉税风险。

‹‹‹ 主要参考书目 ›››

［1］ 平准．会计基础工作规范详解与实务［M］．北京：人民邮电出版社，2022．

［2］ 财政部企业司．《企业财务通则》解读（修订版）［M］．北京：中国财政经济出版社，2010．

［3］ 张国峰．法律风险可以防范［M］．北京：中国财政经济出版社，2008．

［4］ 企业会计准则编审委员会．企业会计准则实务应用精解［M］．北京：人民邮电出版社，2019．

［5］ 饶钢，金源．资本市场的会计逻辑［M］．北京：法律出版社，2019．

［6］ 《企业财务会计报告条例讲解》研究组．企业财务会计报告条例讲解［M］．北京：北京科学技术出版社，2001．

［7］ 《中国共产党纪律处分条例注解释义》编写组．中国共产党纪律处分条例注解释义［M］．北京：法律出版社，2010．

［8］ 洞炎．系统性财务造假揭秘与审计攻略［M］．上海：上海财经大学出版社，2018．

［9］ 财政部会计司编写组．企业会计准则讲解（2010）［M］．北京：人民出版社，2010．

［10］ 中华会计网校组．企业会计准则汇编与详解（上）［M］．北京：企业管理出版社，2019．

［11］ 中华会计网校组．企业会计准则汇编与详解（下）［M］．北京：企业管理出版社，2019．

［12］ 中国注册会计师协会．会计［M］．北京：中国财政经济出版社，2022．

［13］ 中国注册会计师协会．审计［M］．北京：中国财政经济出版社，2022．

［14］ 中国注册会计师协会．税法［M］．北京：中国财政经济出版社，2022．

［15］ 胡云腾等．刑法罪名精释［M］．北京：人民法院出版社，2022．

［16］ 杨伟东．中华人民共和国行政处罚法理解与适用［M］．北京：中国法制出版社，2021．

［17］ 赵晓光．中华人民共和国会计法条文释义及实用指南［M］．北京：中国民主法制出版社，1999．

［18］ 周岩．公职人员政务处分重点难点解析［M］．北京：中国方正出版社，2021．

［19］ 中国证券监督管理委员会会计司．上市公司执行企业会计准则案例解析（2019）［M］．北京：中国财政经济出版社，2019．

［20］ 唐文彬．国有出资人财务监督［M］．北京：中国财政经济出版社，2021．